Ralf Vielhaber (Hg.)

Infrastruktur - In die Zukunft investieren!

Anlagechancen 2007

Die Deutsche Bibliothek – CIP-Einheitsaufnahme

Ein Titeldatensatz für diese Publikation ist bei
Der Deutschen Bibliothek erhältlich.

Umwelthinweis:

Dieses Buch wurde auf chlorfrei gebleichtem Papier gedruckt.
Die Einschrumpffolie – zum Schutz vor Verschmutzung – ist aus
umweltverträglichem und recycelbarem PE-Material.

ISBN 978-3-8349-0459-1

Albrechtstr. 22
D-10117 Berlin
www.fuchsbriefe.de

Buchhandelsausgabe:

Betriebswirtschaftlicher Verlag
Dr. Th. Gabler Verlag
Abraham-Lincoln-Str. 46
D-65189 Wiesbaden
www.gabler.de

Redaktionsschluss: 22. September 2006
Redaktion: Fuchsbriefe, Berlin
Einbandgestaltung: Jarzina Kommunikations-Design, Köln
Titelabbildung: zefa visual media
Satz: Verlag Fuchsbriefe, Berlin
Druck und Verarbeitung: Wilhelm & Adam, Heusenstamm
Printed in Germany

Ralf Vielhaber (Hg.)

INFRASTRUKTUR – IN DIE ZUKUNFT INVESTIEREN!

Anlagechancen 2007

Ralf Vielhaber und sein internationales Team von Experten und Fachjournalisten aus Wirtschaft und Politik begleiten das Geschehen in der Weltwirtschaft und an den Börsen täglich mit ausgefeilten Analysen und Prognosen. Fuchsbriefe sind das Flaggschiff des Verlages Dr. Hans Fuchs GmbH. Sie genießen hohes Ansehen und erfahren weite Verbreitung in den Chefetagen von Banken und Unternehmen. Der Herausgeber ist gefragter Kolumnist und Kommentator in Presse, Rundfunk und TV sowie bei Vortragsveranstaltungen.

KAPITELÜBERSICHT

Inhaltsverzeichnis

Fordern Sie das Aussergewöhnliche – unsere Kreativität freut sich auf Ihre Erwartungen.
Wir sagen an dieser Stelle nicht, was wir Ihnen bieten – für uns zählt, was Sie von uns erwarten. Denn es geht um Ihr Vermögen, und Sie verfolgen damit Ihre Lebensziele.
VP Bank Private Banking.
e liechtensteinische VP Bank Gruppe ist vertreten in Vaduz +423 235 66 55, Zürich +41 44 226 24 24,
xemburg +352 404 777-1, Tortola/BVI +1 284 494 11 00, München +49 89 21 11 38-0, Moskau +7 495 967 00 95
d Hongkong +852 3628 9900. www.vpbank.com
VP BANK

Frühjahrsputz im Herbst

Das Depot zu neuer Blüte bringen

von Ralf Vielhaber, FUCHSBRIEFE

Was dem Hausmann – (bitte beachten, wir sind politisch korrekt!) – das Frühjahr, ist dem Anleger der Herbst. Die Zeit zum Großreinemachen. Dann wird nicht nur mal eben mit dem Staubtuch drübergewischt, sondern es geht mit Wedel, Leder, Schaumwasser und Politur in jeden Winkel, in jede Pore.

Auch beim Vermögen – hinter „die Schränke schauen"

Was Haus und Garten recht ist, sollte Ihrem Vermögen billig sein. Auch da muss man mal „hinter die Schränke" schauen, damit in einem Winkel des Depots nicht am Ende Angegammeltes vor sich hin fault und womöglich einen größeren Schaden anrichtet – Aktien der Deutschen Telekom vielleicht.

Aufräumen, umräumen – und dann abräumen

Und so wie man die Kommode von hier nach da rückt, den Sperrmüll aussortiert, im Garten das Unkraut jätet und die Sträucher beschneidet, damit neue, kräftige Blüten und Früchte wachsen und gedeihen können, so bringt man auch sein Vermögen zur Blüte. Etwas prosaischer, natürlich, aber ohne ordnende Hand und hier und dort einen kräftigen Schnitt, geht es auch dabei nicht.

Wir wollen deshalb die eine und andere Anlageklasse in unserem Depot zurückschneiden, ohne jedoch irgendwo die Axt anzulegen.

Umräumen im Depot

Angesichts schwer kalkulierbarer politischer Risiken – wir denken zuvorderst an die Situation in Nahost und die Ratlosigkeit der westlichen Diplomatie gegenüber einem ebenso hoch wie geschickt pokernden Iran –, einem sich verlangsamenden Wachstum der Weltwirtschaft sowie nicht mehr so aussichtsreichen Börsen, räumen wir in unserem Depot um. Weniger Aktien, mehr Rohstoffe, heißt die Devise. Und nach wie vor Anleihen untergewichten. Ins Detail gehen wir später.

Blick zurück – aber nicht im Zorn

Bange machen gilt nicht, hatten wir unser Editorial vor einem Jahr tituliert – und in unserer Anlagestrategie entsprechend gehandelt. Mit 50% Aktien und einem Goldanteil von 17,5% haben wir zwar nicht alles auf eine Karte gesetzt, aber sind doch konsequent und mutig unserer Einschätzung im Herbst 2005 gefolgt. Es hat sich gelohnt.

Wachstum unterschätzt

Zwar haben wir das Wachstum in den Industrieregionen der Welt leicht unterschätzt – insbesondere in Deutschland, das nach der Bundestagswahl zunächst in Agonie verfallen war. Den aufstrebenden Schwellenländern hatten wir jedoch zurecht hohes Potenzial zugesprochen. Auch die „Entdeckung der arabischen Börsen“ sahen wir im Herbst 2005 voraus. Und unsere Vorhersage „dem Welthandel werden neue Grenzen gesetzt“, hat sich voll bewahrheitet. Die so genannte Doha-Runde war der vorerst letzte – gescheiterte – Liberalisierungsversuch innerhalb der Welthandelsorganisation WTO.

Es kommt zu einer neuen Welle von Unternehmensübernahmen, versprachen wir. Bingo!

Auf „Rendite mit Rohstoffen" gesetzt

Das Preisniveau für Rohstoffe bleibt hoch, schwächt sich aber im Jahresverlauf 2006 ab. Auch wenn das Jahr nicht vorbei ist – damit dürften wir per Termin richtig liegen. Folglich setzten wir auf „Rendite mit Rohstoffen“. Wer uns gefolgt ist, durfte sich über satte Gewinne freuen.

Goldrichtig

. . . lagen wir insbesondere auch beim gelben Edelmetall, mit dem wir unsere Rendite „aufpolieren“ wollten. „Gold ist in jedem dynamischen Depot ein Muss“ und Kurse um 550 US-$ sind leicht möglich. Deutlicher ging's nicht. Der Goldpreis hatte bei 720 US-$/OZ seinen vorläufigen Höhepunkt und liegt aktuell bei 580 US-$/OZ. Niemand wird es bereut haben, unserer Empfehlung und hohen Depotgewichtung gefolgt zu sein.

Die Zinsen steigen, aber Kapital bleibt im langfristigen Vergleich immer noch billig. Korrekt, keine Frage.

Dollar-Chart vorgezeichnet

Den Dollar sahen wir „im Winter eher fester bis auf 1,15 je €, in der 2. Jahreshälfte schwächer bis 1,37.“ Damit haben wir den Dollar-Euro-Chart gewissermaßen vorgezeichnet.

Der Yen sollte sich nach unserer Ansicht zwischen 125 und 141 zum € bewegen. Er ist inzwischen deutlich unter diesen erwarteten Tiefpunkt gefallen. Das Katz- und Maus-Spiel der japanischen Notenbank war nicht vorhersehbar. Zum Dollar allerdings schlägt er gerade an den vorausgesagten 115 Yen als Untergrenze an.

Die Immobilienpreise in zahlreichen Ländern – insbesondere auch den USA - überschreiten den Zenit. Ebenfalls richtig.

Von Anleihen die Finger lassen

Von Anleihen haben wir erneut die Finger gelassen. Das war vernünftig.

Aktien übergewichtet

Dafür haben wir Aktien klar übergewichtet und insbesondere auf Europa und die Emerging Markets gesetzt. „Dem DAX trauen wir auf Sicht von 9 Monaten in der Spitze etwa 5.600 Punkte zu." Gestartet waren wir bei rund 5.000 Punkten Ende September 2005. Ende Juni 2006 stand der DAX bei 5.680.

Anfang Mai hatte das Börsenbarometer schon einmal bei 6.140 Punkten haussiert. Auf der Gewinnerseite waren die Leser unseres Briefes Fuchs Kapitalanlagen. Ihnen hatten wir schon ab Februar konsequent zu Gewinnmitnahmen geraten und sind „im Vollbesitz unserer Kräfte" aus Aktien und auch Gold ausgestiegen.

Von Highflyern und Tieftauchern

31% Plus mit E.ON

Nicht ganz zufrieden sind wir mit den Jahresergebnissen unserer drei Depots. Mit den „Aktien für Anleger, die gern ruhig schlafen" erzielten wir ein Plus von 12%. Beste Aktien im Depot waren die drei DAX-Schwergewichte Allianz mit 30% Plus, gefolgt von E.on mit 29% und Deutsche Bank mit 26%. Am schlechtesten schnitt Deutsche Telekom mit -17% ab.

Beim Depot für risikoneutrale Anleger erwirtschafteten wir lediglich ein Plus von 10%. Hier war Gesco der Highflyer mit plus 38%, EADS der Ausrutscher mit -22%.

Über 16% Wertzuwachs darf sich freuen, wer schließlich auf unser unser Aktienportefeuille für Risikobereite gesetzt hat. Hier schoss Rational mit einem Plus von 70% den Vogel ab. Den größten Verlust fuhren wir mit Eckert&Ziegler ein (-9%).

Breit gestreut ist halb gewonnen

Letztlich zeigen die Ergebnisse, wie schwer es ist, gegen den im Prinzip breit gestreuten DAX 30 mit 10 ausgesuchten Werten, die allerdings weder gewichtet sind noch gemanagt werden, anzutreten.

Summa summarum gilt allemal: Wir haben uns nicht bange machen lassen, entsprechend gewagt und viel gewonnen.

Zwei große Themen im Blick

Neuer Megatrend: Infrastruktur

Am Anlegerhorizont zeichnet sich ein neuer Megatrend ab: Infrastruktur. Gigantischer Neubaubedarf in den aufstrebenden Schwellenländern; enormer Renovierungsbedarf in den alten Industriestaaten des Westens. Den weltweiten Markt, seine Chancen, Risiken und die Erfahrungen mit bereits bestehenden Investmentprodukten schildern *Norbert Hagen, Markus Hormann, Jürgen Raeke* und *Ralf Vielhaber* im Kapitel „Perspektiven".

Vorsorgevermögen als Umverteilungsmasse

Im hinteren Buchteil findet sich ein weiteres übergreifendes Thema, das in den Bereich Anlagestrategie fällt. Das Vorsorgevermögen von morgen, so schreibt der Herausgeber der Anlagechancen, *Ralf Vielhaber*, wird zugleich der neue große Umverteilungstopf des Staates sein. Wie man sich frühzeitig mit seiner Vermögensanalage darauf einstellt, wissen *Frank Kalter*, *Florian Widmer* und *Gunter Wilfling*.

Hans-Peter Schupp zeigt uns den DAX-Trend für das kommende Anlagejahr auf und ist überzeugt: da ist noch ausreichend Luft nach oben, der Kursverlauf bewegt sich nach einem klassischen Muster.

30 ausgesuchte Aktien

Markus Neumann und *Bernd Frank* haben wiederum 30 Aktien für jeden Anlagertyp für Sie ausgesucht.

Für die nicht ganz so großen Vermögen, die nicht in Einzelwerte investieren, sondern ihr Geld über Fonds und Zertifikate streuen, hat Fuchs-Mitarbeiterin *Barbara Sternberger-Frey* ein Portfolio zusammen gestellt, das für das nächste Jahr wetterfest und renditebringend ausgerichtet ist.

Warnschüsse

Warnschuss für Euro-Anleihen

Einen Warnschuss an die Besitzer von Euro-Anleihen feuert wiederum *Konrad Hummler* ab: Wer sie im Portfolio hat, wiegt sich in falscher Sicherheit!

Auch wenn sie in Deutschland, wo die sozialdemokratischen Uhren langsamer ticken, mit Verzögerung eingeführt werden – REITs werden 2007 eine Anlageklasse sein, die am deutschen Markt Boden gewinnt. Doch in anderen Ländern ist man schon deutlich weiter. *Jürgen Raeke* zeigt auf, wie Sie international in REITs investieren.

Klumpenrisiko Immobilien

Dagegen liest *Michael Schramm* deutschen Immobilieneigentümern die Leviten. Grund: Die meisten Gesamtvermögen sind mit Immobilienanlagen „voll gestopft" und bergen immense Klumpenrisiken. Es gilt, das richtige Maß zu finden.

Fritz Ullrich Fack befasst sich wiederum mit der Anlageklasse, die wohl die schönste von allen ist: Kunst. Was kommt, was geht 2007, wo lohnt es sich zuzugreifen?

Diamanten glänzen wieder

Eine von vielen längst angeschriebene Vermögensanlage glänzt wieder: Diamanten, schreibt der Diamantmarktexperte des Fuchs Teams, *Alexander Fuchs* (nomen est omen).

Fuchs-Redakteur *Stefan Ziermann* entdeckt mit Ihnen die Welt des Devisen-Tradings, die sich nach den Rohstoffen als eigenständige Anlageklasse etablieren, seitdem es eine Vielzahl an Devisenhandelsplattformen für Kleinanleger gibt.

Wie Sie erfolgreich Traden und Psychofallen dauerhaft umgehen, sagt Ihnen *Jannis Raftopoulos.*

Eine hoch interessante Alternative zum Optionsschein, die CFDs (contract for difference), nimmt *Matthias Hach* unter die Lupe.

Exportschlager Kontenabruf

Und Fuchs-Steuerexperte *Sigurd Fleischer* deckt für Sie auf, wo Ihnen der Staat mittlerweile überall in die Karten – besser Konten – schaut: „Freuden der Transparenz – Der Krake geht auf Reisen".

Thesen, Trends und Portfolio

Die Mischung macht's

Thesen und Trends 2007

Die wichtigen Marktsegmente auf einen Blick

FUCHSBRIEFE-Team

Marktlage

Die Weltkonjunktur kühlt sich ab. Die Krisenanfälligkeit der Finanzmärkte steigt. Die starken Wachstumsimpulse aus Asien ermöglichen aber ein erneutes Durchstarten schon im Jahresverlauf 2007.

Emerging Markets

China und Indien sowie die übrigen Schwellenländer bleiben die Wachstumstreiber der Weltwirtschaft. Ihre Finanzverfassung ist weit gehend robust.

Preise / Inflation

Der Trend steigender Preise vor allem aufgrund der hohen Rohstoffnotierungen läuft bis Anfang 2007 aus. In Europa treibt noch die Mehrwertsteuererhöhung in Deutschland die Inflation. Danach geht es tendenziell wieder abwärts.

Zinsen

In den USA verringert die Notenbank 2007 wieder den Leitzins. Die EZB dürfte noch auf 3,5% erhöhen und dann erst mal Kurs halten. Die Kapitalmarktzinsen gehen in USA und Europa tendenziell nach unten.

Währungen

Dollar und Yen verlieren weiter an Wert insbesondere gegenüber dem Euro. Zur Jahresmitte 2007 dreht sich das Blatt.

Aktien

Das Tempo, in dem die Unternehmensgewinne zuletzt gewachsen sind, lässt nach. Trotzdem erhalten die Börsen Impulse aus den insgesamt niedrigen Bewertungen vor allem der Blue Chips. Die Stimmung ist weit entfernt von Euphorie. Wenn es schlecht läuft, gehen die Kurse in einen längeren Seitwärtstrend über, ansosnten haben alle großen Börsen weiter ordentliches Aufwärtspotential.

Anleihen

Die Kurse von Euro-Anleihen bleiben bis nach 2007 hinein anfällig für Zinserhöhungen. In den USA sind zwar Kurssteigerungen zu erwarten, da das Zinsniveau sich auf breiter Front langsam nach unten bewegt. Aber das Währungsrisiko macht US-Anleihen wenig attraktiv.

Gold

Das Edelmetall bleibt auf der Einkausfliste. Die Nachfrage durch Schmuckkäufe aus Asien bleibt hoch. Die Feinunze wird 2007 700 US-$ kosten. Das Metall ist auch ein wichtiger Krisenschutz im Depot.

FUCHS Portfolio 2007

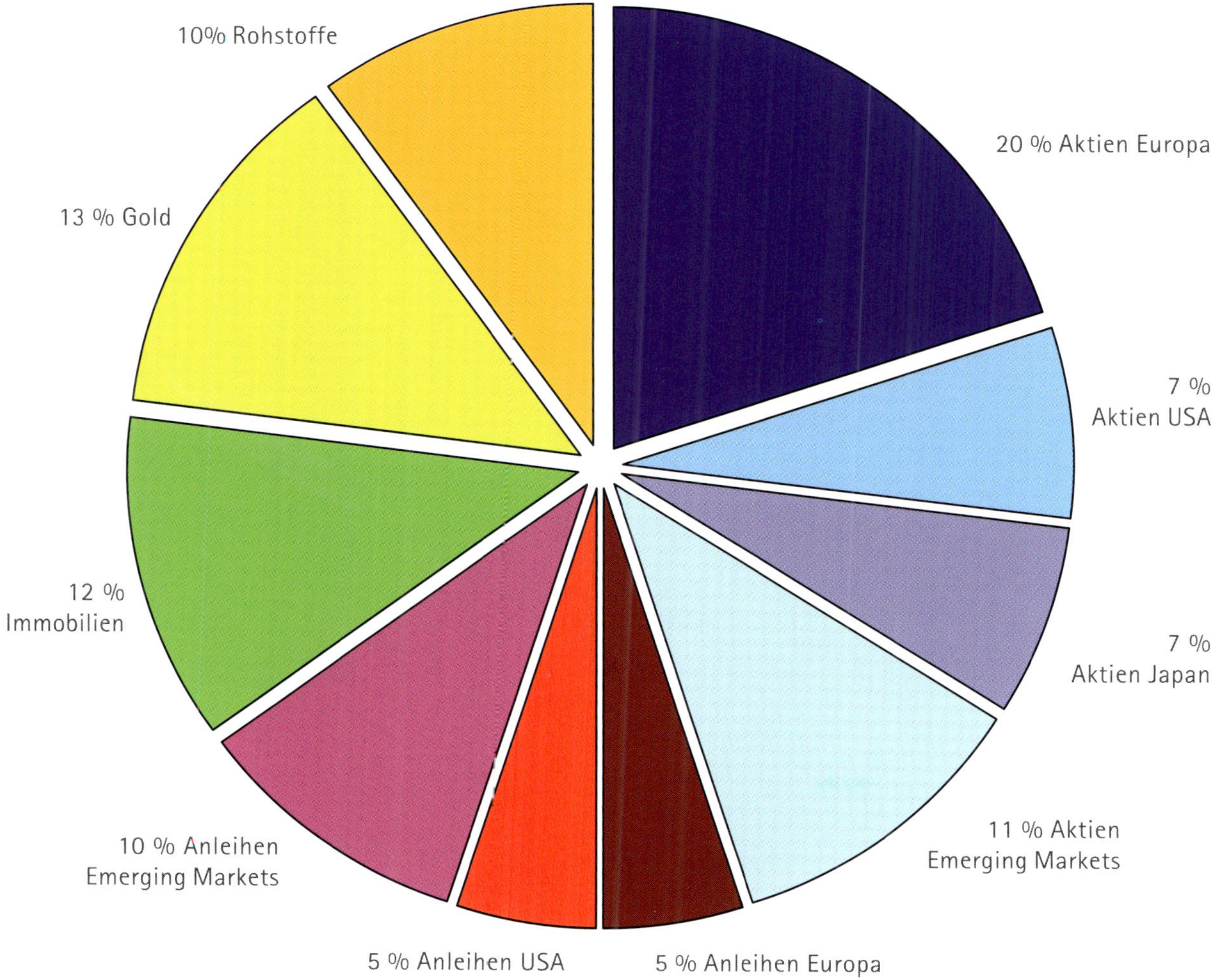

Wir modifizieren unser Portfolio leicht in Richtung „Sicherheit" und „Ausgewogenheit", durch eine Umschichtung von Aktien in Rohstoffe, insbesondere einen erhöhten Anteil an Immobilien und sonstigen Rohstoffen.

Den Aktienanteil reduzieren wir von 50 auf 45%. Der Anteil der Anleihen bleibt unverändert bei 20%. Dadurch sichern wir das Portfolio stärker gegen wirtschaftliche und politische Fährnisse ab.

Immobilien

Immobilien bleiben ein zentraler Vermögensbestandteil. Die meisten wichtigen Auslandsmärkte haben aber kaum Potenzial nach oben. In Deutschland dürften ausländische Käufer aufgrund günstiger Preise weiterhin aktiv bleiben. Wer jedoch schon stark mit Renditeobjekten im Inland eingedeckt ist, sollte diejenigen, die nicht an besten Standorten liegen, abstoßen. Wegen des nicht mehr so attraktiven Zinsniveaus besteht generell kein Anlass zu kurzfristigen Kauf-Entscheidungen.

Steuern: Politik der Nadelstiche

Im steuerlichen Bereich wird sich in 2007 wenig tun. Die wichtigsten Änderungen (Abgeltungssteuer, Unternehmensteuerreform) sollen erst in 2008 umgesetzt werden. Allerdings werfen diese bereits ihre Schatten voraus und erfordern rechzeitiges Handeln (s. Beitrag Abgeltungssteuer). Charakteristisch ist aber eine Politik der Nadelstiche, die durch verschärfte Kontrollen der Kapitalanleger, gesenkten Sparerfreibetrag und durch den weiteren Wegfall sog. Steuerstundungsmodelle in Erscheinung tritt.

Die Vermögensstruktur 2007

Ausgewogenes Depot

Wir schalten um von „dynamisch" auf „ausgewogen". Und setzen insgesamt auf eine breitere Mischung der Anlageklassen. Das mindert das Risiko im Gesamtdepot.

Aktienquote leicht reduziert

Mit einem Aktienanteil von insgesamt 45% reduzieren wir das Risiko im Depot aufgrund der verschlechterten Rahmenbedingungen. Währungsrisiken in Dollar und Yen halten uns davon ab, die Aktienanteile aus beiden Ländern noch deutlicher heraufzusetzen. In der Erwartung überdurchschnittlicher Wertsteigerungen halten wir unseren Anteil an Aktien aus Schwellenländern mit 11% relativ hoch.

Festverzinsliche unverändert

Bei den Festverzinslichen bleiben wir zurückhaltend. Währungsrisiken im Dollar und mögliche Kursverluste im Euro sind dafür ausschlaggebend. Für Rendite sollen Schwellenländeranleihen sorgen. Die meisten, wenn auch nicht alle, befinden sich in einer soliden Finanzverfassung.

Immobilienquote leicht erhöht

Den Immobilienanteil im Portfolio erhöhen wir ein weiteres Mal. Dies liegt daran, dass wir in dieser Anlageklasse bisher „unterinvestiert" waren. Immobilien sollen ebenfalls für mehr Ausgewogenheit im Gesamtportfolio sorgen. Höhere Wertsteigerungen sind allerdings in immer weniger Märkten zu erzielen.

Rohstoffe: Anteil etwas abgesenkt

Gold bleibt für uns ein wichtiger Vermögensbestandteil, auch wenn wir seinen Anteil am Gesamtportfolio leicht zurück fahren. Auch dies resultiert aus der Überlegung, durch breite Streuung der Anlageklassen eine Absicherung gegen mögliche Verwerfungen an den Finanzmärkten zu haben.

Unsere Erwartungen für das Jahr 2007 im Überblick

	Realwachstum	3-Monatszinsen	10jährige Renditen	Wechselkurs	Börse
USA	Die US-Wirtschaft kühlt sich ab. Ab Frühjahr geht es wieder aufwärts. Das Wachstum dürfte am oberen Rand 3% betragen.	Im Jahresverlauf pendeln die kurzfristigen Zinsen um die 5% mit Tendenz nach unten.	Die Zinsstruktur entwickelt sich zunächst invers. Die Renditen der Langfristzinsen steigen erst wieder zur 2. Jahrehälfte 2007 über die der Kurzläufer.	Der Dollar verliert bis ins Frühjahr weiter an Wert und peilt erneut Kurse um 1,36 zum € an. Danach könnte es deutlich nach oben gehen. Bei 1,23 liegen Höchstkurse.	Sinkende Zinsen beflügeln die Börsen. Vor allem der S&P 500 ist günstig bewertet und hat viel Nachholbedarf. Der DOW erreicht neue Allzeithochs.
Japan	Billiger Yen und die Nähe zu China begünstigen das Exportwachstum. Bei 2% liegt der obere Rand des Wachstums.	Die Geldmarktzinsen steigen bis auf 0,5% an.	Die Rendite der langjährigen Zinssätze steigt über 2%.	Zum € verliert der Yen weiter an Wert. Kurse bis 160 ¥ je € sind möglich. Gegenüber US-$ wird der ¥ stärker. Range: 126-110.	Es setzt eine von Unternehmensgewinnen getriebene Hausse ein. Wir sehen den NIKKEI am Jahresende 2007 bei 18.700 Zählern.
Europa	Europas Konjunkturzyklus läuft dem der USA nach. Trotz nachlassender Auslandsimpulse sind 1,8% Wirtschaftswachstum realistisch.	In Europa steigen die kurzfristigen Zinsen bis auf 3,5%.	Die Rendite der 10Jährigen Staatsanleihen pendelt zwischen 4,10 und 4,60%.		
Deutschland	Die Mehrwertsteuererhöhung und nachlassende Auslandsimpulse drücken das in 2006 starke Wachstum auf 1,5.%				Der DAX zeigt sich von Steuererhöhungen und der Abgeltungsteuerdebatte weit gehend unbeeindruckt und peilt 7.000 Punkte an.

ANLAGE-KOMPASS 2007

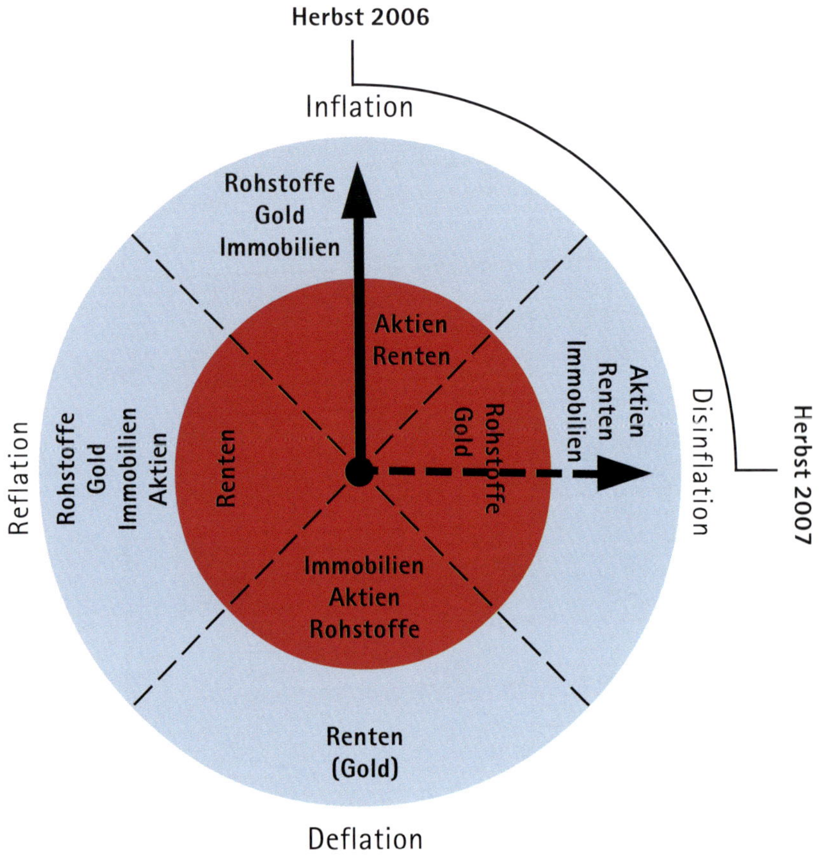

Der durchgezogene Pfeil gibt den Ausgangspunkt im Herbst 2006, der gestrichelte den voraussichtlichen Stand Herbst 2007 an.

Perspektiven

Über das Jahr hinaus

» Nach dem Abklingen des Internet-Hypes fragte sich die Anlegergemeinde, welcher Megatrend das world wide web beerben würde: Biotech, Nanotechnologie, UMTS? Weit gefehlt! Nach dem – stark nach Old Economy riechenden – Rohstoffboom zeichnet sich jetzt der neue Trend ab, der ebenfalls wenig mit Hightech zu tun hat: Neubau und Erhalt von Infrastruktur sind die Zukunftsthemen, die den Anlegern auskömmliche, und vor allem sichere Renditen bescheren sollen. Denn der Staat, der hier bisher als Monopolist auftrat, ist längst an seine (finanziellen) Grenzen gestoßen, braucht frisches Geld – von der Privatwirtschaft und von den Kapitalanlegern. «

Alles neu

Die Entdeckung der Infrastruktur

von Ralf Vielhaber, FUCHSBRIEFE

Wer „beerbt" das Internet?

Erstens kommt es anders und zweitens als man denkt. Was dachte die Anlegergemeinde nicht alles, welches Thema das Internet als Megatrend ablösen würde. Die Biotechnologie mit einigen bahnbrechenden Entdeckungen wie der Entschlüsselung des genetischen Codes des Menschen war schnell im Gespräch. Inzwischen ist die Begeisterung außerhalb der Wissenschaft abgekühlt, nicht zuletzt, nachdem bekannt wurde, dass das koreanische „Genie" der Stammzellforschung *Hwang Woo-Suk* seine Ergebnisse gefälscht hatte und ihm die gesamte Wissenschaftsgemeinde über Jahre auf den Leim gegangen war, ja selbst die international angesehensten Wissenschaftsjournale Science und Nature Hwang bejubelten, statt ihn zu entlarven. Außerhalb von Wagniskapital hat sich die Finanzindustrie ohnehin nie so richtig an das Thema herangewagt, um es einem breiten Anlegerpublikum zu öffnen.

Reise ins Innere des Menschen

Hightech für die Anlegergemeinde

Ziemlich zeitgleich kam die Rede auf die Nanotechnologie, einem weit verzweigten Forschungsgebiet der Halbleitertechnologie und Mikroprozessoren, der Erfindung neuer Werkstoffe, bis hin zur faszinierenden Welt der mikroskopisch kleinen Roboter (Nanobots), die zum Beispiel durch unsere Blutbahnen tauchen und diese erforschen können. Nachdem die Welt weit gehend oberirdisch und unter Wasser entdeckt scheint, die Zeit der großen Abenteuer und Abenteurer auf dem Globus vorüber ist und dem Laien alles „erforscht" scheint, was mit bloßem Auge zu sehen und mit heutigen Technologien erreichbar ist, da gewinnt das Innere des eigenen Körpers (wieder) einen besonderen Reiz.

Die Entdeckungsfahrten der Nano-Roboter, ihr „Ich sehe was, was du nicht siehst", faszinieren die Menschheit, nicht nur weil sie ihre Neugier stillen, sondern obendrein eine Klientel bedienen, die sich lieber „gesundmachen" lässt, als vorzubeugen. Sie verstärken die (Auto)Suggestion des „anything goes" in der Medizin. Doch so beeindruckend das alles ist, auch hier fehlt es aus Anlegersicht am Entscheidenden: den Anlagemöglichkeiten, einer breiten Produktpalette, in die investiert werden kann.

Woran kaum jemand gedacht hatte: Rohstoffe

China und Indien geben den Takt vor

Der nächste Megatrend kam aus einer Ecke, in die kaum einer geblickt hatte: die „Old Economy". Die „schmutzigen Industrien", die Stahlkocher, die Ölbohrer, die Minen mach(t)en das Rennen, als der Welt ziemlich plötzlich klar wurde, dass der Eintritt Chinas und Indiens in die Weltwirtschaft mit ihren fast 2,3 Milliarden Menschen – fast doppelt so viele wie in der Europäischen Union (457 Mio.), den USA (298 Mio.), Indonesien (242 Mio.), Russland (142 Mio.) und Japan (127 Mio.) zusammen – einen riesigen und vor allem dauerhaften Nachfrageboom nach Rohstoffen und deren Derivaten auslöst; jedenfalls für die Dauer der kommenden zwei Jahrzehnte.

Preisanstieg vorerst gestoppt

Rohstoffe und Rohstoffanlagen werden auch weiter eine wichtige Rolle spielen in der Wirtschaft, in den Anlegerportefeuilles. Doch mittlerweile hat sich auch hier die Anfangseuphorie (soweit es die Gewinne der Anleger betrifft) gelegt. Die enormen Preisanstiege – die den Wogen eines Seebebens gleich unvermittelt angerollt waren – verlieren in einer von politischen und konjunkturellen Unsicherheiten geprägten Umgebung an Kraft, sind in eine Konsolidierungsphase eingetreten. Der für die Anleger bei einem neuen Trend so interessante erste steile Preisanstieg hat sein Basislager erreicht, ruht auf einem Plateau. Um abzusteigen? Oder den nächsten Gipfel in Angriff zu nehmen? Zu Ende ist die Bergtour gewiss nicht. Doch ein einmal erkannter Megatrend verliert auch schnell einiges von seinem Reiz für die stets nach einem neuem Kitzel (denn Gier ist unbesiegbar) suchende Anlegergemeinde und die Produzenten von Finanzprodukten.

Auf der Suche nach dem Trend von morgen

Blick durch den Nebel

Man darf, man sollte also weiter denken, auch, wenn man sich zum besonnenen Teil der Anlegergemeinde zählt. Wir wollen deshalb versuchen durch den Nebel zu spähen, Anhaltspunkte zu finden, wohin die Reise demnächst geht, auf welchen möglichen Boom wir uns eventuell schon zu bewegen, ohne dass wir ihn bereits klar erkennen. Denn so wie der Dunst aus unzähligen Wasserteilchen besteht, die sich zu einem fürs Auge undurchdringlichen Gespinst verdichten können und die Sinne „vernebeln", so ist es für den Anleger die tägliche Flut von Nach-

richten, die die Welt atomisiert, die Zusammenhänge entkoppelt und den Geist verwirrt. Man muss die Nachrichten wieder zusammenführen, um den Trend zu entdecken, von dem sie uns – richtig aneinandergereiht – erzählen können.

Zurück im Reich der „Old Economy"

Und wieder landen wir im Reich der Old Economy. Infrastruktur, so meinen wir, ist der Anlagetrend der (näheren) Zukunft.

Auto- und andere Bahnen

Wie kann das sein, werden Sie vielleicht sagen, was soll daran neu sein? Gibt es nicht längst Autobahnen und Daten-Autobahnen, kommt nicht seit langem der Strom aus der Steckdose, das Wasser aus dem Hahn und gurgelt es nicht ständig durch ungezählte Abflussrohre. Haben wir nicht bereits ein dichtes Netz an Krankenhäusern, Schulen, öffentlichen Gebäuden?

Auf Bevölkerungsentwicklung reagieren

Haben wir. Vielleicht sogar schon zu viel des Guten. Jedenfalls bei uns im „Westen“, dem am weitesten entwickelten Teil des „globalen Dorfs“ (wenn man diesen Begriff für angemessen halten will). Geht die Bevölkerungszahl zurück – und das ist zumindest für Europa so sicher wie das Amen in der Kirche – dann werden beispielsweise bestehende Wasserleitungen nach und nach unbrauchbar, verkeimen, müssen zurück gebaut werden. Sagen Experten. Andererseits füllt sich unser ohnehin weit verzweigtes Straßennetz täglich mit mehr Lastern, da die Arbeitsteilung in der Wirtschaft immer noch weiter voranschreitet und Waren in einem Europa ohne Grenzen von hier nach da verbracht werden müssen. Deutschland mitten drin. Ein 18-Tonner LKW macht angeblich so viel kaputt wie 17.000 Pkw. Wenn wir vielleicht nicht noch mehr Asphalt brauchen, so zumindest Straßen in einem Top-Zustand. Und das kostet. Abgesehen davon fährt man im deutschen Osten noch häufig genug auf Sand statt Teer, und das keineswegs nur in der unbewohnten „Pampa“ Brandenburgs oder Mecklenburg Vorpommerns, sondern auch in dicht besiedelten Gebieten.

Die Substanz bröckelt

Kein Geld für Renovierungen

Nur ein Teil der Bevölkerung, dieser aber um so klarer, sieht, wie unzähligen Krankenhäusern das Geld fehlt, außer der Finanzierung angemessener medizinischer Leistung und Pflege auch noch notwendige Renovierungen durchzuführen. Wie Schulen in einem erbarmungswürdigen Zustand sind. Und das zu einer Zeit, wo selbst die Politik die

„Wissensgesellschaft" ausruft. Noch weniger wissen, wie marode unsere Abwasserrohre sind, die oft so aussehen wie eine sibirische Ölleitung.

Die Lichter gingen aus

Im Winter 2005/06 wurde obendrein deutlich, dass selbst unser hoch gelobtes Stromleitungsnetz anfällig (geworden) ist; als bei extremer Wetterlage – erst Eisbildung auf den Leitungen, dann ein heftiger Sturm – in Nordrhein Westfalen Masten knickten wie Strohhalme und plötzlich die Lichter (und nicht nur die) ausgingen. Offizielle Begründung für den (peinlichen) Vorfall: Ein großer Teil der Strommasten sei in der Nachkriegszeit bis zum Jahr 1967 aus einer basischen, phosphorhaltigen, aber siliziumarmen Stahlsorte, dem sogenannten Thomasstahl, hergestellt worden. Der Stahl sei in ungewöhnlicher Weise spröde geworden, die Bruchfestigkeit des Materials älterer Masten hätte sich um bis zu 60 % „reduziert".

Weltweit hoher Investitionsbedarf

Millionen versickern

Aber nicht nur Deutschland ist von einem hohen Sanierungsbedarf seiner Infrastruktur betroffen, im Gegenteil: Andere Länder haben diesbezüglich noch viel akutere Nöte. England zum Beispiel, das im Sommer 2006 unter Wassermangel litt. Nicht nur, weil es so wenig geregnet hat – der Festlandeuropäer, der „England" und „Regen" als Synonyme gespeichert hat, staunt – sondern, weil die britischen Wasserleitungen einem Sieb gleichen und unterwegs Hektoliter des kostbaren Nass versickern lassen.

Riesiger Investitionsbedarf in Europa …

Ein anderes Infrastrukturinvestment haben die Briten schon mit Verve angepackt. Wohl wissend, was Ausbildung der eigenen Bevölkerung im internationalen Wettbewerb und bei einer schrumpfenden Einwohnerzahl wert ist, macht sich die Insel daran, ihre Schulgebäude in großem Stil zu sanieren. Denn in einem freundlich wirkenden und gut ausgestatteten Gebäude lernt ein gesunder Geist, analog zu der Erkenntnis: mens sana in corpore sanis. Auch Deutschland wird nicht darum herumkommen, hier kräftig zu investieren, wenn es auf Dauer seinen Wohlstand sichern will. Und Frankreich. Und Italien, Spanien, die Niederlande, Polen, die USA und und und.

… aber auch im „Rest der Welt"

Was in den westlichen Industrienationen erneuert werden muss, das steht in anderen, noch aufstrebenden Teilen der Welt zum Neubau an. Häfen und Flughäfen, Straßen und Datenautobahnen, Wasserversorgung und -entsorgung, Schulen, Universitäten, Krankenhäuser etc. Je größer der Wohlstand wird, desto höher werden die Ansprüche.

Privates Geld stinkt nicht mehr

Doch wer soll's bezahlen? Bisher war es wie selbstverständlich der Staat, der hier die Rechnungen beglich. Das ist in dieser Ausprägung vorbei. Die gigantischen Summen, die aufzubringen sind, um zu tun, was in den nächsten zehn bis zwanzig Jahren zu tun ist, die (pro Land) zwei- und dreistellige Milliardensummen verschlingen werden, die kann kein Staatshaushalt im Westen aufbringen. Die Steuerschrauben sind schon zu stark angezogen, der Steuerwettbewerb ist zu intensiv, das Wachstum nachhaltig limitiert und die Sozialhaushalte und vor allem die rechtlichen Verpflichtungen eingegangener Sozialversprechen zu gewaltig, als dass Stiefvater Staat für diese Investitionen noch annähernd genug übrig hätte. Kaum die dringendsten Notwendigkeiten können angepackt werden.

Der Staat braucht private Partner

Not macht erfinderisch. Maut für Lkw auf deutschen Autobahnen, und der Euro rollt in die Staatskasse. Erfolgreiche private Krankenhausbetreiber wie das Rhön Klinikum haben sich etabliert und sind auch im politisch eher linken Deutschland, das die Furcht vor einer Zwei-Klassen-Medizin umtreibt, akzeptiert. Und daneben gedeihen zahlreiche, kaum bekannte Projekte, wo Staat und Private – zur Zeit sind es noch Groß-Investoren – zusammenarbeiten. Sie zeigen: PPP – Public Private Partnership – funktioniert.

Der Kreis Offenbach etwa lässt in den kommenden 15 Jahren für 780 Mio. € 90 Schulen renovieren. Partner sind die Baukonzerne Hochtief und die Mannheimer SKE GmbH Facility.

16 Mrd. Euro für Deutschland

Insgesamt wird das Investitionsvolumen, das in Deutschland über PPP abgedeckt werden kann, auf 16 Mrd. € geschätzt, so viel wie in Spanien. In England – führend bei der Vergabe entsprechender Projekte – sind es 80 Mrd. €, dann Italien mit 70 Mrd. und Frankreich mit 28, gefolgt von Portugal mit 25 Mrd. €. Selbst Griechenland bringt es auf 10 Mrd., Irland und Österreich auf jeweils 9 Mrd. Allein im ersten Halbjahr 2006 wurden für Infrastrukturinvestitionen weltweit knapp 100 Mrd. US-Dollar eingesammelt.

Aufgabenteilung zwischen Staat und Privaten

Vier PPP-Varianten

Meist vergibt der Staat an den privaten Partner eine Konzession. Vier Varianten sind geläufig:

1. Build Transfer Operate (BTO): Dabei übergibt der Konzessionär das Infrastrukturprojekt nach dessen Fertigstellung der Re-

gierung. Im Gegenzug erhält er das Recht; über die Laufzeit der erteilten Konzession das Projekt zu betreiben. Diese gängige Variante findet sich v.a. beim Bau mautpflichtiger Straßenabschnitte.

2. Build Own Transfer (BOT): Der Konzessionär führt das Infrastrukturprojekt als Eigentümer durch und überträgt das Eigentum nach Ablauf der Konzession an den Staat.
3. Build Own Operate (BOO): Der Konzessionär errichtet das Infrastrukturprojekt als Eigentümer und betreibt es. Es besteht keine Rückgabeverpflichtung.
4. Build Transfer Lease (BTL): Der Konzessionär führt das Infrastrukturprojekt durch, überträgt es nach Fertigstellung dem Staat und erhält von diesem Leasingraten.

Bauindustrie, Fonds und Investmentbanken

Waren es in der Vergangenheit fast ausschließlich Konglomerate der Bauindustrie, die als Vertragspartner dem Staat gegenübertraten, so nehmen sich dieser Rolle inzwischen zunehmend auch Fonds, Investmentbanken und Beteiligungsgesellschaften an.

Goldman Sachs, Morgan Stanley oder die Deutsche Bank haben im Infrastrukturbereich Fonds aufgelegt. Jetzt erwägt die Deutsche Pfandbrief Bank (Depfa Bank), ob sie einen Fonds für PPP auflegt. Sie macht bereits satte Gewinne mit der hauseigenen Sparte Infrastructure Finance, der für partnerschaftliche Infrastrukturprojekte wie Autobahnen, Brücken, Schulen, Krankenhäuser, Alters- und Pflegeheime, Sportstätten und Gefängnisse das nötige Geld zur Verfügung stellt. Ende Juni 2006 finanzierte die entsprechende Einheit der Bank ein Volumen von 5,7 Mrd. €. Noch sind die wichtigsten Märkte der in Irland ansässigen Bank Großbritannien (mit einem Anteil von 47,3%) und die USA (mit 12,5%).

Anlageprodukte für die Massen gesucht

Nichts für kleine Portemonnaies

Dass dies Thema in breiteren Anlegerkreisen noch nicht Konjunktur hat, hat einen Grund: Es fehl(t)en die Investitionsmöglichkeiten, sieht man einmal von indirekten Investitionsmöglichkeiten via börsennotierter privatisierter „Infrastrukturunternehmen“ wie der Telekom, den Versorgern oder demnächst der Deutschen Bahn ab. 25 Mio. € zum Bau eines Kreishauses wie beim PPP-Projekt in Unna/Westfalen, das ist nichts für kleine Portemonnaies.

Doch die Finanzindustrie wird wach. Angespornt durch Erfolge in Übersee – Vorreiter ist Australien, das bereits große Teile seiner Infrastruktureinrichtungen über private Gelder finanziert – bastelt die Branche an ersten Produkten, mit denen auch Kleinanleger ihre Portefeuilles bestücken können.

Finanzindustrie ist aufgewacht

Neben herkömmlichen Fondskonstruktionen – in den nachfolgenden Artikeln lesen Sie dazu mehr – befassen sich beispielsweise Banken in Fernost mit der Konstruktion islamischer REITs, grob gesagt Immobilienaktien, die (zumindest pro forma) alles von sich fern halten, was als nicht vereinbar mit dem Koran gilt. Eine Getränkeshop-Kette, die ihren Umsatz mit Alkoholika macht, sollte also nicht dabei sein. Auch wenn es vielleicht den meisten Lesern als Kuriosum anmutet – erleben deutsche Anleger doch gerade die (übliche) Schwergeburt der Zulassung in Deutschland, schließlich ist die Politik Hebamme –, könnte aus islamischen REITs weit mehr werden als ein Nischenprodukt. Schließlich zählen weltweit mehr als 1,2 Milliarden Menschen zur islamischen Glaubensrichtung. Und, wenn man so will, gehören größere Teile von ihnen mit zu den Hauptprofiteuren des internationalen Wettbewerbs und Rohstoff-Heißhungers, ob sie nun zu den Rohstoff-Lieferanten in Nordafrika, Nahost oder Südasiens gehören oder zu den Billig-Produzenten in Fernost (Indonesien).

Katalysator für einen neuen Megatrend

Genau hier sehen wir den Katalysator für die Etablierung eines neuen Megatrends im Anlageuniversum. Anders als etwa bei der Biotechnologie lassen sich die Risiken einer Infrastrukturanlage in der Regel sehr gut eingrenzen, die Finanzierungsvolumina abschätzen und auch die Langfristigkeit der Investments ist von vornherein gesichert. Das Prinzip: Der Gläubiger akzeptiert niedrige Renditen für sehr hohe Bonitäten. Daher ist der Staat mit Ausfallgarantien oder der bevorzugten Bedienung der Gläubiger gefordert. Der Eigenkapitalgeber erwartet seinerseits nach derzeitiger Marktlage eine knapp zweistellige Rendite. Geschlossene Infrastrukturfonds kalkulieren mit 12 bis 15% p.a.

Gut eingrenzbare Risiken

Die folgenden Beiträge werden Sie tiefer in die Welt der Infrastruktur-Investments hineinführen, Investitionsvolumina, Produkte, Chancen und Risiken näher ausleuchten und Ihnen die Möglichkeit geben, sich frühzeitig auf die neuen Anlagechancen einzustellen. Denn nur der frühe Vogel fängt den Wurm.

» In Europa steckt die Anlageklasse Infrastruktur noch in den Kinderschuhen. Doch der Markt wächst rasant. Leere öffentliche Kassen und die – späte – Einsicht, dass die Privatwirtschaft meist besser wirtschaftet als der Staat, verstärken den Druck, genuin „hoheitliche“ Aufgaben in private Hände zu übertragen. Die Finanzindustrie steht schon längst in den Startlöchern, um vor allem um die Gelder der vermögenden Klientel wetteifern zu können. Riesige Investmentchancen ergeben sich neben Europa vor allem in den aufstrebenden Ländern Asiens, deren heutige – meist unzureichende – Infrastruktur sich schon als Wachstumsbremse negativ auswirkt. «

Motor für Wachstum

Infrastruktur als Milliardenmarkt

von Jürgen Raeke, Berenberg Private Capital GmbH

Nach dem Flug direkt ins Kaufhaus

Reisende, die das ferne Australien besuchen und am Flughafen Sydney ankommen, werden auf dem Weg zu ihren Koffern zunächst durch eine Shoppingmeile geleitet. Die verkaufsfördernde Idee hatte die australische Investmentbank Macquarie, die mittels eines von ihr gemanagten Fonds im Jahr 2002 den Flughafen für ca. 3,3 Mrd. € gekauft hatte und der neue Betreiber des Flughafens wurde. Maßnahmen wie diese haben den Gewinn und den Wert des Flughafens kontinuierlich erhöht. Auf dem Weg in die Stadt erfährt der eilige Geschäftsmann vom Taxifahrer, dass die Autobahnverbindung durch den Tunnel mindestens 20 Minuten Zeitersparnis bringt. Zeit gegen Geld, und wieder fließen knapp drei Euro Maut in die Kasse eines gemanagten Straßenfonds.

Vorreiter der Privatisierung in Australien waren in den 80er Jahren die Universitäten, gefolgt von Krankenhäusern. Die guten Erfahrungen und die klammen Staatskassen trugen mit Beginn der 90er Jahre dazu bei, dass Autobahnen und neue Brücken nicht mehr nur vom Staat finanziert wurden.

Auch Privatanleger kassieren mit

Während zunächst nur institutionelle Anleger daran teil hatten, können nun auch deutsche Privatanleger ihr Anlagespektrum in den kommenden Jahren um eine ganz neue Anlageklasse erweitern: Infrastrukturinvestitionen. Was aber macht Infrastrukturinvestments aus? Um welche Investments handelt es sich dabei neben Mautstraßen typischerweise? Wo liegen Chancen und Risiken, und wie können Anleger vom nächsten Megatrend Infrastruktur profitieren und dabei auch noch über Jahre hinweg zweistellige Renditen einfahren?

Was ist Infrastruktur?

Infrastruktur – das sind alle grundlegenden Einrichtungen einer Volkswirtschaft, die der Entwicklung eines Landes dienen und die als Voraussetzung für alle wirtschaftlichen Aktivitäten unabdingbar sind: Ein

Zentrale Wachstumstreiber

zivilisiertes Leben und Arbeiten, wie wir es kennen, ist zum Beispiel ohne funktionierende Wasser- und Stromleitungen nicht möglich. Damit stellt die Infrastruktur das Fundament für die Versorgung der Bevölkerung und das generelle Funktionieren einer Volkswirtschaft dar. Und ohne eine gesicherte Infrastruktur ist der Wachstumsprozess einer Volkswirtschaft gar nicht denkbar. Die Weltbank schätzt, dass mangelnde Investitionen in Infrastruktur das Wachstum in Lateinamerika langfristig um bis zu 3% pro Jahr reduziert haben. Zuverlässige Transportwege, Telekommunikationsnetze, Wasser- und Energieversorgung nehmen für die Wirtschaft den gleichen Rang ein wie stabile rechtliche und politische Rahmenbedingungen.

Private Partner übernehmen ehemals staatliche Aufgaben

Die Gewährleistung einer intakten Infrastruktur war in der Vergangenheit neben der Aufrechterhaltung der öffentlichen Sicherheit und Ordnung die Kernaufgabe des Staates bzw. der öffentlichen Verwaltung. Doch das ändert sich bereits rasant. Und angesichts der derzeitigen Kassenlagen der öffentlichen Haushalte vieler Volkswirtschaften ist abzusehen, dass die öffentliche „Hände" die notwendigen Investitionen in öffentliche Infrastruktur alleine nicht mehr hinreichend gewährleisten können. So tendieren immer mehr Staaten immer öfter dazu, ihren Auftrag der öffentlichen Grundversorgung auf private Partner und Investoren zu übertragen. Dabei liegt das Hauptaugenmerk der Übertragung einerseits auf wirtschaftlicher Infrastruktur, bestehend aus

- Verkehr (Mautstraßen, Schienenverkehr und Flughäfen),
- Energieversorgung sowie Wasserver-/Abwasserentsorgung
- Kommunikationseinrichtungen

und sozialer Infrastruktur, bestehend aus

- öffentlichem (Hoch)Bau,
- Schulen, Krankenhäusern, Justizgebäuden,
- und öffentlichen Verkehrsmitteln.

Insbesondere Projekte der sozialen Infrastruktur werden, bedingt durch fiskalische Engpässe, mehr und mehr durch Public Private Partnerships (PPP) realisiert, bei denen es um gemeinsame Aktivitäten der öffentlichen Hand mit der Privatwirtschaft in den oben beschriebenen Bereichen geht. Das Besondere daran: In der Regel bleibt hier der Staat weiter Eigentümer, während der private Investor als Betreiber mit langfristigen Verträgen fungiert. Nach Angaben der deutschen Bauindustrie wurden in den letzten drei Jahren mehr als 600 Mio. Euro in 24 Objekten umgesetzt. In der Pipeline sollen sich schätzungsweise über 100 Projekte mit einem Gesamtvolumen von mehr als 6 Mrd. Euro befinden.

Das Geschäft in Deutschland läuft gerade an

Das Beispiel der deutschen Bundesautobahnen

Am Beispiel deutscher Bundesautobahnen kann am besten nachvollzogen werden, warum Infrastrukturinvestments zukünftig einen immer wichtigeren Anteil bei der Kapitalanlage einnehmen werden.

Eine Straße ist schon aufgrund ihrer technischen Grundvoraussetzungen ein sehr aufwändig geplantes und langfristig genutztes Objekt, dessen Planungs- und Bewilligungsverfahren sich üblicherweise über viele Jahre hinziehen. Einmal fertig gestellt, kann der Standort nicht verändert werden. Straßen sind als Vorleistungen einer Volkswirtschaft unerlässlich. Ohne Straßen gibt es keinen Transport von Rohstoffen vom Lieferanten zum Fertigungsunternehmen. Die weltgrößte Demokratie, Indien, könnte um jährlich etwa 2% mehr wachsen, wenn das Straßen- und Infrastrukturnetz nicht an koloniale Zustände erinnern würde.

Kapitalintensive Investments mit hohen Risiken

Aus ökonomischer Sicht sind Straßenprojekte immer sehr kapitalintensive Investitionen und bergen neben politischen und operativen vor allem finanzielle Risiken. Eines der größten Probleme ist aber: Da die Grundversorgung der Gesellschaft mit Infrastruktur ein hoheitliches Recht ist und damit in den Händen des Staates liegt, herrscht bei Straßenprojekten wie auch bei Projekten anderer Infrastruktursektoren oft nur ein sehr begrenzter Wettbewerb mit nicht immer nachvollziehbaren Entscheidungen. Die Finanzierungen laufen tendenziell aus dem Ruder, denn der Staat baut teuer. Für die Ermittlung einer fairen Nutzungsgebühr von Straßen fehlen Vergleichswerte durch Marktpreise. Auf das gesamte Straßennetz eines Landes gerechnet, ergibt sich bei rein betriebswirtschaftlicher Sichtweise in der Regel ein defizitäres Ergebnis. Dagegen können besonders frequentierte Abschnitte sehr wohl profitabel bewirtschaftet werden. Von Wilhelmshaven nach Emden fahren eben weniger Autos als von Düsseldorf nach Köln.

Hierzulande wie in vielen Industriestaaten geht es weniger um den Ausbau sondern um die Aufrechterhaltung einer Mindestverfügbarkeit der Verkehrsinfrastruktur. Und hier werden die notwendigen Investitionen nicht erhöht oder sogar zugunsten anderer Ausgaben zurückge-

Öffentliche Mittel werden knapper ...

fahren, um Umverteilungen in die Bereiche Soziales, Arbeit, Rente und Schuldendienst vorzunehmen.

... aber die Verkehrsbelastung wird steigen

Noch größere Brisanz bekommt diese Aussage dadurch, dass sich die Verkehrsbelastung insbesondere beim Straßenverkehr in den letzten Jahrzehnten deutlich erhöht hat. Die Bedeutung von Schienen- und Straßenverkehr war 1970 noch in etwa gleich hoch. Im Jahr 2001 deckte die Straße als Transportweg jedoch schon allein fast 70% der gesamten Verkehrsleistung ab, was einen Zuwachs der Straßennutzung von rund 450% bedeutet.

Entwicklung der Autobahnbelastung (in DTV) seit 1981

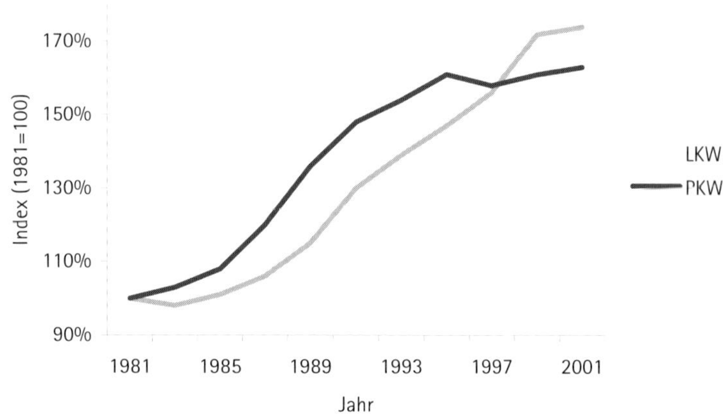

Die Auslastung der Autobahnen, am Beispiel der durchschnittlichen täglichen Verkehrsdichte (DTV) veranschaulicht.
Quelle: Bundesministerium für Verkehr, Bau und Stadtentwicklung, 2004

Erstaunliche Gleichung 1 Lkw= 1.000 Pkw

In den 90er Jahren wies der Güterverkehr ein überproportionales Wachstum auf. Deutschland ist aufgrund der zentralen Lage in Europa von jeher ein Transitland und verzeichnete im Zuge der EU-Osterweiterung einen starken Anstieg ausländischer Lkw. Und dieser Anstieg hat es in sich. Nach Berechnungen der Bundesanstalt für Straßenwesen (BASt) schädigt 1 Lkw die Straßenbefestigung – je nach Gewicht und Achsenanzahl – in etwa soviel wie 1.000 ! Pkw.

USA und Großbritannien - die Substanz verrottet

Noch dramatischer ist die Situation in den USA: Der Staat kürzte die Erhaltungsinvestitionen in den letzten Jahrzehnten dermaßen, dass beispielsweise heute etwa 30% der landesweiten Brücken nicht oder nur eingeschränkt nutzbar sind.

Die Risiken der mangelnden Verfügbarkeit oder Qualität bleiben für die Allgemeinheit bestehen, wenn auch der private Investor die notwendigen Wartungen nicht ordnungsgemäß durchführt und kostenintensive Erhaltungsmaßnahmen verschleppt. So wird beispielsweise das

1989 privatisierte Londoner Wasserleitungssystem mit ca. 32.000 km Trinkwasserleitungen schon jahrzehntelang auf technisch niedrigem Niveau betrieben. Das hat zwei Auswirkungen: Der private Investor erzielt stattliche Renditen und auf dem Weg vom Wasserwerk zum Wasserhahn versickern aufgrund maroder Leitungen nach Expertenschätzungen mindestens 25% des Wassers. Ständig schwankender Wasserdruck und letztendlich schal schmeckendes Wasser sind die Ergebnisse. Die Verbraucher sind zurecht „not amused". In diesem Sommer fielen die niedrigsten Niederschläge der vergangenen 70 Jahre, so dass den Londonern unter Strafandrohung untersagt wurde, ihre Gärten zu wässern und ihre Autos zu waschen. Gleichzeitig versickern täglich Wassermengen, mit denen mehr als 300 Olympia-Schwimmbecken gefüllt werden könnten.

Faire Aufteilung von Chance und Risiko

Solche Fehlentwicklungen haben bewirkt, dass der Verantwortungsbereich der jeweiligen Betreiber in den Verträgen besser definiert wurde, um einseitige Renditeoptimierungen zu Lasten der Qualität zu verhindern. Letztendlich geht es um eine faire Aufgaben-, Lasten-, Risiko- und Ertragsaufteilung bzw. Übertragung zwischen Staat und Investor, um auch in der Bevölkerung eine hohe Akzeptanz für derartige Privatisierungen zu erlangen.

Marktpotenzial

Europa: 130 Mrd. Euro in drei Jahren

Wie groß das Marktpotenzial für Infrastrukturinvestitionen ist – sowohl für den Staat, wie auch für Anleger – zeigen die vorgenannten Beispiele aus Australien. Insbesondere dort ist der Prozess schon sehr weit fortgeschritten, aber auch in Europa haben die Aktivitäten in den letzten Jahren deutlich zugenommen. So wurden zwischen Januar 2003 und Februar 2006 innerhalb Europas Infrastrukturanlagen/-projekte in Höhe von ca. 130 Mrd. Euro an die Privatwirtschaft transferiert. Die knappen Staatsfinanzen und die jahrelang zu geringen Erhaltungsinvestitionen sind deutlicher Beleg, dass dieser Prozess erst der Anfang einer solchen Entwicklung ist.

Stromversorgung: Vorreiter der Privatisierung

Der mit Abstand größte Anteil der realisierten Infrastrukturaktivitäten entfiel mit 53% auf die Stromübertragung und Stromversorgung. England spielt nach wie vor die größte Rolle, aber die kontinentaleuropäischen Länder holen deutlich auf. Insbesondere ist Italien zu nennen, das seinen Anteil an den europäischen Maßnahmen von 12% auf 20% ausgebaut hat und damit nach England an zweiter Stelle liegt. Spanien, Belgien, Frankreich, Deutschland und die Niederlande bewegen sich hier in etwa auf einem ähnlichen Level (zwischen 11% und

7%). Sie alle stehen unter Druck, ihre unsoliden Staatshaushalte zu entlasten und die Staatsfinanzen durch Privatisierung zu stabilisieren und die Schuldenquoten möglichst herunter zu fahren.

Infrastrukturaktivitäten nach den Sektoren in Europa

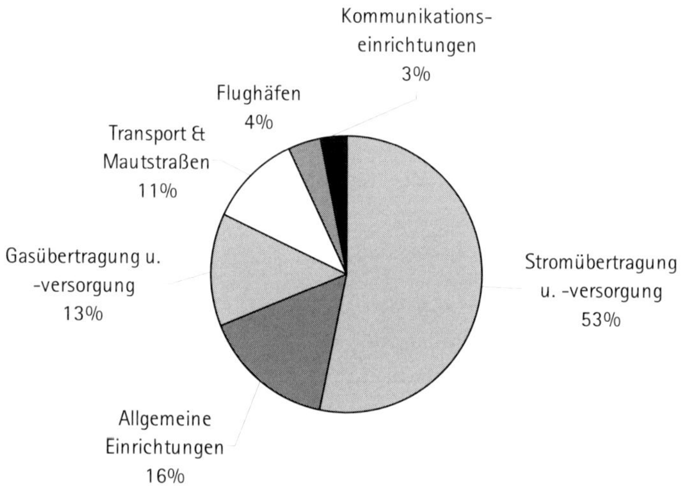

Quelle: Macquarie, Investing in infrastructure

Riesiges Investitionspotenzial vor allem in Asien und Europa

Eine Studie der Weltbank ermittelte kürzlich einen weltweiten privaten Beteiligungsbedarf für Infrastrukturprojekte bis zum Jahr 2010 in Höhe von 1.362 Mrd. USD (Straßen und Schienen 49%, Energiebereich 34%, Flughäfen und Häfen 11%, Wasser- und Abwassersektor 6%). Höchstes Potential mit 681 Mrd. Euro (50%) haben die Regionen Südostasien/Südasien/China.

Sektor	Geschätztes Investitionspotenzial in Mrd. USD	Getroffene Investitionsentscheidungen
Südostasien/Südasien/China	681	28%
Europa	336	37%
Beitrittskandidaten, GUS	177	2%
Rest der Welt	168	57%
Gesamtvolumen	1.362	

China: 72 Mrd. Euro pro Jahr für die Stromversorgung

Laut Asiatischer Entwicklungsbank sind allein in China bis 2010 Investitionen für die Stromversorgung in Höhe von etwa 72 Mrd. Euro jährlich notwendig. Davon schlagen 21 Mrd. Euro für die Aufrechterhaltung und 51 Mrd. Euro für Neubauten zu Buche. Für den Ausbau des Schienenverkehrs bewilligte die chinesische Regierung neun Hochgeschwindigkeitsstrecken für den Personenverkehr. Im Jahr 2005 investierte China rund 9,8 Mrd. Euro in 58 neue Bahnprojekte und beendet weitere 48 bereits begonnene. Allein das Bevölkerungswachstum in der Asien- Pazifik Region von geschätzten 500 Millionen Menschen bis 2020 wird jährlich etwa 150 Mrd. Euro Infrastrukturinvestitionen erfordern.

Was Infrastruktur-Investments ausmacht

Langfristige Planbarkeit …

Das für Anleger besonders Schöne an Infrastrukturinvestitionen ist die Tatsache, dass diese in der Regel langfristig planbar sind. Denn die Grundversorgung der Bevölkerung eines Landes ist das wesentliche Kernelement von Infrastruktur-Einrichtungen. Dabei weisen diese Einrichtungen oder Anlagen oft einen strategischen Wettbewerbsvorteil auf. Denn häufig gibt es kaum Alternativen zu den angebotenen Leistungen. Die Betreiber und Investoren genießen quasi eine Monopolstellung. Dieser Vorteil kann auch in Konzessionen oder anderen langfristigen Vereinbarungen liegen, da die Anlagen in der Regel auf Langlebigkeit ausgerichtet und selten dem Risiko technischer Veränderung ausgesetzt sind.

… und monopolistische Strukturen

Ferner können die natürlichen, oft sehr hohen Zugangsbarrieren ebenfalls monopolartige Strukturen schaffen. Folglich ist es anderen Marktteilnehmern nahezu unmöglich, eine Konkurrenzsituation zu etablieren (Autobahntunnel, Brücken). In diesem beschriebenen Umfeld wird klar, dass es eine sehr langfristige und nachhaltige Planbarkeit auf der Einnahmeseite gibt, die wiederum zu stabilen und berechenbaren Zahlungsströmen führt. Und der Inflationsschutz wird durch entsprechende Vertragsgestaltung mitgeliefert. Im idealen Umfeld nehmen im Investitionsverlauf die Betriebskosten relativ ab und führen zu einer Wertsteigerung im Zeitablauf. Bei Tunneln treten erfahrungsgemäß erst nach 60 Jahren, bei Brücken und Straßen nach 45 Jahren die ersten größeren Reparaturen auf.

Von Konjunkturzyklen unabhängige Einnahmen

In ihrer stärksten Ausprägung haben Infrastrukturinvestments keine Nachfrageelastizität, sind also unabhängig von der Wirtschaftsentwicklung. Erfahrungen von Mautstraßen aus Australien bestätigen, dass weder Preiserhöhungen noch Rezessionen den langfristigen Einnahmetrend spürbar beeinflussen können. Dies gilt ebenfalls für Brücken, die oft nur unter Inkaufnahme größerer Umwege und Zeitverluste umgangen werden können. Gute Recherche und lokale Kenntnisse sind wichtig, damit Negativbeispiele wie die Warnowquerung bei Rostock und der Herrentunnel in Lübeck Ausnahmen bleiben. Hier wurden die erwarteten (optimistischen) Nutzerzahlen nicht annähernd erreicht und dokumentierten das erhöhte Risiko bei neuen Projekten sozusagen „auf der grünen Wiese“ (Greenfield-Projekte).

International ausgerichtete Flughäfen sind kurzfristig durchaus stärker von der wirtschaftlichen Gesamtsituation abhängig, weichen aber insgesamt vom langfristigen Wachstumspfad nur wenig ab. In den drei für den Luftverkehr großen Krisen – Golfkrieg 1991/Asienkrise 1997 /11. September 2001 – sanken die Passagierzahlen für internationale Flüge jeweils zwischen 1 und 4%, während gleichzeitig der regionale Flugverkehr zweistellige Steigerungsraten aufwies.

Die Anlageklasse Infrastruktur

Symbiose von Private Equity und Immobilien

Infrastrukturfonds investieren in nicht-börsennotierte Unternehmen (Private Equity). Diese betreiben die wiederum unbewegliche Anlagen („Immobilien"), deren Wert im Zeitablauf zunimmt und die stabile und langfristig planbare, ja fast rentenähnliche Rückflüsse aufweisen. Die erwarteten Renditen ähneln dagegen eher Investments im Private Equity Bereich. Durch die kalkulierbaren Zahlungsströme ist dabei die Schwankungsbreite gegenüber Private Equity deutlich geringer. Die geringe Handelbarkeit der Investmentanteile – es gibt in der Regel keinen Sekundärmarkt – gilt sowohl für Infrastrukturinvestments, Private Equity und Immobilien. Die Anlageklasse Infrastruktur vereint damit das Beste aus den Welten Private Equity und Immobilien und kann zugleich sehr gut zur Optimierung des Portfolios – Reduzierung des Risikos und Erhöhung der Rendite – beitragen.

Verhältnis von Rendite und Risiko

Der BISI (Berenberg Infrastrukturindex) setzt sich aus 75 internationalen Aktien, die allesamt überwiegend in den für Infrastruktur typischen Branchen (Bahn und Straßen, Flughäfen, Versorger, Wasser) tätig sind, zusammen. Dabei erzielt die höchste Gewichtung die Branche Versorger mit 51% gefolgt von Bahn & Straßen mit 25%, Wasser mit 15% und Flughäfen mit 9%.

Es fällt auf, dass der BISI bei höheren Vergangenheitsrenditen eine nur halb so große Verlustwahrscheinlichkeit aufwies. Während die Anzahl der negativen Monate nahezu identisch ist, fällt auf, dass deren Ausprägung bei den Infrastrukturwerten deutlich geringer war.

Folgen für ein typisches Portfolio von Privatanlegern?

Bei einer beispielhaften Gewichtung von 20% Aktien, 55% Anleihen und 25% Immobilien ergibt sich für das gesamte Portfolio eine erwartete Nachsteuerrendite von 4,2% p.a. bei einem erwarteten Risiko (als Wahrscheinlichkeit, jährlich einen Verlust zu erleiden) von 18,1%. Diesem Portfolio werden nun 5%, 10% und 15% Infrastrukturinvestments beigefügt. Die vorhandenen Anlageklassen werden dazu im gleichen Verhältnis abgebaut. Die Beimischung von Infrastruktur trägt in allen dargestellten Beispielfällen zu einer Renditeerhöhung bei gleichzeitiger Risikoverminderung gegenüber dem klassischen Portfolio bei. Dabei führt die höchste Beimischung von Infrastruktur (15%) zu dem besten Ergebnis. Die Renditeerwartung steigt auf 5,1% und das Risiko reduziert sich auf eine Verlustwahrscheinlichkeit von nur noch 10,6%, also gut die Hälfte der ursprünglichen Verlustwahrscheinlichkeit.

Höhere Rendite, niedrigeres Risiko

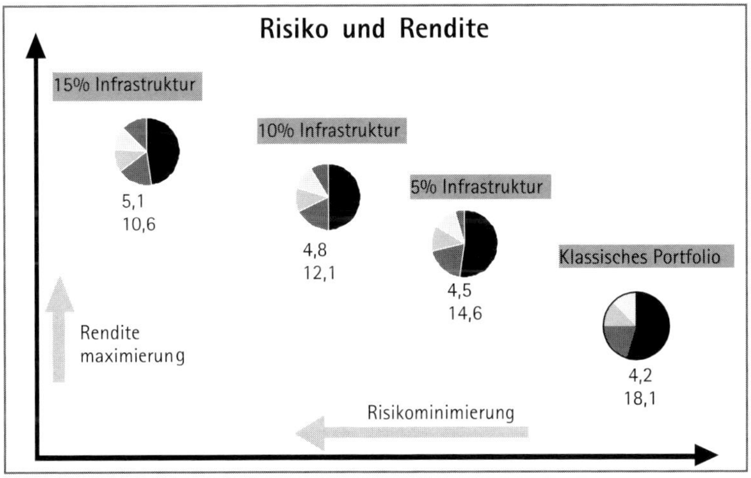

Verhältnis von Risiko und Rendite bei unterschiedlicher Gewichtung von Infrastrukturinvestments im Portfolio.
Quelle: Berenberg Private Capital GmbH

Investitionsvehikel für Infrastruktur-Investments

Direktinvestitionen: Wenn Anleger ihr Portfolio nun künftig mit einer Beimischung von Infrastruktur-Investitionen aufpeppen wollen, stehen ihnen verschiedene Möglichkeiten zur Verfügung. Direktinvestitionen (beispielsweise in den Autobahnbau) sind sehr kapitalintensiv, die Eigenkapitalvolumina sind hoch und als Beimischung nur für äußerst große Portfolios institutioneller Anleger geeignet.

Für Privatanleger kaum realisierbar

Die Risiken der Infrastrukturprojekte sind unterschiedlich, Verluste sind möglich. Daher ist eine Diversifikation zwischen unterschiedlichen Projekten erforderlich. Darüber hinaus erfordert die Prüfung eines Projektes ein hohes Maß an Erfahrung und Spezialwissen, über das nur wenige Portfolio-Manager verfügen. Dies bleibt auch nach der

Investition erforderlich, um ein ausreichendes Berichtswesen zu gewährleisten.

Börsennotierte Infrastrukturfonds

Im Schnitt zweistellige Renditen

Die Anlageklasse „listed“ Infrastruktur wächst besonders am australischen Markt schnell. Während im November 2003 zehn Infrastrukturfonds mit einer Marktkapitalisierung von 14,4 Mrd. Euro an der australischen Börse notierten, waren Anfang 2006 schon 18 Infrastrukturfonds mit einer Marktkapitalisierung von 30,5 Mrd. Euro (+34,7%) gelistet. Diese Fonds investieren in Flughäfen, Mautstraßen, Sendemasten, Brücken, Pipelines, Wasser- und Stromleitungsnetze und erzielten in der Vergangenheit durchschnittlich zweistellige Renditen. Börsennotierte Infrastrukturfonds eröffnen damit auch Privatanlegern den Zugang zu dieser Anlageklasse. Dennoch kann mit einem solchen Infrastrukturfonds die geringe Ertragsschwankung eines Infrastrukturinvestments nicht optimal realisiert werden. Ähnlich wie bei der Beteiligung an börsennotierten Versorgungsunternehmen unterliegen auch Beteiligungen an diesen Infrastrukturfonds den allgemeinen Kursschwankungen an der Börse, die zeitweise realwirtschaftliche Hintergründe ausblenden.

Nicht börsennotierte Infrastrukturfonds

Initiatoren sind spezialisierte Investmentbanken

Für dieses „Problem“ bieten ungelistete Infrastrukturfonds eine gute Lösung. Sie ermöglichen den aussichtsreichsten Zugang zu dieser Anlageklasse der Zukunft. Es handelt sich um über mehrere Projekte diversifizierte Fonds, die von erfahrenen Infrastrukturmanagern geführt werden. Aufgelegt werden diese Fonds von spezialisierten Investmentbanken. Derzeit gibt es sie allerdings fast ausschließlich für institutionelle Anleger. Der Einstieg ist insofern nur über eine gewisse Zeichnungsperiode (6-12 Monate) möglich, danach wird der Fonds geschlossen.

Die attraktivsten Geschäftsmodelle sehen vor, jeweils den gesamten Fonds nach Vollinvestition an der Börse zu listen – also aus dem geschlossenen Fonds ein liquides Investmentvehikel (listed Infrastruktur) zu generieren.

Aktien

Vor allem in Krisensituationen und stark fallenden Aktienmärkten reagieren Infrastruktur- und Versorgertitel in ihrer Abwärtsbewegung gemäßigter als der Gesamtmarkt. Dennoch wird auch der Erfolg der Infrastrukturanlagen langfristig von Kapitalmarkttrends beeinflusst und ist kurzfristig nicht immer frei von der Börsenpsychologie. Wie bei anderen Aktiengesellschaften hat der Privatinvestor keinerlei Einfluss auf die Geschäftspolitik. Es besteht das Risiko, dass das Management einer börsennotierten Gesellschaft eher kurzfristig und am Börsenkurs orientiert handelt, was dem sehr langfristigen Entwicklungscharakter gerade dieser Investments entgegensteht. Zwar stellen Infrastruktur-Aktien somit nicht das optimale Investment-Vehikel in die Anlageklasse Infrastruktur dar. Dennoch haben sie eine „kursberuhigende" Wirkung auf das Aktienengagement innerhalb eines Aktienportfolios und weisen die vorher beschriebenen, hervorragenden Diversifikationseigenschaften auf.

Infrastrukturtitel glätten die Wogen

Private Equity Fonds

Zielkonflikte bei der Investmentdauer

Auch Private Equity Unternehmen entdecken Infrastrukturanlagen zunehmend als Investitionsziel, so dass grundsätzlich auch über diesen Weg eine Partizipation möglich wäre. Derzeit finden sich aber sehr wenige, ausschließlich auf Infrastruktur spezialisierte, PE-Fonds. So fehlen den Investment-Managern typischer Private Equity Fonds die speziellen Erfahrungen und Fähigkeiten, die zur Prüfung, Begleitung und Kontrolle von Infrastrukturprojekten erforderlich sind.

Problematisch sind auch der unterschiedliche Planungshorizont und die unterschiedlichen Investmentphilosophien zwischen kurz- bis mittelfristig orientierten Private Equity Fonds und langfristig geplanten Infrastrukturprojekten. Private Equity Fonds suchen kurzfristigere Kapitalbindungen plus Wertschöpfungspotential und höhere Liquidität, als dies bei Infrastrukturprojekten meist vorgesehen ist. Auch sind die Renditeerwartungen typischer Private Equity Fonds höher, als die von teilweise oder weit gehend abgesicherten Infrastrukturinvestments.

Privatanlegern in Europa war die Anlageklasse Infrastruktur bisher weitestgehend verschlossen. Insbesondere standen ihnen noch keine Fonds mit einem diversifizierten Portfolio zur Verfügung. Im Sommer 2005 wurde erstmals in Europa ein Infrastrukturfonds der australischen Investmentbank Macquarie angeboten.

Macquarie ist weltweit der Marktführer in dieser Anlageklasse und verfügt mit mehr als 500 spezialisierten Infrastrukturprofis über das mit Abstand größte Team weltweit. Seit 1990 wurden mehr als 20 Fonds mit einem Gesamtvolumen von über 20 Mrd. Euro in mehr als

Ab 20.000 Euro ist man dabei

90 Objekten weltweit investiert. Der erste in Europa domizilierte Fonds platzierte 1,5 Mrd. Euro bei institutionellen Anlegern. Insgesamt werden etwa 10 Projekte durch diesen Fonds mitfinanziert. Erstmals hatten auch europäische Privatanleger die Gelegenheit, sich über einen so genannten „Feeder-Fonds" mit Beträgen ab 50.000 Euro daran zu beteiligen. Der Macquarie Infrastrukturfonds Nr.1 wurde im Jahr 2005 als geschlossener Fonds in der Rechtsform der GmbH & Co. KG konzipiert.

Im Sommer 2006 wurde ein neuer geschlossener Fonds von Macquarie aufgelegt Dieser Fonds soll etwa 3 Mrd. Euro bei institutionellen Anlegern einsammeln und ermöglicht wiederum durch einen „Feeder-Fonds" private Beteiligungen bereits ab 20.000 Euro. Die 8-15 Zielunternehmen liegen in Europa inklusive der neuen Beitrittsstaaten. Wiederum sind Mautstrassen, Flughäfen, Brücken, Hafenanlagen, Containerterminals und vergleichbare Objekte die Investmentziele. Für Privatanleger allemal ein lohnendes Investment, um gemeinsam mit institutionellen Anlegern ihre Vermögensanlage zu diversifizieren.

Branche ist aufgewacht

Weitere Fonds, bei denen Privatanleger in der beschriebenen Größenordnung anlegen können, gibt es bis dato noch nicht – aber das wird sich schon in absehbarer Zeit ändern. Die Branche hat den Weckruf vernommen. Dennoch wird es nur wenigen Anbietern gelingen, sich in diesem Nischenmarkt zu etablieren. Vielen fehlt der Zugang zu lukrativen Investments. Gleichzeitig haben sie noch keine Erfahrungen mit der Anlageklasse. Darüber hinaus sind die Investments in der Regel sehr kapitalintensiv und überaus komplex.

➔ Fazit: Privatanleger sollten diese neuartige Anlagealternative, die noch am Anfang ihrer „Finanzmarkt-Karriere" steht und daher überdurchschnittliche Renditemöglichkeiten bietet, nutzen. So lassen sich dauerhaft überdurchschnittliche Renditen erzielen und die Risiken im Portfolio senken. Und auch für Infrastruktur-Investitionen gilt: Die Pioniere unter den Anlegern werden die größten „Nuggets" finden.

» Produktionsstättenauslagerung, Stellenabbau, kollabierende Sozialsysteme und eine hohe Staatsverschuldung. Im Zuge der Globalisierung erreichen uns täglich neue Hiobsbotschaften. Allerdings können wir als Anleger aus der internationalen Arbeitsteilung unseren Nutzen ziehen. Ein Profiteur des zunehmenden Welthandels ist der Transport-, ein anderer ist der Infrastruktursektor. Schließlich setzt der weltweit zunehmende Warenaustausch eine immer besser funktionierende Infrastruktur in Form von Straßen, Schienen, Flug- und Seehäfen voraus. Im Mittelpunkt der gigantischen Bauvorhaben steht dabei Asien. Der dortige Zukunftsmarkt hält auch für den hiesigen Anleger interessante Investmentgelegenheiten bereit. «

Den Boom bauen

Asiens Infrastruktur zieht an

von Markus Hormann und Norbert Hagen, I.C.M. AG

Asiens Wirtschaft wächst...

Während hierzulande das Wirtschaftswachstum nur noch selten auf Touren kommt (0,1% (2002), minus 0,2% (2003), 1,6% (2004) und 0,9% (2005), stoßen wir bei den aufstrebenden Ländern Asiens auf Raten im hohen ein- bis zweistelligen Prozentbereich. Für China erwartet Morgan Stanley ein 2006er BIP von 10 %. Indiens Wirtschaft soll in diesem Jahr um 7,1 und Singapurs Ökonomie um 7,5 % wachsen.

... dank guter demografischer Voraussetzung

Mit einem jährlichen Bevölkerungswachstum von 50 Mio. Einwohnern stehen die demografischen Vorzeichen günstig, dass der asiatische Wirtschaftsboom auch weiter anhält. Denn während in den westlichen Industrienationen immer weniger Erwerbstätige immer mehr Rentner finanzieren müssen und so die Sozialsysteme zu kollabieren drohen, wuchs der arbeitende Teil an der ostasiatischen Gesamtbevölkerung auf zuletzt 66%. Bis 2015 soll er nach Schätzungen der Weltbank nochmals auf 70% steigen.

Wachstumskern Stadt

Verstädterung Asiens nimmt zu

Das asiatische Bevölkerungswachstum konzentriert sich indes auf die prosperierenden Küstenstädte. Sie sind nach Angaben der Weltbank für 70 % des asiatischen BIP-Wachstums verantwortlich und damit aufs engste mit dem steigenden Wohlstand liiert. Betrug der Urbanisierungsgrad in Ostasien im Jahr 1960 noch 16 %, so lag er in 2000 bereits bei 36 % und soll bis 2025 auf 57 % zunehmen. Als am stärksten wachsende Stadt gilt die chinesische Stadt Beihai. Sie soll bis 2020 Wachstumsraten von durchschnittlich 10,6 % p.a. aufweisen.

In Asien muss viel gebaut werden ...

Dieses hohe Wachstumsniveau, egal ob es sich auf die Wirtschaft, auf den Wohlstand oder auf die Bevölkerung der Städte bezieht, lässt sich nur aufrechterhalten, wenn es von entsprechenden Infrastrukturmaßnahmen begleitet wird: Bei Asiens wachsenden Metropolen müs-

Asiens wachstumsstärkste Städte				
Stadt	**Land**	**Einwohner 2006**	**Einwohner 2020**	**Jährliches Einwohner-wachstum (2006-2020)**
Dhaka	Bangladesh	13,1 Mio.	22,0 Mio.	3,8%
Delhi	Indien	16,0 Mio.	25,8 Mio.	3,5%
Karachi	Pakistan	12,2 Mio.	18,9 Mio.	3,1%
Jakarta	Indonesien	13,7 Mio.	20,8 Mio.	3,0%
Wuhan	China	6,2 Mio.	9,2 Mio.	2,9%
Ho Chi Minh City (Saigon)	Vietnam	5,1 Mio.	6,8 Mio.	2,1%
Manila	Philippinen	10,8 Mio.	13,4 Mio.	1,6%
Singapur	Singapur	4,5 Mio.	5,2 Mio.	1,1%
Bangkok	Thailand	6,7 Mio.	7,8 Mio.	1,1%
Tokio	Japan	35,5 Mio.	37,3 Mio.	0,3%

Quelle: I.C.M.AG

sen die Wasser- und Stromversorgung sichergestellt, das Verkehrs- und Telekommunikationsnetz ausgebaut und die gigantisch wachsenden Müllberge entsorgt werden.

Risiken, die aus dem Wohlstandsgefälle resultieren

Armes Land versus prosperierende Stadt

Zugleich zeigt sich in den meisten Ländern Asiens ein deutliches Wohlstandsgefälle zwischen den boomenden Küstenmetropolen und dem rückständigen Landesinnern. Die Armut auf dem Land stellt nicht nur in China ein innenpolitisches Problem dar, das sozialen Sprengstoff beinhaltet. Aus diesem Grund werden von den asiatischen Regierungen große Anstrengungen unternommen, um durch Bauvorhaben in Form von Straßen und Schienen den sozioökonomischen Abstand zwischen Stadt- und Landbevölkerung zu verringern. Letztlich befinden sich beide in einem wechselseitigen Abhängigkeitsverhältnis. Zwar ist die Landbevölkerung auf städtisches Kapital angewiesen. Doch umgekehrt kann „der Hunger der Küstenstädte" Chinas, Indonesiens, Thailands, Malaysias und Vietnams nur durch die vom Lande kommenden Agrargüter befriedigt werden.

Aufhebung (inner)asiatischer Handelsbarrieren

So wie die ländlichen mit den städtischen Regionen verbunden werden müssen, gilt dies im übergeordneten Maße auch für die großen Provinzen und asiatischen Länder untereinander. Bereits heute macht der innerasiatische Handel 7 % des Welthandels aus. Und damit das Handelswachstum in Asien weiter anhält, lautet ein vorrangiges Ziel der dortigen Regierungen, zusätzliche Anreize für investitionsbereite Unternehmen zu schaffen und durch Privatisierungen den freien Handel zu etablieren. Hierzu zählen Maßnahmen wie die Reduzierung von Handelsbarrieren, die Liberalisierung der über lange Zeit sozialistisch geprägten Beschaffungspolitik, das Aufheben von Konvertierungsbeschränkungen, von Investitionshemmnissen sowie die Einführung teilweiser Steuerbefreiungen.

Die Infrastruktur kommt kaum nach

Asiens Straßen werden länger und länger

Eine Schlüsselrolle kommt dabei der wachsenden Infrastruktur in Form von See- und Flughäfen, Straßen und Eisenbahnen zu. Sie ermöglicht überhaupt erst das innerasiatische und interkontinentale Handelswachstum und kann dennoch mit den wachsenden Anforderungen kaum mithalten. Beispiel Containerhandel: Während die Containerflotte in Asien von 1980 bis 2000 um 20 % jährlich zunahm, konnte die Aufnahmefähigkeit der asiatischen Häfen gerade einmal um 8 % jährlich wachsen. Dass aber in den letzten 15 Jahren gewaltige Infrastrukturmaßnahmen unternommen wurden, drückt sich eindrucksvoll in folgenden Zahlen aus: In China wurde das Straßennetz von 1990 bis 2000 um 63 % erweitert, in Vietnam gar um über 100 %. Die Elektrizitätsversorgung nahm im selben Zeitraum in China um 136, in Vietnam um 180 und in Thailand um 125 % zu.

Damit sind die ostasiatischen den lateinamerikanischen Schwellenländern wie Argentinien und Brasilien infrastrukturell um einiges voraus. Tatsächlich wurde das Straßennetz von 1990 bis 2000 in Argentinien gar nicht und in Brasilien gerade einmal um drei Prozent erweitert. Den asiatischen Regierungen ist klar, dass sie langfristig an der globalen Wertschöpfungskette nur partizipieren und von ihr profitieren können, wenn sie die innerasiatischen Transportwege sowie die Wege nach Übersee kontinuierlich ausbauen.

In 5 Jahren für 1 Billion Dollar Investments nötig

Indiens Regierung „baut auf" Infrastruktur

Um Kapazitätsengpässe zu vermeiden und um mit der Urbanisierung und den steigenden Bevölkerungszahlen Schritt zu halten, muss Ostasien nach einer Studie der Asian Development Bank sowie der Weltbank in den nächsten fünf Jahren mehr als 1 Billion US-Dollar für Straßen, Wasserversorgung, Kommunikation, Energie und andere Infrastrukturinvestitionen ausgeben.

Um die Tragweite der anstehenden Infrastrukturmaßnahmen zu demonstrieren, seien hier nur einige Länder als Statthalter für die ganze

Region aufgeführt: In Indien fließen laut aktuellem Fünfjahresplan rund 45 % der Staatsausgaben in Infrastrukturvorhaben. Schließlich ermöglicht erst der mit rund 40 Mrd. US-Dollar pro Jahr budgetierte Investmentbedarf ein jährliches Wirtschaftswachstum von 7,4 %, das über die nächsten 15 Jahre von der nationalen Planungskommission erwartet wird. Im Vordergrund stehen dabei Projekte im Bereich Energie, Häfen, zivile Luftfahrt, Straßen, Telekommunikation, Bergbau, Chemie und Düngemittel.

Beispiel Energie: Obwohl der Pro-Kopf-Energieverbrauch gerade einmal ein Zehntel des globalen Durchschnitts beträgt und die Energieerzeugung jährliche Wachstumsraten von etwa 8 % aufweist, lag hier die Unterversorgung zwischen 2000 und Januar 2003 bei durchschnittlich 8 bzw. 12 % in normalen Phasen und Stoßzeiten. Kein Wunder also, dass die Stromversorgung zu einem der wichtigsten Anliegen der indischen Regierung geworden ist.

Weiteres Beispiel Telekommunikation: Die Verfügbarkeit von Telefonanschlüssen steigt pro Jahr um bis zu 22 %, aber die Versorgung stagniert dennoch bei mageren 1,5 Anschlüssen pro 100 Einwohnern.

China: „Engpass" Wasserversorgung

Nicht anders sieht es im „Reich der Mitte" aus, wie das Beispiel „Wasseraufbereitung" verdeutlicht: So stellt China zwar 21% der Weltbevölkerung, verfügt aber nur über 7% der weltweit erneuerbaren Wasserreserven. Etwa 80% der Abwässer in den 10 größten chinesischen Städten werden nicht behandelt. Sollte sich dies nicht ändern, so könnte Chinas Industrieproduktion durch die verschmutzten Flüsse ins Straucheln geraten.

Finanzierung war immer das Problem der Schwellenländer

Infrastruktur: ein sicheres Langfristinvestment…

Grundsätzlich stellt Infrastruktur ein Langfristinvestment dar, das – bislang zu den Kernaufgaben eines jeden Staates zählend – zunächst einmal kaum eine maximale Gesamtkapitalrendite erwarten lassen dürfte. Damit stellt sich die Frage, wie beim Infrastrukturprojekt sowohl der Anleihengläubiger als auch der Eigenkapitalgeber mit einem interessanten Angebot zugleich erreicht werden können. Die Lösung liegt im Erfüllen von Grundregeln des Kapitalmarktes: Der Fremdkapitalgeber akzeptiert niedrige Renditen für sehr lange Laufzeiten nur bei sehr hohen Bonitäten. Daher ist der Staat mit Ausfallgarantien oder der bevorzugten Bedienung der Anleihe gefordert. Der Eigenkapitalgeber erwartet seinerseits nach derzeitiger Marktlage eine knapp zweistellige Rendite, die das Projekt in aller Regel durch einen hohen Kredithebel erreicht.

Eine standardmäßige Finanzierung von Infrastrukturprojekten konnte bislang durch die nationalen und internationalen Entwicklungsbanken nicht in ausreichendem Maße erreicht werden. Dies hing einerseits mit ungeklärten Eigentumsrechten und einer häufig anzutreffenden Divergenz zwischen der erwarteten und der bezahlbaren Eigenkapitalrenditen zusammen.

... dem es bislang an Finanzierungsstandards fehlte

Andererseits war der Privatsektor häufig von den Vorbehalten seitens der Politik abgeschreckt. Diese zeigte sich zumeist wenig offen, eine Privatisierung ohne Einbeziehung lokaler Belange durchzuführen. Darüber hinaus kam des Öfteren die Unvereinbarkeit von Kreditvertragsinhalten mit den im Gastland herrschenden rechtlichen Rahmenbedingungen hinzu.

Die Staaten wollen die Privaten gewinnen

Für eine Reihe von Ländern könnte sich im gegenwärtigen Umfeld eine neue effizientere und nachhaltigere Generation von Partnerschaften zwischen Staat und privater Wirtschaft eröffnen. Lokale Regierungen entdecken in Zusammenarbeit mit Entwicklungsbanken und internationalen Hilfsorganisationen, dass das Zusammenfassen von Kreditrisiken verschiedener Projekte sowie der Einbau von bonitätsverbessernden Sicherheitsnetzen durch den Staat die Attraktivität für den Privatsektor erhöht, sich an Infrastrukturmaßnahmen zu beteiligen. Indem mehrere Projekte vom Investor gleichzeitig mitgetragen werden, profitiert dieser von der größeren Diversifikation seines Portfolios. Dadurch kann der Anteil des Kredits im Verhältnis zum Eigenkapital wesentlich ausgedehnt werden.

Diversifizierung macht Infrastruktur für den Privatsektor interessant

Waren es in der Vergangenheit fast ausschließlich Konglomerate der Bauindustrie, die als Generalunternehmer, Eigenkapitalgeber, Financier und Betreiber in einem dem Staat gegenübertraten, so nehmen sich dieser Rolle nun auch Fonds, Investmentbanken und Beteiligungsgesellschaften an.

Fonds entdecken das Geschäft und sammeln Kapital ein

Südkorea als Vorreiter

Südkorea bietet ein ausgereiftes Modell für die Finanzierung von Infrastrukturmaßnahmen, das sog. Private Participation in Infrastructure (PPI) Programm. Tatsächlich könnte das hauptsächlich Straßenbauprojekte finanzierende Modell eine Vorreiterrolle in Asien übernehmen. Schließlich hat das Land ein gesetzliches Umfeld für die Teilnahme des privaten Sektors an Infrastrukturprojekten auf den Weg gebracht, das zugleich die Investoren schützt und die Durchführbarkeit und Nachhaltigkeit des Betriebs vereinbart. Die Auswahl von Projekten erfolgt jährlich durch das Planungs- und Finanzministerium. Hier werden Konzessionen und etwaige Finanzierungszusagen vergeben. Außerdem wird beschlossen, wie sich der Staat im Einzelfall zu beteiligen gedenkt.

Der Staat übernimmt die Kosten

Für bereits vergebene Projekte ist es üblich, dass der Staat die Kosten einer Durchführbarkeitsstudie sowie die vorläufigen Planungskosten übernimmt. Bei noch nicht vergebenen Projekten erhält auch der nächst unterlegene Bieter einen Teil seiner Vorplanungskosten ersetzt. Während der Betriebsphase erhält der Konzessionär eine Garantie für Mindesteinnahmen.

Sicherheiten für den privaten Investor

Die Lösung: Korea Infrastructure Guarantee Fund

Koreas Antwort auf das Problem der Kreditsicherheit ist der Korea Infrastructure Guarantee Fund (KICGF). Die Mittel dieses Fonds kommen von der Regierung, von Avalgebühren (Gebühren für staatliche Bürgschaften) und wiederum von Finanzinstitutionen.

Ein Gesetz regelt den Maximalbetrag an Bürgschaften, den der Fonds im Verhältnis zu seinem Kapital vergeben kann. Die Quote von 20:1 wird bislang nicht einmal zur Hälfte erreicht. Gesellschaften, die unter koreanischem Recht gegründet worden sind und deren Investmentvorhaben von einer relevanten Behörde gegengezeichnet wurden, haben Anspruch auf eine solche Kreditgarantie. Vertraglich bieten Banken auf diese Garantie hin eine Kontokorrentlinie an, die der Garantie der Höhe nach entspricht. Für den Fall, dass aufgrund unvorhersehbarer Umstände das Infrastrukturprojekt nicht gebaut oder betrieben werden kann, liegt es am Konzessionsnehmer zu verlangen, dass der Staat das Projekt zu den ursprünglich vereinbarten Bedingungen übernimmt. Gleiches gilt für den Fall, dass Betreiberlizenzen vorzeitig durch den Staat oder Betreiber aufgelöst werden.

Stark erhöhte Anzahl an Projekten

Korea als attraktive Nische für Infrastrukturprojekte

Der Umfang der Projekte hat sich seit 2000 wesentlich erhöht, was auf die gestiegene Zahl an Infrastrukturfinanzierungszusagen und das größere Angebot an Eigenkapital zurückzuführen ist, das über Infrastrukturfonds zur Verfügung steht. Gerade die Präsenz starker Fonds zeigt, dass Korea zu einer attraktiven Nische für Infrastrukturmaßnahmen geworden ist. Die Trennung von Generalunternehmen und Eigenkapitalgeber stellt einen wichtigen Schritt dar. Denn lange dominierten auch in Korea die Baukonzerne bei der Eigenmittelausstattung von Infrastrukturvorhaben.

Beteiligungsmöglichkeiten für den Anleger

Infrastrukturfonds ist mit REITs vergleichbar

Von der wachsenden Bedeutung der Infrastruktur in Asien kann der Anleger auf verschiedene Weise profitieren. Zum einen hat er die Möglichkeit, über Infrastrukturfonds in die Funktion des Eigentümers und Betreibers eines Vorhabens zu schlüpfen. Bei einem solchen Fonds handelt es sich um ein Hybridprodukt zwischen Aktie und Anleihe. Unter Risikogesichtspunkten kommt dieser einem Real Estate Investment Trust (REIT) gleich. Andererseits hat der Anleger die Möglichkeit, sich an börsennotierten Unternehmen zu engagieren, die von dem durch Infrastrukturfonds entstehenden Potential an neuem Investitionsvolumen direkt profitieren.

Asien-Infrastrukturfonds: minimale Auswahl

Risikoarme Anlage mit hohem Kredithebel

Infrastrukturfonds waren bislang vornehmlich institutionellen Anlegern wie Banken, Versicherungen und Pensionsfonds vorbehalten. Sie investieren in Straßen, Häfen und Versorger, weniger aber in Projekte, die sich noch in der Bauphase befinden und zu Kostenüberschreitungen führen könnten. Durch die nachhaltigen und vorhersehbaren Cashflows stellen Infrastrukturfonds eine vergleichsweise risikoarme Anlageform dar. Zudem sind sie häufig mit Ausfallgarantien unterlegt. Aus diesem Grund sind Banken in der Regel auch bereit, mehr als die Hälfte des Kaufpreises mit Krediten zu finanzieren. Langfristig liegt die jährliche Durchschnittsrendite bei etwa 10%.

Marktführer Macquarie: Für deutsche Anleger ist nur selten etwas dabei

Weltweiter Marktführer mit 20 Infrastrukturfonds und einem verwalteten Volumen von 20 Mrd. € ist die australische Macquarie Bank. Ihre hohe Expertise rührt daher, dass der australische Staat seine Infrastruktur schon früh privatisiert hat. Allerdings kommen für den hiesigen Anleger nur wenige Fonds in Frage, da die meisten Infrastrukturfonds von Macquarie nicht an der Börse notiert und bereits ausplatziert sind. Zudem fehlt es immer noch an einem Fonds, der ausschließlich in Infrastrukturprojekte der Region Südostasien ex Australien/Neuseeland investiert. Einzige Ausnahme bildet der Macquarie Korea Infrastructure Fund. Dieser investiert bislang – und dies erfolgreich – in koreanische Mautstraßen und Tunnel.

Zuerst kommt man auf Bauwerte ...

Große Baukonzerne, geringe Margen

Wendet man sich den Unternehmen zu, die von den steigenden Infrastrukturinvestitionen im asiatischen Raum profitieren, so wären auf den ersten Blick die großen Baukonzerne der Region zu nennen. Doch hier wird man aus zwei Gründen enttäuscht: Aufträge, die von einem bonitätsstarken (staatlichen) Auftraggeber kommen, ziehen auch die Konkurrenz an. Die Margen fallen daher entsprechend gering aus. Zum anderen können nur international tätige Großkonzerne umfangreiche Infrastrukturprojekte bauen. Aufgrund der großen Streuung ihres Umsatzes weit über Asien hinaus bieten sich nur wenige „Pure Plays" an.

... etwa aus Indien ...

Indische Baukonzerne sind teuer, haben aber hohes Potenzial

Den Bau von Großkraftwerken und Industrieanlagen betreiben gerade zwei indische Unternehmen recht erfolgreich, die sich auf den Subkontinent konzentrieren: Jaiprakash und Larsen & Toubro. Das kleinere Unternehmen, Jaikaprash Associated Ltd., führt Großprojekte wie den Bau von Staudämmen, Kraftwerken und Kanalisationssystemen durch. Gleichzeitig stellt das Unternehmen Zement her.

Der Konkurrent Larsen & Toubro ist mit dem etwa doppelt so hohen Umsatz ein klassischer integrierter Baukonzern und betreibt daneben eine eigene Werft. Das Unternehmen gilt als Spezialist für den Bau von Industrieanlagen im Ölsektor, der Petrochemie und Düngemittelherstellung. Zu seiner weiteren Expertise zählen auch Planung und Bau von Hochöfen für die Zement- und Stahlindustrie sowie der Bau von Kraftwerken und Stahlhütten.

Das Unternehmen ist mit Abstand der größte Baukonzern Indiens und zeigt ein beeindruckendes Umsatzwachstum. So schwoll der Auftragsbestand für das erste Quartal 2007 im Jahresvergleich um stolze 57% an. Billig sind die beiden indischen Baukonzerne mit einem KGV von 20 nicht, doch die langfristige Perspektive macht gerade Larsen & Toubro, deren Aktie als GDR, also als Hinterlegungsschein, auch am Londoner Alternative Investment Market gehandelt wird, zu einem Kerninvestment, wenn es um indische Infrastrukturentwicklung geht.

. . . und dann auf deren Zulieferer

Da viele der Infrastrukturprojekte den Straßenbau betreffen, liegt ein Blick auf die Zementindustrie nahe. Die Marktanteile einzelner Vertreter dieses kapitalintensiven Sektors sind im jeweiligen Land beträchtlich. Die Branche neigt zu Oligopolen, die ihnen bei ohnehin starker Nachfrage zu einer gewissen Preismacht verhelfen.

Infrastruktur-Investitionen treiben Baukonzerne an

Im Schlepptau der höheren Nachfrage nach Bauleistungen sind auch die Zementpreise in diesem Jahr um bis zu 20% gestiegen. Der zweitgrößte Player auf dem Weltmarkt, die schweizerische Holcim, macht derzeit nur knapp 20% ihres Gesamtumsatzes mit Zement in Asien. Da der Zementbedarf aber in keiner anderen Region derart stark ansteigen dürfte wie in Asien, rechnet die Investmentbank Morgan Stanley für 2007 mit einer 37%igen Zunahme des Gesamtumsatzes von Holcim in der Region. Dennoch hängt Holcim aktuell sehr stark von der europäischen und US-amerikanischen Zementnachfrage ab.

Lokale Player, die vier börsennotierten indischen Zementhersteller Associated Cement Companies, Grasim, Gujarat und Ultratech, sehen einem soliden Nachfragewachstum entgegen. Da 2006 nur 7,7 Mio. Tonnen zusätzliche Produktionskapazität hinzukamen, führte die höhere Nachfrage zu einer von 88 auf 94 Prozent gestiegenen Auslastung. Ein Blick auf das KGV von durchschnittlich etwa 20 zeigt allerdings, dass die indische Zementindustrie ihre Wachstumsperspektiven bereits zum großen Teil eingepreist hat und man mit einem Engagement auf einen besseren Einstiegszeitpunkt warten sollte.

Günstige Taiwan-Aktien

China baut und Taiwans Zementwerke profitieren

Die beiden großen taiwanesischen Produzenten Taiwan Cement und Asia Cement sind dagegen mit einem KGV von 10 bzw. 14 regelrecht günstig, da im industrialisierten Taiwan selbst keine derart hohen Infrastrukturinvestitionen wie in den Nachbarregionen zu erwarten sind. Doch darf nicht außer Acht gelassen werden, dass sich die beiden Konzerne schon frühzeitig auf dem chinesischen Kontinent mit Zementwerken positioniert haben und dort von der hohen Nachfrage ebenfalls profitieren. In den nächsten zwei Jahren sollen Kapazitäten von rund 8 Mio. Tonnen fertig gestellt werden.

Bei Taiwan Cement handelt es sich um den taiwanesischen Marktführer mit einem 40%igen Marktanteil am Inlandsmarkt. Das Unternehmen ist zudem am Kraftwerk in Hoping, wo es ebenfalls ein Zementwerk betreibt, beteiligt. Interessanterweise erzielt das Unternehmen mit diesem Kraftwerk einen nennenswerten Anteil seines Gewinns. Auch der zweitgrößte Zementhersteller, Asia Cement, der im Inland einen Marktanteil von 25 % besitzt, betreibt entlang des chinesischen Yangtze Deltas eine Reihe von Zementwerken.

Chinas Zement ist teuer und von minderer Qualität

Ein weiterer börsennotierter Lieferant von Baumaterial mit einem 40%igen Anteil von Zement am Produktportfolio ist die China National Building Company. Das Unternehmen produziert auch Leichtbaustoffe auf Basis von Gips und glasfaserverstärkten Kunststoffen und bietet Planungsdienstleistungen an. Gegenüber der Konkurrenz zeichnet es sich durch ein starkes Volumenwachstum und eine rigide Kostenkontrolle aus. Dies ist erwähnenswert, da Chinas Zementproduktion noch zu 60% aus veralteten Produktionslinien besteht. Das hat eine stark schwankende Qualität des Produkts und einen wesentlich höheren Energieverbrauch als bei moderneren Öfen zur Folge.

Investmentfonds ohne Track Record

Erster Aktienfonds mit Fokus auf asiatischer Infrastruktur auf dem Markt

Wer ein Engagement in asiatische Einzeltitel scheut, das Thema „Infrastruktur" aber im eigenen Portfolio repräsentiert wissen möchte, kann bislang nur auf einen entsprechenden Aktienfonds zurückgreifen. Der im März aufgelegte Asia Infrastructure Fund von Invesco widmet sich dem beschriebenen Anlagespektrum, indem er die gesamte Wertschöpfungskette im Infrastrukturbereich abzudecken versucht. Unter den Ländern bildet China/Hongkong mit 30% das Schwergewicht, gefolgt von Australien (16%) sowie Indien (13%) und Korea (9%). Außerdem ist der Fonds in Singapur (7%) und Taiwan (jeweils 7%) sowie in Indonesien (4%) stärker investiert. Allerdings ist der Fonds erst im März dieses Jahres aufgelegt worden und weist demzufolge noch keine tatsächliche Leistungsbilanz auf.

Bei übrigen „Infrastrukturprodukten" spielt Asien eine geringe Rolle

Ähnliches trifft auf den DWS Zukunftsinvestitionen zu, der im April 2006 emittiert wurde, hingegen als Asieninvestment nicht in Frage kommt. Zwar beschreibt Fondsmanager *Tim Albrecht* das Wachstumspotential der asiatischen Infrastruktur in zahlreichen Interviews, ist aber nur mit unter 25% (und davon zum größten Teil über Japan) in Asien investiert. Zudem spielt der reine Infrastruktur- gegenüber dem weit umfassenden Industriesektor nur eine untergeordnete Rolle. Das von UBS emittierte Global Infrastructure-Zertifikat kommt als Anlagevehikel ebenfalls nur bedingt in Frage, da es ausschließlich in die Infrastrukturunternehmen der etablierten Industrienationen investiert, die allerdings – etwa Hochtief im Flughafenbau – in der Region ebenfalls Großaufträge an Land ziehen.

Beteiligungsgesellschaften als Infrastrukturholdings ...

Neben den reinen Infrastrukturfonds und den auf Infrastruktur spezialisierten Aktienfonds gibt es auch eine Reihe von Beteiligungsgesellschaften, die sich seit Jahren mehr oder weniger mit Infrastrukturprojekten beschäftigen.

Breit aufgestellt durch Infrastrukturholdings

Cheung Kong Infrastructure (CKI) ist die größte Holdinggesellschaft in Hongkong. Sie hält einen 40%igen Kontrollanteil am Hongkonger Stromversorger Hongkong Electric, dem größten Energieversorger der Millionenstadt. Außerdem verfügt sie über Beteiligungen an weiteren Kraftwerken in China und Australien. Zum Portfolio gehören überdies einige Baustoffproduzenten wie der in Hongkong beheimatete Green Island Cement. Zudem profitiert der Konzern mit immerhin 14 Autobahnen vom Mautgeschäft. Weitere Engagements finden sich auf den Philippinen, in England und Nordamerika. Ein organisches Wachstum von rund 10% scheint durchaus gewährleistet und könnte durch weitere Übernahmen sogar noch gesteigert werden. Auf der Risikoseite sind mögliche Zinserhöhungen und regulatorische Änderungen durch die Behörden zu erwähnen. Doch dies betrifft im Grunde alle auf Fremdkapital angewiesenen Beteiligungsgesellschaften.

. . . und als Developer

Früh dabei sein durch Landentwickler in Vietnam

Etwas anders sind die Risiken bei Landentwicklern gelagert, die nach vollzogener Projektentwicklung das Engagement veräußern. So hat die in Singapur domizilierte Hongkong Land zwar die Entwicklung des eigenen Bestands an Gewerbeimmobilien zum Unternehmenszweck erklärt, führt aber auch entsprechende Erschließungsprojekte und damit die Erstellung von Infrastruktur durch.

Hongkong Land ist mit kommerziell genutzten Immobilien in Singapur, Thailand und Vietnam vertreten. In Hongkong, Peking, Chonqing und Macau führt das Unternehmen Projekte in Form eines Landentwicklers inklusive entsprechender Infrastrukturmaßnahmen durch. Nicht fehlen in der Liste der Hongkonger Developer darf die Wharf Holdings. Das Unternehmen hat ein großes Anlageimmobilienportfolio und entwickelt Wohngebiete zum weiteren Verkauf. Es kontrolliert den zweitgrößten Hafenbetreiber Hongkongs, der wiederum Engagements im westlichen Shenzhen hält.

An Landerschließungsprojekten beteiligt sich außerdem der erst kürzlich am Londoner Alternative Investment Market notierte Vinaland Fund. So erwarb der 200 Mio. US-Dollar große Fonds Anteile an verschiedenen Hotel- und Gewerbeimmobilienprojekten in Vietnam und dürfte im Augenblick das einzige in London notierte Investmentvehikel für reine Immobilien- und Landerschließungsprojekte in Indochina darstellen. Dies ist umso interessanter, als die Gesellschaft selbst mit der Erwartung einer 30%igen Kapitalrendite p.a. im Frühjahr 2006 an den Start gegangen ist. Der Partnerfonds, Vietnam Opportunity Fund, gilt als aktuell erfolgreichster Länderfonds und setzt laut Satzung insbesondere auf Branchen, die von Verbesserungsmaßnahmen der landesweiten Infrastruktur erheblich profitieren.

Asiens Infrastruktur muss ins Depot

➔ Fazit: Wer von der Globalisierung profitieren möchte, kann auf ein Engagement in Asiens Infrastruktur nicht verzichten. Wer sich dort engagiert, investiert als langfristiger Eigenkapitalgeber ohne vorzeitige Exit-Option in Projekte mit relativ geringer Gesamtkapitalrendite und hoher Fremdfinanzierungsquote, ist jedoch hinsichtlich der Sicherheit der Zahlungsströme in vielen Fällen durch staatliche Garantien abgesichert. Zum anderen kann der Anleger mit einer Reihe von Spezialtiteln ein Aktienportfolio von „Pure Asia Plays" zusammenstellen, das sich aus Bauwerten und -zulieferern, sowie Beteiligungsgesellschaften zusammensetzt. Wer stattdessen Investmentfonds bevorzugt, kann auf den Invesco Asia Infrastructure Fund zurückgreifen.

Name	Absatzmarkt	Produktportfolio	KGV07(e)	Marktkapitalisierung
BAU				
Larsen & Toubro	Indien	Bau, Anlagenbau	23,2	
Jaiprakash Ass. Ltd.	Indien	Bau, Zement	21,5	1,75 Mrd. US-Dollar
BAUZULIEFERER				
China National Building Material Company	China Mainland	Zement, Gips, Fiberglas	9,7	823 Mio. US-Dollar
Taiwan Cement	Taiwan, China	Zement, Energieversorger	14,2	2,17 Mrd. US-Dollar
Asia Cement	Taiwan, China	Zement, Kies	9,9	1,67 Mrd. US-Dollar
Associated Cement Cos.	Indien	Zement	16,9	3,68 Mrd. US-Dollar
Grasim	Indien	Zement	18,7	4,45 Mrd. US-Dollar
Gujarat Ambuja Cements	Indien	Zement	21,8	3,32 Mrd. US-Dollar
Ultratech CemCo	Indien	Zement	18,3	2,01 Mrd. US-Dollar
Holcim	Schweiz	Zement	12,2	
INFRASTRUKTUR				
Cheung Kong Infrastructure	Hongkong	Infrastruktur, Versorger	13,0	7,19 Mrd. US-Dollar
Hongkong Land	Singapur	Gewerbeimmobilien, Development	26,6	9,23 Mrd.US-Dollar
Wharf Holdings	Hongkong	Development, Hafenbetreiber	10,8	8,29 Mrd.US-Dollar
Macquarie Korea Infrastructure Fund	Südkorea	Autobahnbetreiber	21,0	926 Mio. Euro
Vinaland	Vietnam	Development, Gewerbeimmobilien		213 Mio US-Dollar
Vietnam Opportunity Fund	Vietnam	Länderfonds mit Fokus Infrastruktur		171 Mio US-Dollar
INVESTMENTFONDS				
Invesco Asia Infrastructure Fund	Asien	Asienfonds mit Fokus Infrastruktur		n.v.

Quelle: I.C.M.AG

Märkte und Strategie 2007

Das Anlagejahr vorausdenken

» Sich in diesem Herbst zu einem Szenario für die Weltwirtschaft als Grundlage für die eigene Anlagepolitik zu bekennen, ist mutig. Gehen wir fehl mit unserem optimistischen Ausblick, ist die wahrscheinliche Alternative nicht „etwas weniger“, sondern dann geht's kräftig nach unten. Die Sollbruchstelle liegt in den USA. Nadel und Faden, um platzende Nähte schnell zu reparieren, haben die Asiaten in der Hand. Auf ihren unbändigen Willen zu wachsen und sich emporzuarbeiten setzen wir, neben der Fähigkeit der US-Notenbank zur Feinjustierung der anfälligen US-Wirtschaft mit ihren hoch verschuldeten Privathaushalten. Aber es wäre töricht, blind einem Szenario zu vertrauen. Es gilt, Sicherungen einzubauen, damit man von einer Krise nicht überrascht wird. «

Big Picture

Die Weltwirtschaft bleibt unter Dampf

von Ralf Vielhaber, FUCHSBRIEFE

Welthandel wächst rasant

Gewöhnlich waren es Kaufleute, nicht Militärs, die zu neuen Ufern aufgebrochen sind und dafür gesorgt haben, dass die Welt zusammenwächst und Grenzen fallen. Seit Beginn des neuen Jahrtausends wächst der Welthandel mit immer höheren Raten, der Warenaustausch weltweit hat nie gekannte Ausmaße erreicht. Allein das Ausfuhrvolumen aller Länder der Erde beträgt 2006 geschätzte 14,4 Billionen Dollar – das ist beinahe das Doppelte dessen, was noch vor 5 Jahren exportiert wurde. Im nächsten Jahr sollen es laut Internationalem Währungsfonds 15,8 Billionen werden. Importe wie Exporte legen seit Jahren mit hohen einstelligen Prozentzahlen zu.

Seitdem Asien sich von der Geldkrise Ende der 90er Jahre überraschend schnell erholt hat, hat es das weltweite Wachstum enorm beschleunigt. Die Riesen China und Indien haben ihren jahrhundertelangen ökonomischen Halbschlaf in zum Teil selbst gewählter Isolation beendet und machen sich frisch und ausgeruht daran, zu den entwickelten Industriestaaten aufzuschließen.

Je rasanter sich ihr Wachstum und das ihrer Nachbarn in Asien, aber auch jenes einiger lateinamerikanischer Länder, allen voran Brasilien, entwickelt, desto größer wird ihr Einfluss auf die Geschicke der Weltwirtschaft.

Asien löst die USA als Wachstumslokomotive ab

Sie sind es inzwischen, die den erschöpften Riesen USA als Motor der Weltwirtschaft abgelöst haben, nicht Europa und auch nicht Japan, wie immer wieder auf den Treffen der G7 von Washington gefordert. Beide wachsen im Windschatten des fernen Ostens, auch wenn sie neuerdings etwas erholter wirken als noch vor 5 Jahren.

Wo steht die Welt(wirtschaft) im Herbst 2006?

Nach 5,1% Wachstum in 2006 steht uns ein Jahr mit 4,9% Wachstum bevor. So sieht es der Internationale Währungsfonds in seinem

Weltwirtschaftsausblick vom September 2006 voraus. Und er steht mit dieser Ansicht nicht allein da. Das Institut für Weltwirtschaft in Kiel prognostiziert immerhin auch noch gute 4,4% plus nach 5% in 2006.

Entwicklungsländer entwickeln die Weltwirtschaft weiter

China und Indien – in dieser Buchreihe bereits 2003 und 2004 als kommende wichtige Investmentregionen vorgestellt sind aus keiner Betrachtung mehr wegzudenken. Sie und ihre „Brüder und Schwestern in der Welt" als Entwicklungsländer zu bezeichnen, trifft ökonomisch gesehen nur noch so weit zu, als sie die Weltwirtschaft in rasantem Tempo weiter entwickeln. 43% beträgt inzwischen ihr Anteil an den weltweiten Exporten. 1970 waren es gerade 20%. 30% ist ihr Anteil am weltweiten Sozialprodukt. Sie schlucken die Hälfte der internationalen Energielieferungen. Vier Fünftel des zusätzlichen Ölbedarfs der letzten 5 Jahre gehen auf ihre Kappe.

Segen und Fluch

Der Westen lag zu lange auf der faulen Haut

Die aufstrebenden Ökonomien sind Segen und Fluch des Westens zugleich: Sie verbilligen Arbeit auf eine Weise, die westliche Politiker, Gewerkschaften und Arbeitnehmer blass werden lässt, da sie ihre Schäfchen zu lange auf der faulen Haut haben liegen lassen. Gegen Billiglöhner ohne soziale Absicherung ist kein Kraut gewachsen, wenn man versucht, auf „Augenhöhe" dagegen zu konkurrieren. Man muss besser sein. Das geht nur über ein breites und hohes Ausbildungsniveau. Aber das erfordert Investitionen in Schulen und Universitäten und es erfordert ein anderes Leistungsethos als es insbesondere in den hedonistisch geprägten europäischen Ländern vielfach herrscht. Weniger für Rentner und sozial Schwache, mehr für den Nachwuchs. Fördern und fordern. Schön gesagt, aber selten beherzigt, weil politisch nicht opportun. Aber es gibt kein anderes Mittel gegen ein Arbeitskräfteangebot, das sich seit der Öffnung des „Eisernen Vorhangs" weltweit verdoppelt hat – von einst 1,5 auf heute 3 Mrd. Menschen.

Im wahrsten Sinne des Wortes „alt" aussehen

Ohne die Asiaten sähen wir andererseits schon ziemlich alt aus. Und das im wahrsten Wortsinn. Unsere „reifen" Volkswirtschaften in Europa haben ein Wachstumspotenzial, das – insbesondere in Deutschland – selbst an 2% p.a. kaum noch herankommt. Und mit zunehmenden Altersdurchschnitt der Bevölkerung wird das nicht besser. Unter 226 Staaten weltweit liegt Deutschland mit 8,5 Geburten auf 1.000 Einwohner auf Platz 225 (World Fact Book).

Vermutlich befänden wir uns – und auch Amerika – längst in einer Rezession, gäbe es den „Aufschwung Ost" nicht. Denn die enormen

Schubkräfte in Asien sind heute das Auffangnetz der Weltwirtschaft. Darauf setzen wir bei unserem Ausblick. Eine Garantie, dass es im Notfall hält, gibt es natürlich nicht. Reißt es, ist der Sog nach unten um so stärker. Denn die feinmaschig verflochtene Weltwirtschaft kettet unsere Schicksale eng aneinander.

Der Kuchen wird immer neu gebacken

Der Wohlstand wächst für alle

So heftig die laufenden Umbrüche auch sind, und so sehr sie die empfindlichen europäischen Gesellschaften durchrütteln, es ist kein Kampf um Wohlstand, der da läuft, sondern ein harter Wettbewerb, bei dem es um „mehr Wohlstand für alle" geht. Der Welt-Wohlstandskuchen wird nicht neu verteilt. Er wird jedes Jahr neu gebacken und jedes Mal ist er ein anständiges Stück größer. Richtig ist auch: Man kann sich das Stück, das man abbekommt, nicht mehr so einfach reservieren. Man muss schon etwas dafür tun. Klar auch, dass es da oft mit harten Bandagen zur Sache geht.

Natürlich gibt es Grenzen des Wachstums. Ein Großteil der Rohstoffe, die für die Herstellung von Industriegütern benötigt werden, wächst nicht nach. Aber Not macht die Menschheit erfinderisch. Bis uns Energie, Kupfer oder Eisenerz tatsächlich ausgehen – so weit wir das heute überblicken – ist noch 100 bis 150 Jahre Zeit. Bis dahin nimmt die Weltbevölkerung wieder ab und es wird nachwachsende Rohstoffe, alternative Energien und neue Werkstoffe geben, die die alten, nicht reproduzierbaren, ersetzt haben werden.

So unsinnig es einerseits ist, über die manchem übermächtig erscheinenden Wettbewerber Asiens zu lamentieren, so unfair ist es andererseits, denn:

Nehmen und Geben

Asien braucht deutsches Hightech

➔ Sie sorg(t)en dafür, dass Deutschland Exportweltmeister geblieben ist. Chinesen, Vietnamesen, Inder und andere, die einerseits massenweise Billigprodukte exportieren, sind andererseits immer noch auf die Einfuhr hochwertiger Maschinen angewiesen. Und sie werden in den kommenden 12 Jahren etwa 1 Milliarde neuer kaufkräftiger Konsumenten „auf die Beine stellen", die dann mehr verlangen werden, als die tägliche Schale Reis, mit der sie sich viele heute noch begnügen (müssen).

➔ Sie sorgen für Wohlstand und hohe Schubkraft der Wachstumslokomotive des Westens USA. Vor allem Japan und China schaufeln

Financiers des US-Konsums

ihre Kontoüberschüsse, den Überschuss in der Leistungsbilanz, nach Amerika, das damit Investitionen und Konsum finanziert.

➔ Dadurch sorgen Sie auch für einen relativ stabilen Dollar. In Peking, mit 1 Billion US-$ an Devisenreserven der Dollar-Bunker der Welt, hat man ein hohes Interesse, die US-Währung nicht absaufen zu lassen. Man wird also stabilisieren, wo man kann, insbesondere durch fortgesetzte Dollar-Käufe. Das wird die US-Währung davor schützen, den vielfach befürchteten Satz nach unten zu machen. Den Dollar langsam absinken zu lassen, ist das gemeinsame Interesse Washingtons wie Pekings. Das mildert auch den Aufwertungsdruck auf die Heimatwährung Renminbi.

Niedrige Preise durch Heer von Arbeitskräften

➔ Sie sorgen für niedrige Zinsen. Das gigantische Arbeitskräftereservoir verringert die Herstellungskosten inzwischen unzähliger Güter und hält damit die Preise niedrig. Im Schnitt sind die Einfuhrpreise für Importe aus Asien (ohne Japan) in die USA im vergangenen Jahrzehnt um über 25% gesunken.

Selbst Afrika kommt langsam auf die Beine

➔ Sie sorgen dafür, dass andere Dritte-Welt-Staaten die Chance auf ihren eigenen Aufstieg bekommen. Selbst Afrika. Denn sie lösen eine gigantische Rohstoffnachfrage aus, die nicht nur deren Preise in die Höhe hat schnellen lassen, sondern auch einen warmen Dollarregen in die Haushalte dieser Länder spült. In die Rohstoff exportierenden Länder fließt übrigens der größte Teil des amerikanischen Defizits von mittlerweile 720 Mrd. Dollar jährlich, nämlich 425 Mrd. Das übersteigt bei weitem das gesamte Handelsbilanzplus der Asiaten von 250 Mrd. Dollar. Die Ölexporteure – egal ob in Lateinamerika, dem Nahen Osten, Russland oder Schwarzafrika – sind die größten Profiteure des Booms im Osten. Das große Sorgenkind der Welt, Afrika, legt in drei aufeinander folgenden Jahren immerhin ein BIP-Wachstum um 5% vor. Der Ölpreis ist das größte Entwicklungshilfeprogramm aller Zeiten.

Weniger gut ist, dass der plötzliche Wohlstand dieser Länder nicht selbst erarbeitet ist. Und ob der Geldregen richtig genutzt wird, steht auf einem anderen Blatt. Diktatoren werden von den unverhofften Einnahmen eher Waffen kaufen, als Schulen einzurichten. Der Schuss kann also nach hinten losgehen – im reinsten Wortsinn. Aber auch das ist keine unabänderliche Konstante. Allerdings: Der Fortschritt ist gerade auf politischem Gebiet eine Schnecke.

Wer hat, dem wird gegeben

Schere zwischen Arm und Reich geht auseinander

Die Früchte der weltweiten Ernte werden indes immer ungleicher verteilt. Es gilt: Wer hat, dem wird gegeben. Die großen US-Unternehmen – gemeinhin Corporate America genannt – haben ihren Anteil am Volkseinkommen als Summe aller Erwerbs- und Vermögenseinkommen, die den Amerikanern zugeflossen sind, seit 2001 von 7% auf 13% steigern können. Dagegen sind die Reallöhne des „Durchschnittsamerikaners" im selben Zeitraum um 4% gefallen. Schlimmer dran sind sogar die Hochqualifizierten: Akademiker mussten im Durchschnitt einen Reallohnabschlag von 6% seit dem Jahr 2000 hinnehmen.

Kapitaleinkommen wachsen, Reallöhne gehen zurück

Auch in Deutschland sinkt der Anteil der Arbeitnehmerentgelte kontinuierlich. Kapital verzinst sich deutlich besser als Arbeit, obwohl es von beidem genug gibt. Die Wohlhabenden der westlichen Industriestaaten sind eindeutig die Profiteure der Entwicklung der offenen Grenzen, der steigenden Profitabilität durch Kostenreduktion in den Firmen, die Jobs in Niedriglohnländer verlagern, die keine regionale Nähe benötigen. Vom Telefonisten bis zum Programmierer und Buchhalter.

Die absoluten Top-Verdiener unter den Amerikanern dagegen nennen heute 16% aller Einkommen ihr Eigen. 1980 war dieser Anteil 50% geringer.

Wohlstandsschere und Protektionismus

Die Schere darf jedoch nicht zu weit auseinander klaffen. Zumindest darf nicht gleichzeitig das Wohlstandsniveau insbesondere im sehr empfindlichen Europa weiter sinken. Die Unternehmen müssen selbst mit dafür sorgen, dass Balance gehalten wird. Sonst schneiden sie sich ins eigene Fleisch.

Mit Protektionismus gegen Jobverlagerung

Vor zwei Jahren haben wir bereits auf das wachsende Risiko protektionistischer Maßnahmen hingewiesen, wenn der Politik das Problem der Jobverlagerungen über den Kopf wächst. 2006 ist es ein zentrales Thema des Internationalen Währungsfonds innerhalb seines Jahreswirtschaftsausblickes geworden. Das vorläufige Ende der Liberalisierungsgespräche zum Welthandel, genant Doha-Runde, ist ein markanter Einschnitt.

Abgesehen davon: Der wachsende Bevölkerungsanteil, der beispielsweise bei uns in Deutschland von Sozialtransfers abhängt – im hoch gelobten Schweden ist das nicht anders –, verschiebt die politischen Gewichte in der Gesellschaft stark nach links. Gelingt es also den Firmen nicht, dem modernen Kapitalismus ein „menschliches Antlitz" zu geben, wird die Politik handeln.

Risiken am Horizont

Auch wenn wir immer noch in der Kuschelecke der Welt leben, „draußen" geht es wie immer unruhig zu. Wirtschaftliche und politische Risiken sind nicht zu übersehen:

- Das Risiko eines Krieges mit dem Iran mit im Anschluss explodierenden Ölpreisen. Dann gute Nacht, Aktienmärkte. Und wohl dem, der in Energie investiert ist. Wir halten dieses Risiko allerdings für sehr gering.

Weitere Terroranschläge drohen

- Weitere Terroranschläge. Das Risiko ist hoch! Die heftigen Aufwallungen in der islamischen Welt nach einer Rede des geistlichen Oberhauptes des katholischen Christentums (!) zeigen, auf welchem Pulverfass wir im wahrsten Wortsinn da sitzen. Nur: Viel machen kann man nicht. Zumal die Märkte dieses unterschwellige Risiko im Prinzip schon eingepreist haben. Selbst ein erneuter Anschlag in den USA würde kaum die Märkte nachhaltig nach unten reißen. Es wird aber interessant sein, zu beobachten, welche politische Stellung dem Papst zuwächst, nachdem die USA kaum mehr als Weltführungsmacht gelten können. Die Vermischung von Staat und Religion in der muselmanischen Hemisphäre führt automatisch dazu, dass die Worte des einzigen bedeutenden Sprechers des Christentums – als der Religion des „verkommenen Westens" – eine enorme politische Bedeutung haben.

Hedgefonds können eine Finanzkrise auslösen

- Das Risiko einer Finanzkrise aufgrund einer Fehlspekulation eines Hedgefonds à la LTCM 1998 (counterpart risk). Das ist jederzeit möglich und kaum abschätzbar. Weltweit sind mehr als 8.000 Hedegefonds-Manager unterwegs, die ein Volumen von mehr als 1,1 Billionen Dollar verwalten – beinahe die Hälfte des Wertes der in Deutschland innerhalb eines Jahres hergestellten Waren und Dienstleistungen. Die Amerikaner sorgen bisher dafür, dass Hedgefonds unkontrolliert, ja nicht einmal registriert von der Finanzaufsicht werkeln dürfen. Allerdings sieht das die Branche selbst inzwischen kritisch. Immer mehr Hedgefonds wickeln ihre Geschäfte am internationalen Devisenhandelszentrum Londoner City ab, auch wenn sie meist „vor der Küste", in so genannten Steueroasen ihren Sitz genommen haben. In London hat die Finanzaufsicht immerhin ein Auge auf die Branche.
- Das Risiko eines „Immobilienschocks" in den USA mit einem Einbruch beim Verbrauchervertrauen, beim Wachstum, möglicherweise sogar Bankenpleiten und einer anschließenden schweren Rezession. Wir gehen im Abschnitt USA auf diese Dauerbrenner-Debatte ein.

→ Ein anderer Dauerbrenner: Amerikas Handelsdefizit. Nicht, dass die Gefahr für den Dollar und die US-Wirtschaft geringer geworden ist, nur weil die Experten sich darüber mittlerweile den Mund fusselig geredet haben und trotzdem „nichts passiert ist". Die Zeit der Abrechnung kommt sicher noch. Aber nicht im nächsten Jahr. Davon gehen wir aus. Denn noch gibt es weltweit genug Interessenten für Dollar-Anlagen, insbesondere in Asien.

Der Dauerbrenner: das US-Handelsdefizit

→ Fazit: Der Motor der Weltwirtschaft läuft auf hohen Touren und alles in allem rund. Wie immer gibt es zum Teil gefährliche Hindernisse auf der Wegstrecke, die den Wagen aus der Kurve werfen können. Man muss diese Risiken kennen. Wir Anleger sind ja meist nur Beifahrer und sitzen nicht selbst am Steuer. Das sind eher die Notenbanken. Sie können mit etwas Geschick die Hindernisse umfahren. Einfach wegräumen können sie sie nicht. Einmal nicht aufgepasst, das Steuer verrissen und der Crash ist da.

Notenbanken müssen den Crash verhindern

Dem Anleger bleiben zwei Alternativen:

Er fährt „am Ende des Zuges mit", heißt: Er bleibt mit einem Großteil seines disponiblen Vermögens flüssig. Sieht man sich die jeweilige unsichere Situation im Herbst eines jeden Jahres an, wäre man vermutlich schon im Geld, seitdem die Internetblase geplatzt ist. Das aber wäre eine Art finanzieller Selbstmord aus Angst vor dem Tod. Denn wer ständig im Geld bleibt, hat am Ende keines mehr: Niedrige Habenzinsen und die Entwertung durch die Inflation, daneben steigende Steuerlasten auf Zinsgewinne nagen kräftig an der Substanz.

„Im Geld" bleiben?

Also muss man wohl oder übel anlegen. Dann sollte man für einen funktionierenden Airbag sorgen. Heißt: Der Anleger sollte insbesondere in diesem Herbst enge Ausstiegsmarken setzen, so genannte Stop-Losses, die Reißleine für jede Anlageform. Wer hier konsequent vorgeht, dem kann nicht so viel passieren, wenn viel passiert. Und natürlich gilt die banale Erkenntnis, nicht alle Eier in einen Korb zu legen. Es geht in diesem Buch darum, möglichst die Körbe mit den frischesten Eiern zu entdecken.

Nicht alle Eier in einen Korb

» Die US-Zinsen sind deutlich gestiegen. Der Boom der amerikanischen Häuserpreise ist vorüber. Die Spielräume der Verbraucher verengen sich. Die Konjunktur flacht ab. Doch die Unternehmen stehen sehr gut da, sind finanziell robust aufgestellt. Die Rohstoffpreise gehen zurück und bringen Erleichterung für Industrie und Konsumenten. Die vielfach befürchtete harte Landung der US-Wirtschaft wird wohl vermieden werden können. Gleichzeitig setzt der Dollar zur zyklischen Trendwende an, auch wenn er zunächst bis weit in die erste Jahreshälfte 2007 schwach bleibt. US-Aktien könnten ab Sommer 2007 wieder attraktiv werden. «

Voll in der Kreide

Die USA mit einem Durchhänger

von Ralf Vielhaber, FUCHSBRIEFE

Hohe Kapazitätsauslastung

Amerika hat 2006 den Höhepunkt seines Wachstumszyklus' überschritten und muss einige Dämpfer hinnehmen: Teures Öl, gestiegene Zinsen, nachlassende Produktivität, Entlassungen und Gewinneinbrüche im Konsumentensektor, in den Autofabriken und ein unterdurchschnittliches Wachstum im 2. Quartal des Jahres 2006. Freilich nach einem satten Plus von 5,6% im ersten Quartal und bei einem steten Beschäftigungsaufbau, sinkenden Arbeitslosenraten und hoher Kapazitätsauslastung (bis in den Sommer 2006 bei gesunden 82%), die allerdings noch keine Gefahr signalisiert, dass eine Überhitzung mit dann schnell steigenden Löhnen bevorsteht.

Verbraucher: Verschuldungsweltmeister

Den Unternehmen geht es blendend. Ihre finanzielle Situation ist ausgezeichnet. Im Gegensatz zu den Verbrauchern, die mit einem dicken Schuldenpaket auf dem Rücken besonders anfällig für die Kosten steigender Zinsen sind. Der „gemeine Amerikaner" steht nun mit 132,7% seines verfügbaren Jahreseinkommens in der Kreide. Das ist Weltrekord. In Deutschland und Frankreich sind rund 70% üblich, in Italien 40% in Spanien immerhin knapp 113%.

3 % Wachstum in 2007

Insgesamt dürften die Vereinigten Staaten immer noch mit annähernd 3,5% Wachstum 2006 „aus dem Rennen gehen". Und „wenn alles gut geht", auch 2007 annähernd 3% schaffen. Diese Zielgröße sehen auch Notenbank und Regierung voraus. Und bisher waren die regierungsamtlichen Prognosen der Amerikaner – anders als die des Bundeswirtschaftsministeriums – in der Regel recht treffsicher, wie eine kürzlich vorgelegte Untersuchung des Zentrums für Europäische Wirtschaftsforschung (ZEW) beweist.

Immobilienmarkt: Wie groß ist die Gefahr?

Etwa seit 2002 läuft die Diskussion um die exorbitanten Preissteigerungen von Wohnhäusern in den USA, Großbritannien, Australien und Spanien. Die Bank für internationalen Zahlungsausgleich warnt

Die größte Preis-Blase der US-Geschichte?

ebenso vor Risiken für das Weltfinanzsystem wie der Internationale Währungsfonds. Beide weisen darauf hin, dass insbesondere die US-Bürger Jahr für Jahr größere Einkommensbestandteile aus der Beleihung ihrer Häuser ziehen. Von der größten Blase in Amerikas Geschichte, spricht der „Economist". In den letzten 5 Jahren ist der Wert amerikanischer Einfamilienhäuser um 9 auf 22 Billionen Dollar angestiegen. Es wäre die letzte Blase, die noch platzen kann, nach Aktien, Anleihen und zuletzt, wie mancher meint, auch der Rohstoffpreise.

Das zweite Einkommen sprudelt nicht mehr

Da der Wert ihrer Immobilien stetig und mit zweistelligen Jahresraten nach oben ging, wuchsen die Möglichkeiten, die Hypotheken auszuweiten und sich ein zweites Einkommen zu verschaffen, das keineswegs gespart, sondern „auf den Kopf gehauen" wurde. Im 1. Quartal 2006 haben Haus- und Wohnungseigentümer in den USA Immobilienvermögen in Höhe von 6,6% des BIP in Bares verwandelt. Die Banken haben sich längst auf das „Spielchen" eingestellt und machen es den Schuldnern immer leichter. Kredite ohne Rückzahlungsverpflichtung sind der Renner in den USA. Solche „cash-out"-Finanzierungen machten laut Office of Federal Housing Enterprise Oversight (eine unabhängige Abteilung innerhalb des US-Wohnungsbau- Stadtentwicklungsministeriums) zuletzt 50% der Hypothekenkredite aus.

Der Zinsdämpfer wirkt

Seit dem 2. Quartal 2006 gehen die Preissteigerungen merklich zurück. Hausbauer und -käufer zahlten im Sommer 2006 für einen Kredit mit 30 Jahren Laufzeit 6,72% und damit einen Prozentpunkt mehr als ein Jahr zuvor. Der Dämpfer, den die US-Notenbank mit ihren 17 Zinserhöhungen in Folge auch den heiß laufenden Vermögenspreisen verpassen wollte, wirkt. Um 11% ist die Zahl der begonnen Neubau-

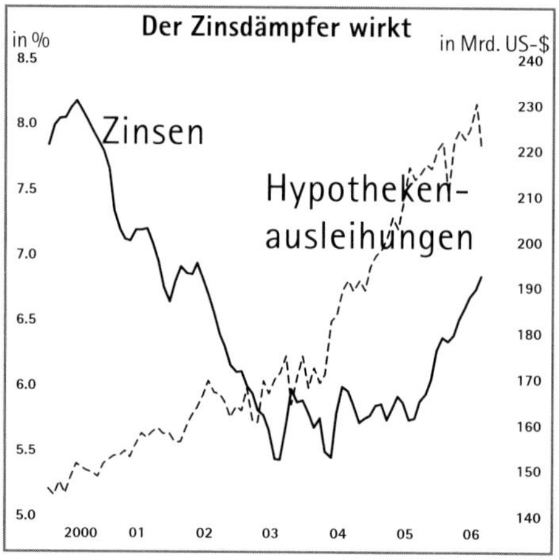

Die gestiegenen Zinsen (linke Skala) in den USA haben zu einer merklichen Abschwächung der Hypotheken-Kreditausleihungen (rechte Skala) geführt.

Quelle: T.F. Datastream

ten im selben Zeitraum zurück gegangen. Es werden deutlich weniger Hypothekendarlehen beantragt und vergeben.

Was sind die Folgen für die US-Wirtschaft?

Ein Prozentpunkt Wachstumseinbuße?

Die rückläufigen Preise und damit die sinkenden Möglichkeiten der „Einkommenszusatzfinanzierung" kosten 2007 einen ganzen Prozentpunkt Wachstum, behauptet der amerikanische Volkswirt der Analysegesellschaft High Frequency Economics, *Ian Shepherdson*. Andere Ökonomen, ob unabhängig, ob von Banken, sehen es ähnlich. Allerdings schon seit Jahren. Wir sind inzwischen gelassener geworden. Zum einen steigen die Preise auch weiterhin, nur nicht mehr so schnell. Zum anderen bleiben die USA Magnet für Zuwanderer. Und diese brauchen ein Dach überm Kopf.

Und die US-Bevölkerung – derzeit knapp unter 300 Mio. – wächst. Jedes Jahr kommen etwa 1 Million Neubürger hinzu. Jede US-Amerikanerin gebiert in ihrem Leben 2,13 Kinder. Projektionen des U.S. Census Bureaus erwarten, dass die US-Bevölkerung bis 2050 auf 400 Mio. Menschen ansteigt. Am stärksten wächst dabei die Bevölkerung hispanischer Abstammung, sie ist auch mit Abstand die jüngste (im Schnitt 27 Jahre alt). 63% der US-Bevölkerung sind im arbeitsfähigen Alter.

Ein Haus gehört zum amerikanischen Traum

All diese Faktoren lassen nicht darauf schließen, dass die Nachfrage nach Wohnraum nachlässt. Und auch ein Zins von knapp über 5% wird niemanden davon abhalten, ein Haus zu bauen oder zu kaufen, wenn es sein Einkommen zulässt. Zumal die US-Regierung den amerikanischen Traum vom eigenen Haus zusätzlich fördern will. Was gedämpft wird, ist sicherlich die spekulative Nachfrage, die ein Haus als reine „Handelsware" betrachtet. Aber das ist kein Beinbruch, im Gegenteil – die Fed hat genau dies mit ihrer Zinspolitik beabsichtigt.

➔ Fazit: Wir wollen das Risiko, das vom US-Immobilienmarkt für die Gesamtwirtschaft, insbesondere den privaten Verbrauch, ausgeht, nicht unterschätzen. Aber es ist wenig wahrscheinlich, dass ein regelrechter Einbruch im kommenden Jahr stattfindet.

Rohstoffe / Energie

2006 haben Rohstoffe dem Anleger Freude bereitet – wenn er nicht gerade zum Preishöhepunkt Ende April eingestiegen ist. 2007 könnten sie der Weltwirtschaft Freude bereiten. Denn auch wenn wir Rohstoffe als einen „Megatrend" im Anlageuniversum betrachten – es war vor allem die Angst vor Wirbelstürmen, die ausgefallenen Verarbeitungskapazitäten in USA und nicht zuletzt die Kriegsangst im Nahem Osten, die insbesondere den Ölpreis stark nach oben katapultierten. Auch wenn er insgesamt die Unternehmen weit weniger belastet hat, als von den Ökonomen noch vor zwei, drei Jahren erwartet, graben sich die hohen Sprit- und Heizungskosten doch in die Portemonnaies insbesondere der US-Verbraucher.

Ölpreis kühlt sich ab

Wir können uns im Laufe des nächsten Jahres eine doch spürbare Abkühlung des Ölpreises auf unter 60 US-$ vorstellen, gerade weil die US-Konjunktur vorübergehend Schwächezeichen aufweist. Das wird die US-Wirtschaft entlasten und die Risiken für den Wachstumsmotor Nr. 1, den privaten Konsum, mindern.

2007 in Rohstoffe investieren?

Jährlich steigt das Anlagevolumen bei Rohstoffen

Rohstoffe sind aber auch eine wichtige zusätzliche Anlageklasse geworden (allein in Rohstoff-Futures wurden 2005 35 Mrd. US-$ investiert; seit drei Jahren steigt das Anlagevolumen jährlich um 41%), insbesondere weil sie nicht mit Aktien und Anleihen „korrelieren“, heißt: Ihr Preis ändert sich nicht parallel, zu dem der beiden genannten Anlageklassen, sondern hat seine Eigendynamik. Wir werden im Laufe des Buches noch intensiver auf verschiedene Rohstoffanlagen eingehen. Hier geht es diesmal nicht nur um einen zyklischen, konjunkturbedingten Preisauftrieb. Hier geht es um einen Megatrend, um anhaltend hohes Nachfragewachstum. Was freilich nicht heißt, dass alle Preise und am besten noch permanent stiegen. Nach dem gewaltigen Preisauftrieb der letzten 36 Monate werden die Rohstoffpreise im nächsten Jahr eher nach unten tendieren. Folglich ergeben sich günstige Einstiegsmomente, sich mit Rohstoffanlagen einzudecken.

Die Preise

Die Verbraucherpreise sind in den USA im Herbst 2006 in Höhen geklettert, die sie zuletzt Ende der 1980er Jahre erreicht hatten. Die Gründe für diese Entwicklung:

Hohe Produktivitätsfortschritte laufen aus

➔ Die hohen Produktivitätsfortschritte der US-Wirtschaft im letzten Jahrzehnt des vergangenen Jahrhunderts laufen laut IWF langsam aus. Insbesondere die Entwicklung der Informationstechnologie hat der amerikanischen Wirtschaft enorme Produktivitätsgewinne gebracht. Diese sind seit ein, zwei Jahren aber spürbar zurück gegangen.

- Der Eintritt Chinas in die Weltwirtschaft. Seitdem kostet Arbeitskraft, die zur Herstellung täglicher Gebrauchsgüter, Kleidung, selbst Elektronik benötigt wird, fast nichts mehr.

Chinesen produzieren weniger effizient

- Die Chinesen produzieren weit weniger effizient als die entwickelten Industriestaaten. Der Rohstoffverbrauch für jeden PC, jedes Auto das dort hergestellt wird, ist um ein Vielfaches höher als bei uns. Das schlägt seit Beginn des neuen Jahrtausends voll auf die Rohstoffpreise durch, die obendrein mit einem deutlichen „Spekulationsaufschlag" belegt waren. Insbesondere die Energienachfrage in Fernost hat das Leben für das öldurstige Amerika kräftig verteuert.

- Steigen die Rohstoffpreise, wird es auch für die Warenhersteller teurer. Die Produzentenpreise sind ebenfalls so hoch, wie seit Ende der 1980er Jahre nicht mehr.

- Die Löhne ziehen seit Monaten spürbar an.

Notenbank kühlt das spekulative Feuer

- Der Notenbank blieb gar nichts anderes übrig, als Kredite zu verteuern. Das spekulative Feuer am Immobilienmarkt sollte ebenso erkalten, wie der Anstieg der Verbraucherpreise gedämpft wird – ohne die Wirtschaft abzuwürgen.

- Das dürfte auch gelingen. Denn das Zinsniveau in den USA liegt noch immer deutlich unterhalb dem der 1990er – und damals waren die Inflationsraten niedriger.

Die Zinsen

Jetzt ist erst mal Zinspause bei der Notenbank. „Wait and see" ist das Motto des zu Jahresbeginn frisch ins Amt gekommenen *Ben Bernanke*.

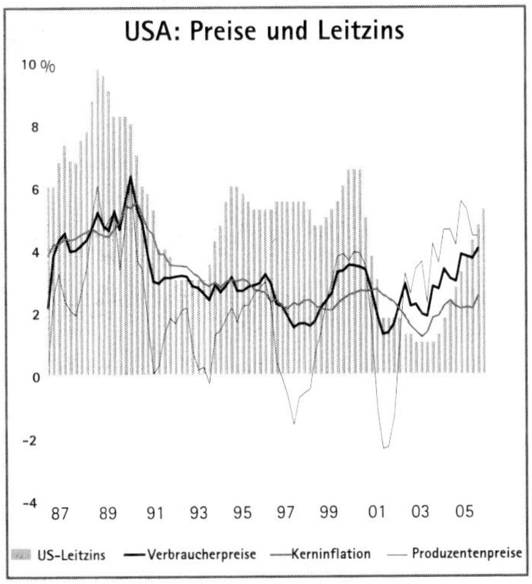

Die Leitzinsen in den USA sind der Entwicklung der Verbraucher- und Produzentenpreise hinterher gelaufen.

Quelle: T. F. Datastream

Preisauftrieb wird wieder abflachen

Und er wird sehen, dass sich der Preisauftrieb wieder abflacht. Denn mit rückläufiger US-Konjunktur werden die Preistreiber reagieren. Die Löhne in den USA reagieren schnell auf veränderte wirtschaftliche Rahmenbedingungen. Zumal in der Autoindustrie, etwa bei Daimler, nach wie vor Entlassungen drohen, die das Arbeitskräfteangebot erhöhen und immer mehr Tätigkeiten, die eine durchaus ordentliche Ausbildung verlangen (IT-Spezialisten etwa) nach Fernost verlagert werden (können).

Der gedämpfte US-Konsum lässt die Nachfrage in Fernost zurück gehen. Die Chinesen werden deshalb nicht unbedingt weniger produzieren – zur Not werden sie die Lagerbestände erhöhen – aber die Rohstoffmärkte werden registrieren, was am US-Markt, dem größten Importeur von China-Ware, läuft und mit sinkenden Preisen reagieren.

Somit muss sich Fed-Chef *Bernanke* zumindest um diese Aufgabe, die mit seinem Job verbunden ist, keine größeren Sorgen machen. Das sehen auch die Märkte so. Die Langfristzinsen in USA sind bereits wieder auf dem Rückmarsch und liegen im September 2006 unterhalb der Kurzfristzinsen.

Die Notenbank als Wachstumshelfer

Kein Job, keine Krankenversicherung

Eine andere Sache ist die Konjunktur. Kein Wachstum, keine Jobs. Das ertragen die Amerikaner noch weniger als die Europäer, wo das soziale Netz inzwischen weniger weit gespannt ist als noch vor zehn Jahren, aber immer noch keinen Vergleich zum amerikanischen zulässt. Wer in den USA keinen Job hat, ist zum Beispiel auch nicht krankenversichert.

Zeigen sich im 3. Quartal dieselben Schwächeerscheinungen wie im 2., wird sich die Notenbank nicht sehr lange besinnen, bei den Zinsen wieder ein, zwei Schritte nach unten zu machen. Den Unternehmen bringt das nicht so viel, wohl aber erleichtert es den Verbrauchern das Leben. Birgt aber auch das Risiko, dass sich ihr Verschuldungspegel noch weiter erhöht. Ein Balanceakt.

Das sind eigentlich ganz gute Voraussetzungen für einen Anstieg der Anleihenkurse in den USA. Aber Vorsicht! Wer US-Anleihen kauft, kauft sich das Währungsrisiko mit ein. Deshalb zunächst Finger weg.

Der Dollar

Abwertung zeitweise bis auf 1,40 Euro möglich

Dem Dollar steht im nächsten Jahr aufgrund des geschilderten Szenarios noch eine Abwertung über die 1,30 zum Euro bevor. Geht er noch mal bis auf 1,35 zurück (auch 1,40 sind kurzzeitig möglich), sind das 10% Verlust für den Anleger. Die europäische Zentralbank hat noch weitere Zinsschritte nach oben vor sich (mehr dazu im europäischen Szenario). Somit erhält der Euro zunächst noch weitere Unterstützung, da die Differenzen zwischen den Zinsen abschmelzen. Damit geht die Attraktivität von US-Anlagen gegenüber europäischen zurück. Die Höchstkurse des Dollar dürften 2007 bei 1,23 zum Euro liegen.

Zyklische Währungsschwankungen

Der Anleger sollte aber auch die langfristige Dollarentwicklung im Auge behalten. Im nächsten Jahr könnte sich bereits ein Dollaraufschwung abzeichnen. Zwar ist die US-Devise sowohl handelsgewichtet über alle Währungen, mit der sie seit Jahrzehnten im Austausch steht, auf einem stabilen „Entwertungstrend" – was aber eher die ausländischen Inhaber von US-Wertpapieren stört, als die Amerikaner selbst. Andererseits bewegt sich auch der Wertverfall nicht linear nach unten, sondern in Zyklen. Diese beinhalten eben auch immer wieder ein Aufbäumen gegen den Trend.

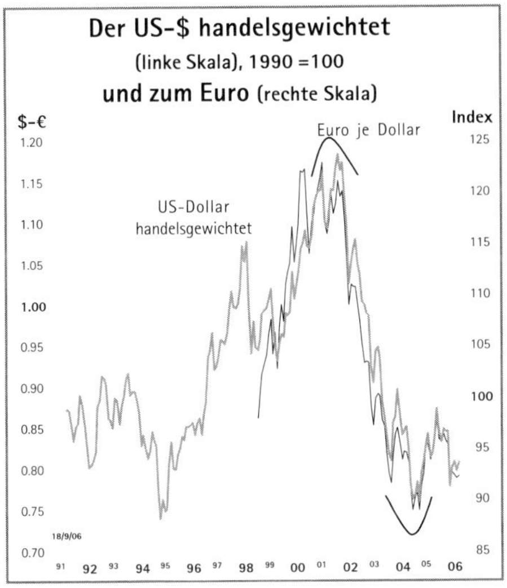

Zuletzt hatte der US-$ sein Hoch um die Jahreswende 2000/01 erreicht, zum Euro schon ein wenig früher. Der letzte zyklische Trendwechsel könnte bereits zum Jahresende 2004 erfolgt sein und der Dollar sich jetzt in einer Konsolidierungsphase befinden, aus der er möglicherweise 2007 nach oben ausbricht.

Quelle: T.F. Datastream

Besinnungsphase geht 2006 zu Ende

Alle 5 bis 7 Jahre „dreht" der Dollar – einmal nach oben, einmal nach unten. Ein solcher Zeitpunkt ist erneut gekommen. Zuletzt stand der Greenback 2002 auf dem Gipfel. Da kostete 1 Euro ca. 85 US-Cent. Jetzt ist es umgekehrt. So wie sich die Chartsituation darstellt, war der Tiefpunkt offensichtlich schon zur Jahreswende 2004/05 erreicht – bei 1,36 Dollar je Euro. Das spricht dafür, dass 2006 auch die „Besinnungsphase" zu Ende geht, wenn diese Unterwassermarke nicht mehr unterboten wird – wovon wir ausgehen.

Einstieg in den US-Markt Mitte 2007?

Deshalb gilt als grobe Richtung: Der Greenback dürfte nach dem Test des Tiefs bei 1,36 erneut aufwerten. Nächsten Sommer könnte dann der Einstieg in den US-Markt auch unter diesem Gesichtspunkt gekommen sein. Damit würde der Dollar vorwegnehmen, dass die US-Konjunktur wieder anspringt.

Und zum Yen?

Japans Währung mit Aufwertungspotenzial

Bei Dollar/Yen sieht die Welt etwas anders aus. Zwar wird – trotz der Zinssenkungen – die Zinsdifferenz weiter zugunsten des Greenback sprechen. Dennoch erwarten wir, dass der Yen gegen den Dollar von seinem aktuellen Niveau bei 119 auf Jahressicht wieder stärker wird. Grund dafür ist, dass der Dollar gegen die Währung Nippons seit 1998 in einem langfristigen Abwärtstrend gefangen ist. Wir trauen dem Dollar im Herbst und Winter 2006 zwar noch weitere kurzfristige Kursgewinne bis maximal 126 zu. Insgesamt hat der Yen auf Basis aktueller Kurse damit aber größeres Auf- als Abwertungspotenzial. Schafft er sogar den Sprung über die Hürde von 110, wird als nächstes Ziel schnell 102 angepeilt.

US-Aktien

Wenig Gefahr für die Börsen

Die amerikanische Berichtssaison im nächsten Frühjahr dürfte etwas verhaltener ausfallen. Neue Rekordgewinne sind nicht zu erwarten. Den Börsen droht aber keine große Gefahr, solange es keine überraschenden Ausreißer nach unter gibt. Denn 1. haben die Märkte ihre Erwartungen heruntergeschraubt und 2. ist das jetzige Gewinnniveau in den Kursen nicht ausreichend berücksichtigt. US-Aktien sind billig. Und das bietet Schutz vor tiefen Stürzen. Die Erwartung sinkender Zinsen werden die Märkte anschieben. Im Frühjahr, wenn der US-Dollar billig ist, wird ein guter Zeitpunkt zum Einstieg in den US-Markt sein.

Anleihen

Zurückhaltung bis zum Frühjahr

Aufgrund unseres Dollarszenarios verspüren wir bis ins nächste Frühjahr hinein wenig Lust, unser Portfolio mit US-Anleihen aufzufüllen, da etwaigen Kursgewinnen Währungsverluste entgegen stehen dürften. Im Frühjahr gilt es dann neu nachzudenken. Dann könnte sich der Einstieg lohnen. Denn überschäumen wird das US-Wachstum so schnell nicht und somit dürfte das Federal Reserve Board für einige Zeit knapp unter 5% Leitzins auf Parkstation gehen.

» Bis zu 2,7% Wachstum in 2006 und auch im nächsten Jahr stehen die Vorzeichen für ein ordentliches Plus gut; zudem hebt die Notenbank die Zinsen wieder leicht an und auch einige Preise steigen wieder. Hat Japan seine über eineinhalb Jahrzehnte dauernde schwere Wirtschaftskrise überwunden? Noch nicht ganz. Ein erdrückender Schuldenberg als Folge der Entschuldung der Banken lastet nun auf dem Staat, der dadurch anfällig wird für steigende Zinsen. Außerdem wird er seine Einnahmeseite verbessern, sprich: die Steuern erhöhen müssen. Die Japaner werden entsprechend sachte bei der Hauhsaltskonsolidierung vorgehen. Für 2007 muss man sich wohl keine Sorgen machen. Und die Börse bietet noch ein attraktives Bewertungsniveau. «

Wiederauferstehung

Japan hat nicht alle Zweifel ausgeräumt

von Ralf Vielhaber, FUCHSBRIEFE

Trotz der unzweifelhaften Erfolge, den schwerfälligen und lange Zeit nahezu manövrierunfähigen Tanker der japanischen Wirtschaft wieder flott zu kriegen, bleiben die Meinungen über die Perspektiven des wirtschaftlich auch in Zeiten der Globalisierung stark abgeschotteten Landes zweigeteilt.

Die Exportbranche floriert

Tatsache ist: Den großen exportierenden Unternehmen des Landes geht es gut, der Privatverbrauch zieht an und das Wirtschaftswachstum liegt mindestens auf Augenhöhe mit dem Europas bei 2,7% in 2006 und erwarteten 2% in 2007.

Der Yen als Schmiermittel

Dem (schon traditionell) schwachen 2. Quartal wird allgemein wenig Bedeutung beigemessen, zumal eine deutliche Revision der Wachstumszahl nach oben erwartet wird. Die Industrie erhält kräftig Aufträge aus dem Ausland. Das wird sich zwar Richtung 2007 aufgrund der Abkühlung der Weltwirtschaft tendenziell abschwächen. Erwartet wird ein Exportwachstum um 4,5%, nach 9,6% in 2006. Aber der billige Yen ist ein erstklassiges Schmiermittel für die exportlastige japanische Wirtschaft. Und die nach wie vor extrem günstigen Finanzierungskonditionen begünstigen die traditionell hohen Investitionen der japanischen Firmen.

Deflation nicht endgültig überwunden

Eigenwillige japanische Statistik

Es gibt aber auch Gegenanzeigen: So stagnieren die Durchschnittslöhne und die Revision der Preisdaten (Einführung eines neuen Basisjahres) deutet darauf hin, dass die Deflation eben doch noch nicht nachhaltig überwunden ist. Aber Japans Statistik war für ausländische Beobachter schon immer ein Buch mit mindestens sieben Siegeln.

Der Wechsel von Regierungschef *Koizumi* zu *Shinzo Abe* im September 2006 wird vor Ort als gleitender Übergang charakterisiert. Nippon steht insbesondere reformpolitisch eine Konsolidierungsphase bevor, nachdem *Koizumi* die Wirtschaft des Landes wieder auf Kurs gebracht hat.

Widersprüchliche Interpretationen

Doch während ein Japan-Kenner wie der Finanzjournalist *Helmut Becker* der festen Ansicht ist, die wirtschaftliche Kraft des Landes werde im Westen erheblich unterschätzt, sagt das Research-Team der Deutschen Bank in einer im September 2006 erschienenen Langfrist-Studie eher eine weitere Zunahme der Probleme des Landes voraus. Der starke Bevölkerungsrückgang, die rückläufige Leistungsbereitschaft – die Zahl der geleisteten Arbeitsstunden je Japaner geht seit 15 Jahren kontinuierlich zurück –, die höchste Staatsverschuldung aller Industrieländer und die daraus resultierenden Finanzprobleme des Staates lassen die Deutschbanker auf einen weiter steinigen Weg schließen.

Gigantische Staatsverschuldung - und die Zinsen steigen

Mit 181% des BIP „in den Miesen"

Die Uhren gehen zwar anders in Japan. Die Gesetzmäßigkeiten der Finanzmärkte wird aber auch Nippon nicht außer Kraft setzen. Noch immer ist das Land größter Gläubiger in der Welt. Aber diese Vermögenswerte lösen das Problem der ebenfalls weltweit höchsten Staatsverschuldung unter den Industrieländern nicht. Mit einem Bruttoschuldenstand von 181,8% – also einer Staatsschuld die beinahe das Doppelte des Bruttosozialprodukts beträgt – trägt das Land zweifelsohne an einer schweren Bürde. Mit 6% Neuverschuldung sprengt Tokio die Vorgaben des europäischen Stabilitätspaktes ganz locker.

Dies ist so lange erträglich, wie die Zinsen sich noch nahe der Nulllinie bewegen. Doch die japanische Zinswende ist seit dem Sommer 2006 Realität. Die Nachfrage nach Yen-Krediten aus dem Ausland „treibt" die kurzfristigen Zinsen inzwischen auf 0,4%. Bei der Verschuldung jedoch steht der Einzelgänger unter den Industrienationen ganz auf eigenen Beinen und ist deshalb weitgehend gefeit vor einem Zinsschock oder plötzlichen, großen Kapitalabflüssen aus dem Anleihenmarkt.

Einnahmeseite muss verbessert werden

Nach wie vor hält die japanische Notenbank 20% der Staatspapiere des Landes und finanziert damit einen wesentlichen Teil der Schulden der Regierung. Sie kann sich mit einer geringen Verzinsung derselben zufrieden geben. Private Anleger würden das nicht. Über kurz oder lang muss der Staat die Einnahmeseite verbessern, so wie *Steinbrück* in Deutschland.

Auch in Japan steht eine Mehrwertsteuererhöhung an. Zwar ist das Niveau mit derzeit noch 5% vergleichsweise sehr niedrig. Doch ein Anstieg wird auch in Japan negative Folgen insbesondere für den gerade wieder erstarkten Privatverbrauch haben. 1997 ging der Konsum um drei Prozentpunkte zurück, nachdem die Steuer um zwei Punkte von 3 auf 5% erhöht worden war.

Devisen

Während Japan im Ausland so gut wie keine Schulden hat, verschuldet sich das Ausland seit Jahren um so mehr in Yen und kauft davon höher verzinsliche Auslandspapiere. Europäische Großbanken finanzieren damit günstig Immobilienkäufe. Dies gilt um so mehr, solange der Yen von einem Tief zum anderen fällt.

Verschuldungswährung Nr. 1

Die Funktion als Verschuldungswährung Nr. 1 in der Welt schützt den Yen allerdings nicht vor einem starken Bedeutungsverlust außerhalb Asiens. Etliche Notenbanken reduzierten ihre Yen-Bestände. Die norwegische Notenbank will den Anteil der Yen-Reserven sogar von 8% auf Null zurückfahren.

Zinsdifferenz zum Euro wächst

Größter Profiteur dieser langfristigen Umschichtungen ist neben dem britischen Pfund der Euro. Nach dem Sprung über die Marke von 150 dürfte sich der Yen vorerst auch noch weiter im Rückwärtsgang zur europäischen Einheitswährung befinden. Das liegt daran, dass sich die Zinsdifferenz zur Euro-Zone weiter ausweiten wird, auch wenn die Bank von Japan (BoJ) ebenfalls die Zinsen anheben wird. Allerdings wird die BoJ das viel langsamer tun, als die EZB. So rechnen wir zum Jahreswechsel mit einem Leitzins in der Euro-Zone von 3,5% und in Japan mit nur noch einem Zinsschritt auf 0,5%. Während der Zins in Europa dann im Laufe des Jahres um weitere 75 Basispunkte angehoben werden dürfte, sind für Japan 0,25 Prozentpunkte und maximal 50 Basispunkte wahrscheinlich.

Börse

An der Börse sehen wir ein gutes Jahr für Japans Exporteure voraus. Japan ist im asiatischen Raum eng verflochten und erhält starke Impulse insbesondere auch aus China. Zweiter Faktor ist der unterbewertete Yen, der den Verkauf japanischer Güter begünstigt. Ein anderer monetärer Aspekt: Die japanischen Haushalte halten mehr als die Hälfte ihres Vermögens nach wie vor in Bargeld. In Zeiten der Deflation bot sich das an. Doch jetzt, wo sich wieder inflationäre Tendenzen zeigen, müssen die Japaner ihr Geld investieren, wenn sie nicht einen Vermögensverlust in Kauf nehmen wollen. Und da bietet sich der heimische Aktiemarkt an, der moderat bewertet ist. Nach einem starken Anstieg im Jahr 2005 notiert der NIKKEI im Herbst 2006 im Minus. Knapp 3% verlor der Index seit Jahresanfang. Diese Seitwärtsbewegung ist eine typische Phase im Börsenzyklus. 2007 sollte eine von den Unternehmensgewinnen getriebene Hausse einsetzen. Wir sehen den NIKKEI am Jahresende 2007 bei 18.700 Zählern.

» Es wäre gewagt zu behaupten, dass in Europa der Knoten geplatzt ist – trotz sehr ordentlicher Wachstumsraten in 2006. Zu gewaltig sind die finanziellen und strukturellen Herausforderungen, die sich aufgrund der alternden Bevölkerung und der damit verbundenen Lasten auftürmen und Wirtschaft und Konsumenten die Luft abzuschnüren drohen. Erfreulich ist jedoch, wie gut die Unternehmen dastehen. Sie können sich problemlos mit der Konkurrenz aus aller Welt messen. 2007 werden sie wieder die Kohlen aus dem Feuer holen müssen, damit Europa auf dem Wachstumspfad bleibt. Sie bleiben auch attraktiv für Anleger, die weiterhin auf Kursanstiege beim DAX hoffen dürfen. «

Konditionstraining

Europa rafft sich auf

von Ralf Vielhaber, FUCHSBRIEFE

Die europäischen Börsen gewinnen an Attraktivität

Europa steht so schlecht nicht mehr da, wirtschaftlich, als auch wirtschaftspolitisch. Die europäischen Börsen machen der Wall Street Konkurrenz. Nicht vom Volumen her, aber von der Attraktivität. Die New Yorker Weltleitbörse gilt als überreguliert. Viele Unternehmen, die die hohen Kosten, aber auch die enormen Risiken scheuen, wenn US-Anwälte Sammelklagen inszenieren, verabschieden sich vom New Yorker Parkett. Die Europäer profitieren. Es ist ein wichtiges Zeichen, dass sich sowohl die „Hightechbörse" Nasdaq, als auch die NYSE nach Partnern in der alten Welt umsehen. Der Verschmelzungsprozess der Börsen wird weiter gehen. Ende des Jahrzehnts dürften wir e i n e europäische Leitbörse haben. Eine zentrale Weltbörse wird jedoch noch Jahrzehnte auf sich warten lassen – wenn es sie überhaupt geben kann. Es sei denn „offshore" im Pazifik, zwischen Amerika und Asien, außerhalb jeder direkten staatlichen Einflusssphäre mit einer gemeinsamen Bestandsgarantie der wichtigsten Weltmächte. Träumerei, Spinnerei? Vielleicht.

Ein Königreich für diese Insel

Der Ex-US-Notenbankpräsident *Greenspan* umwirbt gar die Engländer, das Pfund an den Dollar zu koppeln, eine Art Währungsunion mit Amerika einzugehen – freilich unter Führung der US-Notenbank, die den Hebel der Dollarproduktion in der Hand behalten soll.

Das britische Pfund wird wichtiger

Das Pfund wird aber eigenständig bleiben. Es ist inzwischen sogar zur Weltreservewährung Nummer drei nach der eindeutigen Nummer eins, dem Dollar, und der Nummer zwei, dem Euro, aufgerückt und hat den Yen auf Platz vier verdrängt.

Bleiben wir gleich beim „Außenseiter" der EU, Großbritannien. Die Engländer haben ihr Wachstum halbwegs im Griff. 2,7% im laufenden wie im nächsten Jahr sind realistisch.

In England läuft der Außenhandel munter, die Kapazitäten der Unternehmen sind gut ausgelastet. Ähnlich wie in den USA schäumt dort der Immobilienmarkt. Auch hier übt sich die Notenbank im „Finetuning", dreht am Zinsrädchen, um den Markt – wie so häufig in der Vergangenheit – vor einer schockartigen Abkühlung zu bewahren. Solange es in der Wirtschaft und am Arbeitsmarkt rund läuft, ist zumindest damit nicht zu rechnen.

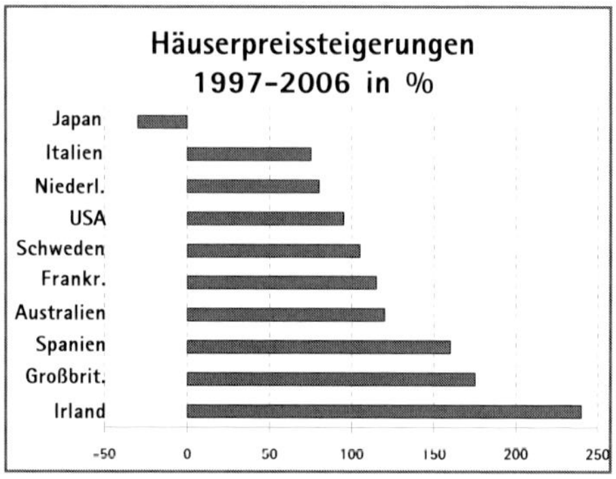

Die Häuserpreise sind im vergangenen Jahrzehnt aufgrund der Niedrigzinspolitik der Notenbanken in vielen Industriestaaten steil in die Höhe geschossen.

Quellen: ESRI, Japan Real Estate Inst., Nationwide, NVM, OFHEO, Regierungsstellen

An einem Strang

Sogar in Deutschland wird wieder konsumiert

Wenn Unternehmen und Verbraucher „an einem Strang ziehen", kommt ein robustes Wachstum dabei heraus. 2006 ist das in der Euro-Zone ebenso wie in Großbritannien gelungen. Die Auslastung der Unternehmen ist hoch, in Deutschland stieg sie kontinuierlich bis auf 86,6% im 2. Quartal an. Um fast 4% werden die Investitionen steigen. Hinzu kommt, dass seit langem wieder einmal der private Verbrauch in Deutschland, dem ökonomischen Schwergewicht in Europa, um 1% wächst. Nicht viel, aber besser als nichts, wie in den Jahren davor.

Während die Auftragseingänge aus dem Ausland allgemein spürbar nachlassen, ziehen jene aus dem Inland teilweise an. Kurz: Der Konjunkturzyklus ist 2006 in der Reifephase, hinkt dem der USA um einige Monate hinterher.

Wachstum steht auch 2007 auf zwei starken Beinen

2007 verspricht nicht mehr so viel, die Wachstumsraten quer durch die Europäische Union flachen ab. Hier liegen die Erwartungen des ZEW erheblich unter denen des Instituts für Weltwirtschaft: Die einen erwarten 1,5% im Euroland, die anderen prognostizieren 2%. Die „goldene Mitte" dürfte realistisch sein. Denn das Wachstum steht doch auf recht kräftigen Beinen.

Der private Verbrauch innerhalb der Euro-Zone dürfte nach Ansicht der meisten professionellen Auguren europaweit auf 1,5% zurückgehen, nachdem er 2006 mit 1,8% einen Spitzenwert in diesem

Wachstumszyklus erreichen wird. Exporte und Importe fallen von ihren Bestmarken von 7,9 und 7,4% auf Durchschnittswerte von 3,8 bzw. 4%. Wobei wir glauben, dass die Forscher hier etwas zu skeptisch sind. So wächst gerade der Außenhandel Deutschlands als wichtigster Exporteur der EU mit China um hohe zweistellige Raten (zuletzt 27,6% beim Export und 28,8% beim Import). Da wir in Fernost kaum Dämpfung des Wachstums erwarten, sollte auch der Handel weiterhin gute Geschäfte machen können. Und auch die Unternehmen investieren weiter.

Export wird auch 2007 nicht schlecht laufen

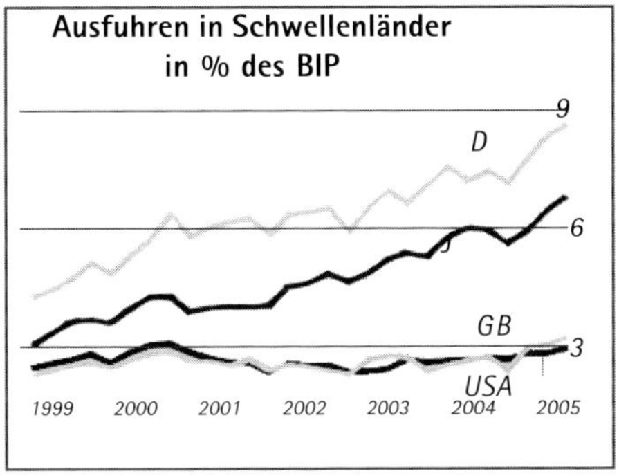

Kein Industrieland führt gemessen an seinem BIP mehr Waren in Schwellenländer aus als Deutschland.

Hier ein Blick auf die vom Zentrum für europäische Wirtschaftsforschung erwarteten Wachstumsraten in den Ländern der Euro-Zone und Großbritannien:

	EWU		Italien		Spanien		Belgien		Österreich		Irland	
	2006	2007	2006	2007	2006	2007	2006	2007	2006	2007	2006	200
BIP, real	2,40	1,50	1,40	1,10	3,60	3,00	2,80	2,30	2,60	2,10	5,60	5,2
Privater Verbrauch	1,90	1,30	0,80	1,10	3,80	3,20	2,40	1,80	1,90	2,00	6,80	7,4
Investitionen	k.A.	k.A.	2,50	2,90	6,50	4,60	2,40	2,40	3,60	3,30	8,30	6,5
Exporte	7,90	4,00	2,90	3,30	9,50	9,70	6,60	5,40	6,90	6,00	7,80	8,2
Importe	7,40	4,00	2,90	3,30	9,50	9,70	6,60	5,40	6,90	6,00	7,80	8,2

	Niederlande		Frankreich		Finnland		Portugal		Griechenlandachrichtlich			
	2206	2007	2006	2007	2006	2007	2006	2007	2006	2007	2006	200
BIP, real	3,00	2,75	2,00	1,90	3,40	2,90	1,00	1,50	3,70	3,60	2,50	2,6
Privater Verbrauch	1,50	1,00	2,40	2,40	3,20	2,60	1,50	1,80	3,50	3,50	1,90	1,9
Investitionen	8,50	4,00	3,30	2,90	3,60	2,80	-1,50	1,50	4,10	4,60	5,30	3,2
Exporte	7,50	8,25	8,10	5,00	7,50	5,90	3,30	5,60	7,90	8,20	9,80	2,8
Importe	7,50	7,00	7,90	7,20	6,50	5,20	2,40	4,80	5,90	6,30	9,20	2,3

Quelle: ZEW Wachstums- und Konjunkturanalysen September 200

Zusammen mit den schwergewichtigen Kernländern der Euro-Zone wird sich auch das Wachstum der „Europäischen Tiger“, der vor 2 Jahren hinzu gekommenen Neumitglieder aus dem ehemaligen Sowjetblock, Polen, Ungarn, Tschechien, die Slowakei und Baltikum, verringern. Die Raten gehen moderat zurück.

Außerordentlich gut macht sich die Slowakei: zwischen 6 und 7% wird ihr Wachstum für 2007 geschätzt. Für Polen erwarten die Konjunkturforscher plus 4,5% (nach 4,7% in 2006), Tschechien soll mit 5% wachsen (2006: 6,4%), Ungarn mit 3,5% (nach 4,4), die Balten zwischen 6,5

Weiterhin positive Entwicklung in den neuen EU-Ländern

und 8% (nach 7,5 – 11% in 2006). Das alles bei moderaten Verbraucherpreisen, die sich auch 2007 nach unten bewegen. Die Notenbanken werden wenig zu tun bekommen.

Das Europäische Sorgenkind bleibt Italien

Italien träumt vom Austritt aus der Währungsunion

Obwohl Italien auf den Wachstumspfad zurückgekehrt ist (1,8% BIP-Plus in 2006, 2007 sollen es 1,4% werden), mangelt es der inländischen Wirtschaft an Wettbewerbsfähigkeit. Das Sozialsystem ist sanierungsbedürftig und die neue Linksregierung mehr oder weniger handlungsunfähig. Immer vernehmlicher wird in Fachkreisen über Vor- und Nachteile eines Wiederaustritts Roms aus dem europäischen Währungsverbund gestritten, um die drückende Last des Reformdrucks – wie früher – durch eine Währungsabwertung abzumildern, nachdem die Eurodividende, der erhebliche Zinsnachlass mit dem Eintritt in den Euroverbund, „verfrühstückt" ist.

Doch das sind alles Sandkastenspiele. Der Fehler wurde gemacht, als Brüssel den Italienern trotz nicht erfüllter Beitrittskriterien den Freibrief übergab. Jetzt kann der erste Fehler nicht durch einen zweiten rückgängig gemacht werden. Italien wäre finanziell sofort am Ende, würde es eine neue Lira auflegen. So wird es sich im Zweifel von den übrigen Europäern „aushalten" lassen – ähnlich wie es das Land Berlin gegenüber dem Bund versucht.

Politiker kratzen an der Unabhängigkeit der EZB

Das Leben der EZB wird dadurch aber nicht leichter. Zumal die romanischen Länder im Verein mit Luxemburg an der Unabhängigkeit der Zentralbank kratzen. Frankreichs wahlkämpfender Möchtegern-Präsident und Noch-Innenminister *Sarkozy* wünscht sich, „dass man den Euro in den Dienst von Konjunktur und Wachstum stellt". Und natürlich soll die EZB „unter politische Kontrolle" gebracht werden.

Hierfür steht Luxemburg-Premier und „Mr. Euro" *Jean Claude Juncker* als Vorsitzender der Euro-Gruppe bereit.

Gehen Sie davon aus: Hier wird ein dickes Brett gebohrt. Und es wird auf das diplomatische Geschick Deutschlands ankommen, dass die Dämme nicht brechen. Wenn Berlin das überhaupt noch will.

DEUTSCHLAND: Der Staat tritt auf die Bremse

Im letzten Herbst hatte keiner der Auguren damit gerechnet. Jetzt ist es communis opinio: 2006 wird konjunkturell aus deutscher Sicht ein

Top-Jahr. 2 bis 2,4%, in dieser Bandbreite bewegen sich im Herbst 2006 die Erwartungen.

Wachstum lange unterschätzt

Mit kräftigem Schwung startet die Wirtschaft somit nach 2007 durch. Doch schon in Sichtweite haben sich Stolperschwellen und Bremsblöcke aufgebaut: Die Politik geht dem Bürger mit Steuererhöhungen kräftig ans Portemonnaie: plus 3 Prozentpunkte bei der Mehrwertsteuer, Halbierung des Sparerfreibetrags, Verringerung der Entfernungspauschale. Das „kostet" uns, so errechnet Institut für Weltwirtschaft in Kiel (IfW) 0,8% Wachstum gegenüber 2006. Finanzielle Erleichterung bringen 2 Prozentpunkte Beitragsreduzierung bei der Arbeitslosenversicherung. Dagegen stehen jedoch sogleich geschätzte 0,2 Prozentpunkte Beitragserhöhung für Rente und Gesundheit.

Umstritten sind die Wirkungen für das gesamtwirtschaftliche Wachstum: Das IfW, das alljährlich die Vorreiterrolle für den Herbstreigen der Konjunkturprognosen übernimmt, erwartet einen scharfen Konsumeinbruch gleich in den ersten Monaten des Jahres (-5,6% gegenüber dem vorangegangenen Quartal). Allerdings: Der private Verbrauch ist in Deutschland seit langem das Sorgenkind der Ökonomen und Politiker. Und mit einem Anteil von 58% des BIP hat der Konsum hierzulande eine deutlich geringere Bedeutung als in den USA.

Hier rätseln die Ökonomen

Kann die höhere Mehrwertsteuer auf die Verbraucher überwälzt werden?

Die Ökonomen haben einige unklare Punkte in ihrer Rechnung: Können die Unternehmen die Mehrwertsteuererhöhung auf die Preise überwälzen? Das IfW sagt ja, zumindest teilweise. Das treibt die Geldentwertung und zwingt die EZB, einen restriktiven Kurs zu fahren. 2,3% Preissteigerungsrate oder mehr im Jahresdurchschnitt 2007 im bisher eher inflationsarmen Deutschland kann die Zentralbank nicht kalt lassen. Folglich werden Finanzierungen, insbesondere beim Hausbau, (etwas) teurer. Doch wer bauen will, baut ohnehin in diesem Jahr. 1 Mrd. € soll der Vorzieheffekt aufgrund der Finanzpolitik ausmachen.

Andererseits hat sich die Wirtschaft so weit erholt, dass die Unternehmen nicht nur in Maschinen, sondern auch in sozialversicherungspflichtige Arbeitplätze investieren. Das hebt die Stimmung und die Löhne: nach 1,5% sollen sie 2007 um 2% im Schnitt steigen. Ob das reicht, die „weltmeisterliche" Konsumfreude nach 2007 hinüber zu retten? Stagnation, meint das IfW, nach dem 2006er „Hüpfer" von plus 1%.

Konsumeinbruch Anfang 2007?

Das ist rational nachvollziehbar, aber ist es auch berechenbar? Schon im vergangenen Jahr haben sich die Kieler heftig bei der gesamtwirtschaftlichen Entwicklung getäuscht, das Wachstum lange unterschätzt. „Mit 95-prozentiger Wahrscheinlichkeit wird die Zuwachsrate des realen Bruttoinlandsprodukts im Jahr 2007 zwischen -0,2 und +2,2% liegen", sagen sie voraus. Holla, warum werden wir bei solcher Präzision überhaupt mit Zahlen belästigt?

Die Unternehmen müssen's wieder machen

Das gesamte Wachstum kommt letzlich immer aus dem Unternehmenssektor. Erfreulich sieht es bei den Ausrüstungsinvestitionen der Unternehmen aus. Ein Plus von 6,9% in diesem, eines von 4,5% im kommenden Jahr sind eine runde Sache. Zumal es sich dabei vermehrt um Erweiterungsinvestitionen handelt, denn die Kapazitäten im Verarbeitenden Gewerbe sind sehr gut ausgelastet.

Auslandsnachfrage schwächt sich ab

Doch wenn die Welt nicht mehr so viel bestellt, dann lassen sich selbst qualitativ hervorragende Güter schwerer absetzen. Die Auslandsorders gehen Richtung 3. Quartal 2006 bereits zurück, auch wenn insbesondere die Maschinenbauer pralle Auftragsbücher vorzeigen können. Der Zuwachs der Auslandsnachfrage w i r d zurückgehen. Nach einem Plus von 9,9% in 2006 auf 3,8% meinen die Kieler. Wir sind da optimistischer und rechnen mit gut 6%, da wir die weltwirtschaftliche Abschwächung für geringfügiger halten. Anders die Importe, die von 9,8% Steigerung auf Jahressicht auf nur noch plus 2,9% zurück gehen sollen. Hier dürfte tatsächlich kaum mehr drin sein.

Das Beste ist vorbei

Der Staat wird konsumfreudig

➔ Fazit: Die schönste Phase im Konjunkturzyklus ist rum. 2007 wird wieder abgespeckt. Ganz so heftig wie die Kieler annehmen, wird der Rückgang aus unserer Sicht aber nicht werden. Denn der Staat besinnt sich auf seine Rolle als „antizyklischer Investor" und wird das Geld schon ausgeben, das er den Privaten abknöpft. Insbesondere die Kommunen haben einigen Nachholbedarf insbesondere bei öffentlichen Gebäuden (Infrastruktur) und kaum ein Kämmerer wird die Kasse verschlossen halten können. Plus 1,5% – das ist die Marke für den konjunkturellen Wasserstand, auf die es aus unserer Sicht zuläuft.

Europas Finanzmärkte 2007

EZB wird handeln

Die gute Konjunktur hat im Verein mit hohen Rohstoffpreisen, insbesondere Energie, die Inflationsraten in der Eurozone nach oben getrieben. 2,3% – so die Erwartung des IWF für 2006 – ist zu viel für die EZB. Sie wird den Leitzins in der Euro-Zone noch ein bis zweimal anheben müssen. Zumal die Mehrwertsteuererhöhung in Deutschland Euroland einen Inflationsimpuls von 0,3 bis 0,5% versetzt. Somit läuft Europa dem amerikanischen Zinstrend nach. Ab Frühjahr 2007 ist dann auch im „Euroland" die Zinsspitze erreicht.

Noch Risiken für Euro-Anleihen

Euro-Anleihen: Geringer Depot-Anteil

Am langen Ende signalisieren die Zinsen wie in den Vereinigten Staaten die konjunkturelle Abschwächung, wenn auch nicht so stark. Sie liegen mit 3,75% rund einen Prozentpunkt über den kurzfristigen. Sollte die Konjunktur in Euroland insgesamt doch besser laufen als von den Ökonomen prognostiziert, liegt hier eine gewisse Gefahr für die Kurse von Anleihen, die bei steigendem Zins nach unten gehen. Da zudem die Verzinsung nicht sonderlich attraktiv ist, halten wir unseren Anteil in Euro-Anleihen im Depot insgesamt weiter gering.

In Deutschland steigen die kurzfristigen Zinsen seit Herbst 2006 kontinuierlich an. Das lange Ende nimmt bereits eine Konjunkturabschwächung vorweg. Zu Anfang 2007 rechnen wir jedoch mit einem erneuten zeitweisen Zinsanstieg auch im 10Jährigen Laufzeitbereich.

Quelle: Thomson Financial

Der DAX hat noch ordentliches Potenzial

„Schnäppchen" im DAX

Da die Märkte aus fundamentaler Sicht in Japan, den USA und Deutschland günstig bewertet sind, halten wir einen kräftigen Anstieg am wahrscheinlichsten. Ende 2007 sollte der DAX bei 7.000 Zählern stehen. Einen solchen Stand können sich viele heute nicht vorstellen.

Das Kalkül ist aber ebenso einfach, wie bestechend. Bei einem heutigen Niveau von 5.900 hat der DAX gemessen an den durchschnittlich prognostizierten Gewinnen ein Kurs-Gewinn-Verhältnis von 13. Im historischen Mittel betrug das KGV im deutschen Aktienbarometer aber 16. Unterstellt man auf Basis der für 2006 erwarteten Gewinne, dass der Index seine durchschnittliche Bewertung im nächsten Jahr wieder erreicht, ergibt sich ein Zählerstand von 7.248. Für 2007 erwartet die Analystengilde aber weitere Gewinnsteigerungen bei den DAX-Unternehmen. Auf dieser Basis errechnet sich bei einem KGV-Anstieg auf 16 sogar ein Zählerstand von 8.137 Punkten. So gesehen, ist unsere Prognose eher konservativ.

Das Pfund wird von den Märkten wieder entdeckt

Enge Handelsspanne für das britische Pfund

Einerseits profitiert die Briten-Währung vom relativ hohen Zinsniveau auf der Insel und seinem Zinsvorsprung gegenüber der Euro-Zone. Andererseits wird das Pfund von den Umschichtungen aus dem Yen in den Sterling aufgewertet. Gegen den Euro wird die Kursentwicklung aber in ruhigen Bahnen verlaufen. Wir rechnen nicht mit starken Ausschlägen in die eine oder andere Richtung. Wir stellen uns auf eine Handelsspanne zwischen 0,66 und 0,70 – wie sie seit 2004 besteht – ein. Damit ist das Pfund mit seinem Zinsvorsprung vor allem für aktive Bondsanleger interessant, die ihre Ein- und Ausstiege dann relativ gut an die Begrenzungen des Trendkanals legen könnten. Also: Zinsvorsprung kassieren und die Gilt-Anleihen bei Kursen nahe 0,70 kaufen und 0,67 verkaufen.

Schweizer Franken verliert international an Bedeutung

Der Franken tendiert weiter abwärts

Gegen den Euro gerät die Währung der Eidgenossen auf mehreren Ebenen ins Hintertreffen. Einerseits verliert der Franken zusehends seine Bedeutung als sicherer Hafen und wird dafür zu klein. Zudem baut die Notenbank sukzessive die Goldunterlegung der „Rütli-Währung“ ab. Darüber hinaus hinken die Zinsen denen in Euroland hinterher und aller Voraussicht nach wird die Schweizerische Nationalbank den Leitzins viel langsamer als die EZB anheben. Aufwertungen sind bis maximal 1,55 zwar möglich. Insgesamt wird es mit dem Franken nach dem Sturz unter die technisch wichtige Unterstützung von 1,58 im September 2006 bis maximal 1,65 abwärts gehen. Verschuldungen in Franken sind damit trotz langsam steigender Zinsen aussichtsreich.

» Verlässt der Bau endlich das Tal der Tränen? Gelingt es dem deutschen Handel, die Kaufverweigerung der deutschen Konsumenten zu knacken? Kann die Automobilbranche sich in den wichtigsten Wachstumsmärkten gegen die immer stärker werdende (Billig-) Konkurrenz behaupten? Bleibt der Maschinenbau in Sachen Wettbewerbsfähigkeit das Maß aller Dinge? Halten die rohstoffpreis-begünstigten Versorger Kurs? Um es kurz zu machen: Die ganz großen Veränderungen wird es in keiner der deutschen Branchen geben. Aber doch einige bemerkenswerte Akzentverschiebungen, mit denen noch vor einem Jahr nicht unbedingt zu rechnen war. «

Näher beieinander

Deutschlands Branchen rücken zusammen

von der FUCHSBRIEFE-Redaktion

Alte Regeln stimmen nicht mehr

Die deutschen Branchen werden in 2007 enger zusammenrücken. Gab es in 2006 etwa mit dem Maschinenbau extreme Highflyer, mit der Baubranche aber auch den – quasi gesetzten – Underperformer, so liegt das Feld der einzelnen deutschen Branchen in 2006 deutlich dichter beieinander. Einer der wesentlichsten Gründe: Die klare Trennung zwischen Export orientierten Branchen (= hier brummt das Geschäft) und auf den Inlandskonsum ausgerichteten Geschäftszweigen (= hier läuft wenig bis nichts) stimmt so nicht mehr.

Binnenkonjunktur angesprungen

Denn die Weltkonjunktur wird sich zwar leicht abkühlen. Vor allem die Länder, die in den letzten Jahren Träger des Wachstums der deutschen Exporteure waren (China, die Erdölproduzenten) schalten einen Gang runter. Gleichzeitig ist endlich die Binnenkonjunktur angesprungen, hat sich auch die Lage am Arbeitsmarkt leicht verbessert, wodurch etwa der Einzelhandel, aber auch die Finanzbranche bessere Perspektiven gewinnen. Sollten sich zudem die Rohstoffpreise längerfristig auf etwas moderaterem Niveau einpendeln, wird auch die Mehrwertsteuererhöhung den Binnenkonsum zwar dämpfen, aber nicht abwürgen.

➔ Fazit: So gut wie im Herbst 2006 waren die deutschen Branchen im internationalen Wettbewerb aber schon lange nicht mehr aufgestellt.

Branchen mit schlechter Konjunkturerwartung

Branchen mit durchschnittlicher Konjunkturerwartung

Branchen mit guter Konjunkturerwartung

Automobil

Bei den deutschen Automobilherstellern ist derzeit viel in Bewegung und es ist schwer vorhersehbar, in welche Richtung die Reise gehen wird. Während der kleinste der deutschen Hersteller, Porsche, an der Spitze weiter einsam seine Kreise zieht, stecken die großen deutschen Player mitten in der Umstrukturierung oder haben sie noch vor sich.

VW: Personalabbau drückt Erträge

Bei Volkswagen stehen wichtige Entscheidungen an, versucht Vorstandschef *Pischetsrieder*, den eingeschlagenen Sanierungskurs fortzusetzen und sogar zu forcieren. Das äußert sich vor allem in einem zügigen Personalabbau, der aber aufgrund horrender Abfindungszahlungen (im Milliarden-Bereich) massiv auf die Erträge schlägt. Da hilft es auch wenig, dass die Zahl der ausgelieferten Fahrzeuge deutlich gesteigert wurde, wenn gleichzeitig die Rendite bei rund 2,5% vor sich hin dümpelt. Denn nach wie vor arbeiten die westdeutschen Werke mit Verlust, stammen die Erträge größtenteils aus Finanzierungsgeschäften und von der Tochter Audi. Dass VW seine ambitionierten Gewinnsteigerungen bereits 2007 erreicht, halten wir für fraglich.

Marktführerschaft im Prämiensegment in Gefahr

Auch bei Mercedes ist die von Firmenchef *Zetsche* initiierte Umstrukturierung noch in vollem Gange. Und noch immer hängen die Marken Smart und Chrysler wie ein Klotz am Bein, ziehen das Gesamtergebnis herunter. Auch die B-Klasse konnte die Erwartungen bisher nicht erfüllen. Gleichzeitig ist die Marktführerschaft im Premiumsegment in Gefahr, machen Audi, BMW und in zunehmenden Maße auch die Toyota-Tochter Lexus den Schwaben den Platz an der Sonne streitig. Deshalb sind wir auch bei Mercedes für 2007 skeptisch.

Nach dem fast kompletten Austausch des Vorstandes bei BMW ist die Lage bei den Bayern etwas undurchsichtig. In den vergangenen Jahren war BMW der deutsche Branchenprimus, glänzte mit ausgezeichneten Ergebnissen und überzeugender Produktpalette. Doch nicht alles, was Gold ist, glänzt. Bei der Anzahl der Neuzulassungen wurde man wieder von Mercedes überholt und auf den wichtigsten Wachstumsmärkten, vor allem in China, haben die Bayern kein gutes Standing, da hier vor allem billige und robuste Einsteigerautos, nicht aber überteuerte und zudem fehleranfällige Lifestyle-Produkte wie der Mini gefragt sind. Aktuell ist BMW also nicht besonders gut aufgestellt – und bis die Philosophie des neuen Managements deutlich wird, bleiben wir zurückhaltend.

➔ Fazit: Der Automobilmarkt ist ein reifer Markt mit geringem Wachstumspotenzial. Gute Perspektiven gibt es fast nur in Asien und hier sind die deutschen Autobauer mit ihrer traditionellen Hochpreispolitik derzeit nicht besonders gut aufgestellt.

Bau

Unerwartet starkes Wachstum des Bauvolumens

Der europäische Bausektor wächst wieder. Und zwar stärker als erwartet. Das gilt für 2006 deutlich, für 2007 abgeschwächt. Insbesondere der Wohnungsneubau in Frankreich und Deutschland sind sowohl der Wachstumstreiber 2006, als auch der Wachstumsdämpfer 2007 (ff.). Dahinter steht die erfreuliche Konjunkturentwicklung, die zusammen mit noch niedrigen Zinsen, neuen, sehr langfristigen Hypothekenfinanzierungsmöglichkeiten (mit bis zu 50 Jahren Laufzeit in Frankreich) und Zuwanderung für erhöhte Investitionen sorgt. Auf der anderen Seiten steht die Mehrwertsteuererhöhung in Deutschland an, die zu Torschlussreaktionen führt. 2007 bricht dieser Antriebsfaktor weg.

Laut Euroconstruct (ein europäisches Forschungs- und Beratungsnetzwerk, in dem Spezialisten aus 19 europäischen Ländern zusammen arbeiten und forschen) steigt das Bauvolumen 2006 – deutlich stärker als erwartet – um 2,6%, 2007 werden es immerhin noch 2% sein.

Strohfeuer beim Wohnungsneubau

Der ab 2007 spürbar gebremste Wohnungsneubau (Schwergewicht Deutschland; außerdem läuft in Frankreich die Nachfrage aus) wird vom gewerblichen und öffentlichen Hochbau abgelöst. In England investiert die öffentliche Hand besonders kräftig in den Bildungssektor – insbesondere die maroden Schulen werden aufgemöbelt. Aber auch in Deutschland steigt die öffentliche Baunachfrage aufgrund der sprudelnden Steuereinnahmen (Orderanstieg von 7,6%, im Straßenbau sogar um 12,6 % im 1. Halbjahr 2006).

In den kleinen europäischen Staaten ist das stärkste Wachstum zu finden

Länderspezifisch sieht es so aus: überdurchschnittliches Wachstum des Bauvolumens in bevölkerungsmäßig eher kleinen Ländern wie der Slowakei (9%), Schweden (6,8%), Belgien (6,4%), Irland (5,7%), Norwegen (5,4%) und Ungarn (5,1%). Von den größeren Kalibern wächst Polens (nahezu 40 Mio. Einwohner) Bausektor erwartungsgemäß mit 8,9% am stärksten, gefolgt von Spanien (4,4%), den Niederlanden (4,0%) und Frankreich (3,7%). Deutschland bleibt trotz verbesserter Aussichten mit einem Wachstum von 1,2% zusammen mit Italien (-0,3%) und Portugal (-3,2%) unter den Schlusslichtern.

→ Fazit: Schon, weil in Deutschland die Talsohle im Bausektor durchschritten ist, die Branche ausreichend konsolidiert hat und somit stabil wachsen dürfte, hat der (wichtige) Bausektor 2007 nicht mehr die Rote Laterne inne. Entspannter als Euroconstruct sehen wir die Zinsentwicklung, von der aus unserer Sicht kein deutlicher Dämpfer ausgehen dürfte, so dass 2007 erneut für eine positive Überraschung gut ist.

Chemische Industrie

Nachfrageschub unwahrscheinlich

Zentrale Frage in dieser exportorientierten Branche ist: Kann das mit gut 7% im Jahr 2005 und 6% in der ersten Jahreshälfte 2006 hohe Umsatzwachstum fortgesetzt werden? Die Antwort lautet: wohl kaum. Das Wachstum wird von zwei Faktoren getragen: von steigender Nachfrage und von höheren Preisen (bzw. der Möglichkeit, diese am Markt durchzusetzen). In beiden Bereichen ist es für viele Chemie-Unternehmen in den vergangenen zwei Jahren bereits sehr gut gelaufen. Dass dies so weiter geht, ist eher unwahrscheinlich.

Die Nachfrageseite: Das starke Wachstum der Weltwirtschaft schwächt sich langsam ab. Die Märkte der westlichen Industrieländer sind relativ gesättigt. Größere Nachfrageschübe in der Chemie sind von dort nicht zu erwarten. Zumal die USA kaum ihre hohen Wachstumsraten von 2004, 2005 und dem ersten Quartal 2006 halten werden. Wachstumstreiber für die Chemie ist der asiatische Raum, insbesondere China – und das dürfte zunächst auch noch so bleiben.

Preiserhöhungen kaum durchsetzbar

Die Preisseite: Von den Preissteigerungen der letzten zwei Jahre hat insbesondere die Basis- und Petrochemie profitiert. Praktisch alles, was „nah am Öl" war, ist gut gelaufen und hatte eine große Preissetzungsmacht. Die Gewinne wuchsen kräftig. Hier stößt dieser Teil der Branche – wegen des bereits erreichten Niveaus, des niedrigeren Mengenwachstums und der Substitutionsmöglichkeiten chemischer Produkte (z.B. durch Glas, Stahl oder auch Holz) – mittlerweile an Grenzen; das heißt, der Preiserhöhungsspielraum wird in den nächsten 10 bis 12 Monaten deutlich enger sein.

Damit wird ein anderer Branchenbereich, die Spezialchemie, etwas aufatmen. Diese bekam auf der Kostenseite die Verteuerung der Rohstoffe/Basischemikalien zu spüren – dieser Druck wird etwas nachlassen, was den Gewinnmargen der entsprechenden Unternehmen zugute kommen wird. Allerdings werden sich auch die Kostensenkungseffekte des Personalabbaus im Laufe des Jahres 2007 abschwächen.

➔ Fazit: Die Zeiten des üppigen Wachstums und starker Gewinnsteigerungen gehen für den Großteil der Chemiebranche zu Ende. Allerdings kommt der Dämpfer auf hohem Niveau. Mit einem Einbruch ist nicht zu rechnen. Durch Kostensenkungsprogramme und die gestiegene Produktion sind die Kapazitäten mit rund 85% sehr gut ausgelastet. Gejammert wird in der Chemiebranche also auch im Jahr 2007 nicht.

Elektro

Hoher Exportanteil sichert Erfolg

Der Branchenumsatz dürfte 2007 auf rund 180 Mrd. Euro steigen. Die Auftragslage ist gut bis sehr gut, die Beschäftigungslage für die rund 800.000 Branchen-Mitarbeiter ist weit gehend stabil, vor allem bei den Branchenführern. Wesentlich zu diesen Erfolgsmeldungen trägt ein hoher Exportanteil bei (vielfach über 50%). Dieser gilt vor allem für die Spitzenprodukte der deutschen Parade-Industrie wie Atomkraftwerke, konventionelle Stromerzeuger, E-Loks etc. Hochspannungs-Stromnetze, Spitzenprodukte für den Haushalt („alles für die Küche"). Hauptabnehmer China, Indien, Vietnam, Lateinamerika …

Das sind die Perspektiven 2007 für das „Kraftzentrum Elektroindustrie". Am Umsatz gemessen ist die Elektroindustrie die zweitgrößte deutsche Industrie-Branche nach dem „Kraftzentrum Auto". Auch bei der Beschäftigtenzahl rangiert Elektro an zweiter Stelle – diesmal nach dem Maschinenbau.

Verbesserte Kostenstrukturen

Obwohl die Dynamik im Ausland etwas nachlässt, weltweit harte Preiskämpfe toben, sind wir für die Branche zuversichtlich. Denn die inzwischen günstigeren Kostenstrukturen machen die Produkte der deutschen Elektroindustrie international noch kostengünstiger. Für 2006/2007 dürften Umsatz und Export um rund 5% anziehen.

Zudem: Viele Unternehmen der Branche treten nicht nur als End-Lieferant auf, sondern als Zulieferer größerer Systeme. Und diese „Komplett-Dienstleistungen" (in erster Linie für die Automobilindustrie und den Maschinenbau) beinhalten deutlich höhere Gewinnmargen. Erfreulich ist auch, dass inzwischen auch im Inland die Flaute überwunden zu sein scheint. Hier winken der Elektroindustrie eine Reihe heimischer Großprojekte, etwa die – überfällige – Sanierung von Hoch- und Höchstspannungs-Netzen. Als „Markt im Markt" zeigt sich „ mit immer mehr Perspektive" der Bau von Solaranlagen in Deutschland. Der Bauboom ist in diesem Bereich noch lange nicht beendet.

➔ Fazit: Die Elektroindustrie hat für 2007 überdurchschnittliche ökonomische Perspektiven. Gerade im Bereich der Infrastruktur sind die deutschen Anbieter für die anstehenden Modernisierungen/Erweiterungen gut aufgestellt wie lange nicht mehr.

Finanzbranche

Die Situation in der deutschen Finanzbranche ist überwiegend positiv. Allerdings gilt das nicht für alle Bereiche. Die großen Kreditinstitute wie auch die Investmenthäuser verdienen gut bis sehr gut, ebenso die großen Versicherungskonzerne. Etwas schwieriger ist die Lage bei inlandsorientierten Anbietern von Finanzprodukten, wie beispielsweise MLP, die bei Neugeschäft und Gewinn teilweise Enttäuschungen verkraften müssen. Angesichts härter werdender Konkurrenz und der höheren Unsicherheit an den Kapitalmärkten (Aktien, Zinsen) dürften die Zeiten für den gesamten Finanzsektor ungemütlicher werden.

Härterer Wettbewerb im Privatkundengeschäft

Im Privatkundengeschäft nimmt der Konkurrenzkampf zu. Die Banken haben diesen „Klassiker" wiederentdeckt – Beispiel Deutsche Bank. Die Folgen sind absehbar: Die Gewinnmargen werden in diesem Bereich weiter sinken. Ähnliches gilt für das Firmenkundengeschäft: Vor ein, zwei Jahren von den international und aufs Investmentbanking sowie das Kapitalmarktgeschäft konzentrierten Banken noch vernachlässigt, werden Unternehmen jetzt im klassischen Firmenkreditgeschäft wieder umworben. Das Volumen wächst, aber die Gewinnmargen schmelzen dahin.

Investmentbanking: Druck auf die Margen

Auch im Investmentbanking sorgt die harte Konkurrenz für Druck auf die Erträge. Für das Geschäft mit Mergers & Acquisitions sind aber die Voraussetzungen nach wie vor gut: Geld für Übernahmen ist reichlich vorhanden, der Wunsch nach externem Wachstum besteht weiter.

Auf der anderen Seite hat der zum Teil einschneidende Personalabbau die Kostenbasis gesenkt. Dies wird sich auch auf 2007 auswirken. Doch der deutliche Basiseffekt der bisherigen Kostensenkungen lässt sich nicht wiederholen – und damit die Gewinnsprünge der letzten Jahre.

Unsicherheitsfaktor für die Branche ist die Zinsentwicklung. Ein schneller kräftiger Zinsanstieg würde weder dem Emissionsgeschäft noch den eigenen Anleiheportfolios der Geldhäuser gut tun. Jedoch ist nicht mit großen Zinsbewegungen zu rechnen. Der leichte Aufwärtstrend in Europa dürfte sich fortsetzen, aber nicht zu starken Steigerungen führen.

Bleibt der Faktor Politik. Wann kommen die REITs, die Immobilienaktien nach US-Vorbild? Was ändert sich in der Altersvorsorge – werden z.B. die steuerlichen Anreize für die so genannte Rürup-Rente erhöht? Kommt die Abgeltungssteuer – wann und mit welchem Steuersatz?

➔ Fazit: Auch wenn die Gewinnsprünge nicht mehr so hoch sein werden – die Konsolidierung in der Branche findet auf hohem Niveau statt.

Handel

Megathema der Branche: Mehrwertsteuererhöhung

Eine große Sorge plagt den Handel: Was wird die Mehrwertsteuererhöhung zum Jahreswechsel 2007 für Folgen haben? Wird der Kaufkraftentzug bei den Verbrauchern verpuffen oder setzt sich der seit Mitte 2006 laufende positive Trend auch 2007 weiter fort?

Fakt ist: Die Kauflaune der Verbraucher hat sich im Vergleich zum WM-Rausch schon wieder deutlich abgekühlt und den Stimmungshöhepunkt überschritten. Dass der Einzelhandel aber laut klagen muss, ist relativ unwahrscheinlich. So gibt es gegen Jahresende weiterhin einige vorgezogene Käufe vor allem größerer Anschaffungen.

Das wird sich nach dem Jahreswechsel beruhigen. Aber die Ausgaben der Verbraucher werden im Inland weiter anziehen. Dafür spricht, dass sich der wirtschaftliche Aufschwung insgesamt weiter fortsetzen wird – und das hat ganz handfeste positive Folgen. Die Zahl der Arbeitslosen sinkt, die Zahl der Erwerbstätigen steigt, die Zahl der potenziellen Käufer wächst damit ebenfalls. Verstärkt wird diese fundamentale Entwicklung dadurch, dass z. B. der Lebensmittelhandel, einer der wichtigsten Sektoren im Handel, überhaupt nicht von der MwSt.-Anhebung betroffen ist. Die Einkäufer des Sektors rechnen daher für 2007 mit einem Umsatzplus in der Größenordnung von 4,5%.

Motto „Gesund und bequem"

Vor allem der sich verfestigende Trend „gesund und bequem" wird neue Umsätze ermöglichen. Die Nachfrage nach Bio- und Wellnessprodukten hat inzwischen sogar große Discounter (Aldi) dazu veranlasst, eigene Produkte in gesonderten Bio-Regalen anzubieten – mit Erfolg. Diese Welle dürfte auch 2007 weiter rollen – zusätzlich angetrieben von unvorhersehbaren Ereignissen wie z. B. einer neuen Vogelgrippe.

Die Konzentration der Einzelhändler auf den Bio-Bereich wird auch den Druck auf die Margen hoch halten. Dabei werden die großen Ketten den Markt auch weiter dominieren, die Kleinen immer weiter verdrängen. Dieser Wettstreit wird auch wieder über eine erneute Ausweitung der Verkaufsflächen auf über 121 Mio. qm ausgetragen. Dabei gibt es die neue Entwicklung, dass nicht mehr nur große Zentren „auf der grünen Wiese" an den Stadträndern eröffnet werden. Denn der Handel passt sich schnell den demographische Veränderungen an. Das zieht auch neue große Shopping-Center in den Innenstädten nach sich.

➔ Fazit: Der Einzelhandel wird auch 2007 unter hohem Konkurrenzdruck stehen, aber steigende Nachfrage und neue Geschäftsfelder wie Bio-Nahrung wird das Geschäft sogar stark wachsen lassen. Dabei werden die Großen die Kleinen weiter in die Defensive drängen.

IT & Telekom

Der Sektor ist Hände ringend auf der Suche nach neuen Einnahmequellen im beinharten Margen- und Verdrängungswettbewerb. Nach UMTS, das allmählich den Durchbruch schafft – versucht die Branche mit immer neuen Ideen, die Kunden aus der Reserve zu locken.

Sender setzen auf Spartenkanäle

Dazu zählt z. B. auch die Verschlüsselung privater TV-Programme oder die Gedankenspiele über eine Satelliten-Gebühr. Mehr als Gedankenspiele sind das aber noch nicht. Und selbst wenn die Anbieter eine Satellitengebühr einführen: ob sie diese auch am Markt durchsetzen können, ist höchst fraglich. Noch geringer sind die Erfolgsaussichten für verschlüsselte TV-Programme. Welcher Verbraucher besorgt sich einen zusätzlichen Receiver für RTL und zahlt jeden Monat zusätzliches Geld, um die neueste Seifenoper – natürlich mit Werbung – sehen zu können. An diesem Problem kommen die TV-Sender nicht vorbei – und die Quote ist das gnadenlose Maß aller Dinge. Das Risiko einer solchen Verschlüsselung ist also sehr hoch – die Sender werden es – wenn überhaupt – zunächst räumlich nur sehr begrenzt testen. Einzige realistische Chance: Alle Sender ziehen mit und setzen voll auf Sparten-Kanäle (Soap-Kanal, Comedy, Talkshow). Einen breiten Durchbruch sehen wir nicht.

Trend zu Individualisierung

Dass sich dieser Trend zur Fokussierung und Individualisierung zunehmend etabliert, zeigt auch das Internet. Dort sprießen die kleinen, aber hoch spezialisierten Spartenkanäle wie Pilze aus dem Boden. Das wird untermauert durch die zunehmenden Angebote von Video on demand und z. B. Online-Videotheken. Dabei ist vor allem die technische Entwicklung der Übertragungsraten und Geschwindigkeiten im Internet ausschlaggebend.

Fortschritt als Verkaufsargument

Der technische Fortschritt wird insgesamt im bereits erreichten Überschall-Tempo weitergehen. Allerdings hat das fast nur noch zur Folge, dass der Fortschritt als Verkaufsargument genutzt werden kann. Denn vor allem die menschlichen Grenzen der Wahrnehmung z. B. von Bildern sind oft erreicht, technische Verbesserungen kaum noch zu bemerken. Das wird – vielleicht schon 2007 – einen neuen Trend auslösen: hin zu vollständiger Vernetzung.

➔ Fazit: Insgesamt wird der Kampf um den Kunden anhalten. Es wird etliche neue technische Angebote geben und der Trend zu kostenpflichtigen Inhalten wird sich verstetigen. Das geht bei den IT- und Telekomunternehmen, die immer stärker mit den Medien kooperieren, aber oft zulasten bisherigen Geschäfts. Große Sprünge sehen wir nicht.

Maschinenbau

Sättigung in Asien und Nahost

Nachdem 2006 für den deutschen Maschinenbau das von uns erwartete Rekordjahr war, wird sich das Wachstum 2007 leicht verlangsamen, aber der Wachstumstrend als solcher grundsätzlich intakt bleiben. Allerdings werden sich die Parameter deutlich verschieben. Was heute noch Treiber des Wachstums war, kann morgen schon unter „ferner liefen" rangieren. Vor allem in den klassischen Wachstumsländern (China, Indien, aber auch in den USA) ist eine gewisse Sättigung des Bedarfs eingetreten. Und auch die Bestellungen aus dem Nahen Osten werden ihr hohes Niveau kaum noch einmal steigern können, insbesondere, wenn der Ölpreis dauerhaft unter sein aktuelles Niveau fallen sollte – was wir allerdings für wenig wahrscheinlich halten. Zudem ist man gerade in China zusehends in der Lage, auch höherwertige Maschinen und Anlagen im Inland zu produzieren – meist in Form von Joint Ventures, aber zusehends auch in eigener Regie. „Abkupfer & Co." lassen grüßen.

Gleichzeitig gewinnt Osteuropa sowohl als Absatzmarkt, als auch als Produktionsstandort weiter an Bedeutung. Und anders als in Ostasien gelten die neuen EU-Mitglieder in Fragen der (Rechts-) Sicherheit fast als mit Westeuropa gleichwertig. Und vor allem Russland wird von Insidern als Markt mit riesigem Potenzial angesehen.

Inlandsnachfrage ist angesprungen

Nachfrage steigernd kommt hinzu, dass auch die Bestellungen aus dem Inland endlich angesprungen sind. Hier profitiert die Branche von dem nach wie vor immensen Nachholbedarf an Unternehmensinvestitionen. Dieser wird durch die erhöhte degressive Abschreibung, die Ende 2007 auslaufen soll, weiter angefeuert. Die Zuwächse waren hier sogar noch höher als die Zunahme bei den Auslandsbestellungen. Und politische Überlegungen, die degressive AfA ab 2008 vollkommen zu streichen, werden ein Übriges tun, Vorzieheffekte zur provozieren.

Besonders gut dürften sich in 2007 folgende Bereiche entwickeln: Verfahrenstechnik, Bau- und Baustoffmaschinen, sowie die Förder- und Antriebstechnik. Noch Verbesserungspotenzial haben die Bereiche Bergbau, Robotik und Automaten. Ein großer Unsicherheitsfaktor ist die derzeit etwas schwächelnde Automobilbranche, die nach wie vor der wichtigste Auftraggeber des Maschinenbaus ist. Ein Wachstum von mindestens 2%, wahrscheinlicher aber 3 oder mehr Prozent sollte aber nach einem erwarteten Produktionswachstum für 2006 von fast 7% und angesichts gut gefüllter Auftragsbücher realistisch sein.

➔ Fazit: Nicht so extrem stark wie in 2006, aber immer noch besser als der Durchschnitt.

Verkehr und Logistik

Big is beautiful

Nach wie vor läuft die Weltkonjunktur rund – und in deren Kielwasser auch die Transport- und Logistikbranche. Für jeden Deutschen werden pro Jahr 45 Tonnen Fracht transportiert, Tendenz weiter steigend. 170 Mrd. € hat die deutsche Wirtschaft 2004 für Logistikdienstleistungen ausgegeben, höhere Umsätze erzielte nur die Automobil- und die Gesundheitswirtschaft. Das aktuelle Branchenmotto heißt „Big is beautiful". Schließlich ist es nur so möglich, sowohl als Komplettdienstleister erfolgreich am Markt zu sein, als auch die Masseneffekte zu erzielen, die eine hohe Auslastung sichern. In diesem Umfeld sind auch die großen deutschen Dienstleister (trotz massiv verteuerter Kraftstoffpreise und erhöhter Sicherheitsauflagen) ausgezeichnet aufgestellt. Schließlich sind unter den Top Ten immerhin 5 deutsche Dienstleister, deren Kriegskasse für weitere, wohl auch in 2007 anstehende Akquisitionen gut gefüllt ist.

Just in time seit langem Standard

Gefragt ist der Anbieter, der aufgrund seiner Größe oder seiner Netzwerke als Komplettdienstleister auftritt. In einer Welt von „Just in Time" und immer größeren Transportdistanzen reicht es in der Regel nicht mehr aus, ein Gut von A nach B zu befördern. Die Kunden erwarten, dass man diese Beförderungsleistung jederzeit und von und zu jedem Ort erbringen kann. Gefragt sind zudem auch Lagerkapazitäten, die Fähigkeit zur komplexen Steuerung von Warenströmen, oder die Kompetenz, zu einem fest stehenden Zeitpunkt an einem konkreten Ort zu sein.

Deutsche Transporteure halten sich gut

Doch nicht nur die ganz großen, auch die spezialisierten Nischenanbieter haben sich – nach einem schmerzhaften Konzentrationsprozess gefangen. Mittlerweile sind LKWs und Frachtraum knapp und damit teuer. Befürchtungen, dass Horden von Billiganbietern aus Osteuropa die deutschen Transporteure nahezu vollständig vom Markt verdrängen würden, haben sich nicht erfüllt. Trotz Wettbewerbsnachteilen bei Kraftstoff- und Personalkosten haben sich diese – nicht zuletzt aufgrund der zentralen Lage Deutschlands – am Markt behaupten können. Und das sollte sich auch im nächsten Jahr nicht ändern.

Etwas kritischer sieht es im Bereich der (Container-)Schifffahrt aus. Hier wurden in den letzten Jahren so viele Schiffe geordert und gebaut, dass mittlerweile Überkapazitäten entstanden sind. Einzelne Reeder klagen bereits über Verluste – die sich in 2007 bei einer leicht abgekühlten Weltkonjunktur noch vergrößern könnten.

➔ Fazit: In der Branche wechseln (viel) Licht und (wenig) Schatten. Somit leuchtet unser €-Zeichen etwas heller als es ihm zusteht.

Versorger

Paneuropäische Unternehmen in Sicht

Die Energie-Versorgung wird in den nächsten Jahren politisch ein „heißes Eisen“. Dabei spielt E.ON eine mit entscheidende Rolle. Denn das Düsseldorfer Unternehmen ist auf dem Weg, größter Energieversorger der Welt zu werden. Mit dem Zusammenschluss E.ON/Endesa entsteht nicht nur der erste pan-europäische Versorgungskonzern mit starken Standbeinen in Großbritannien, Frankreich, Italien, Spanien, Deutschland. Die Fusion wird vielmehr der Startschuss für eine Reihe von Zusammenschlüssen sein.

Bisher gab es unter den Stromlieferanten keinen Primus inter pares auf globaler Ebene. Firmen wie Electricité de France (EdF), RWE oder Enel machten/machen ihr Geschäft überwiegend innerhalb heimischer Grenzen. Das wird sich durch die anstehenden Zusammenschlüsse ändern. Ergo:

Für Anleger tun sich durch die Struktur-Änderung neue Perspektiven, ungeahnte Chancen auf. Während die Versorgungswerte ehemals als langweilige „Witwen- und Waisen-Papiere“ abgestempelt worden sind bzw. noch abgestempelt werden, werden sie jetzt wegen ihrer Ertragsstärke, den wirtschaftlichen Aussichten hoch eingestuft. Das gilt gleichermaßen für Versorger (wie z.B. E.ON, RWE) wie für Zulieferer (Siemens).

Übernahmekarussel I beginnt sich zu drehen

An den Börsen erwartet man deshalb den Beginn einer neuen Zeitrechnung: Wachsen über Landesgrenzen- und Branchengrenzen hinweg. Zu den Aufkäufern zählen neben E.ON das Essener RWE, der französische Versorger EdF, die italienische Enel, die britische National Grid sowie Vattenfall und Suez. Auf den Käuferlisten stehen unter anderem Scottish Power, International Power, Union Fenosa, Iberdrola . . .

Begünstigt wird der Verschmelzungsprozess dadurch, dass die „Kriegskassen“ der Kauf-Interessenten prall gefüllt sind. Bei RWE dürfte allein der Verkauf der Wassersparte Milliarden in die Kassen spülen. Und selbst E.ON wird nach dem Endesa-Coup noch genügend Liquidität übrig bleiben, um die Neuaufteilung des Marktes maßgeblich mitzubestimmen. Dafür werden die stetig wachsenden Einnahmen aus dem Strom- und Gasgeschäft sorgen.

➔ Fazit: Trotz politischer Risiken (Stichwort Regulierungsbehörde) wird 2007 für die deutschen Versorger ein gutes Jahr. Denn ein funktionierenden Wettbewerb und in der Folge davon sinkende Erträge sind für das kommende Jahr noch nicht zu erwarten.

» 45 Monate Kursaufschwung. Treu wie ein gut dressierter Bernhardiner folgt der deutsche Aktienmarkt seit dem Frühjahr 2003 seinem typischen, zyklischen Muster: Erst die Liquiditätshausse, danach ein kurzer Seitwärtstrend, schließlich der lange, (gewinn-) getriebene Aufschwung. Aktuell befinden wir uns mitten in dieser letzten Phase. Sie wird irgendwann zu Ende sein. Und in einen neuen Abwärtstrend münden. Wann? Das kann 2007 sein. Oder erst 2008. Aber wahrscheinlich dann, wenn Sie es nicht erwarten. In dem Moment nämlich, da in den Tageszeitungen zu lesen ist: „Börsenboom – jetzt werden wir alle reich. «

Auf der Zielgeraden

Aktienmarktzyklen als Wegweiser für Investoren

von Hans-Peter Schupp, MainFirst Bank AG

Blick auf das Wesentliche

„Mir würde es genügen, wenn die Börsen nur einmal im Jahr geöffnet wären", sagt *Warren Buffett*. Nie waren die Möglichkeiten umfassender, Informationen über das Börsengeschehen zu erhalten. Nachrichtensender, Internet, Realtime-Börsenkurse – jeder Privatanleger kann, falls er mag, sein eigener Börsenhändler werden. Wenn angesichts dieser Möglichkeiten eine Investmentlegende wie *Buffett* ein Votum gegen die Schnelllebigkeit formuliert, scheint das reichlich antiquiert. Ist es aber nicht. Müssen Investoren am Aktienmarkt tatsächlich ständig auf der Hut sein? Bereit, auf jede neue Information hin zu kaufen, oder zu verkaufen?

Meiner Erfahrung nach steht häufig nicht zu wenig, sondern zu viel Aktionismus dem Anlageerfolg im Weg. Den wenigsten Investoren gelingt es systematisch, kurzfristige Schwankungen zu nutzen. Wer es dennoch versucht, läuft Gefahr, den großen, langfristigen Trend aus dem Auge zu verlieren. Auf diesen kommt es aber an: kaufen, wenn Aktien günstig sind. Geduldig abwarten. Und erst verkaufen, wenn Aktien teuer sind.

Zwischen Angst und Gier

Dass diese einfache Maxime tatsächlich mit geringem Aufwand erfolgreich umzusetzen ist, liegt an den zyklischen Abläufen, die Börsen immer wieder erkennen lassen. Ähnlich wie die Konjunktur schwankt der Aktienmarkt zwischen himmelhoch jauchzend und zu Tode betrübt. Angst und Gier, Hausse und Baisse wechseln sich in regelmäßigen Abständen ab.

Das Grundmuster des Börsenzyklus

Das Grundmuster: Nach einer Phase des Kursrückgangs interessiert sich kaum mehr jemand für Aktien. Viel zu riskant. Irgendwann wagen dann einige Investoren angesichts positiver Signale aus der Wirtschaft zu niedrigen Kursen erste zaghafte Investments. Die Notierungen steigen, das Vertrauen wächst. Immer mehr Anleger werden auf die Chancen aufmerksam. Langsam rücken die Risiken in den Hintergrund. Die Erwartungen werden immer optimistischer. Aus Vertrauen wird die Überzeugung, dass Aktien die Quelle des Wohlstandes sind.

Zwischen Zweifel und Angst

Dann tauchen erste Zweifel auf. Sind die ambitionierten Prognosen tatsächlich zu erfüllen? Sie werden zunächst ignoriert. Bis harte Fakten den Konjunkturabschwung signalisieren. Plötzlich Angst. Die Kurse fallen. Nichts wie raus. Panik. Schließlich Kapitulation. Nie mehr Aktien. Desinteresse. Der Zyklus, der in der Regel fünf bis acht Jahre dauert, beginnt von neuem.

Der Anleger muss zweimal mutig entscheiden

Gegen den Strom schwimmen

Idealtypisch verlangt er von einem langfristig orientierten Investor nur zwei, zugegeben mutige, weil gegen die Mehrheitsmeinung gerichtete, Entscheidungen. In der Zeit des Desinteresses zu kaufen und in der Phase der Euphorie zu verkaufen. Die erste, die Kaufentscheidung, war irgendwann im Jahr 2003 zu treffen. Die zweite Entscheidung könnte in den kommenden ein bis zwei Jahren fällig werden.

Ich hatte den typischen Hausse-Zyklus, der sich in unten stehender Grafik nachvollziehen lässt, vor einem Jahr an dieser Stelle genauer vorgestellt:

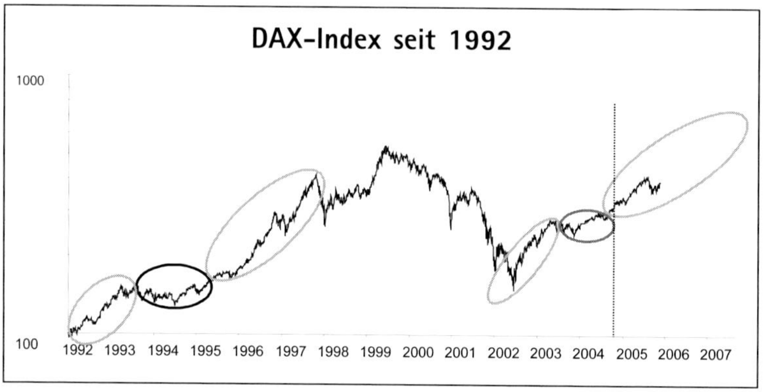

Typischer Börsenzyklus: Liquiditätshausse, Seitwärtstrend, ertragsgetriebener Aufschwung – und an dessen Ende die finale Übertreibung. Bislang verläuft der seit 2003 gültige Haussetrend exakt nach dem Muster der Vergangenheit. Wird er 2007 oder 2008 in einer Übertreibungsphase enden? Quelle: Bloomberg / MainFirst

Idealtypischer Zyklus

„Ein Hausse-Zyklus verläuft – theoretisch – in vier großen Abschnitten. In Zeiten schwacher Konjunktur öffnen die Zentralbanken die Geldschleusen. Die Zinsen sinken. Die Hoffnung auf eine Ertragswende bei den Firmen und die reichliche Liquiditätsausstattung treiben die Kurse. Liquiditätshausse.

Vertrauen in den Aufschwung fehlt

Danach folgt eine Zeit des Nachdenkens. Noch fehlt das Vertrauen der Anleger in den Aufschwung. Werden die Gewinne der Unternehmen tatsächlich steigen? Optimisten und Pessimisten liefern sich ein zähes Ringen. Seitwärtstrend.

Allen Risikofaktoren zum Trotz klettern die Erträge der Unternehmen dann tatsächlich. Weil die Firmen ihre Kosten gesenkt haben, sind schon bei geringen Umsatzzuwächsen deutliche Ertragssteigerungen möglich. Das Vertrauen der Anleger wächst. Die ertragsinduzierte Hausse kommt in Fahrt. Wirtschaftswachstum und Umsatzzuwächse beschleunigen sich. Die Aktienkurse steigen mit den Erträgen.

In der vierten Phase schließlich nimmt die Euphorie zu. Die Existenz des Konjunkturzyklus wird in Frage gestellt. Ewiger Aufschwung? Warum eigentlich nicht. Jetzt nehmen auch die Kurs-Gewinn-Verhältnisse zu. Der Hausse-Zyklus endet in einem Finale furioso.

Satte Kursgewinne an der Börse

Als ich Ihnen diese Zusammenhänge vor einem Jahr in den Anlagechancen 2006 vorgestellt hatte, befand sich der deutsche Aktienmarkt in den ersten Monaten der ertragsinduzierten Hausse. Seither stiegen die Erträge der 30 DAX-Unternehmen um rund 43%. Und der DAX kletterte mit. Sein Kursanstieg um 38% spiegelt die Verbesserung der Ertragssituation in den Unternehmen in diesem Zeitraum fast im Verhältnis Eins zu Eins wider.

Wie geht es 2007 weiter?

Bis heute läuft der Haussezyklus also beinahe idealtypisch ab. Wie wird es in den nächsten Jahren weiter gehen?

...aber noch sind Aktien nicht teuer

Eine Beobachtung ist in diesem Zusammenhang besonders wichtig. Von Euphorie, die meist das Ende des Aufschwungs signalisiert, ist heute überhaupt nichts zu spüren. Im Gegenteil. Die Kurs-Gewinn-Verhältnisse, also das, was Investoren bereit sind, für die aktuellen Gewinne zu bezahlen, blieben auf niedrigem Niveau. Noch immer liegen sie – bezogen auf die tatsächlich berichteten Ergebnisse – in Regionen zwischen 13 und 14.

Das ist nicht viel – vor allem angesichts des noch immer sehr niedrigen Zinsniveaus. In der Vergangenheit galt lange als Faustformel: Je niedriger die Zinsen, desto höher die Kurs-Gewinn-Verhältnisse. Als die Renditen zehnjähriger Bundesanleihen in den 90er Jahren von 7 auf 5% fielen, kletterten die KGVs zum Beispiel auf über 20. Aktuell allerdings sind die Zinsen noch tiefer – und die Kurs-Gewinn-Verhältnisse dennoch auf niedrigem Niveau.

Die Kommentatoren sehen zu viele Risiken

Skepsis und Angst sind positive Signale

Warum ist das so? Ganz offensichtlich sind die Marktteilnehmer heute extrem skeptisch – vielleicht auch geprägt durch die negativen Erfahrungen aus der Baisse zu Beginn des Jahrzehnts. Sie glauben nicht daran, dass die Zinsen niedrig und die Erträge hoch bleiben werden. Tatsächlich befassen sich heute fast alle Kommentatoren mit zwei Risiko-Szenarien: Die einen fürchten einen Anstieg der Inflationsraten und damit der Zinsen. Die anderen einen weltweiten Konjunktureinbruch – ausgehend von den USA – der 2007 die Unternehmenserträge deutlich reduzieren würde.

Als Portfolio-Manager ist es nicht meine Aufgabe, Analysen der Volkswirte und Anlagestrategen in Frage zu stellen. Dennoch ist diese Beobachtung interessant. So lange nur über Risiken und nicht über die Chancen geschrieben wird, fühle ich mich als Langfristinvestor wohl. Wenn Angst die Meinungsbildung der Marktteilnehmer dominiert, gibt es keinen Grund, zu verkaufen. Der Aufwärtstrend ist intakt. Denn ein großer Teil der beschriebenen Risiken dürfte sich mittlerweile schon im aktuellen Kursniveau widerspiegeln

Satter Risikopuffer vorhanden

Chancen statt Risiken

Wie groß der „Risikopuffer" mittlerweile tatsächlich geworden ist, zeigt die nachfolgende Grafik. Selbst bei einem Rückgang der DAX-Gewinne um 30 Prozent wäre der deutsche Aktienmarkt nicht überbewertet. Anders ausgedrückt: Offenbar „erwarten" die Anleger mindestens einen Gewinneinbruch in dieser Größenordnung und handeln schon entsprechend.

Hoffnung und Wirklichkeit: Im Jahr 2000 hatten sich die Aktienkurse weit von den tatsächlichen Gewinnen entfernt. Heute ist es genau umgekehrt. Das Kursniveau spiegelt bei weitem nicht die positive Ertragsentwicklung wider. Es wäre äußerst ungewöhnlich, ginge der ertragsinduzierte Teil einer Hausse sang- und klanglos in einem Moment zu Ende, da die Unternehmen rekordhohe Gewinne erwirtschaften und gleichzeitig die Kurs-Gewinn-Verhältnisse niedrig sind. Wenn die ganze Welt über Risiken spricht, nicht über Chancen.

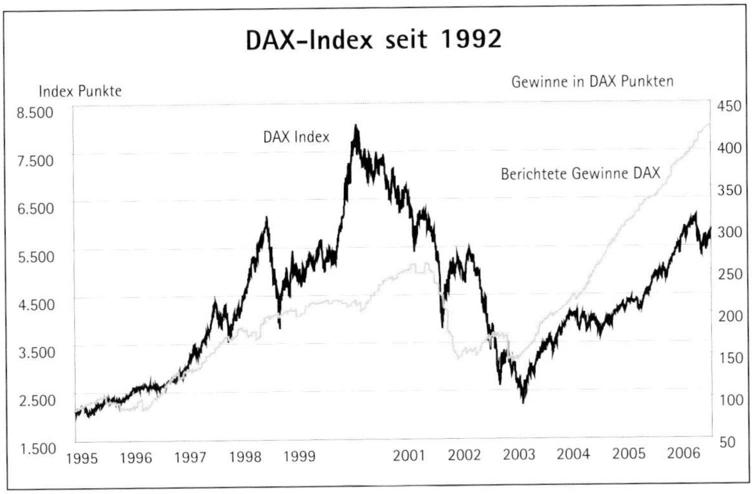

Hoffnung und Wirklichkeit: Im Jahr 2000 hatten sich die Aktienkurse weit von den tatsächlichen Gewinnen entfernt. Heute ist es genau umgekehrt. Das Kursniveau spiegelt bei weitem nicht die positive Ertragsentwicklung wider.
Quelle: JCF / MainFirst

Es bleibt dabei: Erst in der Euphorie-Phase wird verkauft

Euphorie löst Vorsicht ab

In der Vergangenheit sah das Drehbuch eines Haussezyklus stattdessen meist ein sehr viel spannenderes Schlusskapitel vor. In der letzten Phase des Kursaufschwungs, warfen Investoren alle Vorsicht über Bord. Vertrauen schlug um in Überzeugung. Die Kurs-Gewinn-Verhältnisse nahmen deutlich zu. Und die Kurse stiegen noch einmal kräftig an. In kürzester Zeit wurde dann am meisten verdient. Die Kurse entfernten sich von der wirtschaftlichen Realität. Euphorie, Gier und Überoptimismus lösten hohe Kurssprünge aus. Dann – und erst dann ist für mich der Zeitpunkt gekommen, zu verkaufen.

Woran man den Verkaufszeitpunkt erkennt

Alle sind dabei

„Blasen entstehen dann, wenn alle Sterne leuchten" (*Arnold van den Berg*, Century Asset Management). Wann genau wird es soweit sein? Woran lässt sich dieser Verkaufszeitpunkt erkennen? Es gibt qualitative Anhaltspunkte. Hausse-Zyklen erreichen ihre Spitzen meist dann, wenn die Öffentlichkeit, Finanzindustrie, institutionelle Anleger und die Medien in ein Horn stoßen. Wenn sie gemeinsam einen großen Chor bilden, der von immerwährendem Wohlstand singt und in jedem Einzelnen den Wunsch weckt, Teil der großen Party zu sein. Die Wirtschaft läuft gut, die Prognosen sind brillant, neue technologische Entwicklungen setzen sich durch. Viele Beispiele aus der Vergangenheit belegen den Ablauf dieser extrem spannenden Börsenphase.

D-Mark und Börsenboom

Anfang der 60er Jahre erlebte Deutschland seinen ersten Börsenboom. Der Wiederaufbau sorgte für fantastische Wachstumsraten, die freie Konvertierbarkeit der Mark gliederte Deutschland in den internationalen Kapitalverkehr ein. Die Entwicklungsmöglichkeiten des Gemeinsamen europäischen Marktes boten scheinbar grenzenlose Möglichkeiten. Investmentfonds ließen erstmals die breite Bevölkerung am Aktienwunder teilhaben. Von Juli 1959 bis August 1960 verdoppelten sich die Kurse. Auf ein Niveau, das erst wieder 1984 deutlich überschritten wurde.

Amerika und neue Technologien

Ende der 60er Jahre leitete das Computerzeitalter in den USA eine ganz neue Ära ein. Technologieaktien wie IBM avancierten zu Börsenstars. Die Kurse von so genannten „shooters"– Neuemissionen kleiner Firmen, deren Namen fast immer auf „ionics" endete – vervielfachten sich in der Regel in den ersten Handelswochen. Dass diese Firmen meist nur eine Idee, eine Story verkauften, störte niemanden. Waren nicht die Zukunftsaussichten brillant? Dann kamen die 70er. Und die Sterne mit „ionics" im Namen verglühten.

Nippon und das Börsenwunder

In den 80er Jahren schien dann die neue Ära der Japan AG angebrochen. Schlagworte wie Kaizen und Lean Production dominierten die Wirtschaftsliteratur. Von 1985 bis 1990 vervierfachte sich der japanische Nikkei-Index. Firmen, Privatpersonen – das ganze Land investierte das gesamte Vermögen in Aktien. Mit enormen Buchgewinnen als Sicherheit gingen die Japaner auf Einkaufstour. Sie erwarben Immobilien, Golfplätze, die Hälfte von Hawaii. Der Nikkei-Index erreichte 1989 die Marke von 39.000 Punkten. Die Wochenzeitschrift Börse Online verfasste eine visionäre Geschichte: Nikkei 100.000. Heute, 17 Jahre später, notiert der Nikkei-Index bei 17.000 Punkten.

Wieder zehn Jahre später leuchteten weltweit die „dot.coms" am Anlegerhimmel. Internet-Euphorie – Sie kennen die Geschichte. Am 22. Februar 2000 titelte die Bildzeitung: „Geldrausch! Deutsche reden nur noch über Aktien-Tipps" . . . Wie kann auch ich reich werden?

Zielmarke: 8.400 Punkte

Wird auch dieser Börsenzyklus in einem ähnlichen Finale Furioso enden? Nicht immer sorgen spektakuläre Investmentblasen für ein derart dramatisches Ende. Zumindest aber ist eine markante Ausweitung der Kurs-Gewinn-Verhältnisse nötig, um einen klassischen Hausse-Zyklus abzuschließen. Warum sollen positiv gestimmte Investoren dem DAX nicht irgendwann in den nächsten ein bis zwei Jahren ein Kurs-Gewinn-Verhältnis von 20 zugestehen? Bei entsprechenden Erträgen zwischen 400 und 420 Euro läge ein Kursziel für den DAX dann bei 8.000 bis 8.400 Punkten.

Ist dies tatsächlich denkbar? Lassen Sie uns rekapitulieren. Zwei Ängste beherrschen derzeit das Denken der Marktteilnehmer: Die Furcht vor Inflation und/ oder vor Wachstumsabschwächung und massivem Gewinnrückgang. Kann es nicht ganz anders kommen? Können nicht plötzlich die Chancen an die Stelle der Risiken treten? Für mich ist es sehr interessant, zu beobachten, dass Wirtschaftsforschungsinstitute die Zukunft der Weltwirtschaft sehr viel gelassener betrachten als Bank-Ökonomen, die ihren Finger am Puls der Aktienmärkte haben. So prognostisiert zum Beispiel das Münchner Ifo-Institut 2007 weltweit ein hohes reales Wachstum von 4,7% nach 4,8% im Jahr 2006. Eine Wirtschaftskrise sieht anders aus. Gleichzeitig erwarten die Münchner anhaltend niedrige Inflationsraten zwischen zwei und drei Prozent. Sollte diese Prognose zutreffen, würden die Unternehmenserträge weiter steigen. Und die Zinsen niedrig bleiben. Die Saat für einen klassischen „showdown" wäre gelegt.

Wirtschaftskrise oder Aktienboom?

Die Ängste würden in den Hintergrund treten. Aus Vertrauen würde Überzeugung. Die Euphorie würde zunehmen, Kurs-Gewinn-Verhältnisse würden steigen. Wenn sich dann die Kurse von Neuemissionen in Wochenfrist verdoppeln. Wenn Wirtschaftsmagazine Champagnerkelche und Raketen auf den Titel nehmen. Und wenn die Boulevard-Presse das Aktienthema wieder entdeckt: „Wir werden alle reich". Dann ist es Zeit, zu verkaufen.

Angst weicht Euphorie

Aktienmarkt auf der Zielgeraden

Der europäische Aktienmarkt folgt einem klassischen Muster. Wie Mitte der 90er Jahre begann 2005 nach einer Liquiditätshausse und dem anschließenden Seitwärtstrend die ertragsorientierte Phase der Kurssteigerung. Von Anlegern fordert diese Phase im Aktienzyklus Steher-Qualitäten. Das positive Grundbild wird immer wieder in Frage gestellt werden. Der Schlüssel zum Erfolg ist, sich nicht abschütteln zu lassen, wenn aktuelle Daten und kurzfristige Rückschläge Zweifel schüren. Später dann ist Entschlusskraft gefragt. Der Mut, zu verkaufen, wenn alle Sterne leuchten. Solange der Taxifahrer mich noch fragt, was er kaufen soll, ist der Aufwärtstrend intakt. Problematisch wird es erst, wenn der Chauffeur selbst Ratschläge gibt. Aktuell hören mir die Taxifahrer noch zu. Aber ich bin auf der Hut.

Stehvermögen ist gefragt

» Australien befindet sich inzwischen im 16. Jahr eines Wirtschaftsaufschwungs und erlebt damit den längsten Boom in seiner Geschichte. Und zumindest bisher sieht es nicht danach aus, als würde dem Aufschwung in absehbarer Zeit die Luft ausgehen. Der Wirtschaftsmotor brummt nach wie vor auf Hochtouren. Doch wie lange kann man im „dunkelroten Drehzahlbereich" fahren, ohne dass einem das Getriebe „um die Ohren" fliegt? Und was passiert, wenn der Treibstoff aus China, der Australien antreibt, plötzlich knapper werden sollte? Kann der 5. Kontinent dann auf „alternative Energien" zurückgreifen? «

Wette auf China

In Australien Korrekturen zum Einstieg nutzen

von Jens Meyer, FUCHSBRIEFE-Team

Zweithöchstes Pro-Kopf-Einkommen der G7-Staaten

Das Wirtschaftswunder in Australien geht weiter. Die australische Wirtschaft ist im Durchschnitt der letzten 15 Jahre mit über 3% jährlich gewachsen. 2006 dürften es rund 3% werden, 2007 sogar noch einmal 3,5%. Von den G7-Ländern haben nur die USA ein höheres Pro-Kopf-Einkommen. Im Gleichschritt mit den beeindruckenden Wachstumszahlen ist die Arbeitslosigkeit unter 5% gesunken, auf den niedrigsten Stand seit 30 Jahren. Kurz: Eine ganze Generation von Australiern wächst heran, ohne zu wissen, was eine Rezession ist.

Beflügelt wird das Wachstum von Chinas Heißhunger auf Rohstoffe. Australien hat reichlich von dem, was das Reich der Mitte für seine rasche Industrialisierung begehrt: Kohle, Eisenerz, Bauxit, Kupfer, Nickel, Erdgas, Erdöl, Uran, Gold... Typisch für den Rohstoffzyklus, der mehr als andere Industrien von Boom- und Bust-Phasen geprägt ist, herrscht nach Jahren unterdurchschnittlicher Investitionen in Exploration und Infrastruktur ein Nachfrageüberschuss, der die Preise dauerhaft antreibt.

China lässt Rohstoffe glänzen

Nachdem in den vergangenen zwei, drei Jahren etliche Milliarden Dollar in diesen Sektor geflossen sind, nehmen die Exportvolumina nun allmählich zu. Dennoch hinken sie der galoppierenden Nachfrage aus dem Reich der Mitte noch weit hinterher und verschaffen den Aktien der Rohstoffkonzerne weiterhin glänzende Aussichten. Vorausgesetzt, es kommt nicht zu einem plötzlichen Einbruch der chinesischen Nachfrage.

Zweigeteiltes Land

Die Karawane zieht westwärts

Allerdings hat der Rohstoffboom zu einer zweigeteilten Wirtschaft geführt: Während im rohstoffreichen Westen und Norden des Landes das Wirtschaftswachstum fast im Gleichschritt mit China verläuft, stagniert der traditionell führende Südosten mit den Metropolen Sydney und Melbourne. Dort hatte der jahrelange Immobilien- und Konsumboom davon abgelenkt, dass die australische Industrie international nur noch bedingt wettbewerbsfähig ist. Nun lässt der Rohstoffboom den ehemaligen Wirtschaftsmotor des Landes zusätzlich stottern. Ressourcen – Geld und Arbeitskraft – zieht es bevorzugt nach Westen, wo die Renditen wesentlich höher sind.

Sydney stagniert, Perth brummt

Folge: Im Gegensatz zum Immobilienmarkt in Sydney oder Melbourne, wo seit rund drei Jahren Flaute herrscht, explodieren die Preise im Westen. Allein im zweiten Quartal 2006 sind in Perth die Häuserpreise um 15% gestiegen, in Darwin, im Norden des Landes, sieht es ähnlich aus. Zwar dürfte der Anstieg 2007 gemächlicher verlaufen. Dennoch ist es wahrscheinlich, dass die Häuserpreise in Perth das Niveau von Sydney, einer der teuersten Städte der Welt, erreichen.

Fachkräftemangel wird zum Problem

Zum größten Problem entwickelt sich jedoch immer mehr der Fachkräftemangel. Dieser zieht sich durch zahlreiche Branchen, ist aber besonders schwerwiegend im Rohstoff-Sektor. Es ist mittlerweile üblich, dass Bergbau-Ingenieure oder Geologen mehrmals im Jahr die Firma wechseln, weggelockt von immer höheren Gehältern. Und auch einfache Arbeiter lassen sich einen Umzug in die Bergbau-Regionen fürstlich entlohnen. So ist ein Salär für Fahrer der riesigen Gruben-LKW von rund 100.000 Euro üblich. Das ist mehr als das Zweieinhalbfache des australischen Durchschnittslohns.

Zentralbank tritt auf die Bremse

Neue Arbeitsmarktgesetze, die branchenübergreifende Tarifverträge ausschließen und individuelle Verhandlungen zwischen Arbeitgeber und -nehmer vorsehen, sorgen zwar dafür, dass sich die Lohnkostensteigerungen in den meisten Branchen außerhalb des Rohstoffbereichs mit durchschnittlich 4% einigermaßen in Grenzen halten. Dennoch hat die Zentralbank ein besorgtes Auge auf den Arbeitsmarkt gerichtet. Ihre Zinserhöhung im August – die zweite 2006 – hat sie unter anderem damit begründet, dass die Wirtschaft am Rande ihrer Kapazitäten operiert und etwas gebremst werden muss.

Inflation auf Trab

Verbraucher trotz hoher Zinsen in Kauflaune

So ist – obwohl der Leitzins nun schon bei 6% liegt – eine weitere Erhöhung um 25 Basispunkte gegen Ende 2006 wahrscheinlich. Ausschlag gebend dafür ist auch, dass sich die Verbraucher – dank großzügiger Steuerentlastungen und guter Einkommen – auch von den relativ hohen Zinsen bislang kaum in ihrem Konsumdrang haben bremsen lassen. Auch die Kerninflationsrate – also ohne die volatilen Elemente wie Kraftstoffpreise oder Lebensmittel – lag zuletzt bei über 3%, dürfte auf diesem Niveau auch in den nächsten Monaten verharren und bleibt damit hartnäckig oberhalb der Schmerzgrenze der Notenbanker. Die Notenbank bleibt also weiter unter Druck, die Zinsen hoch zu ziehen und die Wirtschaft zu bremsen. Mit der hohen Nachfrage aus China im Genick wird das aber schwierig.

Aktien mit mehr Volatilität

Gute Nerven gefragt

Das ist eine knifflige Ausgangslage für Aktienanleger. Denn steigende Zinsen sind Gift für die Börse. Aber trotzdem verdienen die Unternehmen klotzig weiter. Dennoch müssen sich Aktienanleger auf eine deutlich steigende Volatilität gefasst machen. In den letzten drei Jahren gehörte der australische Aktienmarkt mit einer durchschnittlichen Performance von 19% p.a. zu den erfolgreichsten weltweit. Auch in den kommenden 12 Monaten (bis Ende August) kann man mit einem niedrigen zweistelligen Plus bei australischen Aktien rechnen. Allerdings dürfte es mehr denn je auf die Auswahl der richtigen Titel ankommen – und Investoren brauchen stärkere Nerven.

KGV bei gut 13

Einen Vorgeschmack auf die Schwankungen der kommenden Monate bot bereits das zweite Quartal 2006, als der Aktienmarkt innerhalb von vier Wochen rund 9% verlor – nur um in den folgenden vier Wochen wieder 5% zuzulegen. Die Folge ist zwar auch, dass der Markt nach der Korrektur wieder etwas günstiger ist; das Kurs/Gewinn-Verhältnis auf Basis der Gewinnerwartungen liegt bei knapp über 13 – etwas niedriger als etwa beim MSCI World Index.

Das liegt auch an den robusten Gewinnerwartungen. Zwar hat der Kostendruck bei vielen Unternehmen massiv zugenommen (höhere Energiepreise, steigende Löhne, Zinserhöhungen), dennoch wurden zur Jahresmitte 2006 erstaunlich viele Gewinnprognosen nach oben revidiert. Wurde noch im März von einem Schrumpfen des Gewinnwachstums im Fiskaljahr 2006/07 (per Ende Juni) auf durchschnittlich 8,5% ausgegangen, so stieg die Prognose drei Monate später auf 15%. Antreiber ist die anhaltend hohe Rohstoffnachfrage aus China.

Rohstoffe: Gewinnplus von 40% erwartet

So stehen an vorderster Front beim Gewinnwachstum auch erneut die Rohstoffkonzerne – vor allem wegen zunehmender Exportvolumina. Die Branche rechnet auch nach drei Superjahren im laufenden Finanzjahr mit einem Plus bei den Gewinnen von rund 40%. Dabei ist es unwahrscheinlich, dass die Rohstoffpreise noch einmal ähnlich explodieren wie in den ersten fünf Monaten 2006.

„Heuschrecken" mischen den Markt auf

Die ungezügelten Preissprünge auf Rekordhochs lagen nämlich auch daran, dass sich neuerdings ein sehr launischer und großer Fisch im Rohstoffbecken tummelt: Hedgefonds. Nie zuvor ist soviel spekulatives Geld in die Anlageklasse Rohstoffe geflossen. Hatten Hedgefonds vor zehn Jahren gerade 10 Mrd. US-Dollar in Rohstoffe investiert, sind es heute 20 mal so viel. Das hat nach Ansicht vieler zu einer spekulativen Blase geführt, die nur auf ihr Platzen wartet – und die Turbulenzen vom Mai 2006 waren nur eine erste Vorwarnung.

Zocker am Werk?

Auffällig an der Börse Sydney waren zuletzt aber extreme Kursbewegungen bei kleineren Rohstoffunternehmen, die an die Exzesse der Internetblase erinnern. Angetrieben von teils dubiosen Pflichtveröffentlichungen, die großartige neue Funde in Aussicht stellen, verdoppelten und verdreifachten sich die Aktienkurse innerhalb weniger Tage oder sogar Stunden – nur um nach eingehender Prüfung von unabhängigen Experten wieder einzubrechen. Der Kupferexplorer CuDeco ist ein Beispiel, Frontier Resources ein weiteres.

Die Großen fressen die Kleinen

Was die Aktienkurse aber mittelfristig antreiben wird – neben der Hoffnungen von Daytradern auf einen schnellen Dollar – sind Übernahmespekulationen. In den vergangenen Monaten haben die Fusionen innerhalb der Branche extrem zugenommen. Mit ein Grund ist, dass bei den großen Minengesellschaften in den Jahren vor dem aktuellen Rohstoffboom die Explorationsbemühungen auf Sparflamme liefen. Und nun schauen sie hektisch nach neuen nachgewiesenen Reserven und können dank massiver Gewinne schneller hinzukaufen als selber finden. Die kleinen Schürfer betreiben dabei gewissermaßen FuE für die großen Konzerne.

Stimmung wie am Neuen Markt?

Börsengang als Traum vom schnellen Geld

In diesem Klima versucht eine Vielzahl kleinster Minengesellschaften natürlich noch schnell Kasse zu machen, ehe der Boom wieder vorbei ist. In der ersten Jahreshälfte 2006 haben sich 33 Rohstoff-Unternehmen neu an der Börse notieren lassen, mindestens 17 weitere wollen bis Jahresende nachziehen. Doch nur ein Bruchteil dieser Börsenfrischlinge wird bei der Suche nach einer gewinnträchtig ausbeutbaren Mine erfolgreich sein. Entsprechend riskant ist eine Anlage, zumal im aktuell volatilen Umfeld. So steigt das Risiko von Anlagen in Rohstoff-Aktien, aber fundamental bleiben die Papiere ein klarer Kauf.

Physische Rohstoffnachfrage bleibt hoch

Denn auch wenn einige Hedgefonds immer wieder schnell Kasse machen werden: Die physische Nachfrage nach Rohstoffen bleibt riesig, und das Angebot kommt weiterhin nur schwer hinterher. Der entscheidende Faktor bleibt das chinesische – und zunehmend das indische – Wirtschaftswachstum. Einige Beobachter setzen sogar auf einen jahrzehntelangen „Superzyklus", der längerfristig für höhere Preise sorgen wird. (Bereits im August 2006 haben Fuchsbriefe eine umfangreiche Sonderpublikation unter dem Titel „Megatrend Rohstoffe – Chancen, Risiken, Perspektiven, Empfehlungen" veröffentlicht.)

Langfristige Lieferverträge sichern Preisniveau ab

So dürften dürften die Rohstoffpreise auch 2007 auf hohem Niveau bleiben – und damit den Rohstoffkonzernen weiterhin reichlich Gewinne in die Kassen spülen. Zumal bei einigen wichtigen Rohstoffen wie Eisenerz die Konzerne ohnehin weniger auf den volatilen Spottpreis angewiesen sind, sondern mittel- bis langfristige Lieferverträge eingehen.

Wie sich die Preisrallye auf dem Konto der Unternehmen auswirkt, zeigen nackte Zahlen. Die Gewinne der Rohstoffriesen BHP Billiton und Rio Tinto explodierten zuletzt förmlich, BHP legte mit einem Nettogewinn von 13,7 Mrd. AUD einen einsamen Rekord in der australischen Unternehmensgeschichte hin. Beide Aktien schossen um rund 70% nach oben. Noch spektakulärer verlief das Jahr für mittelgroße Minengesellschaften, die sich auf besonders gefragte Metalle spezialisieren. Goldschürfer Oxiana legte 255% zu, Nickel-Explorer Paladin Resources 250%, Zink-Produzent Zinifex 230%.

Neben BHP und Rio Tinto, die trotz der Kurssprünge noch nicht als überteuert gelten, bieten aber auch andere Rohstoffproduzenten wie etwa Woodside Petroleum oder Titan-Produzent Iluka Resources – eine Möglichkeit, indirekt vom China-Boom zu profitieren.

Direkt vom China-Boom profitieren

In Australien direkt von China profitieren

Neben Rohstoffaktien mit Chinabezug gibt es eine Reihe australischer Unternehmen, die direkt vom Wachstum im Reich der Mitte profitieren, dem Anleger aber zugleich die Sicherheit der Notierung an einer westlichen Börse bieten. BlueScope (ISIN AU 000 000 BSL 0) ist ein Beispiel für ein Unternehmen, mit dem man auf zweierlei Weise auf China setzen kann: Der Stahlproduzent hat sich mit einer Reihe von Werken in China sowohl als Produzent für den heimischen Markt als auch als Exporteur etabliert. Nicht zuletzt wegen des chinesischen Engagements ranken sich beharrlich Übernahmegerüchte um den Konzern.

Trittbrettfahrer der Rohstoffrallye

Auch die Zulieferer der Rohstoffbranche bieten sich an – Unternehmen, deren Aktien in der Regel kaum unter den Kapriolen der Rohstoffpreise leiden, die aber noch eine ganze Weile von den steigenden Investitionen profitieren dürften. Bekanntere Namen sind die Sprengstoff-Hersteller Dyno Nobel (ISIN: AU 000 000 DXL 6) und Orica (ISIN AU 000 000 ORI 1). Aber auch Geräte-Lieferant Ludowici (ISIN AU 000 000 LDW 8) ist in China sehr rege und hat gerade ein Werk vor Ort eröffnet.

Alternativen zu Rohstoffen

Finanzinvestoren screenen den australischen Markt

Rohstoffe und China sind die Antriebskräfte der Börse Sydney, aber sie sind nicht die einzigen Themen. In den letzten Monaten sind in Australien verstärkt Akteure aufgetaucht, die in Deutschland auch als „Heuschrecken" geschmäht wurden: Private-Equity-Fonds. Mit Abstand am Aufsehen erregendsten war dabei der Auftritt eines Konsortiums, dem fast alles angehörte, was in der Branche Rang und Namen hat. Angeführt von Kohlberg Kravis Roberts (KKR) machten acht Finanz-Investoren – zu denen auch Blackstone, Bain Capital, CVC Asia Pacific, Texas/Pacific Newbridge und die Carlyle Group zählten – im August ein Angebot von rund 17 Mrd. AUD für den Einzelhandelsriesen Coles Myer.

Das Angebot kennzeichnete das wachsende Interesse von Private Equity-Investoren an australischen Unternehmen. KKR hat erst im Juni die Entsorgungs- und industrielle Dienstleistungs-Sparte des Mischkonzerns Brambles für 1,8 Mrd. AUD übernommen – der bislang größte Private-Equity-Deal im Lande. TPG Newbridge kaufte ebenfalls im Juni die Kaufhauskette Myer von Coles Myer für 1,4 Mrd. AUD und die asiatische Firma Affinity Equity Partners erwarb im August die Kleidungskette Colorado für 450 Mio. AUD.

Institutionelle Käufer sind nicht wählerisch

Unternehmen mit einem in Australien bekannten Markennamen und verhältnismäßig berechenbaren Cash-Flow stehen im Visier der Finanzinvestoren – insbesondere wenn sie nicht allzu hoch verschuldet sind, die Aktie als unterbewertet gilt und das Management nur einen mäßigen Eindruck macht. Dazu zählen Einzelhändler wie Oroton oder Pacific Brands (zu denen die Unterwäsche-Marke Bonds gehört), aber auch der Kfz-Zulieferer Pacifica Group (für das Bosch 2006 vergeblich ein Angebot machte) oder der Lacke-Hersteller Wattyl.

Finanzdienstleister entdecken das Reich der Mitte

Daneben gibt es eine ganze Reihe Finanzdienstleister, die in den vergangenen Jahren ihre Präsenz in China deutlich ausgebaut haben. Da ist etwa die in Sydney notierte Axa-Tochter Axa Asia Pacific Holdings, die ein Joint Venture für Versicherungen mit China Minmetals Group eingegangen und seit kurzem auch ins Kreditkarten-Geschäft eingestiegen ist. Der Versicherungskonzern IAG wird 25% am zweitgrößten chinesischen Versicherer China Pacific Property Insurance übernehmen, und die beiden Banken ANZ und Commonwealth sind schon seit Jahren vor Ort – ANZ sogar unter eigenem Namen. Das ist ungewöhnlich, denn die meisten australischen Dienstleister ziehen es vor, leiser aufzutreten und über Joint Ventures lokale Geschäfte zu betreiben. Typisch hierfür ist Talent2, eine Headhunter-Firma, die gerade erst 70% an der chinesischen Talent Spotter übernommen hat.

Korrekturen in Sicht

➔ Fazit: Unter dem Strich bleibt der australische Aktienmarkt auch 2006/07 attraktiv. Im Gegensatz zu den vergangenen drei Jahren, in denen der Anstieg weitgehend glatt verlief, dürften die kommenden Monate jedoch von einigen Turbulenzen und größeren Korrekturen geprägt sein. Rohstoffaktien werden dank anhaltend hoher Nachfrage aus China und zunehmend aus Indien aber noch eine ganze Weile den Markt befeuern und ordentliche Renditen abwerfen.

NEUSEELAND: Warten auf die Zinswende

Notenbanken würgen Konjunktur ab

Neuseeland liegt im Schatten Australiens, geographisch und nun auch ökonomisch. Die Wirtschaft dürfte 2006 um rund 1,5% wachsen, gerade mal halb so schnell wie der große Nachbar, und auch 2007 dürften es weniger als 2% bleiben – und das Schwächeln ist Programm. Denn in den vorangegangenen Jahren drohte die Konjunktur zu überhitzen: Das Wirtschaftswachstum lag mehrere Jahre lang durchschnittlich bei 4%, Löhne und Inflationsrate stiegen steil an und die Immobilienpreise schossen geradezu in die Höhe. Die Turbulenzen der hochinflationären 1970er und frühen 1980er noch in bester Erinnerung trat die Zentralbank rabiat auf die Bremse. Zwischen Anfang 2004 und Ende 2005 hievten die Notenbanker die Leitzinsen um 4,25 Prozentpunkte auf den OECD-Rekord von 7,25%.

Zum Teil hat die gewünschte Reaktion eingesetzt: Die Unternehmensinvestitionen sanken, das Geschäftsklima ist abgeflaut und den Verbrauchern ist ein wenig die Lust am Konsumieren vergangen. Und im Gegensatz zu Australien konnte der Export nicht einspringen. Der Agrarexporteur Neuseeland hat bislang nicht vom jüngsten Rohstoffboom profitiert.

Inflation und Immobilienpreise steigen

Allerdings, und das ist die Krux für die neuseeländische Zentralbank, die Inflation ist hoch geblieben. Denn trotz der konjunkturellen Abkühlung knirscht es am Arbeitsmarkt. Im Sommer 2006 sank die Arbeitslosenquote auf ein Rekordtief von 3,6%, was zu überdurchschnittlichen Lohnsteigerungen geführt hat. Und, wegen der guten Jobsituation steigen die Häuserpreise weiter. Im zweiten Quartal 2006 kletterte die Inflationsrate um 4% – das ist deutlich oberhalb des Toleranzbandes von 1-3%. Noch schlimmer, die Notenbank befürchtet, dass die Inflationsrate bis Ende 2007 bei über 3% bleibt.

So steht die Zentralbank vor einem Dilemma, das an Stagflations-Zeiten erinnert: Senkt sie die Zinsen zu früh, besteht die Gefahr, dass die Inflation außer Kontrolle gerät. Erhöht sie weiter, dann könnte die ohnehin schon kriselnde Konjunktur in eine Rezession schliddern. Vieles spricht dafür, dass die Zentralbank noch eine ganze Weile die Zinsen auf dem aktuellen Niveau hält. Zu einer Zinssenkung dürfte es erst kommen, wenn die Arbeitslosenquote langsam steigt, die Häuserpreise nachgeben und die anhaltend hohen Inflationserwartungen zurückgehen.

Je unwahrscheinlicher eine baldige Zinssenkung wird, desto interessanter ist Neuseeland wieder für renditehungrige internationale Investoren: Dreijährige Kiwi-Anleihen rentieren immerhin mit fast 2 Prozentpunkten mehr als vergleichbare US-Treasuries. Eine Tendenz, die sich auch am Uridashi-Markt bemerkbar machen dürfte – das sind in neuseeländischen Dollar emittierte Anleihen, die an japanische Privatanleger verkauft werden. Für die liegt der Renditevorsprung bei fast 6%.

Staatseinleihen überdurchschnittlich…

Bricht der NZ-Dollar ein?

Der Kauf relativ hoch rentierender neuseeländischer Anleihen wäre eine sichere Sache, wenn nicht das Risiko eines Kiwi-Einbruchs bestünde. Da ist zum einen die Gefahr, dass die Konjunktur doch stärker abbremst als erwartet. Ein Auslöser hierfür könnte ein überraschend starker Anstieg der Arbeitslosigkeit sein. Auch müssen bis Jahresende 2006 zahlreiche private Hypothekenkredite erneuert werden – nun aber zu einem deutlich höheren Zinssatz. Das wiederum könnte die Verbraucherstimmung stärker eintrüben. Hinzu kommt das extrem hohe Leistungsbilanzdefizit, das rund 9% des BIP beträgt und geradezu nach einer Abwertung des neuseeländischen Dollar schreit.

Der nötigen Korrektur steht die attraktive Zinsdifferenz entgegen, die internationales Kapital anlockt. Doch sobald es erste konkrete Zeichen für eine Zinswende gibt, muss mit einem Fall des Kiwi gerechnet werden.

…sind aber hoch riskant

➔ Fazit: Neuseeland ist uns daher für neue Engagements zu riskant.

» Den aufstrebenden Volkswirtschaften geht es gut. Die hohen Energiepreise sorgen seit Jahren für reichlich sprudelnde Einnahmen – und das wird auch so bleiben. Jetzt wird das Geld auch ausgegeben und in Infrastruktur und die Sozialhaushalte investiert. Der Lebensstandard steigt. Das schafft in den Emerging Markets (EmMas) zusätzliche Nachfrage, stabilisiert die Weltwirtschaft und treibt die globale Konjunktur an. So wachsen die EmMas, die Länder emanzipieren sich, die Märkte werden sicherer und ziehen weiter Kapital an. Dabei sollten sich Anleger allmählich breiter aufstellen als in den Jahren zuvor. Aber wo locken gute Renditen bei überschaubarem Risiko? «

Weiter oben auf

Die Emerging Markets emanzipieren sich

von Oliver Stönner, Cominvest Asset Management GmbH

2007 wird ein gutes Jahr

Das Jahr 2007 verspricht für einige Emerging Markets ein sehr gutes Jahr zu werden. Denn die riskante Zeit der Zinserhöhungen und Wachstumsunsicherheiten ist vorerst vorüber. Zwar wird sich das globale Wirtschaftswachstum im Zuge der Konjunkturabkühlung in den USA etwas abschwächen. Letztlich vermindert sich aber nur die Dynamik etwas. Die Weltwirtschaft geht von der Startphase sozusagen auf Reisegeschwindigkeit über und wird 2007 mit 4% wachsen.

Wer aber meint, dass die Emerging Markets (EmMa) darunter leiden werden, der übersieht die großen Fortschritte, die in den aufstrebenden Volkswirtschaften rund um die Welt gemacht wurden. So ist zwar richtig, dass die Nachfrage aus den USA wegen der Verlangsamung der Konjunktur geringer sein wird. Das werden zuerst die lateinamerikanischen Märkte und die besonders exportorientierten asiatischen Volkswirtschaften spüren.

Das Wirtschaftswachstum bleibt hoch

BIP-Wachstum/Prognose

Wirtschaftsausblick	2003	2004	2005	2006	2007
Mittel- u. Osteuropa, Türkei	4,6	6,5	5,5	5,3	5,0
Türkei	5,8	8,9	7,4	4,8	5,0
Russland	7,3	7,0	6,5	6,3	5,8
Lateinamerika	1,6	5,8	4,3	4,5	3,8
Asien ex. Japan and China	6,0	7,0	6,5	6,3	5,8
Asien ex. Japan	7,5	8,5	8,2	8,2	7,7
China	9,1	10,0	10,0	10,0	9,5
India	8,5	8,5	8,5	8	6,8
Emerging Asia (ID,KR,MY,PH,TH)	4,5	5,5	4,8	5,0	5,0
Südafrika	4,3	3,8	5,0	4,5	4,5
Emerging Markets	6,2	7,8	7,3	7,3	6,8
G7 Staaten	1,9	3,3	2,5	2,8	2,0
Nordamerika	2,6	4,0	3,5	3,5	2,3
Euroland	0,7	2,0	1,3	2,3	1,8
Welt	3,6	5,1	4,6	4,8	4,2

Quelle: Commerzbank

Nachfrage stabilisiert die Weltwirtschaft

Gerade diese Länder haben in den letzten Jahren aber vielfach gelernt, auch auf einem zweiten Bein zu stehen. Denn die Nachfrage im eigenen Land, die so genannte binnenwirtschaftliche Dynamik, nimmt deutlich zu. Das dürfte in einigen Fällen die absehbaren Ausfälle aus den USA sogar überkompensieren. Weiterer positiver Effekt: Die breiter werdende Nachfrage aus vielen Ländern stabilisiert zugleich auch die Weltwirtschaft. Davon profitieren also auch die Industrieländer.

Im Blick der Institutionellen

Dieses Phänomen einer breiteren Integration der EmMas in die Weltwirtschaft spiegelt sich auch in der insgesamt wachsenden Bedeutung der Emerging Markets in den Anlagestrategien großer internationaler Investoren und in den Finanzströmen rund um die Welt wider. Denn in immer mehr großen, international ausgerichteten Portfolios tauchen auch Investments in den EmMas auf. Die Anzahl der Investitionen wird größer, die einzelnen Investitionen selbst werden größer und es wird sogar in den jeweiligen Landeswährungen investiert.

Neue Investitionsziele im Fokus

Dabei weitet sich zunehmend auch der Blick der Anleger. Wenn es bisher meist nur um Anlagen in den BRIC-Ländern – also Brasilien, Russland, Indien und China ging – so rücken zunehmend neue Anlageziele in den Fokus. Auslöser war die heftige Korrektur der globalen Finanzmärkte im Mai und Juni 2006. Damals reduzierte sich die teilweise schon sehr hohe Bewertung der meisten Emerging Market Assets (Aktien und Anleihen) wieder auf ein normales Maß – und vielen Anlegern wurde während der abrupten Korrektur klar, dass das BRIC-Konzept einen zu kleinen Fokus auf die EmMas richtet.

Die BRICs ergänzen

Doch in welche Länder kann man einigermaßen ruhigen Gewissens investieren, wenn es nicht die BRIC-Staaten sein sollen? Dafür gibt es vielfältige Möglichkeiten, das Risiko und auch die Chancen zu streuen.

Zinspolitik bleibt entscheidend

Entscheidenden Einfluss auf die EmMas insgesamt wird die weitere Zinspolitik der großen Notenbanken haben. Anders als in 2006 wird die US-Notenbank voraussichtlich bereits in der zweiten Jahreshälfte 2007 eine erste Lockerung der Geldpolitik vornehmen, um die US-Konjunktur wieder zu stützen. Im Euroraum kommt der Zinserhöhungszyklus im ersten Quartal 2007 ebenfalls zum Ende, so dass auch die Notenbanken in den mittel- und osteuropäischen Konvergenzländern nicht zusätzlich unter Druck geraten. Folglich ist ab dem Frühjahr 2007 mit einer Stabilisierung der Renditespreads lokaler Anleihen zu rechnen, da die Zinserhöhungszyklen in den meisten Emerging Markets ebenfalls zum Ende kommen dürften.

Erhöhtes Risiko, höherer Zins

Risiko: Spreu trennt sich vom Weizen

Eine stärkere Straffung der Geldpolitik muss nur in den Ländern vorgenommen werden, die größere Risiken aufweisen. Hierzu zählen in erster Linie Defizite im Budget und in der Leistungsbilanz, voran in Ungarn. Damit setzt sich eine Bewegung fort, die mit heftigen Ausschlägen bereits 2006 begonnen hat. Allerdings wird genau diese zunehmend differenzierte Bewertung der Anlagechancen und -risiken auch 2007 vorherrschen und das Geschehen an den EmMas prägen.

Stabilität durch hohe Rohstoffpreise

Als besonders stabilisierend werden sich auch im Jahr 2007 die recht hohen Energie- und Rohstoffpreise für die Rohstoff exportierenden EmMas auswirken. Neben diesen Einnahmen, die die Staatshaushalte entlasten und die Kassen füllen, dürfte dieser anhaltende Geldsegen auch weiter erhöhte öffentliche Investitionen – vor allem in die Infrastruktur in vielen Emerging Markets – zur Folge haben. Gerade der Bau von Straßen, Wasser- und Abwasserleitungen, den Adern einer Volkswirtschaft, steht bei vielen EmMa-Regierungen ganz oben auf der Liste. Denn das schafft nicht nur Arbeit, Einkommen und Nachfrage im eigenen Land, sondern lässt sich den Bürgern auch als Erfolg in Sachen Armutsbekämpfung gut verkaufen.

Kaum politische Störfeuer zu erwarten

Politisch sollte 2007 in den EmMas ruhiger verlaufen als 2006, da insbesondere der Wahlzyklus in Lateinamerika beendet ist. In Mittel- und Osteuropa stehen hingegen Wahlen an, und die Präsidentschaftswahlen in Russland rücken näher.

Auf Rohstoffexporteure setzen

Dieses globale Szenario im Hinterkopf stellt sich nun lediglich die Frage: Welche Strategie ist für 2007 am aussichtsreichsten für EmMa-Investitionen? Wir bevorzugen es, vorsichtig Regionen übergreifende Positionen in den Emerging Markets aufzubauen. Dabei bevorzugen wir Märkte mit soliden Fundamentaldaten, weil so mögliche Rückschläge an den Märkten das Anlageportfolio weniger belasten. Die Zielrichtung: Hohe Rohstoffpreise begünstigen vor allem die lateinamerikanischen Märkte, und nur wenig nachgebende Öl- und Gaspreise stabilisieren das Wachstum vor allem in Russland, Venezuela und den arabischen Staaten.

Asien – Neue Chancen in Indonesien und den Philippinen

In Asien bieten Indonesien und die Philippinen neue Chancen. Zwar haben die Naturkatastrophen Indonesien gerade in einer Phase der Stabilisierung getroffen. Aber die Zuversicht der Investoren haben Regierung und Notenbank erfolgreich wiederhergestellt.

Ratingagenturen heben den Daumen

Die jüngste Bestätigung dafür war die Anhebung des Länderratings von „B+" auf „BB-„ durch die Ratingagentur S&P. Ausschlaggebend war die insgesamt bessere Budget- und Verschuldungssituation sowie die kräftig steigenden Kapitalzuflüsse insbesondere aufgrund von ausländischen Direktinvestitionen. Besonders aussichtsreich ist für uns die bis 2016 laufende Staatsanleihe (ISIN: US Y20 721 AD1 4). Die wirft einen Kupon von 7,5% ab und notiert in US-Dollar. Der Spread gegenüber US-Treasury liegt bei rund 200 Basispunkten. Daraus errechnet sich eine Rendite von etwa 7%.

Philippinen im Blick

Auch die Philippinen, die eine wirtschaftliche Entspannung auf der Fiskalseite verzeichnen, bieten gute Renditechancen. Untermauert wird das durch einen starken Rückgang der Inflationsrate. Der anhaltende Leistungsbilanzüberschuss ist ebenfalls positiv. Diese Trends bieten zusammen mit dem auch im Vergleich zu Indonesien noch etwas höheren Spread einen guten Investitionsanreiz. Attraktiv erscheint die Anleihe (ISIN: XS 024 038 734 9) mit 6,25% und einer Laufzeit bis 2016. Das Papier notiert in Euro und es besteht kein Wechselkursrisiko. Der Spread gegenüber dem Bund liegt sogar bei 250 Basispunkten und damit noch etwas höher als bei der Indonesien-Anleihe.

Risikofaktor China?

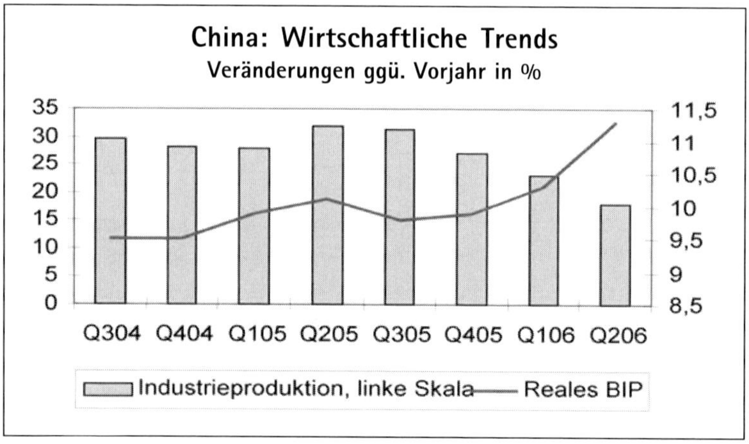

Das BIP steigt an, die Industrieproduktion ist auf hohem Niveau stabil.
Quelle: Commerzbank;

Allerdings: Risiken ergeben sich in der Region weiterhin aus dem sehr hohen Wachstum der Wirtschaft Chinas und den anhaltenden Versuchen Pekings, diese Wachstumsdynamik etwas zu drosseln. Eine abrupte Vollbremsung oder eine stärkere Korrektur, wenn auch nur in einzelnen Sektoren, kann in den immer stärker auf China ausgerichteten Nachbarstaaten durchaus ebenfalls tiefschwarze Bremsspuren hinterlassen. Wir setzen darauf, dass es nicht zu einer Vollbremsung kommt, die chinesische Währung nur sehr langsam aufwertet und die Geldpolitik nur moderat weiter gestrafft wird.

Kommt es in China zur Vollbremsung?

Lateinamerika – Entspannung bietet neue Chancen

Die in der klassischen EmMa-Region mit Abstand attraktivsten Märkte für private Anleger bleiben weiterhin Mexiko und Brasilien. Denn auch in einem etwas weniger freundlichen globalen Wachstumsumfeld bleibt das Chancen-Risikoprofil dieser beiden Staaten extrem günstig.

So bietet Mexiko durch die enge Verflechtung mit den USA eine gute Stabilität. Dass das Risiko geringer ist, liegt daran, dass sowohl das eigene Wirtschaftsniveau, als auch das BIP-Wachstum und das Zinsniveau deutlich höher als in anderen EmMas ist. Bei Anlagen in lokaler Währung ist jedoch bis Ende 2007 mit einem moderaten Wechselkursverlust gegenüber Euro zu rechnen, so dass der Zinsvorteil dann leicht abnimmt. Mit der bis 2016 laufenden Pemex-Anleihe zum Kupon von 6,375% lässt sich aber zumindest das Wechselkursrisiko umgehen und ein attraktiver Kupon einstreichen.

Mexiko weiter auf der Kaufliste

Ein zweiter Lateinamerika-Favorit ist Brasilien. Das Land bietet trotz der im Oktober anstehenden Präsidentschaftswahlen ein inzwischen sehr stabiles Umfeld und einen attraktiven Ausblick. Dabei ist nicht nur der positive Impuls hoher Rohstoffpreise wichtig, sondern auch die durch niedrigere Zinsen belebte Investitions- und Konsumnachfrage. Brasilien ist ein gutes Beispiel dafür, dass die Themen Rohstoffe und erhöhte öffentliche Investitionen (Infrastruktur) durch Emerging Market-Positionen „gespielt" werden können. Der monetäre Lockerungszyklus (Zinssenkungen) wird im kommenden Jahr voraussichtlich fortgesetzt und auf Seiten der Währung ist aufgrund steigender Kapitalzuflüsse und eines anhaltenden Leistungsbilanzüberschusses mit einer leichten Aufwertungsbewegung des Real zu rechnen. Ein Engagement lohnt sich demnach sowohl in Aktien – als auch in Anleihen. Als Zinspapier bevorzugen wir den 7,375-Prozenter des Landes, der bis 2015 läuft (ISIN: XS 021 122 963 7). Auch der lautet auf Euro und schaltet somit das Wechselkursrisiko aus.

Keine Unruhe in Brasilien vor der Wahl

Osteuropa – Russland und Türkei bleiben im Fokus

Anleger, die ihr Kapital lieber in Osteuropa anlegen wollen, werden um Russland nicht herumkommen. Die im Zuge der hohen Öl- und Gaspreise stetig verbesserte Budget- und Verschuldungssituation Russlands wurde zuletzt erneut durch ein auf BBB+ verbessertes Rating durch Fitch unterstrichen.

Russland gehört in jedes Depot

Da im kommenden Jahr nicht mit einer stärkeren Korrektur der Energiepreise zu rechnen ist, dürfte Russland weiter in besonderem Maße davon profitieren. Insofern bleibt auch der konjunkturelle Ausblick positiv, da sowohl der Staat, als auch die Unternehmen verstärkt investieren.

Die positive Einkommensentwicklung spiegelt sich zudem in dem höheren privaten Verbrauch wider. Alles in allem bietet Russland demnach, trotz der herannahenden Präsidentschaftswahlen 2008, ein attraktives Investmentumfeld. Darüber hinaus erscheinen die Währungsrisiken bei steigenden Kapitalzuflüssen gering. Wir halten daher die Anleihe von einem der größten Energie-Unternehmen für lukrativ und investieren in die Euro-Gazprom-Anleihe (4,56% bei einer Laufzeit bis 2012).

Türkei-Anleihen für Anleger mit starken Nerven

Etwas risikofreudigere Anleger, die den besonderen Rendite-Kick suchen, sollten den Blick in Richtung Bosporus lenken. Dort finden sich Fremdwährungsanleihen der Türkei, die sich als Depotbeimischung eignen. Die bieten Kupons von etwa 17 bis 18%, lauten aber auf türkische Lira. Die deutlich erhöhte Rendite wird also mit einem erheblichen Wechselkursrisiko bezahlt. Allerdings hat sich die türkische Lira nach ihren heftigen Schwankungen zuletzt wieder beruhigt. Kurzzeitige Abstürze würden sich risikobewussten Anlegern dann für einen Einstieg im Bosporus-Land anbieten.

» Das Internet, und hiermit die Globalisierung und Internationalisierung der Finanzmärkte, hat das Verhalten von Anlegern verändert und zu einem deutlich größeren Handelsvolumen geführt. Vor allem gibt es immer mehr Trader, die sehr kurzfristig und schnell agieren. Untersuchungen zeigen aber, dass diese im Durchschnitt schlechter abschneiden, als der Markt. Denn sie scheinen sich weniger rational zu verhalten. Bei genauerer Betrachtung stellt man fest, dass es bestimmte psychologische Massenphänomene gibt, die für bestimmte Kursmuster verantwortlich sind. Der Text zeigt, welchen Einfluss das individuelle, durch Emotionen gesteuerte Verhalten einzelner Marktteilnehmer auf den Gesamtmarkt und den individuellen persönlichen Anlageerfolg hat. «

Stolperstein Ego

Psychofallen umgehen und profitabler handeln

von Jannis Raftopoulos, JRC Capital Management Consultancy & Research GmbH

Den Markt dauerhaft schlagen?

Gibt es ihn wirklich, den „homo oeconomicus", der stets unter den ihm zur Verfügung stehenden Alternativen die bestmögliche wählt? Die neoklassische Kapitalmarkttheorie ging lange davon aus, dass alle Marktteilnehmer vollständig rational und auf der Basis gleicher Informationen agieren und die Summe dieser Informationen jederzeit in den Kursen verarbeitet ist. Kein Teilnehmer wäre also in der Lage, den Markt auf Dauer zu schlagen. Die Konsequenz: Marktbewegungen erfolgten rein zufällig. Aus den Kursverläufen der Vergangenheit könnte niemals auf Gegenwart und Zukunft geschlossen werden. Dies beschreibt bis zu einem gewissen Grad tatsächlich die Normalität.

Psychologie der Marktteilnehmer erforschen

Einen anderen Erklärungsansatz bieten die verhaltensorientierten Wirtschaftswissenschaften. Diese gehen davon aus, dass Marktpreise viel weniger von fundamentalen Daten geprägt sind als von der Psychologie der Marktteilnehmer. Professionelle Investoren sind somit ständig auf der Suche nach neuen Methoden, mit denen man sich die verhaltensbasierten Massenphänomene, die sich in bestimmten Chartstrukturen niederschlagen, zunutze machen kann.

Wahrnehmung und Entscheidung

Eine Information – mehrere Interpretationen

Ein grundlegendes Phänomen an den Märkten ist das folgende: Wahrnehmung und Interpretation der gelieferten Informationen sind von Individuum zu Individuum verschieden. Das erklärt, weshalb verschiedene Investoren auf die gleiche Information unterschiedliche Entscheidungen treffen.

Wenn wir akzeptieren, dass Märkte irrational sind, dann müssen wir auch anerkennen, dass alle Marktteilnehmer zu einem gewissen Grad voreingenommen sind. Wir sehen, was wir sehen wollen. Es gibt diverse Beispiele aus dem Alltag, bei denen wir etwas nicht oder erst beim dritten Hinsehen entdecken, obwohl es die ganze Zeit über da war.

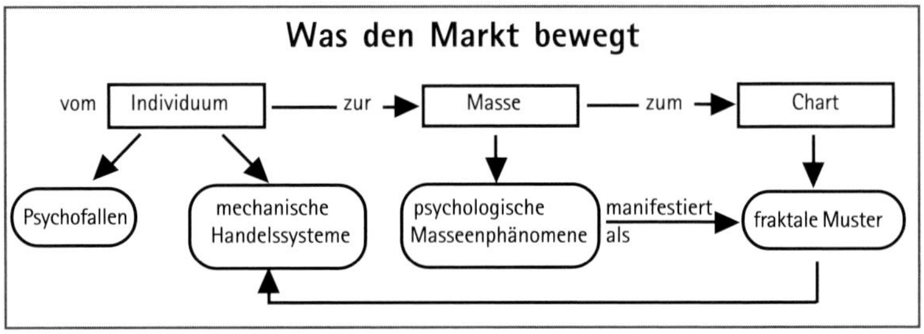

Einsatzebenen verhaltensorientierter Marktmodelle; Quelle: JRC

Schutz vor dem Informations-Overkill

Durch diesen Effekt der selektiven Wahrnehmung schützt sich unser Gehirn gegen Überlastung durch Reizüberflutung. Ein Mechanismus, der gerade in einer durch enormen Informationsüberfluss gekennzeichneten Situation der Handelsentscheidung zu teuren Fehlinterpretationen führen kann.

Optische Täuschungen sind ein anderes Beispiel für verfälschte Wahrnehmungen. Wir alle kennen die Darstellung von zwei gleichlangen Linien, die wider besseres Wissen unterschiedlich wirken, je nachdem ob die Pfeilspitzen an den Enden auf die Linie oder von dieser weg zeigen. Optische Täuschungen können eine Ursache für Missinterpretationen bei der Chartanalyse sein. Selektive Wahrnehmung eine andere.

Man sieht, was man kennt – und sehen will

Wir sehen, was wir zu sehen gelernt haben und treffen Entscheidungen aufgrund von Interpretationen, die wir uns durch langjährige Erfahrungen angeeignet haben.

Die Mär vom Herdentrieb

Es galt lange als gesicherte Erkenntnis, dass Anleger sich an Einschätzungen anderer Marktteilnehmer orientieren und diesen in ihren Entscheidungen folgen. Das Entstehen spekulativer Kursblasen wurde diesem „Herdentrieb" zugeschrieben. Ein vor einiger Zeit durchgeführtes, als Börsenspiel inszeniertes Internet-Experiment mit über 6.500 realen Teilnehmern zeigte, dass sich Investoren bei ihren Entscheidungen aber weniger an anderen Anlegern orientieren, als bisher angenommen. Die Wirtschaftswissenschaftler fanden keine Anzeichen für Herdenverhalten.

Wenn man die Teilnehmer nach Berufsgruppen betrachtete, so ergab sich, dass Physiker, Wirtschaftswissenschaftler und Mathematiker die rationaleren Entscheidungen fällten. Am erfolgreichsten und irrationalsten verhielten sich jedoch Psychologen. Während Teilnehmer, die sich selbst rational verhielten, dies offenbar auch von ihren Mitstreitern annahmen, gestanden die Psychologen ihren Konkurrenten durchaus irrationales Verhalten zu und bezogen dieses in ihre Überlegungen und Entscheidungen mit ein.

Irrationalität sichert den Anlageerfolg

Die Masse hinterlässt fraktale Muster

Vom Blumenkohl zum Preischart

Genau dieses irrationale Verhalten der Masse produziert ein Phänomen, das als Selbstähnlichkeit bezeichnet wird. Gebilde mit einem hohen Grad an Selbstähnlichkeit, bezeichnet man als Fraktale. Solche Konzepte findet man auch in der Natur, denken Sie z.B. an einen Blumenkohl, dessen einzelne Röschen jedes die Struktur eines gesamten Kopfes besitzt. Bei Betrachtung eines Preischarts wird man ohne weiteren Hinweis nicht erkennen können, ob es sich um ein monatliches, tägliches oder Intraday-Chart handelt. Sie alle werden aber eine ähnliche Struktur aufweisen und auf jedem werden sich die gleichen Muster finden.

Die Fraktale, die einen Wechsel der Marktzustände anzeigen, sind wie Verkehrszeichen, die auf mögliche Gefahren hinter der nächsten Wegbiegung hinweisen und können so in der Praxis genutzt werden.

Trendwechsel sind selten – aber entscheidend

Langfristig erfolgreich kann jedoch nur ein Modell sein, das möglichst viel gemeinsam hat mit der Art und Weise, wie Preise sich tatsächlich bewegen. Die meiste Zeit bewegen sich die Märkte allerdings nicht allzu heftig und nur während kurzer Phasen (15 – 30% der gesamten Handelszeit), finden die Trendwechsel statt. Dies sind allerdings die ausschlaggebenden und gewinnbringenden Abschnitte.

Es ist kennzeichnend, dass Spitzen oder Bodenbildung stets mit einem Fraktal einhergehen. Diese lassen sich beschreiben als Gruppen von drei, fünf oder mehr aufeinanderfolgenden Balken, deren mittlerer den höchsten oder niedrigsten Wert annimmt.

Ideale Fraktale

Quelle: JRC

Auf diese Weise lässt sich eine Reihe unterschiedlich starker Indikatoren für mögliche Trendwechsel bilden, mit deren Hilfe profitable Handelssysteme erstellt werden können.

Sich selbst überlisten – mit System

Eine Konsequenz zur Umgehung der bekannten Psychofallen kann der Einsatz computerisierter Handelssysteme sein. Diese arbeiten ohne

Vernünftige Handelssysteme?

Emotionen, vermeintlich rational und entsprechen somit dem idealen homo oeconomicus. Allerdings sind sie immer noch von Menschen programmiert. Der Entwurf und die Entwicklung eines einsatzfähigen, stabilen und zuverlässigen Handelssystems bedarf langjähriger Erfahrung und sorgfältiger Tests. Ebenfalls sollte es sich in einer Reihe unterschiedlichster Marktsituationen bewährt haben.

Disziplin in Verlustphasen gefordert

Hat man dann erst mal ein profitables Handelssystem, braucht es natürlich noch die Disziplin, es auch umzusetzen und längere Verlustphasen durchzustehen. Daher bedarf es laufender Überwachungen der Performanceparameter, um das Vertrauen zu behalten, sowie klarer Entscheidungskriterien, wann ein System abgestellt werden soll. Wenn dies alles gewährleistet ist, können mechanische Handelssysteme ein Weg zum profitablen Handel ohne Psychofallen sein.

Das Umschiffen von Psychofallen

Same mistake as every day

Ist es ein Trost, dass *Itzhak Ben David* von der Universität Chicago herausgefunden hat, dass professionelle Investoren ähnliche Fehler machen wie Kleinanleger? Wohl kaum. Aber es ist umso mehr ein Grund, die Situationen zu erforschen, in denen uns die Psyche einen Streich spielt und wir die nötige Disziplin beim Verfolgen einer Handelsstrategie vergessen. Wie aber kommt es, dass Investoren immer wieder die wichtigsten Grundregeln beim Anlegen mit Wertpapieren missachten und die gleichen Investmentsünden begehen? Ein Faktor, der wohl am meisten das Verhalten des durchschnittlichen Traders untergräbt, ist das Bedürfnis, im gegenwärtigen Trade richtig zu liegen.

Trügerische Chancen

Es ist bekannt und auch durch Untersuchungen belegt, dass durchschnittliche Trader dazu tendieren, risikofreudig zu sein, wenn sie hinten liegen, und konservativ, wenn sie vorne liegen. Neben dem bekannten „Prinzip Hoffnung" liegt der Grund hierfür vor allem in einer irrationalen Einschätzung des Risikos, wenn man sich auf sein Bauchgefühl verlässt.

Stellt man sie z.B. vor die Wahl, einen sicheren Verlust von 900 € hinzunehmen oder eine 95%ige Chance auf einen Verlust von 1.000 € bei einer 5%igen Chance, gar nichts zu verlieren, so würden die meisten Leute die zweite Möglichkeit wählen. Motto: Die Hoffnung stirbt zuletzt. Umgekehrt, vor die Wahl gestellt, einen sicheren Gewinn von

900 € oder eine 95%ige Chance auf einen Gewinn von 1.000 € plus der 5%igen Möglichkeit gar nichts zu gewinnen, entscheidet die Mehrheit nach dem anderen Muster und würde nicht spekulieren, sondern die sicheren 900 € nehmen. Motto: Lieber den Spatz in der Hand...

Mutig bei Verlusten, ängstlich beim Gewinn

Doch das ist systematisch irrational. Denn tatsächlich ergibt eine mathematische Berechnung des zu erwartenden Verlustes bzw. Gewinnes einen Betrag von 950 € (1.000 € multipliziert mit 0,95). Statistisch gesehen muss man also damit rechnen, 50 € mehr zu verlieren, wenn man die 5%ige Chance auf eine ausgeglichene Position wähle, anstatt den sicheren Verlust von 900 €. Oder man könnte 50 € mehr gewinnen, wenn man das sichere Angebot ausschlägt und das 5%ige Risiko, leer auszugehen wählt – auch wenn einem dabei etwas mulmig ist.

Permanente Zwickmühle

Das Problem besteht im Trading darin, dass der schnell agierende Anleger sehr oft – meist mehrmals täglich – vor dieser Zwickmühle steht und sich zwischen Gewinn und Verlust und der Maximierung bzw. Minimierung entscheiden muss. Doch genau dabei trickst ihn das Gehirn oft aus und verleitet ihn, die Verluste nicht zu begrenzen, sondern zu hoffen und die Gewinne zu früh zu realisieren, weil sie dann sicher sind. Durch die permanente Wiederholung dieses systematischen Fehlers werden die Verluste meist schneller ausgebaut als die Gewinne.

Grenzen zwischen Gewinn und Verlust

Information ist eben nicht alles

Glaubte man in der Finanzwelt lange, dass auch für den Kurzfristanleger allein die Qualität, Verlässlichkeit und Exklusivität der ihm zur Verfügung stehenden Informationen über die Renditen entscheiden, so weiß man heute, dass es mehr auf die individuellen Bezugspunkte des Traders ankommt. Oberhalb des Bezugspunktes erfolgt die Wahrnehmung als relativer Gewinn, unterhalb als relativer Verlust. Da Verluste anders bewertet werden als Gewinne, beeinflusst der Bezugspunkt die Entscheidungen enorm. Die meisten kurzfristig orientierten Händler werden als Referenz ihren Einstandspreis setzen. Diese Fixierung ist jedoch problematisch, da hierdurch häufig der richtige Zeitpunkt zum frühzeitigen Eingreifen verpasst wird. Besser wäre es, das Handelsziel als Bezugspunkt zu setzen und jede Position, die sich nicht innerhalb einer gewissen Zeitspanne wie erwartet entwickelt, zu schließen.

Eine Verschiebung des Bezugspunktes könnte auch bei einem weiteren Streich, den uns die Psyche spielt, Abhilfe schaffen. Es geht um den Effekt der abnehmenden Sensitivität im Verlustfall. Nach dem ersten Schock gewöhnen wir uns an den Gedanken des Verlusts – und jeder weitere Cent wird weniger stark empfunden. Das führte schon so man-

Man gewöhnt sich an Verluste

chen Anleger ins Verderben. Durch Selbstbeobachtung und schriftliches Notieren sämtlicher Überlegungen, die zu der Anlageentscheidung geführt haben, halten Sie einen Schlüssel zur Beseitigung solch selbstzerstörerischer Verhaltensweisen in der Hand.

Selektive Wahrnehmung und Selbstüberschätzung

Prämissen hinterfragen!

Eine besonders perfide Psychofalle ist die beschriebene selektive Wahrnehmung. Hier kann es hilfreich sein, die Situation immer auch aus der entgegengesetzten Perspektive zu betrachten. Sie denken, der Markt wird steigen und wollen kaufen? Stellen Sie den Gedanken zurück und tun Sie so, als ob Sie verkaufen wollten. Bewerten Sie sämtliche Informationen neu unter diesem Gesichtspunkt. Betrachten Sie das Chartbild. Gibt es Anzeichen, die eine Verkaufsentscheidung stützen? Vielleicht sollten Sie dann Ihr Kaufvorhaben noch einmal überdenken. Gibt es Warnzeichen, die gegen einen Verkauf sprechen? Umso besser. Sie haben eine Bestätigung und können beruhigt kaufen.

Schließlich spielt häufig schlicht und einfach Selbstüberschätzung eine Rolle, wenn sich Anlagen nicht so entwickeln, wie geplant. Wie beschrieben, schätzen Individuen in vielerlei Situationen Wahrscheinlichkeiten oder Wahrscheinlichkeitsverteilungen falsch ein. Dabei sind sie oft zu optimistisch und auch zu sicher. Sie überschätzen ihre Kenntnisse und Fähigkeiten, den Informationsgehalt von Nachrichten oder die Qualität ihrer Prognosen. Hier hilft nur eine selbstkritische Einstellung und Entscheidungen immer wieder zu hinterfragen.

Trader ohne Emotion?

Sicher sind mechanische Handelssysteme in Bezug auf Emotionslosigkeit und Disziplin jedem menschlichen Trader überlegen. Andererseits liegt es nicht allen Tradern, strikt nach einem System zu handeln, dessen Regeln sie nicht 100%ig nachvollziehen können oder die auch schlicht den Reiz der eigenen, möglichst erfolgreichen, Entscheidungen suchen. Diesen mögen die oben gegebenen Ratschläge eine Hilfe sein.

➔ Fazit: Der Beitrag hat gezeigt, mit welchen psychologischen Fallstricken jeder Anleger, ob professionell oder privat, zu kämpfen hat und wie schwer es ist, eingefahrene Denkmuster zu überwinden. Der Einsatz computerisierter Handelsmodelle zur Entscheidungsunterstützung wird dagegen auch erfahrenen Investoren helfen, Emotionen zu beherrschen, Voreingenommenheiten aus Entscheidungen herauszulassen und ihre Subjektivität zu neutralisieren.

» Wer als Portfoliomanager Anfang der 90er Jahre der Meinung war, dass sich ein langfristiger Aufwärtstrend abzeichnet, konnte mit einer einfachen „Buy and Hold"-Strategie jedes computergesteuerte Handelsprogramm outperformen. Wenn der gleiche Händler aber im Jahre 2000 nicht vom Aufwärtstrend in einen Abwärtstrend emotional oder intellektuell umschalten konnte, wurden in kürzester Zeit alle Gewinne wieder zunichte gemacht. Dies sollte mit einem guten, vom Computer gesteuerten Handelsprogramm nicht passieren, solange der Anwender des Handelsansatzes die Disziplin aufbringt, die vom Computer vorgegebenen Signale emotionslos im Echtzeithandel einzusetzen. Was der PC als Vermögensmanager leisten kann, um eine achtbare Rendite bei relativ geringem Risiko zu erzielen, zeigt der folgende Beitrag. «

Mit Sicherheit Rendite

Der Computer als Vermögensmanager

von Robert Fischer, Fischer Finance Consulting AG

Top-Performer sind meist Eintagsfliegen

Jedes Jahr wird im Wall Street Journal USA „The Trader of the Year" gekürt. Doch in 20 Jahren ist es wohl nicht vorgekommen, dass der gleiche Trader seine Erfolgsbilanz hat wiederholen können. Die Erklärung hierfür ist einfach: Erfolgsstories mit extrem hohen Renditen sind in der Regel Zufallstreffer. Denn Talent, Timing und ein glückliches Händchen bei der Produktauswahl müssen gleichzeitig zusammen kommen. Bei den sich ständig verändernden Marktverhältnissen verwundert es deshalb nicht, wenn sich solche Erfolgsstories nicht wiederholen.

Konstanter Anlageerfolg basiert auf Regeln. Gute Trader folgen intuitiv solchen Regeln. Sie scheitern jedoch vielfach daran, dass Ego, Überheblichkeit und Emotionen diese Regeln außer Kraft setzen. Für eine strikte und konstante Umsetzung dieser Regeln kann ein Computer von enormer Hilfe sein.

Ingredienzen der „besten Anlageform"

Die optimale Anlageform für einen eher konservativ, also primär auf Vermögenserhalt ausgerichteten Anleger müsste im Grunde folgende Eigenschaften besitzen:

- Kontinuität, d.h. eine konstant gute Gewinnerwartung
- eine Renditeerwartung von ca. 10% p.a.
- ein geringes Verlustrisiko (damit man gut schlafen kann)
- jederzeitige Liquidierbarkeit
- einen geringen Betreuungsaufwand

Eine einzelne Anlageform, die diese Kriterien erfüllt, gibt es nicht. Eine Absolute-Return-Strategie, vom Computer umgesetzt, kann jedoch unter bestimmten Bedingungen diese Anforderungen erfüllen.

Kontinuität

Regelmäßige Gewinne als größte Herausforderung

Die größte Herausforderung als Vermögensverwalter ist es, j e d e s Jahr Geld zu verdienen, und zwar mehr als die Festgeldrendite. Eine Rendite von ca. 10% p.a. sollte regelmäßig drin sein. Und das bei einem sehr geringen Risiko. Ein utopischer Ansatz? Nein. Das ist machbar.

Liquidität

Jederzeitige Verkaufsmöglichkeit

Grundvoraussetzung für eine Absolute-Return-Strategie ist die jederzeitige Liquidierbarkeit aller Positionen zum Tageswert und die Möglichkeit, sich an Auf- und Abwärtstrends gewinnbringend anpassen zu können. Deshalb darf bei einer solchen Zielsetzung das Portfolio nur Positionen beinhalten,

- die an einer der Leitbörsen der Welt mit großer Marktbreite und hohem Volumen gehandelt werden;
- die gekauft (long) und leer-verkauft (short) gehandelt werden können.

Emotionen ausschalten

Gegen den Strom schwimmen

Um erfolgreich zu sein, muss der Anleger emotionslos antizyklisch handeln und kaufen können, wenn Totengräberstimmung herrscht, und verkaufen, w e n n die Euphorie überschwappt. Der Computer kann hier eine große Hilfe sein, wenn ein Handelsprogramm qualitativ gute Signale liefert.

Das Portfolio muss gegen Schocks abgesichert sein

Diversifikation ist unverzichtbar

Eine Absolute-Return-Strategie – also eine Anlage mit einer ansprechenden, jederzeit liquidierbaren Rendite bei klar eingegrenztem Risiko – kann nur dann funktionieren, wenn das Portfoliorisiko über die einzelnen Positionen so gestreut ist, dass sich selbst extreme politische, wirtschaftliche oder außerordentliche Ereignisse an irgendeinem Punkt der Welt zu irgendeinem Zeitpunkt des Tages nicht zu negativ, also Kapital vernichtend, auf das Gesamtportfolio auswirken. Wer in Deutschland morgens aufwacht und erfährt, dass über Nacht in Asien die Börsenwerte zusammengebrochen sind (Asienkrise 1997) und sich deshalb der Kontowert halbiert hat, sollte die Schuld nicht den Ereignissen in Asien geben. Sein Portfolio war einfach schlecht diversifziert.

Die Bedeutung der Diversifikation

Eine Absolute-Return-Strategie kann nur dann funktionieren, wenn das Risiko auf eine möglichst breite Basis gestellt wird. Hierzu bieten sich zwei Möglichkeiten an:

Horizontale Risikostreuung

Handel rund um die Uhr

Ziel sollte es sein, das Portfoliorisiko auf eine große Zahl von Produkten zu verteilen, deren Kurse sich möglichst unabhängig voneinander bewegen. Hierbei sollte auch Wert darauf gelegt werden, dass über den elektronischen Handel möglichst viele Produkte 24 Stunden pro Tag gehandelt werden. Hier bieten sich zum Beispiel die Devisen im Kassamarkt, der Mini S&P500 auf Globex etc. an. Oder auch der Simex Nikkei in Singapore und den HangSeng in Hongkong, um den Risiken weltpolitischer Ereignisse Rechnung zu tragen.

Eine gute horizontale Risikostreuung erreicht man mit folgenden Produkten:

- Stock Index Futures: (S&P500, Nasdaq, Dax, EuroStoxx50, Swiss Market Index SMI, HangSeng, Nikkei),
- Financial Futures (Bund, TSY-Bonds),
- Metall Futures (Gold, Silber),
- Energie Futures (Crude Oil, Natural Gas)
- Forex-Kassamarkt (Euro/Dollar, Dollar/Yen, Dollar/Britisches Pfund, Dollar/Schweizer Franken, Dollar/Australischer Dollar).

Vertikale Risikostreuung

Das Dachfonds-Prinzip

Jeder Dachfonds streut das Risiko nicht nur auf ein einzelnes Portfolio mit einer Vielzahl von Produkten, sondern versucht eine bessere Risikoverteilung durch die Hinzufügung weiterer Portfolios zu erreichen. Die Verteilung des Risikos auf mehrere Portfolios garantiert aber noch lange nicht den Erfolg. Denn sonst müsste jeder Dachfonds konstant super Gewinne erzielen. Die Problematik liegt in der Auswahl der „richtigen" Portfolios. Wird mit einer Reihe von schlechten Fonds gearbeitet, werden durch die Diversifikation die Ergebnisse nicht besser, sondern noch schlechter. Bei der Auswahl der „richtigen" Portfolios kann der Computer eine große Hilfe sein.

Testmethoden für Portfolios

Wie kann man testen, ob die Risikostreuung auf verschiedene Portfolios erfolgreich ist?

Die Wirksamkeit der Diversifikation durch die Verbindung von zwei oder mehr Portfolios kann man zum Beispiel testen durch:

- Veränderungen der einzelnen Portfolios. Bei einer guten Diversifikation sollten in den meisten Fällen die Verlustmonate in einem Portfolio durch Gewinne in dem anderen Portfolio reduziert oder ausgeglichen werden. In nur sehr wenigen Monaten sollten in beiden Portfolios gleichzeitig Verluste auftreten.
- den kumulierten größten Wertverlust. Unsere Daumenregel: Beträgt der größte Wertverlust im Portfolio 1 20.000 € und im Portfolio 2 30.000 € über einen Testzeitraum von 10 Jahren, dann sollte bei der Kombination der beiden Portfolios der größte Wertverlust nicht höher als ca. 40.000 € oder 80% der addierten Verluste beider Depots liegen. Sollte der kumulierte Wertverlust beider Portfolios über 60.000 € steigen, kann man davon ausgehen, dass die Kombination der beiden Portfolios nicht sinnvoll ist. Das können zugegebenermaßen allerdings nur Profis ermitteln.

Aktives Management basierend auf Computeranalysen

Grundsätzlich gilt: Die Computeranalyse ist immer genauso gut oder so schlecht wie die Regeln sind, mit denen man den PC füttert.

Vorteile vom Vermögensverwalter PC

Aber der Computer hat im Vergleich zu einer „handgemachten" Analyse vier enorme Vorteile:

- Er rechnet sehr schnell
- Er kann anhand langer Zeitreihen überprüfen, ob die Regel funktioniert.
- Er arbeitet präzise und wendet ein vorgegebenes Schema konsequent an
- Die Emotionen sind eliminiert.

Die derzeit angebotenen Computer gesteuerten Handelsprogramme lassen sich in zwei große Gruppen unterteilen.

Directionale Handelsansätze (Trendfolgemethoden)

Probleme mit Seitwärtstrends

Trendfolgemethoden funktionieren (nur) in starken Trends. Nachteilig wirken sich bei diesem Ansatz langfristige Seitwärtsbewegungen aus. Als Basis für solche Handelsansätze können dienen:

Computer-Modelle, die Strategien aufgrund fundamentaler Daten entwickeln

Technische Programme, die zum Beispiel Handelsansätze auf der Basis von gleitenden Durchschnitten etc. erstellen

Geometrische Modelle, die Handelsansätze aufgrund von Chartmustern, Trendkanälen etc. erstellen. Zu dieser Gruppe zählen wir uns.

Non-directionale Handelsansätze

Bei diesen Handelsansätzen wird versucht, Ungleichgewichte zwischen Produkten gewinnbringend mit Hilfe von Spreads auszunutzen, d.h. man kauft zum Beispiel ein Produkt (long) und verkauft gleichzeitig ein zweites Produkt (short). Dabei wettet man darauf, dass die Preis-/Kurs-Differenz beider Produkte sich im Ablauf eines vorher bestimmten Zeitabschnitts verringert. Solche Handelsansätze nutzen zum Beispiel Differenzen aus bei

- Aktien long, Aktien short
- Aktien long, Aktienoptionen short
- Aktien long, Futures short
- Futures long, Futures short
- Und eine Vielzahl weiterer Kombinationsmöglichkeiten

Chartmuster als Grundlage

Warum haben wir uns für einen Trendfolgeansatz basierend auf Chartmustern für die Arbeit mit dem Computer als Vermögensmanager entschieden?

Nach jahrelanger Forschung konzentrieren wir uns auf die Analyse von Preismustern (Charts). Der Grund: Die täglichen Marktschwankungen ergeben sich aus unterschiedlichsten Entscheidungen einer Vielzahl von Anlegern. Gier, Angst, fundamentale oder technische Informationen etc., die permanent über die Medien in die Öffentlichkeit gelangen, sind in den täglichen Preisschwankungen abgebildet.

Zeit ist Geld

Charts sind seit Jahrzehnten ein bewährtes Analysewerkzeug einer großen Anzahl von Anleger, denn:

- In allen börsengehandelten Produkten sind die gleichen Chartmuster zu finden
- Chartmuster lassen sich in Computerprogramme integrieren und anhand historischer Daten auf ihre Allgemeingültigkeit prüfen.

Wir arbeiten mit einem Computerprogramm, das sich durch folgende Besonderheiten auszeichnet:

Automatische Anpassung an den Kurs

Zeitlicher Vorsprung: Es liegt in der Natur aller technischen Indikatoren, dass immer mit einer zeitlichen Verzögerung auf Marktbewegungen reagiert wird. Eine starke Kursbewegung heute, wirkt sich erst morgen in dem technischen Indikator aus.

Anders bei der Analyse von Chartmustern: Wenn eine Kursbewegung heute eine Trendlinie durchbricht, erhalten wir an dem Ausbruch sofort ein Long bzw. Short Signal. Dieser zeitliche Vorteil reduziert das Risiko im Echtzeithandel, wenn die Signale „richtig" sind und nicht in die Irre führen.

Alle Produkte folgen Chartmustern

Testergebnisse sind beständig

Aus unserer persönlichen praktischen Erfahrung sowie Forschung leiten wir die Vorgaben ab, mit welchen Chartmustern der Computer konkret arbeiten soll.

Unter dem Stichwort Diversifikation haben wir schon die Bedeutung hervorgehoben, die unterschiedliche Produkte und Produktgruppen für ein Absolute-Return-Portfolio haben. Wichtig ist dabei für die Arbeit mit dem PC als Vermögensmanager:

Kursziel nach „Fibonacci"

Alle Produkte folgen den gleichen Chartmustern bzw. werden mit den gleichen Chartmustern analysiert. Die Beständigkeit der Testergebnisse aus diesen Analysen ist die beste Grundlage für eine gute Performance im Echtzeithandel.

Beispiel: Der Chart rechts zeigt den Kursverlauf des Euro gegen den US-Dollar mit dem Höchstpunkt bei 1,3665 (Punkt A) im Dezember 2004 und dem Tiefstpunkt bei 1,1650 (Punkt B) im November 2005. Der Computer erhielt ein Kaufsignal am 4. April 2006. Damaliger Euro-Kurs: 1,2218 $. Der PC kaufte daraufhin im Kassamarkt Euro/Dollar.

Der Computer zeichnete den ersten Trendkanal, der in unserem Beispiel flach verläuft. Der Kursverlauf des Euro entwickelte sich sehr

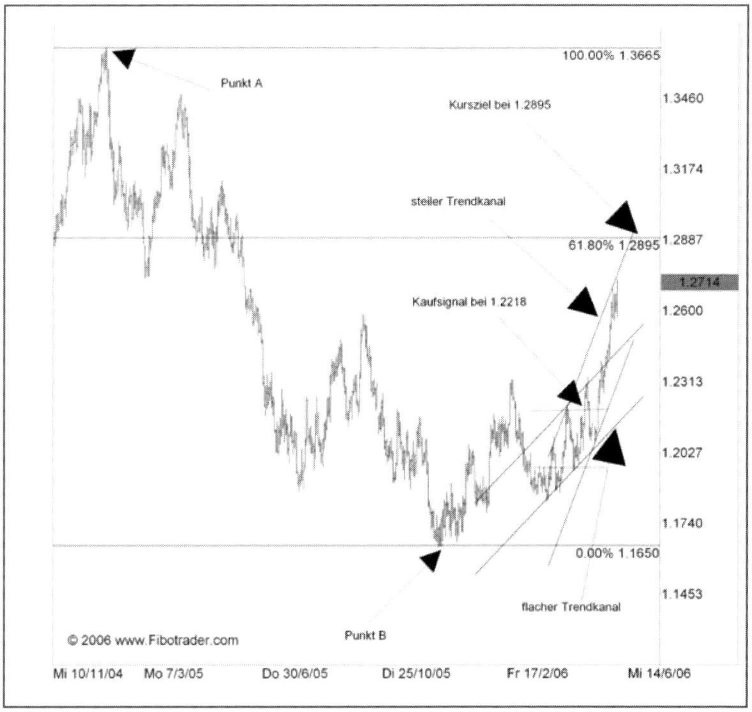

Der Trendkanal wird dem Kursverlauf in Echtzeit angepasst

positiv. Sichtbares Zeichen war der Durchbruch nach oben aus dem Trendkanal. Mit steigenden Kursen wurde der Trendkanal in Echtzeit dem Kursverlauf des Euro dynamisch angepasst, d.h. der Trendkanal wurde immer steiler, je höher die Kurse stiegen. Als Kursziel errechnete der PC unter Zuhilfenahme der so genannten Fibonacci-Relationen 1,2895 Dollar je Euro.

Im Echtzeithandel hat der Computer die bei 1,2218 gekaufte Position bei 1,2895 mit ca. 6.000 Euro Gewinn liquidiert, wenn man für 100.000 Euro/USD gekauft hatte. Das Handelsprogramm berechnet nicht nur die Einstiegssignale, sondern auch die Gewinnziele, die mit dem Fibonacci-Quotienten bestimmt werden können. Das Fibonacci-Ziel von 1,2895 wurde vom Euro-Kurs knapp übertroffen, bevor es zu einer Korrektur in den Bereich unter 1,2700 kam.

Bei einem Kursrutsch bis unterhalb der Trendlinie hätten wir dies als Stopp-Signal betrachtet, den Verlust realisiert und die Position gedreht. In diesem Fall hätten wir dann mit einem Leer-Verkauf- (Short) Signal auf einen fallenden Euro gesetzt.

Wichtige Parameter bei Handelssystemen

Worauf sollte man bei der Beurteilung eines Handelssystems achten?

- Wieviel Parameter wurden bei der Analyse benutzt?
- Wie lang sind die Testzeiträume?
- Arbeitet der Handelsansatz gleichermaßen auf allen Produkten in dem Portfolio oder wurden für verschiedene Produkte verschiedene Handelsansätze benutzt?
- Wie hoch war der größte Wertverlust innerhalb eines Testzeitraums?
- Wie sind die jährlichen Netto-Gewinne der Einzelpositionen und des Portfolios?
- Wie wurden die einzelnen Produkte getestet?
- Wie hoch sind die in die Testreihen eingerechneten Spesen
- Fazit: Alle Theorie ist grau. Das Problem liegt für den Anleger in der Beurteilung eines Handelsprogrammes. Es gibt eine Vielzahl von Möglichkeiten, einen Handelsansatz zu analysieren. Einige haben wir angeführt. Am Ende zählen die Ergebnisse im Echtzeithandel.

Der Test auf Herz und Nieren

Wir haben unseren Handelsansatz der stärksten Kontrolle unterzogen, die verfügbar ist, indem wir die Wertveränderungen im Konto jede Woche im Anlegerbrief „FUCHS-KAPITAL" veröffentlichen und kommentieren. Vom Start am 1.4.2006 bis zum 22. September 2006, also kurz vor Redaktionsschluss dieses Buches und somit nach annähernd 6 Monaten mit schwierigen Marktphasen, waren die Ergebnisse wie folgt:

Die Trades im Absolute Return Portfolio		
Zeitraum: 3. April bis 11. September 2006		
Netto-Ertrag	12.602,00	138 Transaktionen
Futures	14.530,00	103 Transaktionen
Devisen	-1.928,00	35 Transaktionen
Max. Drawdown	-38.818,00	
Die besten drei Trades		
Silber	14.108,00	
Gold	5.917,00	
US T-Bonds	3.794,00	
Die schlechtesten drei Trades		
Natural Gas	-6.486,00	
DAX	-2.145,00	
Nasdaq	-1.814,00	

Quelle: Eigene Berechnungen

Anlagechancen 2007

Die Anlageklassen im Fokus

» Die Korrektur im Mai schockierte viele Anleger. Manche Wirtschaftszeitungen riefen den Beginn einer Aktienbaisse aus. Doch die Zahlen sprechen dagegen. Selten korrespondierten charttechnische und fundamentale Analyse so stark wie im Herbst 2006. Einhellig zeichnen sie denselben Trend: Die Aktienmärkte sollten 2007 kräftig zulegen. Der DAX etwa um 18%. Das mag auf den ersten Blick zu optimistisch erscheinen. Doch gemessen an den zur Zeit deutlich unterbewerteten Märkten ist eine solche Prognose eher konservativ. Unser Anlageschwerpunkt ist erneut Europa. Wegen der stabileren konjunkturellen Rahmenbedingungen. Und um unnötigen Wechselkursrisiken aus dem Weg zu gehen. Defensive Blue Chips sind übergewichtet, Nebenwerte und zyklische Titeln beigemischt. «

Gnadenlos unterbewertet

DAX & Co. sollten 2007 kräftig steigen

von Bernd Frank und Markus Neumann, FUCHSBRIEFE-Team

Die Korrektur hatte sich gewaschen

Als die US-amerikanische Notenbank (Fed) im Mai die Leitzinsen auf 5% erhöhte, gingen die Börsen rund um den Globus auf Talfahrt. Die Märkte hatten eine Pause im Zinserhöhungszyklus erwartet – und wurden enttäuscht. Die anschließende Korrektur hatte sich gewaschen: Der deutsche Aktienindex DAX fiel von 6.162 auf 5.290 Zähler. Der Niedergang vollzog sich innerhalb von nur vier Wochen. Unsicherheit machte sich breit. Wirtschaftszeitungen riefen den Beginn einer Aktienbaisse aus.

Alles deutet auf eine nur leichte Abkühlung der US-Wirtschaft

Das war möglicherweise etwas vorschnell. Denn heute, Ende September 2006, haben sich die Märkte wieder erholt. In den Vereinigten Staaten notiert der DOW JONES INDUSTRIAL nahe seines historischen Hochs von 2001. Ebenso der schweizerische SMI und der spanische IBEX 35. Und der DAX schwankt wieder um die 5.900 Zähler. Die Fed hat inzwischen tatsächlich eine Zinspause eingelegt: Seit Ende Juni notiert der Leitzins unverändert bei 5,25%. Das hat die Stimmung aufgehellt. Gleichzeitig deuten immer mehr Konjunkturdaten auf eine nur leichte Abkühlung der US-Wirtschaft hin. So wie von den Währungshütern gewollt. Eine Rezession oder gar ein noch schärferer Einbruch des Wirtschaftswachstums ist nicht in Sicht. Gleichwohl spekulieren die Märkte auf eine Zinssenkung in den USA im Frühjahr 2007.

Deutsche Prognosen zu pessimistisch

Deutschland könnte erneut mit einer starken Konjunktur überraschen. Für 2006 lagen die Prognosen deutlich daneben, die gesamtwirtschaftliche Schubkraft wurde unterschätzt. Banken und Wirtschaftsforschungsinstitute mussten ihre Wachstumsvorhersagen deutlich anheben. Wie sich die Wirtschaft 2007 in Deutschland entwickeln wird, ist im Herbst 2006 unter Ökonomen noch umstritten.

Wie es jedenfalls scheint, spiegelt sich in den Modellen der Konjunkturforscher der hierzulande vorherrschende Pessimismus. Den tragen zur

Zeit auch die Banken zur Schau. Kaum jemand traut den Aktienmärkten nennenswerte Kursgewinne zu. Wir dagegen sehen die Entwicklung optimistisch. Aus charttechnischer Sicht stehen die Märkte im Herbst 2006 noch vor der Entscheidung, wohin die Reise geht. Die Szenarien für den DAX: Kann der Index sein Jahreshoch überwinden, steht einem Anstieg auf 6.900 Punkte nichts mehr im Wege. Sollte es aber nach unten gehen und die Marke von 5.800 nicht halten, ist ein erneuter Absturz in den Bereich von 5.200 Punkten wahrscheinlich.

Konservativ gerechneter DAX-Zählerstand: 7.248

Der DAX ist noch unterbewertet

Da die Märkte aber aus fundamentaler Sicht in Japan, den USA und Deutschland günstig bewertet sind, ist ein kräftiger Anstieg am plausibelsten. Ende 2007 sollte etwa der DAX bei 7.000 Zählern stehen. Einen solchen Stand können sich viele heute nicht vorstellen. Das Kalkül ist aber ebenso einfach, wie bestechend. Bei einem heutigen Niveau von 5.900 hat der DAX gemessen an den durchschnittlich prognostizierten Gewinnen ein Kurs-Gewinn-Verhältnis (KGV) von 13. Im historischen Mittel betrug das KGV im deutschen Aktienbarometer aber 16. Unterstellt man auf Basis der für 2006 erwarteten Gewinne, dass der Index seine durchschnittliche Bewertung im nächsten Jahr wieder erreicht, ergibt sich ein Zählerstand von 7.248.

Für 2007 erwartet die Analystengilde aber weitere Gewinnsteigerungen bei den DAX-Unternehmen. Auf dieser Basis errechnet sich bei einem KGV-Anstieg auf 16 sogar ein Zählerstand von 8.137 Punkten. So gesehen, ist unsere Prognose eher konservativ. Sie fußt letztlich auf der Tatsache, dass in den meisten Märkten die Unternehmensgewinne schneller stiegen als die Kurse (siehe Beitrag „Auf der Zielgraden").

Einwände lassen sich entkräften

Natürlich gibt es berechtigte Einwände: Zum Beispiel könnten die Gewinnschätzungen falsch sein. Das erscheint aber wenig wahrscheinlich. Denn in den vergangenen Jahren hinkten die Prognosen der realen Entwicklung meistens hinterher. Auch stellt sich die Frage, warum die Indizes ausgerechnet 2007 zu ihren mittleren Bewertungen zurückkehren sollten. Zugegeben: Zeitpunkte sind besonders schwer zu prognostizieren. Und externe Schocks können die plausibelste Vorhersage schnell über den Haufen werfen. Dafür könnte etwa ein unerwarteter Einbruch der US-Wirtschaft sorgen. Weil dieses Szenario noch nicht ganz vom Tisch ist, haben wir unsere Depots etwas defensiver ausgerichtet und konjunkturunabhängige Werte (z.B. Nahrungsmittel, Pharma, Versicherungen) übergewichtet. Unter anderem wegen des Wechselkursrisikos liegt unser Schwerpunkt nach wie vor auf Europa.

NESTLE	
Deutschland	
www.nestle.com	
ISIN	CH 001 205 604 7
Kurs*	272,92 €
KGV**	16,5
Kursziel	310 €
Stop loss	255 €

Quelle: T.F. DATASTREAM; *am 22.9.2006
** Kurs-Gewinn-Verhältnis 2006

NESTLE / Nahrungsmittel

Herstellungskosten erfolgreich gedrückt

Das wohl bekannteste Produkt des weltgrößten Nahrungsmittelherstellers ist Nescafé, international eine der 30 wertvollsten Marken. Neben verschiedenen Kaffee- und Kakaosorten (Nesquik) produziert der Konzern unter anderem Süßwaren, Baby- und Sportlernahrung, Frühstückscerealien und Erfrischungsgetränke. Zudem ist er an dem Pharmaunternehmen Alcon und dem Kosmetikhersteller L´Oréal beteiligt. Vor wenigen Wochen überraschte Nestlé die Börsen mit sehr guten Zahlen zum 1. Quartal 2006. Das organische Umsatzwachstum des Konzerns betrug 6,4%. Besonders bemerkenswert: Das sonst eher etwas schwächere Kerngeschäft Nahrungsmittel trug 75% zu der Gewinnmargensteigerung (vor Zinsen und Steuern) um 0,4% auf 12,8% bei. Trotz höherer Rohstoffpreise (etwa für Kaffee und Zucker) gelang es dem Unternehmen die Herstellungskosten zu drücken, was zum Teil auf das gestiegene Produktionsvolumen zurückzuführen ist.

Neue Marktanteile in Nord- und Südamerika

Nestlé dürfte auch weiterhin auf Wachstumskurs bleiben. Insbesondere in Nord- und Südamerika sowie in Asien will der Konzern seine Marktanteile ausbauen. Die Chancen dafür stehen vor allem in Schwellenländern gut. Denn dort steigt mit wachsendem Wohlstand die Nachfrage nach industriellen Fertigprodukten. Aber auch in Europa erwartet der Vorstand einen Umsatzschub und eine Verbesserung der Marge, trotz des harten Wettbewerbs im Einzelhandel. Denn das Europa-Ergebnis im 1. Halbjahr wurde von einem erhöhten Marketingaufwand gedrückt, der sich in den nächsten Monaten positiv bemerkbar machen wird. Im Vergleich zu den drei großen europäischen Mitbewerbern Danone, Unilever und Cadbury Schweppes glänzt Nestlé mit langfristig konstant hohem Wachstum. Gemessen an der Konkurrenz erscheint der Schweizer Konzern noch immer unterbewertet.

UBS	
Schweiz	
www.ubs.com	
ISIN	CH 002 489 948 3
Kurs*	46,24 €
KGV**	12,2
Kursziel	51 €
Stop loss	39 €

Quelle: T.F. DATASTREAM, *am 22.9.2006
** Kurs-Gewinn-Verhältnis 2006

UBS / Bank

Noch viel Potenzial im amerikanischen Markt

Mit einer Eigenkapitalrendite von mehr als 30% zählt die Schweizer Großbank international zu den profitabelsten. Weltweit ist die UBS mit einem Marktanteil von etwa 5% der größte Vermögensverwalter (Volumen 1. Halbjahr 2006: 2.657 Mrd. Sfr.). In diesem zersplitterten Markt will das Geldhaus weiter wachsen – aus eigener Kraft und durch weitere Übernahmen. Allein in den vergangenen 3 Jahren hat die UBS 20 Zukäufe getätigt. Die jüngsten Käufe: Die brasilianische Banco Pactual (Preis: 2,5 Mrd. $) und das Geschäftsstellennetz von Piper Jayyrays in den USA. Besonders im amerikanischen Markt steckt noch viel Potential für Effizienzgewinne, die sich positiv im Ergebnis niederschlagen werden: Während das Aufwand-Ertrags-Verhältnis im Konzerndurchschnitt bei 66,7% liegt, beträgt es in den USA derzeit 85%. Insgesamt will sich die Bank künftig stärker in Schwellenländern engagieren. Das erhöht das Risiko – aber auch die Chancen.

Klare Strategie überzeugt

Die UBS zeichnet vor allem ihre klare Strategie aus. Sie ist auf die Säulen Vermögensverwaltung für private und institutionelle Kunden und Investment-Banking fokussiert. Letzteres Geschäftsfeld trägt etwa 50% zum Ergebnis bei. Wegen des anhaltend guten Marktumfeldes für Börsengänge und Fusionen rechnete der UBS-Vorstand weiterhin mit einem hohen Transaktionsvolumen. Immer wieder gelobt wird von Marktbeobachtern auch die Vorsicht der Bank, die für eine konstante Geschäftsentwicklung bürgt, selbst unter schwierigen Marktbedingungen. Dafür sorgt im Vergleich zu manchen Konkurrenten auch die Zusammensetzung des Ertrags. Denn der Beitrag der aus dem eher volatilen Wertpapierhandel ist vergleichsweise niedrig. Dagegen stammen mehr als 50% des UBS-Gewinns aus dem stabileren Kommissionsgeschäft.

ROCHE	
Schweiz	
www.roche.com	
ISIN	CH 001 203 204 8
Kurs*	135,65 €
KGV**	20,1
Kursziel	155 €
Stop loss	118 €

Quelle: T.F. DATASTREAM; * am 22.9.2006
** Kurs-Gewinn-Verhältnis 2006

ROCHE GS / Pharma

Das am höchsten bewertete Pharmaunternehmen

Billig ist was anderes: Mit einem Kurs-Gewinn-Verhältnis von 23 für die Genussscheine und 24 für die Inhaberaktien ist Roche weltweit das am höchsten bewertete Pharmaunternehmen. Die Konkurrenz notiert in Niederungen zwischen dem 13- (Pfizer) und 18fachen (Novartis) des Gewinns pro Aktie. Den großen Abstand rechtfertigen mehrere Faktoren: Roche ist nach wie vor das wachstumsstärkste Pharmaunternehmen weltweit. Das bestätigte der Baseler Konzern erneut im 1. Halbjahr 2006 mit einem Umsatzplus von 19%. Zum Vergleich: Novartis legte 10% zu und Pfizer stagnierte.

Krebsmedikamente sind die Domäne

Doch auch wegen seiner Positionierung wird Roche eine Sonderstellung von den Märkten eingeräumt: 1. ist der Konzern Marktführer bei Medikamenten gegen Krebs und 2. fußt etwa die Hälfte der gesamten Pharmaprodukte auf innovativen Wirkstoffen, von denen ein beträchtlicher Teil aus der Biotechnologie stammt. Auch in diesem wachstumsstarken Sektor sprechen Marktbeobachter Roche eine hohe Kompetenz zu. Die Domäne des Konzerns bleiben jedoch die Krebsmedikamente. Sie erzielen nicht nur die höchsten Umsätze von allen Präparaten. Sie wachsen auch am stärksten. Der Umsatz mit den Krebsmitteln Herceptin und Avastin hat sich in den ersten 6 Monaten dieses Jahres verdoppelt. Avastin wird gerade in einem groß angelegten Verfahren auf seine Wirksamkeit gegen verschiedene Krebsarten in unterschiedlichen Stadien getestet. Experten zufolge könnte das Mittel in vielen Bereichen zur Standardtherapie avancieren. Als strategischer Vorteil gilt auch die dezentrale Struktur des Konzerns, der Mehrheitsbeteiligungen an der amerikanischen Genentech und der japanischen Chugai hält. Die weitgehende Eigenständigkeit der drei Unternehmen schützt Roche davor, sich einseitig zu verzetteln.

ALLIANZ	
Deutschland	
www.allianz.de	
ISIN	DE 000 840 400 5
Kurs*	135,40 €
KGV**	9,5
Kursziel	160 €
Stop loss	115 €

Quelle: T.F. DATASTREAM; * am 22.9.2006
** Kurs-Gewinn-Verhältnis 2006

ALLIANZ / Versicherung

Anleger warten auf Früchte der Restrukturierung

Im Herbst 2005, als Konzernchef *Michael Diekmann* den radikalen Umbau der Allianz-Gruppe ankündigte, rissen sich die Anleger um die Aktien von Europas größtem Versicherungskonzern. Der Kurs legte innerhalb von wenigen Monaten um nahezu 50% zu. 2006 geriet die rasante Entwicklung allerdings ins Stocken. Bis zum Herbst stieg der Kurs lediglich um 5% und blieb damit hinter der Entwicklung des DAX zurück. Das dürfte sich aber in den nächsten Monaten ändern. Nach den Vorschusslorbeeren warten die Investoren auf die ersten Früchte der Restrukturierung. Doch die werden erst nach und nach sichtbar.

Vertrieb wird ausgebaut

Kern der Neuordnung des Konzerns ist die Zusammenlegung der Bereiche Lebens-, Kranken- und Sachversicherung im Heimatmarkt Deutschland, wo die Allianz mehr als 30% ihres Versicherungsumsatzes erwirtschaftet. Bisher agierten die drei Sparten weitgehend unabhängig voneinander. Die Zentralisierung soll erhebliche Einsparungen bringen. Von rund 31.000 Stellen im Inlandsgeschäft werden 5.000 in den kommenden Jahren wegfallen. Rationalisiert wird aber vor allem in der Verwaltung. Der Vertrieb, wo der Umsatz eingefahren wird, soll dagegen ausgebaut und in einer zentralen Gesellschaft zusammengefasst werden. Wie groß dort die möglichen Synergieeffekte sind, wurde bei der Vorlage der Geschäftszahlen zum 2. Quartal deutlich: Im 1. Halbjahr 2006 hatten Allianz-Vertreter 165.000 Kunden für die Tochtergesellschaft Dresdner Bank geworben.

Mit der Umstrukturierung wird die Allianz wettbewerbsfähiger und ihre Marktposition deutlich besser. In den vergangenen Jahren hatte die Gesellschaft immer mehr Kunden an günstigere Versicherungsanbieter verloren.

BMW	
Deutschland	
www.bmw.de	
ISIN	DE 000 519 000 3
Kurs*	41,23 €
KGV**	10
Kursziel	49 €
Stop loss	38,5 €

Quelle: T.F. DATASTREAM; * am 22.9.2006
** Kurs-Gewinn-Verhältnis 2006

BMW / Automobil

Die Aktie gilt als unterbewertet

BMW-Fahrer sind in der Regel Überzeugungstäter. Sie bleiben dem Automobilhersteller ein Leben lang treu. Diese starke Markenbindung und das international hohe Ansehen als so genannter Premiumhersteller sind die Säulen, auf die sich der Erfolg des Konzerns stützt. An der Börse wurde die gute Marktposition in den vergangenen Monaten allerdings nicht honoriert. Nach dem Jahreshoch im April 2006 brach die Aktie heftig ein. Inzwischen befindet sich das Papier wieder in einem moderaten Aufwärtstrend. Wegen der hohen Abschläge gilt BMW im Branchenvergleich als deutlich unterbewertet.

Die Kursentwicklung litt auch unter den teilweise düsteren Szenarien, die Volkswirte für die Konjunkturentwicklung in den USA prognostizieren. Die Vereinigten Staaten und Japan sind die wichtigsten Auslandsmärkte für die deutsche Autoindustrie, auch für BMW. Lahmendes Wachstum in diesen Ländern oder ein schwacher Dollar oder Yen drücken deshalb auf Umsatz und Gewinn. Doch in den Vereinigten Staaten hat sich das Bild im Sommer 2006 wieder aufgehellt. Eine Mehrheit der Ökonomen fürchtet nun keine Rezession mehr, sondern geht von einer moderaten Abkühlung des Wirtschaftswachstums aus. Das ist gut für BMW. Ebenso der sinkende Ölpreis.

Steigende Absatzzahlen überzeugen

Der Autobauer überzeugt zudem mit steigenden Absatzzahlen, hohen Margen und einer innovativen Modellpolitik. Im Gegensatz zu anderen Herstellern hat die Gruppe, zu der auch die Marken Mini und Rolls-Royce gehören, weder mit Absatz- noch mit Kostenproblemen zu kämpfen. Vielmehr wird BMW auch zu den Gewinnern auf den neuen Märkten in China oder Russland gehören, wo die Gruppe der Reichen, die nach prestigeträchtigen Autos schielt, zur Zeit noch schneller wächst als die Mittelschicht, die von Massenherstellern bedient werden.

TELEFONICA	
Spanien	
www.telefonica.es	
ISIN	ES 017 843 0E1 8
Kurs*	13,22 €
KGV**	10,9
Kursziel	15 €
Stop loss	12,60 €

Quelle: T.F. DATASTREAM; * am 22.9.2006
** Kurs-Gewinn-Verhältnis 2006

TELEFONICA / Telekommunikation

In jeder Beziehung ein umstrittener Markt

An Telekom-Aktien scheiden sich die Geister: Während eine Reihe von Banken auf eine Renaissance der Titel spekuliert, meiden andere die Papiere wie der Teufel das Weihwasser. Eine realistische Einschätzung des Marktes liegt aber irgendwo dazwischen. Es ist richtig, dass der Wettbewerbsdruck in der Branche enorm ist. Der trägen und teuren Deutschen Telekom etwa laufen die Kunden weg. Anders sieht es dagegen bei der amerikanischen AT & T aus. Seit Mai 2006 entwickelt sich das Papier prächtig.

Telefónica überrascht mit guten Zahlen

Auch in der spanischen Telefónica steckt Potential. Das Unternehmen, weltweit der viertgrößte Telekommunikationsanbieter, wächst mit beachtlichen Raten. Dazu trägt nicht nur die britische Mobilfunktochter O2 bei, die die Spanier Anfang des Jahres kauften. Auch in Lateinamerika baut die Gesellschaft ihre ohnehin schon starke Marktposition weiter aus. Besonders beachtlich: Sogar in der Festnetzsparte im Heimatmarkt legte Telefónica zuletzt noch zu. Das zeigt: Anders als die Deutsche Telekom lassen sich die Spanier in ihrem angestammten Revier nicht die Butter vom Brot nehmen. Rasant entwickelt sich das Geschäft mit DSL-Internet-Zugängen: In Spanien und Lateinamerika wächst dieses Segment mit einer Rate von fast 50%. Insgesamt überraschte Telefónica in den vergangenen Monaten immer wieder mit Ergebnissen, die über den Erwartungen lagen.

Dass der Aktienkurs dennoch nicht richtig in Fahrt kam, führen Branchenkenner auf die gewachsene Angst zurück, Telefónica könne sich mit weiteren Akquisitionen übernehmen. Seit Juli befindet sich das Papier aber in einem Aufwärtstrend, der sich verstärken dürfte. Telekommunikationstitel sind nicht zyklisch und werden deshalb gerne gekauft, wenn die konjunkturellen Risiken wachsen.

MITSUBISHI CORP.	
Japan	
www.mitsubishi.co.jp	
ISIN	JP 389 840 000 1
Kurs*	14,00 €
KGV**	15,5
Kursziel	17,20 €
Stop loss	12,30 €

Quelle: T.F. DATASTREAM; * am 22.9.2006
** Kurs-Gewinn-Verhältnis 2006

MITSUBISHI CORP. / Mischkonzern

Gefeit gegen heftige Konjunkturschwankungen

Japans Binnenkonjunktur läuft schon seit einiger Zeit wieder rund, außerdem liegen die stark wachsenden asiatischen Schwellenländer „vor der Haustür". Allerdings steht dem der Trend gegenüber, dass auf dem wichtigen Absatzmarkt USA die Jahre des Konsumbooms langsam zu Ende gehen. Wie stark dort die Abkühlung in den nächsten Quartalen sein wird, darüber kann man derzeit nur spekulieren. Wer nicht so stark abhängig sein will von Konjunkturschwankungen in einzelnen Ländern oder Branchen, ist mit einem breit aufgestellten Konzern wie die Mitsubishi Corp. als Aktieninvestment auf der richtigen Seite.

Die Mitsubishi Corp. ist das führende Handelsunternehmen mit weltweiten Aktivitäten und in verschiedenen Branchen – von der Chemie über Kohlebergbau und Erdöl (z.B. 20% Anteil an einem großen Förderprojekt vor der russischen Insel Sachalin) bis hin zu Konsumprodukten, Maschinenbau und Nutzfahrzeugen. So wird die Gesellschaft innerhalb der nächsten Wochen durch einen Aktienumtausch (von Vorzugs- in Stammaktien) ihre Beteiligung an dem Nutzfahrzeughersteller Isuzu Motors von bislang 3,7 auf 12,8% erhöhen und damit zum größten Stimmrechtsaktionär aufsteigen.

Operativer Gewinn fast verdoppelt

Nachdem der Konzern bereits im vergangenen Geschäftsjahr den Nettogewinn wie auch den operativen Gewinn nahezu verdoppeln konnte, meldete er für das 1. Quartal des neuen Geschäftsjahres 2006/07 eine weitere Gewinnsteigerung um gut 60% (netto und operativ) – vor allem aufgrund gestiegener Rohstoffpreise. Und das, obwohl die Bereiche Energie und Konsumprodukte beim Ertrag weniger einbrachten als zuvor. In dem Unternehmen steckt eine Menge Potenzial, die Risiken sind durch die breite Aufstellung begrenzt.

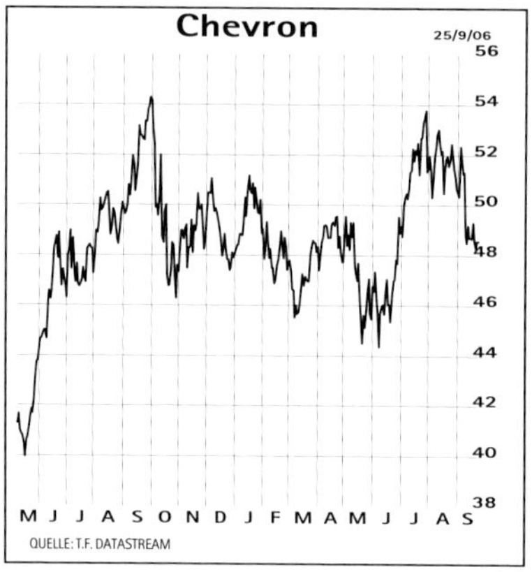

CHEVRON	
USA	
www.chevron.com	
ISIN	US 166 764 100 5
Kurs*	48,00 €
KGV**	7,9
Kursziel	56 €
Stop loss	44,50 €

Quelle: T.F. DATASTREAM; * am 22.9.2006
** Kurs-Gewinn-Verhältnis 2006

CHEVRON / Öl, Chemie

Spektakuläre Ölfunde im Golf von Mexiko

Der kalifornische Ölkonzern hat kürzlich eine Probebohrung im Golf von Mexiko mit einem spektakulären Ergebnis abgeschlossen. Das 770 Quadratkilometer große Ölfeld birgt nach Angaben des Unternehmens zwischen 3 und 15 Mrd. Barrel Erdöl (1 Barrel = 159 Liter) sowie Erdgas in flüssiger Form. Das ist der größte Fund seit langer Zeit. Er könnte nach Ansicht von Experten der Anfang einer Reihe von weiteren Funden und der Ausbeutung großer Öl- und Erdgasvorkommen in den Tiefwassergebieten des Golfs von Mexiko sein (die jüngste Bohrung erfolgte gut 8 km unter dem Meeresspiegel). An dem Bohrungsprojekt ist Chevron mit 50% beteiligt (je 25% liegen bei Devon Energy und der norwegischen Statoil). Die Größenordnung des aktuellen Fundes erschließt sich erst mit einem Vergleich zu den bislang auf etwa 30 Mrd. Barrel geschätzten Ölvorkommen der USA insgesamt.

Chevron erzielt bislang ca. zwei Drittel seiner Umsätze aus Vermarktung und Transport von Öl- und Gasprodukten, etwa ein Viertel aus der Exploration und Produktion in diesem Bereich und etwa 10% mit Chemikalien. Der Konzern ist auch an Ölsandprojekten in Kanada beteiligt.

Risiko: Steigende Förderkosten

Auf der einen Seite hat Chevron (ebenso wie seine Wettbewerber) mit steigenden Produktionskosten zu kämpfen – das betrifft die sehr tiefen Bohrungen ebenso wie die wirtschaftliche Ausbeutung von Ölsand. Zudem kosten die Investitionen z.B. in die Modernisierung von Raffinerien eine Menge Geld. Allerdings dürften sich diese Maßnahmen mittel- bis langfristig auszahlen. Chevron weist ein – auch im Vergleich zu dem ohnehin niedrigen Bewertungsniveau der Branche – günstiges KGV auf. Dieses und die mittelfristigen Perspektiven sollten der Aktie einerseits Stabilität nach unten und andererseits Potenzial nach oben geben.

CANON	
Japan	
www.canon.co.jp	
ISIN	JP 324 280 000 5
Kurs*	39,00 €
KGV**	15,6
Kursziel	46 €
Stop loss	36 €

Quelle: T.F. DATASTREAM; * am 22.9.2006
** Kurs-Gewinn-Verhältnis 2006

CANON / Elektronik

Die Canon-Aktie hat in den vergangenen 12 Monaten eine beeindruckende Performance hingelegt. Nach einem kurzzeitigen Rückschlag im Mai/Juni dieses Jahres ist sie nun wieder im Aufwärtstrend. Wenn der Titel das bisherige 52-Wochen-Hoch (bei rund 41 Euro) knackt, hat er Luft für weitere Kursgewinne.

Hohe Nachfrage nach Digitalkameras

Canon ist im Markt für Drucker, Kopierer und Kameras glänzend positioniert. Qualität und Modellvielfalt überzeugen. Im Bereich mehrfarbiger Multifunktions-Kopierer (drucken, scannen, faxen) will das Unternehmen mit seinen neuen Modellen bis zum 1. Quartal 2007 den Marktführer Xerox einholen. Auf dem Markt für Digitalkameras herrscht nach wie vor eine hohe Nachfrage; erst kürzlich hat der Branchenverband in Japan seine Absatzprognose für 2006 angehoben. Und mit dem Einstieg ins Flachbild-TV-Geschäft eröffnet sich Canon zudem eine weitere Produktlinie. Zusammen mit Toshiba hat der Konzern die neue SED-Technologie vorangetrieben, die ein besseres Bild als Plasma- oder LCD-Geräte bietet.

Schwacher Yen beflügelt Export

Unterstützung für weiteres Umsatzwachstum und Marktanteilsgewinne dürfte der vor allem im Verhältnis zum Euro nachgebende Yen-Kurs bieten. Hier könnte bis ins Jahr 2007 hinein eine weitere Abschwächung der japanischen Währung für bessere Exportchancen und steigende Gewinne sorgen. Andererseits würde eine dauerhafte Yen-Aufwertung gegenüber US-Dollar und Euro die Aktie belasten. Dieses Risiko schätzen wir allerdings als relativ gering ein.

Angesichts der hervorragenden Marktstellung und der nicht zu hoch bewerteten Aktie ist Canon eine Anlage wert. Wer in japanische Dividendenwerte investiert, kommt an diesem Investment kaum vorbei.

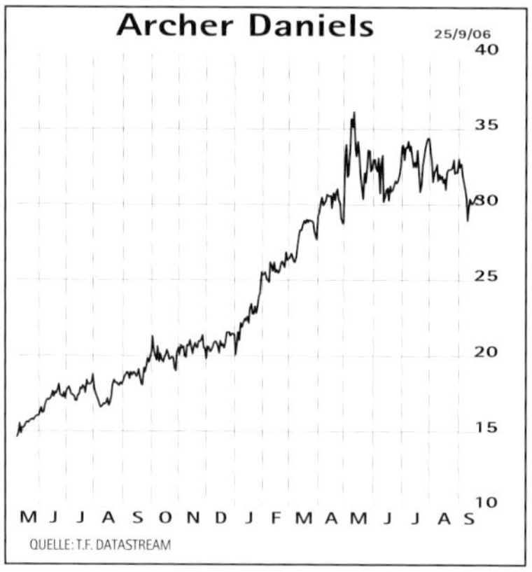

ARCHER-DANIELS-MIDLAND	
USA	
www.admworld.com	
ISIN	US 039 483 102 0
Kurs*	30,00 €
KGV**	15,8
Kursziel	36 €
Stop loss	24,50 €

Quelle: T.F. DATASTREAM; * am 22.9.2006
** Kurs-Gewinn-Verhältnis 2006

ARCHER-DANIELS-MIDLAND / Agrarrohstoffe

Größter Anbieter von Ethanol in den USA

Die im US-Bundesstaat Illinois ansässige Archer-Daniels-Midland (ADM) lagert und verarbeitet landwirtschaftliche Erzeugnisse wie Ölsaaten, Mais, Weizen, Kakaobohnen, Raps und andere und ist damit einer der weltweit größten Agrarkonzerne. Zu den Geschäftsbereichen gehören auch Biokraftstoffe; ADM ist einer der führenden Biodieselproduzenten der Welt. Bei Ethanol ist das Unternehmen mit Abstand der größte Anbieter auf dem US-Markt (mit einem Marktanteil von rund 30%).

Der Aufstieg der Biokraftstoffe bzw. die wachsende Nachfrage danach haben dazu beigetragen, dass der Nettogewinn im 2. Quartal 2006 mit 410 Mio. Dollar mehr als verdoppelt wurde und deutlich (um knapp 20%) über den Erwartungen lag. Insofern profitiert Archer-Daniels auch von der Ölverteuerung, die zu steigender Nachfrage nach Alternativenergien geführt hat. Diese Entwicklung der zunehmenden Bedeutung alternativer Kraftstoffe dürfte sich in den nächsten Jahren fortsetzen.

Aktie bewegt sich seit Mai 2006 seitwärts

Nach einer kräftigen Kurssteigerung zwischen Herbst 2005 und Frühjahr 2006 bewegte sich die Aktie seit Mitte Mai seitwärts. Ein Risiko bzw. Unsicherheit für den Kurs stellt die Entwicklung des Ölpreises dar. Wenn dieser dauerhaft sinkt, geht auch die Attraktivität von Biokraftstoffen zurück. Es dürfte sich aber inzwischen in den Köpfen von Produzenten und Verbrauchern festgesetzt haben, dass die Ölvorräte endlich sind und die Ölförderung vermutlich bald ihren Höhepunkt überschreiten wird. Zudem ist ADM im Bereich Agrarrohstoffe ohnehin in einem langfristigen Wachstumsmarkt positioniert. Die Aktie hat gute Chancen, binnen Jahresfrist wieder in die Nähe des Kurshochs vom Mai 2006 zu klettern.

SÜDZUCKER	
Deutschland	
www.suedzucker.de	
ISIN	DE 000 729 700 4
Kurs*	19,52 €
KGV**	13
Kursziel	23 €
Stop loss	18,70 €

Quelle: T.F. DATASTREAM; * am 22.9.2006
** Kurs-Gewinn-Verhältnis 2006

SÜDZUCKER AG / Nahrungsmittel

Investitionen in die Bioethanol-Sparte

Der Konzern ist weltweit der führende Zuckerproduzent mit 42 Fabriken in West- und Osteuropa. Auch im Bereich „Frucht" (Fruchtzubereitungen z. B. für Yogurt und Saftkonzentrat) tummelt sich das Unternehmen erfolgreich auf dem Weltmarkt. Zu dem Segment „Spezialitäten" (u. a. Pizza und Functional Food) zählt auch die Bioethanolproduktion. In diesen Zukunftsmarkt mit langfristig guten Wachstumsaussichten will Südzucker insgesamt 500 Millionen € investieren. 200 Mio. € davon flossen bereits in den Bau einer Produktionsanlage für Bioethanol im ostdeutschen Zeitz, mit einer Kapazität von 260.000 Kubikmeter jährlich die größte in Europa. Das Werk soll noch erweitert werden, hinzu kommen neue Standorte in Frankreich und Belgien.

Alternative Kraftstoffe gewinnen an Bedeutung

Im 1. Quartal des Geschäftsjahres 2006/07 erzielte der Konzern mit der Biokraftstoffsparte immerhin einen Umsatz von 30,8 Mio. €. Mit einem Erlös von rund 350 Mio. € will Südzucker in 2 Jahren in Europa Marktführer werden. Und um den Absatz braucht sich das Management nicht zu sorgen. Weil die westlichen Industrieländer ihre Abhängigkeit vom Öl und ihren Kohlendioxidausstoß reduzieren wollen, soll zunehmend Bioethanol, das aus pflanzlichen Rohstoffen (z. B. Zuckerrüben, Weizen) hergestellt wird, eingesetzt werden. Nach Plänen der Bundesregierung muss in Deutschland beispielsweise jeder Liter Benzin ab dem kommenden Jahr wenigstens 2% Bioethanol enthalten, bis zum Jahr 2010 soll die Quote auf 3% steigen. Denn laut einer EU-Richtlinie muss der Anteil von Biokraftstoffen in vier Jahren 5,75% betragen. Entsprechend positiv fiel der jüngste Ausblick von Südzucker aus. Trotz leicht rückläufiger Umsätze im Zuckergeschäft rechnet der Konzern im laufenden Geschäftsjahr mit einem um 5% auf 5,6 Mrd. € steigenden Erlös.

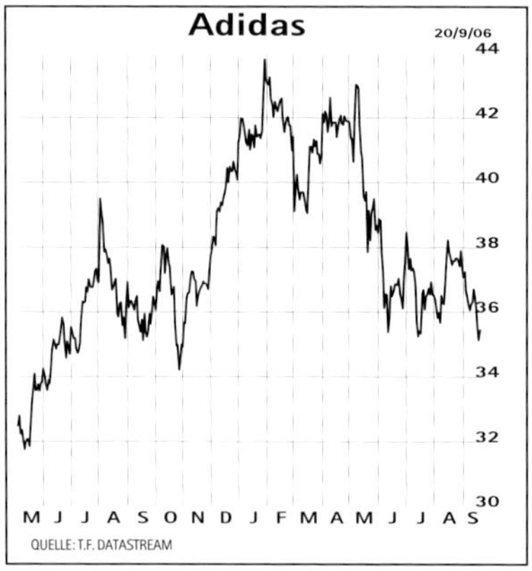

ADIDAS	
Deutschland	
www.adidas.de	
ISIN	DE 000 500 340 4
Kurs*	36,22 €
KGV**	11,6
Kursziel	44 €
Stop loss	33 €

Quelle: T.F. DATASTREAM; * am 22.9.2006
** Kurs-Gewinn-Verhältnis 2006

ADIDAS / Sportartikel

Die Gesellschaft bleibt in Bewegung

Wenn sportliche Großereignisse wie die Fußball-WM bevorstehen, rücken die großen Sportartikelhersteller Adidas, Puma und Nike regelmäßig in den Fokus. Natürlich schieben solche Massenveranstaltungen den Umsatz sprunghaft an. Doch viel wichtiger sind die dauerhaften Wachstumsperspektiven. Und die sind ausgezeichnet. Denn wenn es weltweit einen gesellschaftlichen Megatrend gibt, dann ist es Sport. Kürzungen im Gesundheitswesen, zunehmende Lebenserwartung und der wachsende Körperkult forcieren die Einsicht, dass Bewegung zum Erhalt von Körper und Leistungsfähigkeit unerlässlich ist.

Besser aufgestellt als die Konkurrenz

Adidas wird von diesem Trend dauerhaft profitieren. Und im Vergleich zu Nike und Puma ist das Unternehmen breiter aufgestellt. Puma wird weniger als Sport-, sondern eher als Modemarke wahrgenommen. Umgekehrt ist es bei Nike. Adidas liegt irgendwo dazwischen, was mit Sicherheit ein Vorteil ist. Hinzu kommt, dass der Konzern – anders als etwa Puma – in den wichtigsten Wachstumssegmenten vorne mitmischt. Neben Fußball zählen Laufen, Basketball und vor allem Golf zu den Sportarten, die hohen Zulauf verzeichnen. Der Golfmarkt, in dem Adidas mit der Marke „Taylor made" vertreten ist, trägt mittlerweile fast 10% zum Konzernumsatz bei. Hohe Synergieeffekte verspricht sich das Management von der Übernahme des US-Sportartikelherstellers Reebok. Die Marke ist eine passende Ergänzung. Denn sie ist bei Individualsportarten und weiblichen Kunden gut vertreten und soll auf diesen Bereich weiter fokussiert werden. Das Label Adidas ist dagegen bei Männer dominierten Mannschaftssportarten wie Basketball stark. Ausgebaut werden soll auch das Modesegment. Der Anteil am Konzernumsatz soll von 20 und 30% steigen. Die gute Diversifizierung macht Adidas weniger anfällig für Trendwechsel.

ING	
Niederlande	
www.ing.com	
ISIN	NL 000 030 360 0
Kurs*	34,58 €
KGV**	10,2
Kursziel	42 €
Stop loss	32 €

Quelle: T.F. DATASTREAM; *am 22.9.2006
** Kurs-Gewinn-Verhältnis 2006

ING / Bank

Liebling der Analysten

Das niederlänische Finanzkonglomerat zählt zu den Lieblingen der Analysten-Gilde: Die große Mehrheit empfahl den Titel 2006 als Kauf – und lag damit richtig. Nach dem Ende der Korrektur im Mai / Juni gehörte ING zu den Unternehmen, die sich sehr schnell wieder erholten und das bis Mai erreichte Jahreshoch übertrafen. Den Euro-Stoxx-50-Index hängten die Niederländer locker ab. Bei den ausgezeichneten Zahlen, die der Allfinanzkonzern auch zum 2. Quartal 2006 vorlegte, kann diese Entwicklung kaum verwundern. Mit einem Nettogewinn von plus 30% (rund 2 Mrd. €) im Vergleich zur entsprechenden Vorjahresperiode übertraf ING erneut die Erwartungen des Marktes.

Wachstumsmotor Onlinebanking

Das Unternehmen gilt als Erfinder und erfolgreicher Betreiber des Allfinanzkonzepts, das aus den Säulen Banken, Versicherungen und Vermögensverwaltung besteht. Zu den Wachstumsmotoren der Gesellschaft gehört das so genannte Direkt Banking über das Internet. Die Onlinebank ING Direkt ist in 9 Ländern aktiv, darunter USA und Deutschland, und betreut aktuell 16,4 Mio. Kunden. Allein im 2. Quartal kamen 669.000 neue Konten hinzu. Zusammen mit dem klassischen Bankgeschäft, das ING in 50 Ländern betreibt, zählt der Bereich Banken rund 60 Mio. Kunden. Sehr hohe Zuwächse erzielt der Finanzkonzern aber auch mit Lebensversicherungen in asiatischen Schwellenländern.

Es ist aber nicht nur das hohe Wachstum, das ING auszeichnet. Der Vorstand hat sich auch einen guten Ruf wegen seines konsequenten Kostenmanagements erworben. Denn trotz der rasanten Expansion hält sich der Anstieg der Ausgaben in engen Grenzen. Die Provisionseinnahmen sind dafür umso höher. Auch die günstige Bewertung (trotz der guten Kursentwicklung) macht die Aktie attraktiv.

IBERDROLA	
Spanien	
www.iberdrola.com	
ISIN	ES 014 458 001 8
Kurs*	32,60 €
KGV**	16,2
Kursziel	36 €
Stop loss	29 €

Quelle: T.F. DATASTREAM; * am 22.9.2006
** Kurs-Gewinn-Verhältnis 2006

IBERDROLA / Energie

Spanische Regierung diktiert die Preise

Spaniens Strommarkt ist nach wie vor stark reguliert; die Politik diktiert die Preise. Die Folgen sind ambivalent: Einerseits können wegen des mangelnden Wettbewerbs vergleichsweise hohe Margen erzielt werden. Anderseits bestimmt die Politik, wann ein Teil der Gewinne in die Kassen der Konzerne fließt. Denn wenn die Erzeugerpreise steigen, können die höheren Kosten nicht sofort an die Verbraucher weitergeben werden, weil die Regulierungsbehörden nicht mitziehen, wie etwa 2005. Dieses Tarifdefizit wird in den kommenden Jahren, so garantiert die Regierung, durch zusätzliche Preiserhöhungen ausgeglichen. Überschüssige Energie wird in Spanien über einen Pool gehandelt, ebenfalls zu staatlich festgelegten Preisen. Iberdrola hat von diesen Praktiken die Nase voll. Spaniens zweitgrößter Stromkonzern verkauft inzwischen einen Teil seiner Produktion direkt an einen Netzbetreiber – zu höheren Preisen.

Der Versorger setzt auf erneuerbare Energien

Das Unternehmen hat noch andere Besonderheiten vorzuweisen: 50% des Stroms produziert der Konzern mit Wind-, Wasser- und Solarkraftanlagen. Der Marktanteil bei der Stromerzeugung im Inland beträgt 31%, bei der Stromverteilung 39%. Insgesamt werden in Spanien etwa 9 Millionen Kunden versorgt, hinzu kommen Abnehmer in Brasilien und Mexiko. Auf diese beiden Ländern konzentriert sich Iberdrola in Lateinamerika. Trotz der Preisregulierung hat der Versorger im 1. Halbjahr 2006 die Markterwartungen erneut übertroffen.Der Gewinn vor Zinsen und Steuern stieg um 26% auf 600 Mio. €. In den nächsten Monaten will der Vorstand den Bereich alternative Energien weiter ausbauen, die Produktion um mehr als 10% steigern.

Iberdrola ist ein Qualitätstitel, der eine ansehnliche Dividendenrendite (2007: 3,4%) bietet und in konjunkturell schwierigen Phasen Stabilität ins Depot bringen sollte.

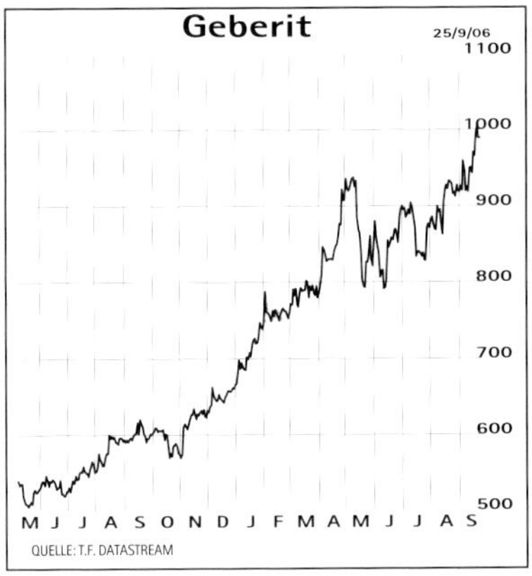

GEBERIT	
Schweiz	
www.geberit.com	
ISIN	CH 000 803 822 3
Kurs*	1.006,33 €
KGV**	18,1
Kursziel	1.135 €
Stop loss	820 €

Quelle: T.F. DATASTREAM; * am 22.9.2006
** Kurs-Gewinn-Verhältnis 2006

GEBERIT / Bad- und Sanitärtechnik

Einer der unangefochtenen Börsenstars

Sanitärtechnik – das klingt nicht gerade glamourös. Für die schweizerische Geberit ist der Markt aber eine Goldgrube. Seit 1999 ist das international agierende Unternehmen an der Börse Zürich notiert und zählt seitdem zu den unangefochtenen Stars. Die sich stetig verbessernden Betriebsergebnisse der Gesellschaft werden in den einschlägigen Medien immer wieder frenetisch gefeiert; der Kurs hat sich innerhalb von 7 Jahren gut vervierfacht. Diese Entwicklung ist umso erstaunlicher, weil Geberit fast 34% des Umsatzes in Deutschland erzielt, wo es bis 2006 in der Bauwirtschaft steil bergab ging. Dennoch stieg der Umsatz der Gruppe kontinuierlich und die Gewinnentwicklung überproportional. Im 1. Halbjahr 2006 legte der Vorstand ein neues Rekordergebnis vor: Sinkende Kosten bei höheren Verkaufszahlen und steigenden Preisen machen diese Entwicklung möglich. Zudem hat sich die Gesellschaft von Margen schwachen Geschäftsfeldern getrennt.

Weiteres Wachtumspotenzial mit Rohrleitungen

Geberit ist Marktführer in Europa und mit 5.200 Mitarbeitern weltweit in 40 Ländern aktiv. Angesichts der erreichten Position stellt sich die Frage, ob die Gruppe auch künftig ihr Wachstumstempo halten kann. Im Vorstand wird derzeit über die Strategie diskutiert. Es zeichnet sich ab, dass der Sanitärbereich (Armaturen, Keramik), der 58% zum Umsatz beiträgt, nicht weiter ausgebaut werden soll. Statt dessen will das Management das Geschäft mit Rohrleitungssystemen forcieren. Bisher konzentriert sich Geberit auf Wasserleitungen für Wohn- und Geschäftshäuser. In den Bereichen Industrie und Infrastruktur ist der Konzern dagegen kaum vertreten. Hier sieht die Gesellschaft künftiges Wachstumspotential. Ebenso in den Bereichen Heizung, Gas und Sprinklersysteme. Wegen der geringen Umsätze in Frankfurt sollte der Titel in Zürich gekauft werden.

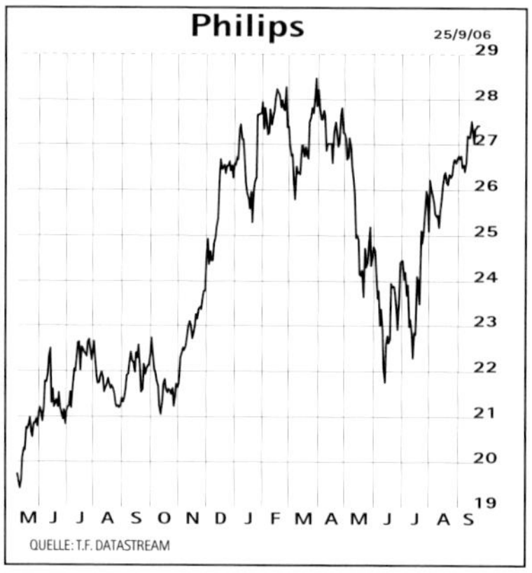

PHILIPS	
Niederlande	
www.philips.com	
ISIN	NL 000 000 953 8
Kurs*	27,61 €
KGV**	16,7
Kursziel	32 €
Stop loss	25 €

Quelle: T.F. DATASTREAM; *am 22.9.2006
** Kurs-Gewinn-Verhältnis 2006

PHILIPS / Elektro

Ende August 2006 geriet der Elektronikkonzern in die Negativ-Schlagzeilen: Vertriebsmitarbeiter in Deutschland stehen unter dem Verdacht, Einkäufer von der Fachmarktkette Media Markt / Saturn bestochen zu haben. An der Börse interessieren solche Nachrichten allerdings herzlich wenig, der Kurs blieb am Tag der Veröffentlichung nahezu unverändert.

Konzernumbau weitgehend abgeschlossen

Schwung in die Wertentwicklung der Philips-Aktie könnte aber der weitgehend abgeschlossene Umbau des niederländischen Traditionsunternehmens bringen. Das Management will den einst angestaubten Elektronikgiganten, mit dem viele nach wie vor klobige Röhrenfernseher verbinden, zum „Lifestyle"-Unternehmen trimmen. Den Imagewechsel soll auch die Namensänderung von „Philips Electronics" zu „Royal Philips" unterstreichen. Den neuen Namen gab der Konzern im Zuge des Verkaufs der Halbleitersparte bekannt. Jahrelang hatte das schwankungsanfällige und vom Preisverfall gezeichnete Chip-Geschäft das Unternehmensergebnis regelmäßig verhagelt. Insofern verwundert es wenig, dass Aktionäre und Analysten den Schritt begrüßten.

Konzentration auf Licht- und Medizintechnik

Philips will sich künftig auf die Bereiche Licht- und Medizintechnik sowie auf Haushaltsgeräte und Unterhaltungselektronik konzentrieren. So wie es aussieht, wird der Vorstand vor allem auf den Ausbau der Medizintechnik setzen. Wegen des demographischen Wandels ist dieser Bereich besonders zukunftsträchtig. Außerdem werden hier die höchsten Margen (14%) erzielt. Allein 2006 hatte die Gesellschaft bis Mitte des Jahres 2 Mrd. € in diese Sparte investiert. Zusätzliche Akquisitionen sind wahrscheinlich. Denn Philips verfügt über reichlich finanziellen Spielraum. Gelingt es dem Vorstand künftig, stabile Gewinne zu erzielen, wird das auch von der Börse honoriert.

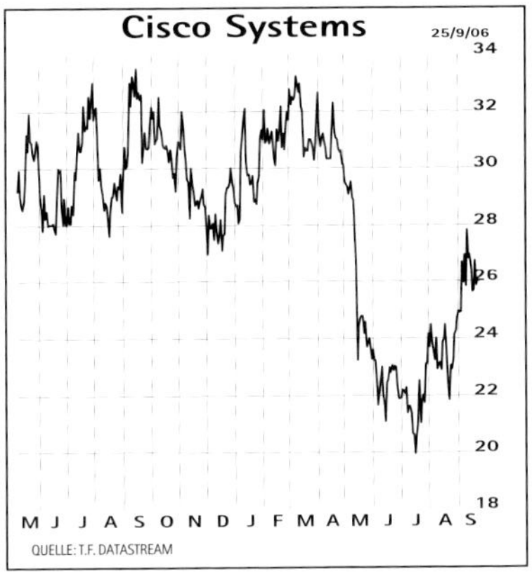

CISCO SYSTEMS	
USA	
www.cisco.com	
ISIN	US 172 75R 102 3
Kurs*	18,05 €
KGV**	18,4
Kursziel	21 €
Stop loss	14,80 €

Quelle: T.F. DATASTREAM; *am 22.9.2006
** Kurs-Gewinn-Verhältnis 2006

CISCO SYSTEMS / IT

Als Hersteller und Vermarkter von Netzwerktechnologie (Infrastruktur) für das Internet sowie als Anbieter der damit verbundenen Komponenten ist Cisco hervoragend wie kaum ein anderer im Markt positioniert. Dazu kommt, dass der Konzern mit einer operativen Gewinnmarge von zuletzt rund 31% sehr ertragsstark ist.

Vorstand erwartet hohe Gewinne

Die anhaltend starke Position im Service-Provider-Geschäft, die gute Auftragslage bzw. die hohe Nachfrage von Geschäftskunden (viele Unternehmen modernisieren ihre Kommunikationsnetzwerke) lassen eine gute Umsatz- und Gewinnentwicklung erwarten. Für das abgelaufene 4. Geschäftsquartal (Geschäftsjahr 2005/2006 zum 31.7.) wies Cisco sowohl beim Umsatz als auch beim Gewinn ein Wachstum von jeweils gut 20% aus. Für das neue Geschäftsjahr erwartet der Konzern ein weiteres Umsatzplus von rund 15 bis 20%, für die nächsten drei Jahre im Durchschnitt 10 bis 15%.

Wachstum bei Video-on-demand

Die Aktie ist zwar im August und September sehr gut gelaufen, war allerdings in den Monaten zuvor auch kräftig unter die Räder gekommen. Die Geschäftsaussichten und die gute Marktposition in Verbindung mit dem erfahrenen Management lassen weiterhin hohe Gewinnmargen erwarten. Dazu kommt als möglicher weiterer Kurstreiber die Fortsetzung des Aktienrückkaufprogramms sowie die Wachstumsperspektiven durch den Eintritt in den Markt für Video-on-demand. Die Übernahme des Anbieters von TV-Set-top-Boxen, Scientific-Atlanta, dürfte sich – trotz Übernahme- und Integrationskosten – insgesamt positiv auswirken und verbreitert die Angebotspalette des Konzerns. Mit Blick auf eine mögliche weitere Abschwächung der Konsumkonjunktur in den USA bringt dieser Wert etwas Stabilität ins Depot.

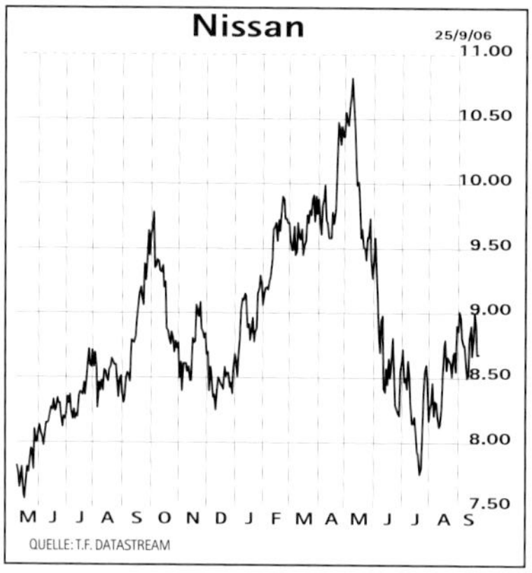

NISSAN MOTOR	
Japan	
www.global.nissan.co.jp	
ISIN	JP 367 240 000 3
Kurs*	8,00 €
KGV**	8,9
Kursziel	10,50 €
Stop loss	7,65 €

Quelle: T.F. DATASTREAM; * am 22.9.2006
** Kurs-Gewinn-Verhältnis 2006

NISSAN MOTOR / Automobile

Probleme mit Van-Modellen

Der Autokonzern, hinter Toyota die Nummer 2 der japanischen Hersteller, ist gemessen am Marktanteil gut im Rennen. Beim Gewinn legt das Unternehmen allerdings manchmal auch den Rückwärtsgang ein. Im ersten Quartal des laufenden Geschäftsjahres 2005/06 (zum 31. März) ging der operative Gewinn um rund 25% zurück. Nissan hat – wie andere Hersteller, darunter auch der jahrelang als sehr zuverlässig angesehene Toyota-Konzern – mit Rückrufaktionen aufgrund von Produktionsmängeln zu kämpfen; so zuletzt bei einigen Van-Modellen. Mehr als 450.000 Fahrzeuge mussten aufgrund defekter Heckklappen zurückgerufen werden. So etwas ist kostspielig und schmälert den Gewinn. Dazu kommt der allgemein harte Konkurrenzkampf in der Automobilbranche weltweit, insbesondere bei den Klein- und Mittelklassewagen.

Risiken ausreichend bewertet

Dennoch: Auf dem wichtigen US-Markt dürften die Japaner mit ihren Sprit sparenden Modellen ebenso wie in Europa weiter Boden gutmachen. Dazu wird wohl auch künftig der schwächelnde japanische Yen beitragen, der die Exporte nach Übersee billiger macht und so den japanischen Produzenten im Preiswettbewerb mit der europäischen und amerikanischen Konkurrenz Vorteile verschafft. Für Spannung sorgt die Frage, ob sich Nissan und sein französischer Partner Renault am angeschlagenen US-Konkurrenten General Motors beteiligen werden. Den Chancen auf Synergieeffekte sowie einen Turnaround bei GM steht das Risiko gegenüber, dass man sich – neben den eigenen Anstrengungen um Rentabilitätsverbesserungen – noch zusätzliche Probleme auflädt und sich damit verheben könnte. Nissan ist derzeit der am günstigsten bewertete unter den drei großen japanischen Autobauern. Die Risiken dürften also ausreichend bewertet sein.

TAKEDA PHARMACEUTICAL	
Japan	
www.takeda.co.jp	
ISIN	JP 346 300 000 4
Kurs*	50,00 €
KGV**	18,6
Kursziel	58 €
Stop loss	47 €

Quelle: T.F. DATASTREAM; * am 22.9.2006
** Kurs-Gewinn-Verhältnis 2006

TAKEDA PHARMACEUTICAL / Pharma

Der führende japanische Pharmakonzern hat an der Börse in den vergangenen 6 Monaten ein starkes Auf und Ab erlebt. Charttechnisch besteht beim 52-Wochen-Hoch zwischen 52,50 und 53 Euro, an dem die Aktie nach ihrer Sommer-Rallye im August bereits einmal gescheitert ist, ein starker Widerstand. Ein Überwinden dieser Marke würde allerdings ein starkes Kaufsignal bedeuten.

Stetige Steigerung des Gewinns

Takeda hat in den vergangenen Jahren den Gewinn je Aktie sowie den Cashflow je Aktie stetig steigern können. Auch für das laufende Geschäftsjahr (zum 31. März 2007) ist mit einem Gewinnwachstum im zweistelligen Prozentbereich zu rechnen. Damit stehen die Chancen auf eine weitere Anhebung der Dividende gut. Dies gibt dem zuletzt sehr volatilen Wert einen gewissen Halt nach unten.

Neue Medikamente am Start

Auch auf der Produktseite sind die Perspektiven für eine rentable Geschäftsentwicklung gegeben. Takeda bringt einige neue Medikamentenentwicklungen an den Start – als Ausgleich für einige bald auslaufende Patente. Im Sommer kam die Mitteilung heraus, dass Takeda die exklusiven Rechte für einen Antikörper erlangt hat, der nun zu einem marktfähigen Medikament gegen Krebserkrankungen entwickelt werden soll. Mit der Lizenzierung dieses Antikörpers besteht für das Unternehmen eine gute Perspektive, seine Position im wichtigen Markt der Krebspräparate zu stärken. Gemeinsam mit dem deutschen Biotechnologie-Unternehmen Evotec forscht Takeda an der Entwicklung neuer Grundstoffe zur Ursachenermittlung und Bekämpfung der Alzheimerschen Krankheit. In der Risikostruktur eines internationalen Aktienportfolios bietet Takeda einen Ausgleich gegenüber konjunktursensiblen Werten und ist ein Investment mit langfristiger Perspektive.

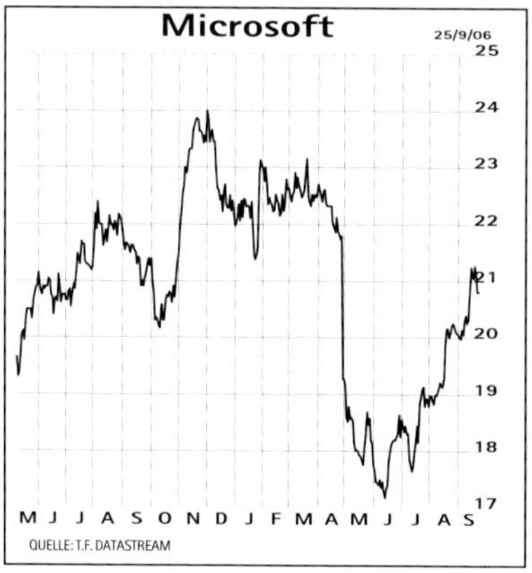

MICROSOFT	
USA	
www.microsoft.com	
ISIN	US 594 918 104 5
Kurs*	21,00 €
KGV**	18,5
Kursziel	24,50 €
Stop loss	17,50 €

Quelle: T.F. DATASTREAM; *am 22.9.2006
** Kurs-Gewinn-Verhältnis 2006

MICROSOFT / IT

Die letzten Quartalszahlen des Software-Riesen waren gut und lagen etwas über den Erwartungen – sowohl was den Umsatz (+16%) als auch den Gewinn je Aktie (+3%) angeht. Das gilt auch für den Auftragseingang. Die Gewinnmarge aus dem Geschäft mit Betriebssystemen und Server-Software wurde verbessert.

Start des neuen Betriebssystems verschoben

Der Konzern hat zwar den Verkaufsstart seines neuen Betriebssystems Windows Vista auf Anfang 2007 verschoben, was auch am Aktienkurs nicht spurlos vorübergegangen ist. Doch sind die Aussichten für weiteres Umsatz- und Gewinnwachstum weiterhin gut. Nicht nur wegen Vista, der neuen Applikationssoftware Office 12 und der künftigen Browser-Generation Internet Explorer 7. Die Mannschaft um *Bill Gates* und *Steven Ballmer* hat auch dem Rivalen Apple bei dessen Erfolgsprodukt iPod den Kampf angesagt. Microsoft stellte kürzlich die ersten Modelle seines Musik- und Videospielers „Zune" vor; dazu passend gibt es – ähnlich dem Dienst „iTunes" bei Apple – die Onlineplattform „Zune Marketplace". Die Zune-Serie, die mit einem großen Modell mit einer Speicherkapazität von 30 Gigabyte startet, soll noch in diesem Jahr zunächst in den USA eingeführt werden. Zudem will man mit der Suchmaschine Windows Live Search den Abstand zum weltgrößten Suchmaschinenbetreiber Google verringern.

Aktienrückkaufprogramm noch einmal aufgestockt

Die Microsoft-Aktie dürfte sich, sollte sich die US-Konjunktur aufgrund des schwächeren Konsums wie erwartet abkühlen, besser entwickeln als der Markt. Das Unternehmen bleibt als „Riesentanker" auch bei unruhiger See auf Kurs und kann Konjunkturdellen besser verkraften als zyklische Werte. Positiv auswirken dürfte sich zudem weiterhin das – kürzlich noch einmal aufgestockte – Aktienrückkaufprogramm in Höhe von fast 40 Mrd. $.

ZEHNDER	
Schweiz	
www.zehndergroup.com	
ISIN	CH 000 235 293 5
Kurs*	1.273,43 €
KGV**	11,3
Kursziel	1.480 €
Stop loss	1.133€

Quelle: T.F. DATASTREAM; * am 22.9.2006
** Kurs-Gewinn-Verhältnis 2006

ZEHNDER / Heizkörper

Profiteur der anziehenden Nachfrage am Bau

Man mag es kaum glauben, doch nach 6 Jahren Flaute nimmt die deutsche Bauindustrie wieder Fahrt auf. Der Aufschwung soll sich Branchenverbänden zufolge auch 2007 fortsetzen. Die anziehende Nachfrage in der größten europäischen Volkswirtschaft macht sich auch bei den Umsätzen von Zulieferbetrieben in der benachbarten Schweiz bemerkbar. Zu den Profiteuren zählt das familiendominierte Unternehmen Zehnder, ein Hersteller von hochwertigen Heizkörpern und Lüftungssystemen. Erstmals seit 10 Jahren setzte der Betrieb in Deutschland wieder mehr um. Positiv auf die Geschäftsentwicklung dürfte auch die EU-Richtlinie zur Energieeffizienz von Gebäuden wirken. In Deutschland werden die Vorgaben in einer neuen Energiesparverordnung umgesetzt. Kern ist ein Energiepass, der beim Verkauf oder der Vermietung von Gebäuden künftig vorgelegt werden muss. Inhalt: Eine Dokumentation des Energieverbrauchs und Vorschläge, wie er mit Modernisierungen gesenkt werden kann. Untersuchungen haben gezeigt, dass ein Drittel der Immobilienbesitzer die Vorschläge umsetzen will. Das Volumen allein in Deutschland schätzen Experten auf 10 Mrd. €. Und eine bessere Energieeffizienz wird unter anderem mit modernen Heizungs- und Lüftungssystemen erzielt.

Wachstum auf Auslandsmärkten

Zehnder, ein international ausgerichtetes Unternehmen, will aber auch auf anderen Auslandsmärkten weiter wachsen. Mitte des Jahres Übernahm die Gesellschaft die amerikanische Hydro-Air Components, die Heizkörper und Umluftgeräte produziert und über eine Dependance im chinesischen Tianjin einen Fuß im asiatischen Markt hat. Über eine Mehrheitsbeteiligung an der neu gegründeten türkischen Gesellschaft Sanpan, die Belüftungssysteme für Badezimmer herstellt, will Zehnder auch in der Türkei Fuß fassen.

TOMTOM	
Niederlande	
www.tomtom.com	
ISIN	NL 000 038 705 8
Kurs*	31,33 €
KGV**	14,9
Kursziel	38 €
Stop loss	28 €

Quelle: T.F. DATASTREAM; *am 22.9.2006
** Kurs-Gewinn-Verhältnis 2006

TOMTOM / Navigationssysteme

Einer der am stärksten wachsenden Märkte

Die Strategen überbieten sich gegenseitig mit ihren Wachstumsprognosen. Wer recht behalten wird, ist kaum auszumachen. Aber dass der Markt für Navigationssysteme boomt und diese Entwicklung auch in den kommenden Jahren anhalten wird, steht außer Zweifel: In Europa beispielsweise verdoppelte sich der Absatz in 2. Quartal im Vergleich zum Vorjahreszeitraum. Davon profitierte auch die niederländische Tomtom, mit einem Anteil von 50% Marktführer in Europa und in den USA (26%) die Nummer 2. Zwischen 3,6 und 3,9 Millionen Geräte will das Unternehmen 2006 verkaufen, einen Umsatz von 1,1 bis 1,3 Mrd. € erzielen.

Mit hoher Qualität die Preise halten

Navigationssysteme, die auf dem Satelliten gestützten Global Positioning System (GPS) basieren, entwickeln sich seit der Freigabe dieses ursprünglich militärisch genutzten Systems zu einem wahren Renner. In Automobilen werden sie zunehmend Standard und auch die Verbreitung von tragbaren Geräten, die Läufern oder Radfahrern den Weg weisen, erfreuen sich wachsender Beliebtheit. Das überdurchschnittliche Wachstum lockt allerdings immer mehr Anbieter auf den Markt. Nach Sony und Philips, die eigene Systeme herausbringen wollen, hat nun auch Nokia angekündigt, Mobiltelefone mit GPS-Empfängern auf den Markt zu bringen. Der wachsende Konkurrenzdruck führt den Prognosen zufolge zu einem anhaltenden Preisverfall. Tomtom gelang es bisher dennoch seine Marge stabil bei 23% zu halten. Weitere Rückgänge der Marktpreise will das Unternehmen mit einer verstärkten Expansion in den USA und mit hochwertigen Produktinnovationen kompensieren. Ohnehin dürfte es noch einige Zeit dauern, bis Tomtom ernsthaft unter Druck geraten könnte. Gegenüber der aufstrebenden Konkurrenz profitiert der Konzern von seiner größeren Erfahrung.

PSI	
Deutschland	
www.psi.de	
ISIN	DE 000 696 822 5
Kurs*	4,40 €
KGV**	13,2
Kursziel	7 €
Stop loss	4 €

Quelle: T.F. DATASTREAM; * am 22.9.2006
** Kurs-Gewinn-Verhältnis 2006

PSI / Software

Software für Versorger und Industrie

Die Unternehmensgeschichte des Berliner Software-Entwicklers ist ebenso beeindruckend wie schmerzhaft. Beeindruckend, weil die Traditionsfirma, die 1969 geründet wurde, den inzwischen abgewickelten Neuen Markt überlebte – und nun wieder auf dem aufsteigenden Ast ist. Und schmerzhaft, weil diejenigen, die 1998 in den Börsengang investierten, den Großteil ihres Kapitals verloren. PSI entwickelt Software für Versorger und Industrie. Schwerpunkt sind Programme, mit denen komplexe Systeme wie Elektrizitäts-, Gas-, Öl- oder Schienennetze gesteuert werden. Beispielsweise lieferten die Berliner das Prozessleitsystem für eine Pipeline des russischen Energiegiganten Gazprom. Für Industriekunden (Stahl, Automobil, Maschinenbau, Logistik) entwicklet PSI Lösungen zur Optimierung der Produktion. Dritte Sparte sind Informationsmanagementsysteme für Behörden und Dienstleister.

Umsatz im Ausland soll steigen

Nach mehreren Jahren, in denen die Gesellschaft Verluste schrieb, sieht es nun so aus, als ob PSI die Wende geschafft hat. Das Unternehmen will in Osteuropa, Russland und China wachsen. Im ersten Halbjahr 2006 investierte der Vorstand in den Ausbau des Vertriebs; der Auftragseingang aus dem Ausland, wo PSI künftig 50% der Erlöse erzielen will, stieg deutlich an. Die Bemühungen sollen sich schon 2006 im Ergebnis bemerkbar machen: Marktbeobachter erwarten einen Gewinn von 17 Milionen €. 2007 soll der Umsatz zwar nur von 125 auf 135 Mio. € steigen. Aber Schätzungen zufolge wird der Ertrag einen Sprung auf etwa 50 Mio. € machen: Zum einen will PSI die defizitäre Informationsmanagement-Sparte ausgliedern. Zum anderen wird die Firma mit lokalen Partnern im Ausland zusammenarbeiten, was die Kosten deutlich senkt. PSI zählt zu den Zulieferern, die von weltweit wachsenden Investitionen in die Infrastruktur profitieren werden.

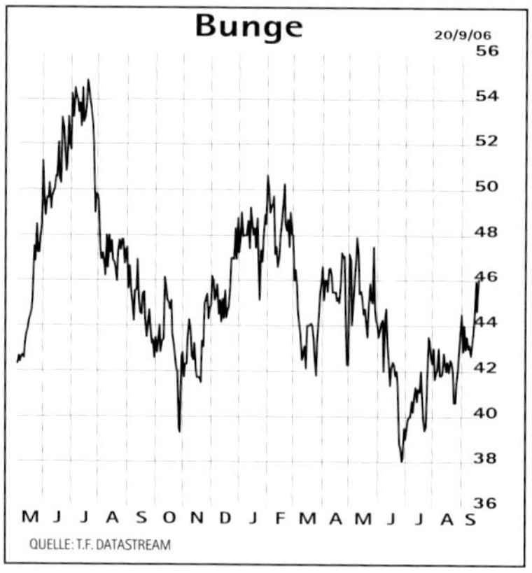

BUNGE	
USA	
www.bunge.com	
ISIN	BM G16 962 105 6
Kurs*	45,53 €
KGV**	14,1
Kursziel	52 €
Stop loss	42 €

Quelle: T.F. DATASTREAM; *am 22.9.2006
** Kurs-Gewinn-Verhältnis 2006

BUNGE / Agrarstoffhandel

Händler profitieren von steigender Nachfrage

Die südamerikanische Agrarindustrie boomt. Etwa in Brasilien. Das Land ist weltweit führend bei der Zuckerherstellung und zählt zu den größten Produzenten von Soja und Kaffee. Für die steigende Nachfrage nach den so genannten soft commodities sorgen aufstreben Länder wie Indien und China, deren Volkswirtschaften mit hohen Raten wachsen. Der expandierende Markt sorgt auch für Auftrieb bei Händlern und der weiterverarbeitenden Industrie. Die amerikanische Bunge ist in beiden Segmenten aktiv. Das Unternehmen ist einer der weltgrößten Agrarhändler und verarbeitet zudem Öl- und Getreidesaaten. Schwerpunkt des Agrarkonzern ist der Handel mit Rohstoffen aus Südamerika, insbesondere mit Soja.

Ernte- und Preisschwankungen sind Risiken

Zum klassischen Geschäft der Großhändler zählt die Übernahme von Preisrisiken von den Produzenten. Das bedeutet: Die Umsätze von Bunge schwanken mit den Weltmarktpreisen der einzelnen Agrarrohstoffe. Stabilität in die Geschäftsentwicklung bringt die Weiterverarbeitung. In diesem Bereich ist das Unternehmen auch in Europa aktiv. 2000 gründete der Konzern eine Handelsgesellschaft in Hamburg. 2002 folgte die Übernahme der Mehrheit an dem französischen Konzern Cereol. Damit avancierte Bunge zum größten Ölsaatenverarbeiter weltweit. Cereol wiederum betreibt auch Produktionstätten in Deutschland, wo unter anderem Raps- und Sojaöl sowie Futtermittel hergestellt werden. Pflanzenöle werden international zunehmend als Biokraftstoff eingesetzt. Angesichts der wachsenden Bevölkerung in den aufstrebenden Ländern, etwa in Asien, liegt es auf der Hand, dass die Nachfrage nach Agrarrohstoffen weiter zunehmen wird. Die südamerikanischen Produzenten und damit auch Bunge werden auch von der künftigen Senkung der Agrarsubventionen in den westlichen Industrienationen profitieren.

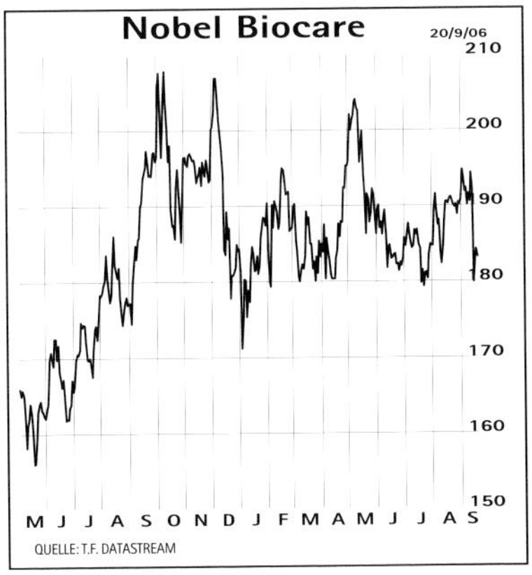

NOBEL BIOCARE	
Schweiz	
www.nobelbiocare.com	
ISIN	CH 001 403 004 0
Kurs*	190,01 €
KGV**	25
Kursziel	208 €
Stop loss	180 €

Quelle: T.F. DATASTREAM; * am 22.9.2006
** Kurs-Gewinn-Verhältnis 2006

NOBEL BIOCARE / Zahnimplantate

Ein Markt mit hohen Wachstumsraten

Den Markt für Medizintechnik zeichnet aus Anlegersicht vor allem zwei Merkmale aus: Er bietet langfristig hohe Wachstumsraten und ist relativ unabhängig von der Konjunktur. Treibende Kräfte sind die zunehmende Lebenserwartung und der wachsende Wohlstand in fast allen Teilen der Welt. Ein Teilsegment ist der Markt für Zahnimplantate, der Studien zufolge um etwa 18% jährlich wächst. Auf diesem Feld ist die schweizerische Gesellschaft Nobel Biocare weltweit die Nummer 1. Das Unternehmen produziert Implantate, Brücken und Kronen und bietet standardisierte Behandlungskonzepte. Zahnimplantate sind quasi künstliche Wurzeln, die in den Kiefer eingepflanzt werden. Sie halten beispielsweise Kronen oder Brücken. Das Unternehmen beschäftigt weltweit 1.800 Mitarbeiter und produziert in Schweden und den USA.

Kurseinbrüche zum Einstieg nutzen

Der Aktienkurs hat sich seit 2003 verdreifacht, dümpelte aber 2006 um Hoch von 300 Sfr herum. Hintergrund sind Probleme mit dem Implantat „Nobel direkt", das Untersuchungen zufolge zu übermässigem Knochenschwund führen soll. Kurz vor Redaktionsschluss dieses Buches bestätigte eine unabhängige schwedische Expertengruppe, dass das Produkt nicht ausgereift ist. Damit steigt die Wahrscheinlichkeit, dass es von den zuständigen Behörden vom Markt genommen wird. Übertriebene Kurseinbrüche in Zusammenhang mit „Nobel direkt", das gerade mal 1,3% zum Umsatz beiträgt, sehen wir als günstige Einstiegsmöglichkeit. Denn insgesamt ist Nobel Biocare ein hochprofitables Unternehmen, dass auch im 1. Halbjahr 2006 die Konkurrenz locker abhängte. Der Umsatz stieg um 25% auf 297 Mio. Sfr, die Umsatzrendite von 24,7 auf 25,2%. In den kommenden 3 Jahren will das Management den Erlös verdoppeln. Auch vor diesem Hintergrund erscheint das geschätze Kurs-Gewinn-Verhältnis von 23 für 2007 gerechtfertigt.

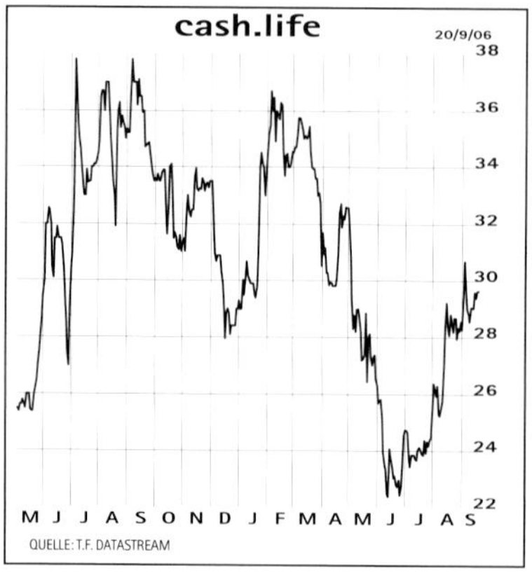

CASH.LIFE	
Deutschland	
www.cashlife.de	
ISIN	DE 000 500 910 4
Kurs*	29,70 €
KGV**	18,5
Kursziel	36 €
Stop loss	28 €

Quelle: T.F. DATASTREAM; * am 22.9.2006
** Kurs-Gewinn-Verhältnis 2006

CASH.LIFE / Handel mit Lebensversicherungen

Weniger Verlust bei Verkauf über Zweitmarkt

Der vorzeitige Ausstieg aus einer Lebensversicherung ist ein schlechtes Geschäft. Hohe Verluste sind die Regel. Was bleibt ist der so genannte Rückkaufswert, der deutlich unter dem Wert liegt, den die Police bisher erreicht hat. In diese Lücke stößt das Geschäftsmodel von Cashlife. Das im SDax notierte Unternehmen kauft quasi gebrauchte Lebensversicherungen an. Dem Policeninhaber bezahlt das Unternehmen einen Preis, der über dem Rückkaufwert der Versicherung liegt. Zwar macht der Verkäufer noch immer einen Verlust, aber er fährt deutlich besser. Außerdem bleibt der Todesfallschutz erhalten.

Cashlife führt die Versicherungen fort und streicht am Ende der Laufzeit die Auszahlung ein. Zudem verkauft das Pullacher Unternehmen Policen-Pakete an geschlossene Fonds weiter, für die es die Versicherungsverträge auch weiterhin verwaltet. Der Umsatz setzt sich also aus der Auszahlung von Versicherungen, dem Weiterverkauf und der Verwaltung zusammen. Für letztere müssen die Fonds bis zu 0,5% des Volumens bezahlen. Da der Wert eines Policenpakets stetig wächst, steigen die Einnahmen aus der Verwaltung ständig an.

Mit wachsender Bekanntheit steigt das Marktvolumen

Auch das Volumen der Lebensversicherungen, die den Zweitmarkthändlern angeboten werden, steigt mit dem wachsenden Wissen um diese Möglichkeit. Umfragen zufolge wussten Anfang 2005 nur 7% der Befragten, dass sie ihre Lebensversicherung statt zu stornieren auch für einen höheren Betrag verkaufen können. Im September 2006 war der Wert auf 15% gestiegen. Das schlug sich auch in den Zahlen von Cashlife im 1. Halbjahr nieder. Das Ankaufsvolumen stieg um 35% auf 242 Mio. €. Insgesamt verwaltet die Gesellschaft, die mit einem Anteil von 50% Marktführer in Deutschland ist, Policen im Wert von 1,3 Mrd. €.

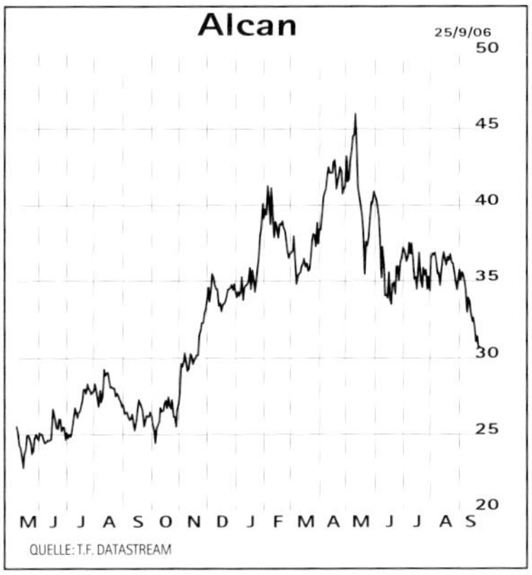

ALCAN	
Kanada	
www.alcan.com	
ISIN	CA 013 716 105 9
Kurs*	33,00 €
KGV**	12,5
Kursziel	41 €
Stop loss	26 €

Quelle: T.F. DATASTREAM; * am 22.9.2006
** Kurs-Gewinn-Verhältnis 2006

ALCAN / Aluminium

Aluminiumpreis wird hoch bleiben

Die kanadische Alcan ist einer der weltgrößten Aluminiumproduzenten und profitierte in diesem Jahr kräftig von der gestiegenen Aluminiumnachfrage, die den Preis auf rund 3.100 US-$ je Tonne und damit den höchsten Stand seit 19 Jahren hochgetrieben hat. Der Gewinn im 2. Quartal wurde mehr als verdoppelt. Das Unternehmen rechnet damit, dass die Nachfrage auch im kommenden Jahr noch etwas steigen und damit auch der Aluminiumpreis hoch bleiben wird. Zu den Hauptkunden gehören die großen Automobilhersteller, insbesondere in den USA. Zudem ist der Nachfrager China auch in diesem Rohstoffbereich ein Preistreiber.

Abhängigkeit vom US-Markt verringert

Alcan ist aber keineswegs nur reiner Aluminiumhersteller. Das Unternehmen ist in vier Kernbereichen tätig: Neben Bauxit und Aluminium sind dies Primärmetalle, Engineered Products und Verpackungen. Das Verpackungsgeschäft wurde in den letzten Jahren mit mehreren Übernahmen – darunter auch die französische Pechiney – ausgebaut und so auch eine regionale Diversifizierung in Europa und Asien erreicht. Die Abhängigkeit vom US-Markt hat sich damit verringert.

Während operativ der anhaltend hohe Aluminiumpreis für weiterhin gute Gewinne sorgen dürfte, bietet die Aktie auch ein spekulatives Element: Es gibt seit einigen Monaten Übernahmegerüchte, die sich vor allem um den Rohstoffkonzern Rio Tinto drehen, der mit einer Alcan-Übernahme weltweit zur Nummer eins der Aluminiumhersteller avancieren würde.

Belastend wirkt sich allerdings der starke kanadische Dollar aus. Dennoch. Die Chancen für eine gute Performance des Aktienkurses überwiegen. Zudem ist Alcan mit einem KGV von rund 12 recht günstig.

SOFTBANK	
Japan	
www.softbank.co.jp	
ISIN	JP 343 610 000 6
Kurs*	14,00 €
KGV**	62,0
Kursziel	18 €
Stop loss	12,50 €

*Quelle: T.F. DATASTREAM; * am 22.9.2006*

*** Kurs-Gewinn-Verhältnis 2006*

SOFTBANK / IT

Gute Aussichten sind im Kurs nicht enthalten

In der japanischen IT-Industrie bieten neben einigen aussichtsreichen Halbleiterherstellern auch Unternehmen wie der Softbank-Konzern eine attraktive Investmentchance. Softbank ist eine an Internet- und Telekomfirmen beteiligte Holding. Die Geschäftsaussichten sind besser, als der Aktienkurs derzeit widerspiegelt. Der Kurs ist in der ersten Jahreshälfte 2006 kräftig unter die Räder gekommen: der vorherige Anstieg war zu steil und an dessen Ende neigten die Investoren zu heftigen Übertreibungen. Kurse von nahezu 5.000 Yen waren nicht mehr zu rechtfertigen, was dann letztlich den Absturz begünstigte. Inzwischen ist der Kurs nach einem Einbruch um rund 60% aber wieder auf einem Niveau, das attraktiv für einen Einstieg ist und Chancen für einen erneuten Turnaround – diesmal aber in die „richtige Richtung" – bietet.

Pluspunkt ist die hohe Innovationsfähigkeit

Der Beteiligungskonzern ist zwar an der Börse auch jetzt immer noch hoch bewertet. Jedoch bieten die verstärkten Engagements z.B. in der Mobilfunk- und in der Breitbandtechnologie mittelfristig zusätzliche Chancen für den Umsatz sowie den operativen Gewinn. Der Konzern übernahm im April 2006 das Mobilfunkgeschäft von Vodafone Japan und ist nun im Telekommunikationsbereich in einer Bandbreite von Internet-Komponenten bis hin zur Telekom-Infrastruktur präsent. Die hohe Innovationsfähigkeit des Unternehmens insgesamt ist ein weiterer Pluspunkt. Zudem dürfte auch das Joint Venture in der Breitband-Technologie mit Yahoo! Japan zum künftigen Wachstum erheblich beitragen. Allerdings ist ein Investment in die Softbank-Aktie auch mit Risiken verbunden. Die Produktzyklen in der Branche sind kurz, technologische Veränderungen können rasch die Planungen und die Gewinnaussichten über den Haufen werfen.

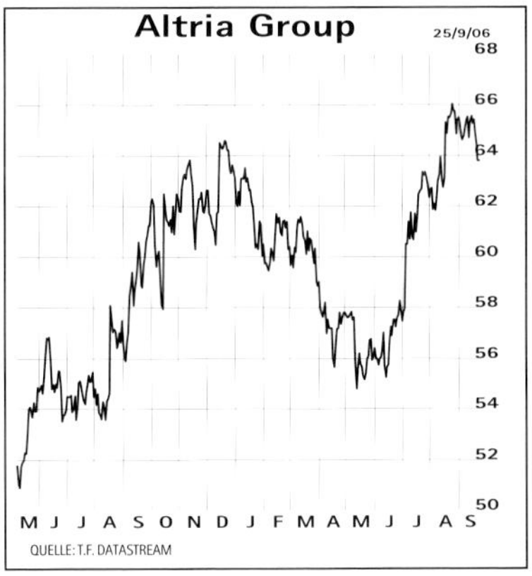

ALTRIA GROUP	
USA	
www.altria.com	
ISIN	US 022 09S 103 3
Kurs*	64,00 €
KGV**	14,7
Kursziel	74 €
Stop loss	59 €

Quelle: T.F. DATASTREAM; * am 22.9.2006
** Kurs-Gewinn-Verhältnis 2006

ALTRIA GROUP / Tabak, Nahrungsmittel

Von hohen Strafzahlungen verschont

Der global agierende Tabak- und Nahrungsmittelkonzern (Marken u.a.: Philip Morris/Marlboro, L&M, Kraft, Suchard, Jacobs, Milka, Miracoli) hat die bisherigen Gerichtsurteile in den USA im Zusammenhang mit der gesundheitsschädigenden Wirkung des Zigarettenkonsums recht gut verkraftet. Es waren zwar auch juristische Niederlagen dabei, von deftigen Strafzahlungen in Milliardenhöhe blieb Altria zuletzt jedoch verschont. Auch wenn die Tabaksparte sehr wichtig ist: Über die Hälfte seines Umsatzes macht der Konzern mit Lebensmitteln. Und hier sind die genannten Marken, insbesondere in den Boomregionen Asien und Osteuropa, für immer mehr Menschen erschwinglich.

Möglicherweise wird der Konzern aufgespalten

Phantasie gibt der Aktie die Perspektive einer Aufspaltung des Konzerns in zwei (Nahrungsmittel und Tabak) oder sogar drei Teile. Der Börsenwert der Einzelteile dürfte in der Summe um einiges höher liegen als die jetzige Bewertung als Mischkonzern bzw. Konglomerat. Das Vorhaben steht und fällt mehr oder weniger mit einer positiven (oder negativen) Rechtslage für das Unternehmen. Und die ist nach dem überraschend milden Urteil des US-Justizministeriums von Ende August 2006 durchaus als positiv zu bezeichnen. Nachdem nun der Verwaltungsrat auf seiner Sitzung wenige Tage nach dem Bundes-Urteil noch keine Entscheidung über eine Aufspaltung getroffen hat, dürfte diese nun aber voraussichtlich nicht mehr lange auf sich warten lassen. Ein möglicher Termin wäre der 25. Oktober. Im übrigen können sich die Gewinne des Konzerns seit Jahren sehen lassen, was im vergangenen Quartal auch eine Anhebung der Dividende von 80 auf 86 Cents je Aktie ermöglichte. Der Titel ist defensiv – und bietet damit im Hinblick auf eine mögliche weitere Konjunkturabschwächung in den USA eine gewisse Stabilität fürs Portfolio.

MITSUBISHI ESTATE	
Japan	
www.mec.co.jp	
ISIN	JP 389 960 000 5
Kurs*	16,00 €
KGV**	47,4
Kursziel	19,50 €
Stop loss	15 €

Quelle: T.F. DATASTREAM; * am 22.9.2006
** Kurs-Gewinn-Verhältnis 2006

MITSUBISHI ESTATE / Immobilien

Immobilienmarkt zieht langsam wieder an

Während in den USA die Immobilienpreise bröckeln und in einigen Regionen die Angst vor einem Crash bei Grundstücks- und Hauspreisen umgeht, zieht der japanische Immobilienmarkt langsam wieder an. Die langen Jahre der Flaute nach dem verheerenden Zusammenbruch Anfang der 90er Jahre sind vorbei. Der Aufschwung bei Export und Binnenkonjunktur lässt auch die Preise für Gewerbe- bzw. Büroimmobilien wieder steigen. Dazu kommen die wachsenden Einkommen der Privathaushalte und zunehmende Konsumfreude, die sowohl die Grundstücks- und Hauspreise wie auch die Ladenmieten nach oben drücken. Sorge, dass nun mit *Shinzo Abe* als Nachfolger des populären *Junichiro Koizumi* auf dem Premierministerstuhl ein Schwenk in der Wirtschaftspolitik oder ein Vertrauensschwund einhergeht, besteht nicht. Mit Kontinuität will Abe die Investoren bei der Stange halten.

Die Aktie ist kein Schnäppchen

Die gewachsene Investitionsfreude und die Befürchtungen, dass die Zinsen in Japan weiter anziehen, heizen den Aufschwung am Immobilienmarkt derzeit zusätzlich an. Wer auf diesen Zug aufspringen will, sollte einen Blick auf die Aktie von Mitsubishi Estate werfen. Dem Immobilienkonzern, der in verschiedenen Bereichen wie Büroobjekten in Tokio und anderen Großstädten des Landes sowie Hotels (dazu auch mit Beteiligungen im Ausland) aktiv ist, winken steigende Gewinne: wegen höheren Mietpreisen und zugleich sinkenden Leerständen. Mitsubishi Estate ist an der Börse wahrlich kein Schnäppchen. In dem hohen Kurs-Gewinn-Verhältnis spiegeln sich aber die Chancen mit dem enormen Gewinnhebel wider, der sich insbesondere in den nächsten 1 bis 2 Jahren auswirken dürfte. Kursziel ist das bisherige Jahreshoch in Yen; in Euro bedeutet das – durch die Yen-Abschwächung – umgerechnet ein Kurs bei 19,50 Euro.

DEPOTS IM ÜBERBLICK

10 Aktien für risikoscheue Anleger

Aktie	ISIN	Ticker	Börse
Nestlé	CH 001 205 604 7	D:NESN	Frankfurt/Zürich
UBS	CH 002 489 948 3	D:UBRA	Frankfurt/Zürich
Roche	CH 001 203 204 8	D:RHO5	Frankfurt/Zürich
Allianz	DE 000 840 400 5	D:ALV	Frankfurt
BMW	DE 000 519 000 3	D:BMW	Frankfurt
Telefonica	ES 017 843 0E1 8	D:TNE5	Frankfurt/Madrid
Mitsubishi Corp	JP 389 840 000 1	D:MBI	Frankfurt/Tokio
Chevron	US 166 764 100 5	D:CHV	Frankfurt/New York
Canon	JP 324 280 000 5	D:CNN1	Frankfurt/Tokio
Archer-Daniels	US 039 483 102 0	D:ADM	Frankfurt/New York

10 Aktien für risikoneutrale Anleger

Aktie	ISIN	Ticker	Börse
Südzucker	DE 000 729 700 4	D:SZU	Frankfurt
Adidas	DE 000 500 340 4	D:ADS	Frankfurt
ING	NL 000 030 360 0	D:INN	Frankfurt/Amsterdam
Iberdrola	ES 014 458 001 8	D:IBE	Frankfurt/Madrid
Geberit	CH 000 803 822 3	D:GBR	Frankfurt/Zürich
Philips	NL 000 000 953 8	PHI1	Frankfurt/Amsterdam
Cisco Systems	US 172 75R 102 3	D:CSI	Frankfurt/New York
Nissan	JP 367 240 000 3	D:NISA	Frankfurt/Tokio
Takeda	JP 346 300 000 4	D:TKD	Frankfurt/Tokio
Microsoft	US 594 918 104 5	D:MSF	Frankfurt/New York

10 Aktien für risikobereite Anleger

Aktie	ISIN	Ticker	Börse
Zehnder	CH 000 235 293 5	D:ZEH	Frankfurt/Zürich
TomTom	NL 000 038 705 8	D:OEM	Frankfurt/Amsterdam
PSI	DE 000 696 822 5	D:PSA2	Frankfurt
Bunge	BM G16 962 105 6	D:BU3	Frankfurt/New York
Nobel Biocare	CH 001 403 004 0	D:NLB	Frankfurt/Zürich
cash.life	DE 000 500 910 4	D:SGS	Frankfurt
Alkan	CA 013 716 105 9	D:ALC	Frankfurt/Toronto
Softbank	JP 343 610 000 6	D:SFT	Frankfurt/Tokio
Altria Group	US 022 09S 103 3	D:PHM7	Frankfurt/New York
Mitsubishi Estate	JP 389 960 000 5	D:MES	Frankfurt/Tokio

Bei einer deutschen Aktie entspricht die numerische deutsche Wertpapierkennnummer (WKN) der 6. bis 11. Stelle der alpha-numerischen internationalen Kennnummer (ISIN). WKN helfen nur bei der Wertpapierorder in Deutschland. Für Wertpapierorders an ausländischen Börsen wird oft das Tickersymbol benötigt.

» Manchmal überraschen die Anleger die Märkte. So auch im Fall des noch jungen Marktes für Absicherungen gegen Pleiten von Anleihe-Emittenten. Dieser Markt hat sich stürmisch entwickelt. Doch er hat eine ganz andere Wendung genommen, als ursprünglich gedacht war. Der Grund: Die finanzkräftigen institutionellen Anleger haben die neuen Produkte – Credit Default Swaps – als Spekulationsinstrument entdeckt. Schnell entwickelte sich ein schwunghafter Handel, der teilweise gar nichts mehr mit der Absicherung vor Bondspleiten zu tun hatte. Dennoch haben die Credit Default Swaps viele Vorteile und können für Privatanleger ein gutes Hilfsmittel sein. «

Bondpleiten – na und?

Anleihen gegen Ausfälle versichern

von Peter Odrich und Stefan Ziermann, FUCHSBRIEFE-Team

Anleiheausfälle haben neues Produkt hervorgebracht

Bond-Anleger gehen wie selbstverständlich davon aus, dass Anleihen eine besonders sichere Anlageklasse sind. Ihr Ziel ist, langfristig klar kalkulierbare Zinseinnahmen zu erzielen. Doch dann kamen die großen und für die Meisten überraschenden Bondpleiten der letzten Jahre. Sie haben die Anleger das Fürchten gelehrt. Der Ausfall von hoch spekulativen Staatsanleihen wie Argentinien (Volumen über 100 Mrd. US-$) ist dabei nur die eine Seite der Medaille. Firmenpleiten, zumal von sicher geglaubten Emittenten, sind die andere.

So waren die betroffenen Anleger zu Recht schockiert, als z. B. der italienische Nahrungsmittelkonzern Parmalat praktisch über Nacht aufgrund einer gigantischen Betrügerei zusammenbrach. Und das, obwohl die Kontrollen und Transparenzrichtlinien nach den Fällen Enron und Worldcom deutlich verschärft worden waren und auch die Rating-Agenturen genauer hingesehen hatten.

Das Frühwarnsystem funktionierte nicht

Wie verlässlich sind Unternehmens-Ratings?

Dennoch zeigte das Unternehmensrating faktisch bis zum Zusammenbruch Parmalats kein einziges Warnsignal. Es lag die gesamte Zeit über im Bereich „investment grade“. Im Vertrauen auf dieses Rating blieben die Anleger engagiert, wähnten ihr dem Unternehmen über Anleihen zur Verfügung gestelltes Kapital sicher – und verloren einen großen Teil davon.

Natürlich waren auch die Institutionellen von der Pleite betroffen und haben Milliarden versenkt. Insgesamt betrug der Schaden 14 Mrd. €. Das hat dazu geführt, dass sich die Banken über ein Sicherheitsnetz Gedanken gemacht haben. Zielstellung: Den Ausfall von Anleihen abzusichern, um im Zweifelsfall nicht so viel Kapital zu verlieren. Die Hirne der Produktentwickler liefen heiß und wenig später war der Credit Default Swap (CDS) geboren.

CDS-Versicherung gegen Emittentenpleiten

Ein cds ist ein Instrument, um Ausfallrisiken von Krediten zu handeln, also ein Tauschgeschäft im Falle der Zahlungsunfähigkeit. Das Funktionsprinzip ist relativ simpel: Der Bondanleger bezahlt dem Versicherungsgeber (z. B. einer Bank) eine jährliche Gebühr und erhält im Falle von Zahlungsproblemen des Anleiheemittenten einen Ausgleich durch den Versicherungsgeber. Allerdings ist die Absicherung eigener Anleihen meist erst ab Anlagevolumina von 500.000 € zu angemessenen Kosten möglich und oft nur bei größeren Banken zu bekommen.

Fünf Jahre Sicherheit für 0,4% des Kaufwertes

Eine typische Absicherung wird oft für fünf Jahre abgeschlossen und kostet etwa 0,4% des Kaufkurses des Bond. Kommt es zum Ausfall oder einer drastischen Abstufung mit massivem Wertverfall der Bonds (ein so genanntes „Kreditereignis"), erhält der Anleger die zuvor vertraglich vereinbarte Entschädigung. Das können bis zu 100% des eingesetzten Betrages oder – je nach Regelung – auch nur die Differenz zwischen dem Nennwert und dem aktuellen Wert der Anleihe nach dem „Kreditereignis" sein. Hier muss man also das Kleingedruckte lesen.

Die Vorteile der CDS liegen auf der Hand. Bondinvestoren liefern sie eine relativ große Sicherheit zu einem überschaubaren Preis, der allerdings auch die Rendite schmälert. Ein Beispiel: Ein Anleger hat Unternehmensbonds für 1 Mio. € gekauft. Nun sichert er sich über einen CDS ab und zahlt fünf Jahre lang eine Versicherungsprämie von 15.000 €; insgesamt also 75.000 € für fünf Jahre. Bei einer Anleihenrendite für Unternehmen von durchschnittlich 6% im Euroraum für fünfjährige Laufzeiten kassiert der Anleger zugleich 60.000 € an Kuponzahlungen pro Jahr. Insgesamt stehen den Kuponzahlungen von 300.000 € dann Absicherungskosten von 75.000 € für die gesamte Laufzeit gegenüber – ein gutes Geschäft für Anleger, wenn man weiß, dass man keinen Ausfall zu befürchten hat.

Schnell wachsender Markt

Das CDS-Volumen verdoppelte sich in wenigen Jahren

Das erklärt den schnellen Siegeszug der CDS. Das Gesamtvolumen der im Jahr 2005 neu verkauften Credit Default Swaps verdoppelte sich auf 17,3 Mrd. US-$ gegenüber 8 Mrd. im Jahr 2004. Dabei spielte allerdings der so genannte General-Motors–Effekt im ersten Halbjahr eine erhebliche Rolle. Ausgelöst wurde dieser durch die Herabstufung der Bonds von GM und Ford durch die Rating-Agenturen auf das Niveau von „Schrottanleihen" (Junkbond). Danach gab es im ersten Halbjahr 2005 eine Absatzsteigerung der Credit Default Swaps um 50%. Allein die 10 größten deutschen Banken sind mit 270 Mrd. € im CDS-Markt als Sicherungsgeber und mit 235 Mrd. € als Sicherungsnehmer engagiert.

Eigener Index als Pleiten-Signalgeber

Amerika ist wieder einmal Vorreiter

In vielen Ländern – allen voran die USA – ist diese Form der Absicherung inzwischen gängig. Aus einem Korb von 125 Unternehmensanleihen wird sogar ein eigener Versicherungsindex für US-Unternehmen errechnet. Dieser zeigt an, ob die Märkte für die Unternehmen mit einer steigenden oder sinkenden Ausfallwahrscheinlichkeit rechnen. Steigt der Index, wird die Absicherung gegen Unternehmenspleiten insgesamt teurer, fällt er, wird sie billiger.

Auch hierzu ein Beispiel: Im Vergleich zum Juli fiel dieser Index im August um 0,03 auf 0,38%. Das bedeutet, dass die Absicherung eines durchschnittlichen Anleihe-Depots im Anschaffungswert von 1 Mio. US-$ pro Jahr insgesamt 3.800 US-$ gekostet hätte. Damit war die Absicherung im August rund 300 US-$ pro Jahr günstiger als noch im Juli.

Das ist aber nur ein grober Richtwert für die Gesamtheit der im Index vertretenen 125 Unternehmen. Bei besonders wackeligen Kandidaten wird die Absicherung im Einzelfall deutlich teurer. Zur Orientierung: Bei den beiden Detroiter Auto-Giganten General Motors (GM) und Ford wurden zeitweise Prämien fällig, die beim Dreifachen des genannten Durchschnittwerts lagen.

Schwunghafter Handel mit Schutzrechten

Plötzlich wurde mit den CDS spekuliert statt abgesichert

Diese Chance auf Preisveränderung nutzten die großen institutionellen Anleger schnell – aber anders als eigentlich gedacht. Extremer Schwung kam in den Markt, als einige Hedgefonds die cds selbst als Handelsinstrument entdeckten. Die großen Adressen sicherten sich nicht ab, sondern spekulierten auf Veränderungen der Ausfallwahrscheinlichkeiten einiger Firmen. Damit lässt sich viel Geld verdienen. Zum Beispiel, wenn sich die Bonität des entsprechenden Unternehmens in kurzer Zeit stark verschlechtert. Der Investor hat dann ein Schutzrecht zu einem günstigen Preis erworben, das sich bei Bonitätsverschlechterung zu einem höheren Preis weiterverkaufen lässt – vor allem, wenn man die betroffene Unternehmensanleihe gar nicht im Depot hat. In Einzelfällen hat sich sogar schon herausgestellt, dass am Markt mehr Absicherungsrechte umlaufen als überhaupt Bonds emittiert wurden. Solche Konstellationen haben meist nicht lange Bestand. Dennoch sollten Anleger, vor allem in Zeiten steigender Zinsen und absehbar wieder anziehender Ausfallwahrscheinlichkeiten, cds im Auge behalten.

Wichtiger Krisenindikator

Mehr Informationen, bessere und schnellere Beurteilung?

Die CDS können Privatanlegern jedoch nicht nur zur reinen Absicherung der Bonds, sondern auch als wichtiger – vor allem vorlaufender – Krisenindikator dienen. Die Bundesbank hat in einer Studie festgestellt, dass cds im Idealfall – also ohne die verzerrende Wirkung aktiv spekulierender Hedgefonds – eine Reflexion schuldnerspezifischer Informationen bereit hält. Soll heißen: Durch die zusätzlichen Informationen, die sich im Preis der CDS spiegeln, lassen sich neue Schlussfolgerungen über die wahre Lage des Emittenten ziehen. So ist möglich, dass CDS die Ausfallwahrscheinlichkeiten und Bonitätsveränderungen von Schuldnern schneller anzeigen als z. B. die Ratingagenturen.

Schneller als die Ratingagenturen

Der Grund: cds werden zu Marktpreisen, also sehr schnell und mit allen sofort verfügbaren Informationen, gehandelt. Ratings dagegen werden von den entsprechenden Agenturen immer mit Zeitverzögerungen verändert. Das liegt daran, dass Ratingagenturen nicht jede neue Information zu einer Änderung der finanziellen Situation des Emittenten sofort in einer neuen Bonitätsnote ausdrücken. Vielmehr wird ein Rating nur dann geändert, wenn die Neueinschätzung auf Basis einer dauerhaft veränderten Lage des Schuldners beruht. Und genau deshalb kommen Ratingagenturen oft zu spät und einige Untersuchungen deuten darauf hin, dass cds Ratingabstufungen vorweg nehmen – also anzeigen.

Ein neues und sinnvolles Instrument zur Absicherung

Alles in allem sind Credit Default Swaps ein neues und sinnvolles Instrument, um sich gegen die wieder steigenden Ausfallrisiken bei Unternehmensanleihen abzusichern. Aufmerksamen Bondanlegern, deren Depots zu klein für eine solche Absicherung sind, können sie immerhin noch als Frühindikatoren für ernsthafte Krisensituationen dienen. Anleger, die ihre Bonds nicht gegen Ausfälle absichern, sollten also zumindest die Veränderung der Kosten für eine solche Versicherung im Auge behalten. Das kann ein wichtiges Signal für die Gesundheit der eigenen Anlage sein. Als reine Spekulationsobjekte sollte der Privatanleger CDS aber nicht nutzen.

Raiffeisen
Capital Management
„Perfektion ist des Besseren liebstes Spiel!“
xperten das tun zu lassen, was sie nachweislich am besten beherrschen, ist eine weise
ıtscheidung. Sich bei Vermögensfragen VIP-Status zu sichern ist nicht nur weise, sondern
ɔgar profitabel! VIP eröffnet Ihrem Geld die Chance, bei Management, Performance und
ervicequalität stets vom Besseren zu profitieren: vom exklusiven Leistungsprinzip Ihrer
/ermögensverwaltung in Perfektion“! Ein persönliches Informationsgespräch in Ihrer nächsten
aiffeisenbank wird Sie überzeugen!
IP – Vermögensverwaltung in Perfektion
www.rcm.at

» Ein neues derivatives Anlageinstrument für Aktien, Anleihen und Indices macht sich daran, die Märkte zu erobern und wird dem klassischen Optionsschein das Leben schwer machen: CFDs. Dieses Instrument bietet die Vorteile von Optionsscheinen – und klammert ihre Nachteile weit gehend aus. Damit eröffnen sich aktiven Anlegern – vor allem im Aktienbereich – zahlreiche neue Möglichkeiten, mit relativ wenig Geld und einem Hebel auf kurzzeitige Kursschwankungen zu spekulieren und kurzfristig Geld zu verdienen. Sogar Wetten auf fallende Kurse – eine lukrative Spielart des Handels, die bislang den Profis vorbehalten war – sind mit CFDs für jeden Trader möglich. «

Am längeren Hebel

Mit CFDs auf Kursveränderungen wetten

von Matthias Hach, E*TRADE Germany

Stellen Sie sich vor, Sie wollen nur wenig Geld in eine Aktie investieren. Dann haben Sie ein Problem. Für 1.000 € bekommen Sie gerade einmal 6 SAP-Aktien zum Kurs von 149,15 €. Um nach Kosten (Kauf und Verkaufsspesen) auf der Gewinnerseite zu stehen, und die Kasse klingeln zu hören, müssen die Aktien dann schon knapp 15% auf 171 € zulegen. Dann machen Sie nach Ordergebühren einen Gewinn von 90 €. Das ist zwar ganz ordentlich (9% nach Gebühren). Aber wer weiß schon, wie lange es dauert, bis die SAP-Aktie um 15% klettert?

Eine Wette auf die Kursveränderung

Eine Spielart der Derivate

Nun stellen Sie sich vor, Ihnen wird angeboten, ein Geschäft nur auf die Kursveränderung der Aktie zu machen, ohne sich direkt am Unternehmen zu beteiligen. Das geht seit kurzem mit einem neuen Derivat: den CFDs. Ein CFD – im englischen Fachterminus auch contract for difference, also Differenzgeschäft genannt – ist letztlich nichts anderes, als eine Wette auf die reine Kursveränderung einer Aktie, Anleihe oder eines bestimmten Index (z. B. dem DAX) nach oben (long) oder unten (short). Damit gehören CFDs zu den Derivaten, wie Optionsscheine oder Futures. Im Gegensatz zu diesen bieten CFDs aber etliche Vorteile.

Zeit spielt keine Rolle

Denn während Sie bei einem Optionsschein neben der Wette auf eine bestimmte Kursentwicklung auch eine Spekulation auf einen bestimmten Termin eingehen (Verfallstermin), zu dem der angepeilte Kurs mindestens erreicht sein muss, setzen Sie mit einem CFD nur auf die Richtung einer Kursentwicklung – ohne den riskanten Zeitfaktor, der im schlimmsten Fall zu einem Verfall der Option, also zum Totalverlust führt. Im Gegensatz zu Future-Kontrakten, Optionen bzw. Optionsscheinen gibt es keine Swapaufschläge und keinen Zeitwertverlust. CFDs können über unbestimmte Zeit gehalten werden.

Jederzeit liquide

Zudem bilden CFDs den zugrunde liegenden Wert mit ihrem Kurs immer 1 zu 1 ab und vollziehen die Kursentwicklung des Basiswertes immer exakt nach und sind jederzeit liquide. Es gibt also auch keine Hebelveränderungen aufgrund fortschreitender Zeit (wie z. B. bei Optionsscheinen). Auch das Emittentenrisiko (Optionsschein) existiert nicht. Inzwischen werden an 22 internationalen Börsen CFD-Geschäfte angeboten, meist auf Aktien.

Geringer Einsatz

Instrument auch für „Normalsterbliche"

Der größte Vorteil der CFDs gegenüber einem Direktinvestment ist der, dass Sie viel weniger Kapital für eine solche Spekulation benötigen, als wenn Sie die Aktie direkt kaufen würden. Und es gibt die interessante Möglichkeit, Aktien, Anleihen oder Indizes auch leer zu verkaufen (short gehen). Sie können also an steigenden wie an fallenden Kursen verdienen. Genau das konnten in Deutschland bislang nur Profis wie Hedgefonds-Manager und institutionelle Anleger.

Für Privatanleger eröffnen CFDs damit völlig neue Möglichkeiten, vor allem sehr kurzfristig zu spekulieren und bieten über den geringen Kapitaleinsatz in Verbindung mit dem Hebel sehr gute Chancen, sogar bei relativ kleinen Kursveränderungen große Gewinne zu machen. Denn mit einem realen Kapitaleinsatz von nur 1.500 € als Sicherheitsleistung lassen sich schon große Positionen eingehen. Der Trick: Die Margin beträgt nur 10% der gesamten Investitionssumme.

Enorme Hebel

Zurück zum o.g. Beispiel. Stellen Sie sich also vor, Sie kaufen nicht die SAP-Aktie direkt, sondern den dazu gehörigen SAP-Aktien-CFD auf einem ganz eigenen Markt. Mit Ihren Käufen können Sie also auch den Kurs der Aktie nicht bewegen – selbst wenn Sie jede Stunde 100.000 Stücke des CFD kaufen. Sie eröffnen also eine Position in einem Derivat auf die SAP-Aktie, dessen Preis ebenfalls 149 € beträgt. Aber Sie hinterlegen – wie bei CFDs üblich – bei der Bank nur eine geringe Sicherheitsleistung (Margin) von z. B. 10% des Kaufwertes der realen Position. Für 1.000 € bekommen Sie also nicht 6, sondern über 60 CFDs auf SAP. Abgerechnet wird das gesamte Geschäft aber erst dann, wenn Sie die Position wieder schließen, Sie also die Kursdifferenz zwischen Eröffnung und Schließung der Position realisieren. Das ist – ganz simpel ausgedrückt – ein CFD-Geschäft.

Unterschiede zum Aktienkauf

Folgende Beispielrechnung verdeutlicht die Unterschiede zwischen CFDs und Aktien anhand der eingangs erwähnten SAP-Spekulation und zeigt zugleich, wie der Hebel bei der Rendite wirkt:

CFD		Aktien	
Kauf 1000 CFD SAP-Aktie zu 149,15 €	149.150,00 €	Kauf 1000 SAP zu 149,15 €	149.150,00 €
Margin(Investiertes Kapital)	14.915,00 €	Investiertes Kapital	149.150,00 €
Verkauf 1000 SAP zu 150 €	150.000,00 €	Verkauf 1000 SAP zu 150,00 €	150.000,00 €
Bruttogewinn	850,00 €	Brutto Gewinn	850,00 €
Provision Gesamttransaktion	25,00 €	Provision Gesamttransaktion	100,00 €
Nettogewinn	825,00 €	Netto Gewinn	750,00 €
ROI	5,53%	ROI	0,50%

*Quelle: E*Trade*

Renditeunterschied über die Margin

Der Renditeunterschied entsteht dabei vor allem über die Margin. Die gestattet es, dass Trader deutlich größere Positionen als im direkten Geschäft handeln können. Denn für 1.000 SAP-Aktien müssten Anleger beim Kurs von 149,00 € je Aktie auf herkömmlichem Weg gut 149.000 € investieren. Mit dem CFD auf SAP reichen schon 14.900 € als real hinterlegtes Kapital, um diese 1.000 SAP-Aktien-CFDs zu handeln. Beim Blick auf die Rendite wird die Wirkung klar.

Beide Anleger entschließen sich, die Aktien beim Kurs von 150 € je Aktie wieder zu verkaufen. Beide machen einen Bruttogewinn von 850 €. Aber die Provision für das CFD-Geschäft ist mit 25 € nur ein Viertel so groß, wie beim direkten Aktienkauf (100 €). Dem CFD-Anleger verbleiben also 825 € Gewinn. Das ist eine Rendite auf das eingesetzte Kapital von gut 5,5%. Der Direktinvestor hat unter dem Strich einen Gewinn von 750 € erzielt – eine Rendite von 0,5%.

CFD		Aktien	
Kauf 1000 CFD SAP-Aktie zu 149,15 €	149.150,00 €	Kauf 1000 SAP zu 149,15 €	149.150,00 €
Margin(Investiertes Kapital)	14.915,00 €	Investiertes Kapital	149.150,00 €
Verkauf 1000 SAP zu 150 €	150.000,00 €	Verkauf 1000 SAP zu 150,00 €	150.000,00 €
Bruttogewinn	850,00 €	Brutto Gewinn	850,00 €
Provision Gesamttransaktion	25,00 €	Provision Gesamttransaktion	100,00 €
Nettogewinn	825,00 €	Netto Gewinn	750,00 €
ROI	5,53%	ROI	0,50%

*Quelle: E*Trade*

Wer auf's falsche Pferd gesetzt hat ...

Keine Kaufoption über den CFD

Da es sich bei CFDs um Derivate handelt, gibt eine CFD-Position (Long) dem Käufer auch nicht das Recht, den zugrunde liegenden Wert über den CFD zu kaufen. Analog können Short-Positionen nicht durch die Auslieferung des Basiswertes glattgestellt werden. Es besteht lediglich die Möglichkeit, die laufende und im Minus liegende CFD-Position wieder zu schließen, wenn der Kurs in die falsche Richtung läuft. Hat der Anleger also auf steigende Kurse gesetzt und die CFD-Werte fallen, muss er den CFD wieder verkaufen.

Ist der Anleger short (Leerverkauf) eingestellt und die dem CFD zugrunde liegenden Aktienkurse steigen, dann muss der Anleger den CFD wieder eindecken, also teurer zurückkaufen.

Hohe Verlustrisiken

Bei 10 % Wertverlust ist das Kapital aufgezehrt

Und das sollte man im Zweifel auch schnell tun, denn wenn man Long ist, der Markt aber fällt, wirkt der Hebel natürlich auch – und dann wachsen auch die Verluste relativ schnell. Um die Wirkung der Margin plastisch zu machen: Mit einem real hinterlegten Kapital von 10.000 € lassen sich 100.000 € handeln. Eine Kursentwicklung des Basiswertes in die falsche Richtung um 5% hätte einen realen Verlust von € 5.000 zur Folge. Sollte der Basiswert sogar 10% an Wert einbüssen, dann würde dies den Verlust des gesamten eingesetzten Kapitals von € 10.000 bedeuten.

Stop-loss ist Pflicht

Darum sollten bei jedem kurzfristigen CFD-Geschäft grundsätzlich immer Stop-loss-Kurse definiert und dann die Reißleine gezogen werden. Anlegern, die diesen goldenen Grundsatz nicht befolgen, kann es passieren, dass der Broker anruft – im Geschäft auch margin call genannt – und zu einer Aufstockung der Margin auffordert, wenn diese zu stark abschmilzt. Der Anleger – in der Hoffnung auf eine baldige und starke Kurserholung – müsste dann weiteres Kapital als Sicherheitsleistung nachschießen. Die Höhe dieser Nachschusspflicht hängt vom gewählten Hebel ab. Im schlimmsten Fall fällt der Kurs der zugrunde liegenden Aktie auf Null. Dann muss der Anleger immer wieder Kapital nachschießen und hat am Ende den gleichen Schaden erlitten, wie der Direktinvestor, der für 149.000 € SAP-Aktien gekauft hat.

Wenn der Broker anklingelt, wird es teuer

In der Praxis sollte das Stopp-loss – wie beim Direktinvestment in Aktien – aber auch immer so gewählt werden, dass es nie zum Totalverlust kommt. Bei CFDs heißt das, dass der Stopp-Kurs so gesetzt wird, dass nur ein Teil der Margin riskiert wird. Trader, die diese Grundregel beherzigen, werden auch nie einen margin call bekommen.

Sollte es während der Laufzeit eines CFDs zur Ausgabe von Bonusaktien, zu speziellen Dividendenausschüttungen, zu rechtlichen Veränderungen oder ähnlichem kommen, die sich direkt auf den Kurs des Basiswertes auswirken, wird entweder der Preis oder die Anzahl der Aktien darauf angepasst. Die Preise der dazu gehörigen CFDs ebenso.

Eine besondere Variante der CFD-Spekulation ist der Leerverkauf. In diesem Fall verkaufen Sie den CFD auf eine Aktie in der Hoffnung, dass der Kurs der Aktie fällt und Sie den CFD später billiger zurück kaufen können. Geht diese Spekulation auf, haben Sie Gewinn gemacht. Auch dazu ein Beispiel:

Auf Kursverluste setzen

CFD	
Verkauf 1000 EON-CFDs zu 99,52 €	99.520,00 €
Margin(Investiertes Kapital)	9.952,00 €
Kauf 1000 EON-CFDs zu 99,00 €	99.000,00 €
Bruttogewinn	520,00 €
Provision Gesamttransaktion	25,00 €
Nettogewinn	495,00 €
ROI	4,97%

*Quelle: E*Trade*

Die Möglichkeit, in Aktien-CFDs short zu gehen, also auf Kursverluste einer bestimmten Aktie zu wetten, verdoppelt im Vergleich zum direkten Aktienengagement nicht nur das Spekulationsuniversum – Short-Positionen sind bei Direktinvestments de facto nicht möglich – sondern eröffnet auch ganz neue strategische Optionen, große Depots preiswert abzusichern.

Ergänzung zum strategischen Depot

Anleger, die größere Aktienpositionen längerfristig halten und einen kurzfristigen Kurseinbruch (z. B. für einige Tage) erwarten, könnten z. B. die Aktienposition über eine auf denselben Basiswert lautende CFD-Shortspekulation absichern. Sinkt der Aktienkurs, werden zwar die Verluste im Depot größer. Allerdings läuft im Gegenzug die CFD-Position, die mit relativ wenig Geld und großem Hebel eingegangen wurde, im Gleichlauf ins Plus. Ist der Rückschlag beendet, wird die CFD-Position geschlossen und – im Idealfall – sogar ein zusätzlicher Gewinn eingefahren.

Übung für den Ernstfall

➔ Fazit: Das neue Anlageinstrument CFD eröffnet mit seinen Möglichkeiten und Vorteilen vor allem aktiven und erfahrenen Tradern viele neue Wege, mit relativ wenig Geld hohe Renditen in kurzer Zeit zu erzielen. Dabei sind CFDs aufgrund der Hebelwirkung für kurzfristige Engagements das Mittel der Wahl und dürfen in der Realität meist nur wenige Tage gehalten werden. Anleger, die sich für diese Anlageform interessieren, sollten die Wirkungen und den Umgang mit CFDs auf jeden Fall zuerst in einem kostenlosen Probekonto mit virtuellem Kapital unter realen Markt Bedingungen testen.

» Devisenhandel – Foreign Exchange, kurz Forex oder noch kürzer FX genannt – etabliert sich als eigenständige Anlageklasse für Privatanleger. Die mischen immer häufiger auf diesem bisher nur den Profis vorbehaltenen Markt mit. Dabei geht es längst nicht mehr um die Absicherung von Aktien- oder Anleihendepots. Vielmehr stehen die Spekulation und Jagd nach einer zusätzlichen Rendite im Vordergrund. In möglichst kurzer Zeit und mit wenig Kapital soll Gewinn gemacht werden. Ein Kinderspiel ist das gewiss nicht. Aber wer einige Grundregeln beachtet, hat gute Chancen, am größten und liquidesten Markt der Welt Geld zu verdienen. «

Devisenhandel für alle

Eine neue Anlageklasse entwickelt sich

von Stefan Ziermann, FUCHSBRIEFE

Geld verdienen im Sekundentakt? Im Devisenhandel ist das möglich. Und längst ist diese Königsdisziplin der Finanzmärkte nicht mehr nur den Profis vorbehalten. Immer mehr Privatanleger tummeln sich auf dem virtuellen Marktplatz und handeln Euro, Dollar und Co.

Jagd nach einer schnellen Rendite

Im Internet Euro, Dollar und Co. handeln

Die moderne Technik macht's möglich. Der permanente und schnelle Zugang zum Internet, Onlinehandelsplattformen, die ständig Kurse, Charts und Nachrichten für hunderte Währungspaare anbieten und den Handel überhaupt erst möglich machen, stoßen so den Privaten die Tür zum Forex-Handel auf. Die sitzen zu Hause oder im Büro vor dem Computer-Monitor, lesen schon vor dem Frühstück die Finanznachrichten im Internet, prüfen, ob es Notenbanksitzungen und Zinsentscheide gibt und jagen einer schnellen Rendite nach.

Bis die kassiert werden kann, muss sich jeder private Devisenspekulant aber ziemlich viel Analysearbeit machen, wenn er sein Geld nicht dem reinen Zufall überlassen will. Denn es gibt Einflussfaktoren, die den Devisenmarkt in langfristigen, oft Monate und Jahre dauernden Zyklen, bewegen. Das sind in erster Linie die Zinsen und die Konjunktur in den einzelnen Ländern. Und auch wenn Trader nicht auf solche Zyklen setzen, sollten sie den Trend der Währung zumindest kennen.

Kurzfristige Einflussfaktoren entscheidend

Welche Einflüsse den Wechselkurs bestimmen

Ist der Trend analysiert, widmen sich die Forex-Trader den kurzfristigen Einflussfaktoren. Denn diese Tendenzen sind für die FX-Spekulation entscheidend. Schon mit kleinen Kursbewegungen von einigen Zehntel Prozentpunkten lassen sich große Gewinne kassieren. Darum stellt sich der Anleger erneut viele Fragen, um Anhaltspunkte für die

Kursentwicklung der nächsten Stunden zu finden. Welche wichtigen Veröffentlichungstermine für Wirtschaftsdaten stehen an? Dann durchforstet er Chartbilder einzelner Währungen nach Verlaufsmustern.

Ohne technische Analyse läuft nichts

Charts lesen, verstehen und danach handeln

Der Grund für die Chartanalyse liegt in der Natur des FX-Handels. Im kurzfristigen Zeitrahmen von bis zu zwei Wochen werden viele Handelsentscheidungen fast ausschließlich auf technischer Basis getroffen – sogar von den institutionellen Anlegern. Diese Überlegungen der Händler beruhen auf der Annahme, dass sich ein Währungspaar, das sich zuletzt in bestimmten Mustern entwickelt hat, auch in der Zukunft in ähnlichen Bahnen verlaufen wird. Zwar gibt es hunderte Analysemethoden – und jeder Trader bevorzugt ein anderes System, andere Indikatoren – doch viele dieser Indikatoren zeigen ähnliche Chartmuster und Wendepunkte an. Das liegt daran, dass fast alle Trader die gleichen Fragen an die Charts stellen. Die lauten: Wo verlaufen kurzfristige Trends, bei welchen Kursen gibt es Unterstützungen oder Widerstände?

Auf Kursmuster und Trendfolge setzen

Da fast alle Spekulanten im kurzfristigen Bereich auf solche technischen Analyse- und Prognosemethoden zurückgreifen, haben diese oft auch eine recht gute Aussagekraft. Hier wirkt der Mechanismus der sich selbst erfüllenden Prophezeihung – und es kommt nur dann zu Neuorientierungen, wenn ein Währungspaar aus einem Kursschema ausbricht. Für der Tendenz folgende Spekulationen ist das ein sehr Erfolg versprechender Ansatz, der jedoch viel Erfahrung voraussetzt.

Viel Arbeit, riskantes Geschäft, hohe Rendite

Das ist viel Arbeit, die sich aber lohnen kann. Denn ist sie gemacht, hat der Trader zu Hause – z.B. in Hamburg – vor seinem PC eine feste Meinung über den zu erwartenden Kursverlauf entwickelt. „Der Euro wird heute gegen den Dollar steigen“ – die Handelsentscheidung ist getroffen. Jetzt heißt es warten auf den richtigen Einstiegszeitpunkt.

Ist der gekommen, geht alles ganz schnell: Ein Tastendruck am Computer und schon ist eine Position in Euro/US-Dollar eröffnet. „Kauf 25.000 € zu 1,2700“ blinkt es grün auf dem Monitor auf. Bei den Profis heißt das: „Ich bin heute long im Euro.“ Der Spekulant setzt auf einen steigenden Euro und einen fallenden Dollar. Die Wette gilt.

Was in den elektronischen Handelssystemen in Sekundenschnelle passiert, ist ein ziemlich komplexer Vorgang. Denn hinter dem Kauf von 25.000 € verbirgt sich eigentlich ein Tauschgeschäft. Unser Hamburger Trader, der auf einen steigenden Wert des Euro gegen den Dollar setzt, muss einen anderen Händler, nehmen wir an in New York, finden, der auf einen fallenden Euro (short) gegen den Dollar setzt – also genau die entgegengesetzte Meinung vertritt. Finden beide zusammen, tauschen sie das Währungspaar EUR/USD gegeneinander.

Währungstausch über den großen Teich

Der Hamburger Händler erhält vom New Yorker Händler 25.000 €. Der trennt sich gern von der Währung, da er mit einem fallenden Eurokurs rechnet. Im Gegenzug überweist der Hamburger dem New Yorker den Gegenwert von 25.000 € – also 31.750 US-$. Denn für einen Euro gibt es zum Zeitpunkt des Geschäfts 1,27 US-$. Nun hoffen beide, dass ihre jeweilige Einschätzung die richtige ist.

Schnell wachsende Handelsvolumina

Dass sich immer Händler finden, liegt an der enormen Größe des Devisenmarktes. Unvorstellbare 2.000 Mrd. US-$ wandern täglich rund um den Globus von Hand zu Hand. Vor zwei Jahren waren das noch 1.800 Mrd. US-$ gewesen – und der Markt wird weiter wachsen. Ein Ende der Volumenexplosion ist derzeit nicht absehbar. Durch neue Währungen, die allmählich ihre feste Bindung an den Dollar verlieren – denken Sie nur an den chinesischen Renminbi – werden diese Volumina auch in den kommenden Jahren weiter zunehmen.

Spesen für die Makler

Kein Geschäft ohne Kosten

Um die Händler zusammenzubringen, damit diese das Geschäft machen können, bieten Banken und Onlinehandelsplattformen praktisch ständig Kurse an, zu denen verschiedene Währungspaare gegeneinander getauscht werden können. Für diese Dienstleistung bekommt die Bank Spesen. Sie errechnen sich aus einer kleinen Differenz zwischen An- und Verkaufskurs der jeweiligen Währung – dem so genannten Spread.

So bietet die Bank unseren beiden Händlern, die beide ein Handelskonto bei der Bank haben, den Tausch von Euro gegen US-Dollar zum Kurs von 1,2705 und den Rücktausch zu 1,2700 an. Der Spread beträgt in diesem Fall fünf Pips. So heißt die kleinste Einheit eines Währungspaares im Forex-Fachjargon.

Der Reiz im Forex-Handel besteht für die Trader vor allem in der hohen Geschwindigkeit und dem großen Gewinnhebel. Denn auch für den Devisenhandel müssen Anleger bei ihrer Handelsplattform oder Bank für eine eingegangene Position nicht den vollen Betrag, sondern nur eine Sicherheitsleistung (Margin) hinterlegen. Mit einem Einsatz von 1.000 US-$ (787 € beim Wechselkurs von 1,27 US-$ je Euro) – die Bezugswährung im Forex-Handel ist der Greenback – können am Markt Positionen von 10.000 (teilweise bis 100.000) US-$ gehandelt werden. Da diese Summe Basis für die Wertentwicklung ist, agiert der Händler mit einem großen Hebel. Verändert sich der Wert der 10.000-Dollarposition um nur 1%, sind das real 100 auf die eingesetzten 1.000 US-Dollar. Das real eingesetzte Margin-Kapital rentiert dann mit 10%.

Kleine Schwankung – großes Geld

Die Rendite am langen Hebel ist hoch...

So lassen sich schon mit kleinen Schwankungen große Summen Geld verdienen. Darauf hofft auch unser Hamburger. Der musste für seine 25.000 € am Markt gut 31.750 US-$ bezahlen. Doch seiner Handelsplattform reicht eine Margin von 10% dieser Summe als Sicherheit, dass der Händler auch Verluste bezahlen kann und die Bank im Zweifelsfall nicht auf der Position sitzen bleibt. Real hat der Händler so nur 3.175 US-$ investiert (Margin).

Seit der Hamburger Händler seine Position eröffnet hat sind sechs Stunden vergangen – und er lag mit seiner Einschätzung goldrichtig. Der Euro ist inzwischen von 1,2700 auf 1,2880 gestiegen – und er entschließt sich, die Position wieder zu schließen. Über seine Handelsplattform wickelt er das Geschäft mit nur drei Klicks am heimischen PC ab. „Verkauf 25.000 € zu 1,2880" bestätigt die Bank.

Für die 25.000 € bekommt der Trader beim Kurs von 1,2880 nun 32.300 US-$. Diese werden mit den investierten 31.750 US-$ verrechnet – und es bleibt ein Gewinn von 550 US-$. Auf das für den Handel hinterlegte Margin-Kapital von 3.175 US-$ hat der Trader in sechs Stunden eine Rendite von 18% erzielt.

Stopp-Kurse zu setzen ist unerlässlich

... die Risiken aber auch

So schnell wie es aufwärts geht, geht es natürlich auch abwärts, wenn man auf die falsche Kursentwicklung gesetzt hat. Darum ist es im schnellen Devisenhandel besonders wichtig, immer einen Stopp-Kurs zu setzen, bei dem eine Währungswette von der Bank automatisch wieder beendet wird. Dieses Sicherheitsnetz hatte unser Hamburger Trader bei 1,2660 eingezogen. Wäre der Euro entgegen seiner Erwartung unter diesen Kurs gefallen, hätte er einen Verlust von etwas über 100 US-$ hinnehmen müssen. Gerade die verlockend hohen Gewinnchancen sind es aber, die immer mehr Anleger dazu reizen, mit Devisen zu spekulieren.

Fast wöchentlich eine neue Handelsplattform

Bester Indikator dafür ist die Entwicklung der Onlinehandelsplattformen. Fast wöchentlich kommen neue Plattformen auf den Markt, die den Devisenhandel vom heimischen PC oder Laptop aus ermöglichen. Zudem internationalisieren sich Plattformen. Hatten sich die großen (Oanda, FXCM, Saxobank) bisher auf ihren Heimatmarkt beschränkt, so bieten sie ihre Dienstleistungen heute weltweit an.

Die Einstiegshürden und Preise purzeln

Auch die Einstiegshürden für die Eröffnung eines FX-Kontos sinken. Viele Anbieter sind von Mindesteinzahlungssummen von 10.000 € im Jahr 2006 abgerückt. Eröffnungen ab 5.000 € sind normal und sinnvoll. Aber es gibt auch Anbieter, die sogar ein FX-Handelskonto mit einer Einzahlung von 250 US-$ und Handelspositionen ab 1 US-$ möglich machen. Devisenpositionen von Privatanlegern sollten aber ein Volumen von 10.000 US-$ (Margin 1.000 US-$) haben.

Heftiger Preiskampf um die Kunden

Am deutlichsten zeigt sich der Kampf um den Privatanleger bei den Preisen. Die purzeln fast wie im Sommerschlussverkauf. Anbieter die vor Jahresfrist noch eine Differenz zwischen An- und Verkaufskurs von 5 Stellen hatten (1,2700/1,2705), werben heute mit einem Spread von 2,5 Pips. Angebote ab 1,5 Pips gibt es auch. Für sehr aktive Spekulanten macht diese kleine Zahl einen großen Unterschied. Denn bei einem Wert von 10 US-$ pro Pip kostet ein Standardtrade bei einem Spread von 5 Pips gut 50, bei 1,5 Pips nur 15 US-$.

Devisen werden sich als Anlageklasse für Private etablieren

➔ Fazit: Die Absenkung der Einstiegshürden und der Preiskampf heizen das Interesse zusätzlich an. Sichtbar wird das an der Kundenanzahl im Forex-Handel, die rasant wächst. So haben größere, auf den Devisenhandel spezialisierte Plattformen bereits 25.000 aktiv handelnde Kunden – rund um die Welt. Wachstumsraten von 30% pro Jahr sind in diesem Segment keine Seltenheit und die Entdeckung des Devisenhandels durch die Privatanleger steht noch ganz am Anfang. Bevor sich Anleger aber mit echtem Kapital in die Forex-Achterbahn setzen, sollten sie den Markt genau kennen lernen und den praktischen Handel testen. Das geht bei allen Onlinehandelsplattformen mit einem Demokonto und virtuellem Kapital – zu Marktbedingungen. Auch professionelle Marktanalysen und Prognosen sind für den täglichen Handel als Orientierung hilfreich.

» Rohstoff-Anlagen sind in aller Munde. Privatanleger reden immer öfter über Gold und Öl-Investments. Aber sie investieren nicht. Zugleich feuern die Produktabteilungen der Banken aus allen Rohren. Fast täglich kommen neue Rohstoff-Zertifikate oder Optionsscheine auf den Markt, seit den jüngsten Korrekturen bei den Rohstoffpreisen auch etliche Garantiezertifikate. Die machen Investitionen in Gold, Öl, Orangensaft, Kaffee und Zucker möglich – und das mit Verlustbegrenzung. Doch ein Blick in die Depots der Anleger zeigt: Rohstoffe spielen dort noch keine große Rolle. Dabei sollten sie das. Denn der Megatrend Rohstoffe hat gerade erst begonnen. «

Rohstoffe jetzt kaufen

Der Megatrend hat gerade erst begonnen

von Ulrich Buchholz und Stefan Ziermann, FUCHSBRIEFE-Team

Im Jahr 1998 stand der Ölpreis bei 10 US-Dollar je Fass (ein Barrel). Im Jahr 2006 kletterte er bis auf nahezu 80 US-Dollar je Barrel (159 Liter). Der Goldpreis wertete allein im Jahr 2006 von 500 US-Dollar je Feinunze auf über 700 US-Dollar auf. Die Notierungen der Industriemetalle stiegen im selben Zeitraum auf neue Gipfel, erreichten vielfach sogar neue historische Hochs. Und im September 2006 kamen die Rohstoffpreise durch die Bank stark unter Druck.

Was beeinflusst die Preise?

Strohfeuer der Spekulanten?

War das ein spekulationsgetriebenes Strohfeuer oder mehr? Um diese Frage zu beantworten, müssen Sie folgende Überlegungen anstellen: Wovon werden die Rohstoffpreise fundamental beeinflusst? Wo befinden sich die Preise im langfristigen Preiszyklus? Ist der Zyklus noch intakt? Werfen wir zunächst einen Blick auf die fundamentalen Preis bildenden Faktoren.

Stagnierendes Angebot

Exploration wieder attraktiv

Der weltweit steigenden Nachfrage nach Öl und anderen Rohstoffen steht ein stagnierendes Angebot gegenüber. Viele Rohstoffunternehmen haben in den vergangenen Jahren nur wenig in die Suche und Erschließung neuer Vorkommen investiert. Die mittlerweile gestiegenen Rohstoffpreise machen Investitionen in neue Kapazitäten zwar wieder lukrativ. Doch von der Entdeckung bis zum Beginn der Förderung vergehen fünf bis 15 Jahre. Auch bei Agrarrohstoffen lässt sich das Angebot nicht beliebig steigern. Denn Weideland und Ackerbauflächen können nicht unbegrenzt ausgebaut werden – im Gegenteil. Die Flächen schrumpfen global und diese Verringerung kann auch nur teilweise durch höhere Erträge pro Hektar kompensiert werden.

Steigende Nachfrage

Riesiges Aufholpotential Asiens

Die Kaufkraft in den Schwellenländern steigt und die Bevölkerungszahl nimmt zu. Die zunehmende Verlagerung der weltweiten Produktion in die Schwellenländer, darunter „Riesen" wie Indien und China, führen dort zunehmend zu einer größeren Kaufkraft. Immer mehr Menschen nehmen am Welthandel teil und gelangen dadurch zu größerem Wohlstand, wollen und können konsumieren. Es werden mehr Brot und Fleisch, weniger Reis gegessen. Rechnen Sie anhand von Beispielen mit uns hoch, wie groß das Aufholpotenzial ist. Der Ölverbrauch pro Kopf liegt in Großbritannien oder Deutschland bei etwa 30 Barrel pro 1.000 Einwohner pro Tag. In den USA sind es 70 Fass. Nun stellen Sie sich vor, dass Länder wie Indien, die aktuell nur 2 Barrel pro 1.000 Einwohner und Tag verbrauchen, diese Nachfrage im Zuge ihrer wirtschaftlichen Entwicklung „nur" verdreifachen – also auf 6 Fass pro Tag – steigern. Damit würden sie noch nicht mal ein Zehntel der USA verbrauchen. Und nun bedenken Sie, dass nicht nur die Kaufkraft und der Verbrauch der Einwohner steigt, sondern auch die Bevölkerung in den Schwellenländern selbst rasant zunimmt.

Wachsender Inflationsdruck

Kehrtwende der Notenbanken

Die Jahre des billigen Geldes sind vorerst vorbei. Von Frühjahr 2003 bis Anfang 2006 schwammen die weltweiten Finanzmärkte auf einer riesigen Liquiditätswelle – ausgelöst von den Notenbanken. Alle Anlageklassen, von Aktien über Anleihen bis hin zu Immobilien, konnten in dieser Zeit deutlich zulegen. Doch aus Angst vor Inflation haben die Notenbanken weltweit eine Kehrtwende vollzogen. So hat die US-Notenbank FED die Zinsen in 17 Schritten von 1% auf mittlerweile 5,25% angehoben. Selbst die japanische Notenbank hat ihre Nullzinspolitik beendet. Ob dieser Politikwechsel noch rechtzeitig erfolgte, um die global anziehende Inflation zu stoppen, ist offen. Positive Folge für Rohstoffe: Sie sind eine Anlageform mit eingebautem Inflationsschutz.

Risikostreuung im Depot

Unabhängig von anderen Anlageklassen

Rohstoffe korrelieren vergleichsweise gering mit anderen Anlageklassen. Dies lässt sich beispielsweise am ältesten Rohstoffindex CRB und dem marktbreiten US-Aktienindex S&P 500 beobachten. Ging es in der Vergangenheit mit US-Aktien runter, stiegen die Rohstoffpreise. Kurz: Mit Rohstoffen lässt sich die Rendite im Depot erhöhen, das Risiko zugleich verringern.

Hohe Kapitalzuflüsse

Schließlich fließen seit einigen Jahren Anlagegelder in größerem Umfang in Rohstoffe. Möglicherweise etablieren sich Rohstoffe mittelfristig als „normale" Anlageklasse in den Depots der Anleger.

Manche Preiszyklen sind schon weit fortgeschritten

Es sprechen also fünf fundamentale Trends dafür, dass sich der Preisanstieg bei Rohstoffen noch etliche Jahre fortsetzen wird. Allerdings nicht bei allen Rohstoffen, denn einige sind in ihrem Preiszyklus schon sehr weit fortgeschritten. Entscheidend ist dabei, dass Anleger nicht nur auf die absoluten, sondern auch auf die inflationsbereinigten Preise schauen. Denn Rohstoffe, die in heutiger Kaufkraft einen historischen Höchstkurs erreicht haben, können inflationsbereinigt im Vergleich zur Vergangenheit sogar noch preiswert sein.

Viele Rohstoffe inflationsbereinigt preiswert

So hat z. B. der wichtige und älteste Rohstoffindex (CRB Spotindex) in inflationsbereinigten Preisen noch nicht einmal ein Drittel des Weges von seinem letzten Tief im Jahr 2001 bis zu seinem historischen Hoch hinter sich gebracht. Beim Blick auf den Ölpreis wird das noch deutlicher. Zwar kostete das Fass im Juli 2006 mit 80 US-Dollar absolut so viel wie nie zuvor. Inflationsbereinigt liegt der Preis aber noch unter dem historischen Hoch. Das lag bei gut 90 US-Dollar pro Barrel im Jahr 1979/80. Und wenn man die gesamte Geschichte des Ölpreises betrachtet, könnte der Preis des schwarzen Goldes sogar noch auf 100 US-Dollar klettern. So viel kostete Öl im Jahr 1863 – wenn man es in heutigen Preisen darstellt.

Inflationsbereinigt kaum noch Potential

Der Ölpreis hat also selbst inflationsbereinigt nicht mehr besonders viel Luft nach oben. Und viele Industriemetalle notieren heute sogar inflationsbereinigt schon auf Höchstkursen. So war Kupfer in seiner Geschichte nie teurer als heute. Ähnlich verhält es sich mit Zink, Stahl und Aluminium.

Silber verliert an Bedeutung

Eine kleine Ausnahme ist Silber. Das hat zwar von der Preisseite her noch Kurspotenzial. Allerdings verliert das weiße Metall an Bedeutung. Denn einerseits verändert sich die Nachfragesituation in der Industrie gravierend. So benötigt beispielsweise die Fotoindustrie kaum noch Silber – die Digitaltechnik macht es überflüssig. Zum anderen ist Silber heutzutage ein Abfallprodukt, das bei der Gewinnung der Industriemetalle Kupfer, Zink und Blei praktisch nebenbei anfällt. Das wiederum erhöht das Angebot, obwohl das Edelmetall weniger gebraucht wird. Daher lassen wir Silber als Geldanlage links liegen.

Gold gehört ins Depot

Kein Industriemetall, sondern Luxusgut

Das edelste aller Edelmetalle spielt an den Märkten eine besondere Rolle. Es ist seit Jahren Inflationsschutz und eine Absicherung gegen einen Dollarverfall. Zudem ist Gold kein Industriemetall, sondern eher ein Luxusgut. Am meisten wird es von der Schmuckindustrie genutzt - und die ist kaum konjunkturabhängig.

Gold ist auch ein Kauf, weil sich fundamental im Vergleich zum Jahr 2005 nichts geändert hat. Die Angebots- und Nachfragesituation ist konstant – und es gibt einen Nachfrageüberschuss. Zudem dürfte eine anhaltende Dollarschwäche den Goldpreis nach den Korrekturen im September 2006 wieder stärker antreiben.

Mehr als 700 Dollar pro Unze?

Diese Einschätzung wird durch die Charttechnik untermauert. Nachdem sich der Preis des Edelmetalls seit August zwischen 600 und 650 US-Dollar/oz. bewegt hat, ging es mit dem Rutsch der Rohstoffpreise auch für Gold aus dieser Spanne hinaus. Der Preis der Feinunze fiel auf die starke Unterstützung von 550 US-Dollar/oz. und stabilisierte sich dort. Wir halten es für wahrscheinlich, dass es zu einer ähnlichen Bewegung wie im Mai 2006 kommen und der Goldpreis wieder stark auf Kurse von über 700 US-Dollar/oz. steigen könnte.

Agrarrohstoffe profitieren vom Lebenswandel

Aber Agrarrohstoffe haben langfristig das größte Kurspotenzial. Sie dienen ja nicht nur als Nahrungsmittel, sondern werden auch als eine Energiequelle der Zukunft angesehen. Einerseits sind sie inflationsbereinigt noch sehr preiswert. Andererseits machen sich bei diesen Rohstoffen die strukturellen Veränderungen von Angebot und Nachfrage im Zuge der Globalisierung besonders bemerkbar.

Wandel des Alltags

Denken Sie an den Wandel des Alltags. Vor wenigen Jahren waren es Millionen von Fahrrädern, die sich durch die Straßen von Shanghai und Peking schlängelten. Das ist auch immer noch so – aber es sind Autos dazugekommen. Längst gibt es in den Millionen-Metropolen in China und Indien sechs- bis achtspurige Straßen – und die werden jeden Tag voller. Das Auto wird als Prestigé-Objekt und Symbol für Industrialisierung und persönlichen Wohlstand immer wichtiger.

Vergleichen Sie und rechnen Sie mit uns hoch: Bisher kommen in Indien nur sieben Autos auf 1.000 Einwohner, in China sind es acht. Zum Vergleich: In Südkorea gibt es schon 175 PKW je 1.000 Einwohner, in Deutschland sind es 546 und in den USA sogar 770. Es bestehen aber kaum Zweifel, dass auch die neuen und zahlenmäßig größer werdenden Mittelschichten in den aufstrebenden Volkswirtschaften genau wie Europäer oder Amerikaner aufs Gas treten wollen.

Zucker für den Tank

Gib dem Auto Süßes

Das wird, neben Öl, vor allem die Agrarrohstoffe in die Höhe katapultieren. Denn die hohen Preise für fossile Brennstoffe heizen auch den Erfindungsgeist an und beflügeln die Suche nach alternativen Antriebssystemen und Spritsorten. „Zucker für den Tank" – so könnte die Devise der Entwickler lauten, denn die Automobilbranche arbeitet mit Hochdruck an Kraftfahrzeugen, die mit Bio-Sprit betrieben werden können. Der wiederum wird meist auf Zuckerbasis hergestellt. Immerhin: In Brasilien, einem Vorreiterland dieser Technologie, können bereits 80% aller neu zugelassenen Autos mit Bio-Ethanol fahren.

Kerosin aus Erdgas, Kohle oder Biomasse

Dass es in Sachen Bio-Sprit noch hoch hinaus gehen kann, hat jetzt sogar das US-Militär bestätigt. Nicht nur, das US-Präsident *George W. Bush* seinen Landsleuten in einer Rede zur Lage der Nation zurief „Lasst uns ein paar Autos bekommen, die mit anderem Brennstoff als dem aus Öl fahren". Erst kürzlich bestätigte das US-Verteidigungsministerium, dass es verstärkt daran forscht, Kerosin aus Erdgas, Kohle und Biomasse herzustellen. Mit diesem Bio-Flugbenzin will das US-Militär unabhängiger von Erdöl werden und nebenbei auch noch ordentlich Geld sparen. Der erste Testflug eines B-52-Bombers mit dem neuen synthetischen Sprit wurde bereits mit guten Ergebnissen absolviert. Bis zum Jahr 2016 wollen die US-Luftwaffenmilitärs die Hälfte ihres Flugbenzins aus solchen alternativen Energiequellen beziehen.

Mehr Menschen wollen essen

Der Wohlstand treibt die Preise

Und natürlich werden die Preise auch deshalb steigen, weil mehr Münder mehr essen und mit steigendem Wohlstand auch der Appetit größer wird. Das wird einerseits die Preise der Agrarrohstoffe über eine steigende Nachfrage direkt antreiben. Aber auch indirekt. Denn die Veränderung der Ernährungsgewohnheiten – also der Umstieg von Reis auf Brot, von Hühnerfleisch auf Rind – hebt nicht nur bei diesen Nahrungsmitteln die Preise an. Auch die Preise für Futtermittel (Sojabohnen, Weizen und Mais) werden automatisch mit in die Höhe gezogen. Und stellen Sie sich vor: Um 1 Kilogramm Rindfleisch zu produzieren, werden in der gesamten Wertschöpfungskette gut 7.000 Liter Wasser benötigt.

Anbauflächen werden knapp

Hinzu kommt, dass für einige Agrarrohstoffe die Anbauflächen seit Jahren dramatisch sinken. Die leicht zunehmenden Erträge pro Hektar können diesen Rückgang aber nicht kompensieren. Agrargüter wie Weizen, Mais und Zucker auch von der Angebotsseite her langfristig knapp werden.

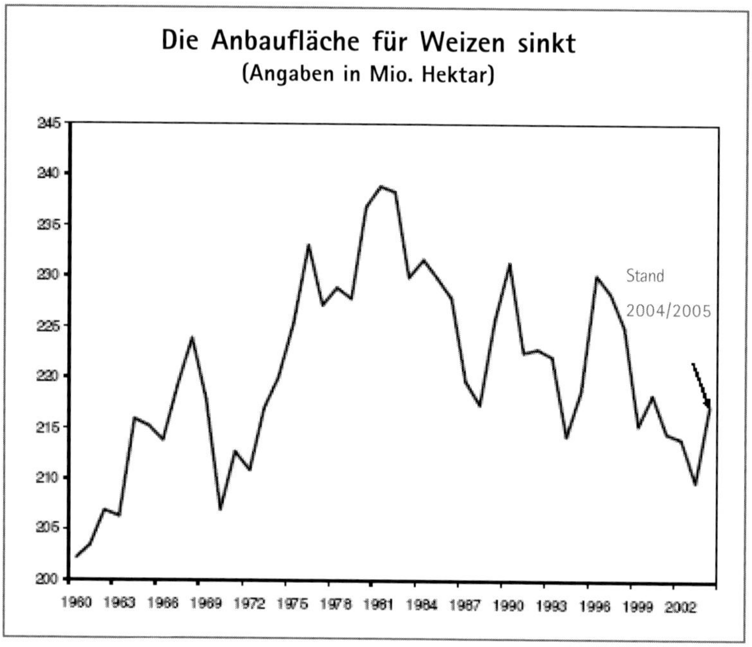

Quelle: Goldman Sachs

Welche Rohstoffe wie kaufen?

200 Rinder im Garten?

Allerdings haben Anleger, die sich in dieser Assetklasse engagieren wollen, ein grundlegendes Problem: Nur wenige Rohstoffe eignen sich für eine physische Anlage und die meisten Rohstoffanlagen weisen wichtige Besonderheiten auf. 200 Lebendrinder im eigenen Garten, 10.000 Barrel Öl oder Wasser im vergrößerten Tank hinter dem Haus und ein kleines Kupferlager in der Garage – solche Investments in physischen Rohstoffen kommen für die meisten Anleger nicht in Frage.

Als physische Geldanlage eignen sich nur Rohstoffe, die schon immer einen Wert als handelsübliche Vermögensanlage besessen haben. Das sind also in erster Linie die Edelmetalle, allen voran Gold. In kleinen Gewichtseinheiten von 10 Gramm bis zu einer Unze (31,10 Gramm) eignet es sich besonders gut. Allerdings sind hier die Kosten beim Goldkauf im Vergleich zu Kilobarren etwas größer. Abwickeln lassen sich solche Käufe heutzutage bereits sehr einfach und komfortabel per Internet. Die wichtigsten Goldhändler sind Pro Aurum (www.proaurum.de), die Argentuminvest in Straubing (www.argentuminvest.com) oder auch ZPMO Edelmetalle & Münzen in Zürich (www.zpmo.ch).

Keine laufenden Erträge

Eine andere, ganz wesentliche Besonderheit ist die Tatsache, dass Rohstoffe im Vergleich zu anderen Anlagen, keine laufenden Erträge erwirtschaften. Es gibt keine Zinsen auf Goldbarren. Ölfässer werfen keine Dividende ab. Im Gegenteil: Sie verursachen sogar Kosten, z. B. für die Lagerung, für die Bewachung der Lager und – im schlimmsten Falle – für die fachgerechte Entsorgung eventuell verdorbener Ware.

Sehr spezielle Preiszyklen bei Agrarrohstoffen

Konjunkturelle und jahreszeitliche Preisschwankungen

Eine weitere Besonderheit ist die Tatsache, dass sich die Angebots- und Nachfragesituation von Rohstoff zu Rohstoff verändert – und sie variiert im Zeitverlauf. So schwanken die Preise für die Industrierohstoffe – wie Kupfer, Alu und Stahl – mit dem konjunkturellen Zyklus. Die Preise der Agrarrohstoffe wie Zucker, Kakao, Weizen usw. weisen dagegen oft Schwankungen im jahreszeitlichen Zyklus auf.

Getrieben vom Fruchtzyklus gehen die Preise während der Aussaat über die Anwachs- und Aufwuchsphase nach oben. Der Grund: Dann herrscht die größte Unsicherheit über die Relation zwischen Angebot und Nachfrage zum Erntezeitpunkt. Rückt die Entezeit näher, gehen die Preise oft zurück, weil sich die Unsicherheitsprämie abbaut. Hinzu kommen natürlich unkalkulierbare Sonderfaktoren wie Unwetter oder Ungezieferplagen, die die Preise überraschend und kräftig durcheinander wirbeln können.

Über Terminkontrakte absichern

All diese Unsicherheiten schrecken die Profis unter den Rohstoffanlegern nicht. Denn diese Nachteile können durch die Anlage in Terminkontrakten vermieden werden. Aber das ist für Privatanleger in der Regel viel zu kompliziert und auch zu teuer. Sie müssen sich also nach alternativen Anlageprodukten umsehen. Und davon gibt es reichlich.

Profis für sich arbeiten lassen

Das Mittel der Wahl sind aktive Rohstofffonds. Hier lassen die Anleger gut ausgebildete und informierte Profis für sich arbeiten, die permanent den Markt beobachten und aktiv handeln. So können die Verwalter dieser Produkte durch gezielte Über- und Untergewichtung einzelner Rohstoffe die unterschiedliche Preisentwicklung besser als Privatanleger ausnutzen. Wie erfolgreich solch eine flexible Strategie sein kann, zeigt beispielhaft der Commodity Alpha Plus OP (ISIN LU 022 947 753 3). Der Fonds hat seit seiner Auflegung im Oktober 2005 voll überzeugt und konnte mit allen Vergleichsindizes sehr gut mithalten.

Hohe Einstiegshürden und Wechselkursrisiken

Ein Problem sind die hohen Einstiegshürden und das Wechselkursrisiko. Denn das lässt sich mit den hauptsächlich direkt in die Rohstoff-Futures investierenden aktiven Fonds nicht ausschalten. Wer das möchte, findet aber Alternativen wie den Julius Bär Commodity Fund (ISIN LU 024 412 512 5). Der basiert auf dem Rogers International Commodity Index, einem von der Rohstoff-Legende *Jim Rogers* zusammengestellten Index, und bietet die Möglichkeit, in Euro zu investieren.

Auf die breiten Indizes setzen

Kostengünstige Alternative zu aktiven Fonds

Eine gute Ergänzung oder Alternative zu den aktiven Rohstofffonds sind die passiven Fonds, die nur die unterschiedlichen Rohstoffindices nachbilden. Davon gibt es fünf (CRB, GSCI, DJ-AIG, RICI, DBLCI) die aufgrund der unterschiedlichen Zusammensetzung verschiedene Wertentwicklungen und Schwankungen aufweisen. Der größte Vorteil ist, dass diese Fonds deutlich günstiger als die aktiven Fonds sind, da kein Management für die Nachbildung der Indices nötig ist.

Anleger, die auf Rohstoffaktien setzen wollen, empfehlen wir breit gestreute Rohstoff-Aktienfonds. Deren Manager durchforsten das Universum der Rohstoffunternehmen nach den aussichtsreichsten Kandidaten und kaufen diese für ihre Portfolios ein.

Qualität hat ihren Preis

Unser Favorit ist der VCH Expert Natural Ressources (ISIN LU 018 439 107 5). Der investiert in 26 Titel, die gleich gewichtet im Portfolio enthalten sind. Seit seiner Auflegung im Juni 2004 weist er kontinuierlich hohe Zuwächse auf. Allerdings hat diese Qualität auch ihren Preis. Mit 5% Aufgeld und jährlichen Kosten von 2% plus einer Gewinnbeteiligung von 10% auf den Wertzuwachs seit dem letzten Höchststand gehört der Fonds auch auf der Kostenseite zu den Spitzenreitern.

Den Spezialindex für Agrarrohstoffe kaufen

Auf Agrarrohstoffe und Wasser können Anleger bisher nur mit Zertifikaten setzen. Dabei bietet sich an, nicht einen bestimmten Agrarrohstoff ins eigene Depot zu legen, sondern das Risiko zu streuen und auf die Preisentwicklung aller notierten Agrarrohstoffe zu setzen. Das geht besonders gut mit einem Zertifikat (ISIN DE 000 GS0 CCV 9) auf den GSCI Agrar Index, die Untergruppe des Goldman Sachs Commodity Index, in der alle Agrarrohstoffe zusammengefasst sind.

Wasser kaufen, Wein trinken

H_2O wird knapp

Zu den aussichtsreichsten Spezialwetten zählt ein Investment in Wasser. Wassermangel ist schon heute ein Thema und es rückt immer dichter an Europa heran. Längst haben wir uns an die all-sommerlichen Meldungen gewöhnt, dass es in Spanien, Portugal und Italien Wassermangel gibt. Dieses Problem wird sich aber noch verschärfen.

Noch keine Direktinvestments möglich

Anders als bei Agrarrohstoffen ist ein direktes Investment in Wasser aber noch nicht möglich. Zwar gibt es bereits Pläne zur Einführung von Wasser-Futures. Ehe diese für die breiten Anlegerschichten zugänglich werden, dürften aber noch einige Jahre vergehen. Dennoch steht interessierten Anlegern das Lebenselexier zur Anlage zur Verfügung. Denn zahlreiche börsennotierte Unternehmen weisen einen Bezug zu Wasser auf und verdienen mit Wasser ihr Geld. Das sind in erster Linie Unternehmen wie Veolia oder Wasserabfüller wie Nestlé.

Um vom langfristigen Preistrend beim Wasser zu profitieren, bevorzugen wir aktiv gemanagte Fonds. Zu den ausschließlich auf des kühle Nass spezialisierten Aktienfonds zählen der Pictet Water (ISIN LU 010 488 486) und der KBC Eco Water (ISIN BE 017 547 906 3). Beide Unternehmen investieren in ausgesuchte größere und mittlere Unternehmen, die auch Wassertechnik herstellen oder warten.

Bis zu 20% Rohstoffe gehören ins Depot

Unabhängigkeit von Aktien- und Anleihenmärkten

Wie stark aber sollen Rohstoffe in einem Depot gewichtet werden? Das hängt davon ab, wie risikofreudig der Anleger ist. Fakt ist, dass eine Erhöhung des Rohstoffanteils bis auf 20% gleichermaßen zu Lasten von Aktien und Anleihen dazu beiträgt, das Risiko deutlich zu senken und die Rendite spürbar zu erhöhen. So lassen sich Depots auch wetterfest gegen die Unsicherheiten an den Börsen machen und Stürme an Aktien- und Anleihemärkten langfristig gut durchsegeln.

Hinweis: Der Report „Megatrend Rohstoffe – Chancen, Risiken, Entwicklungen, Perspektiven“ ist im September 06 im Verlag FUCHSBRIEFE erschienen und erläutert ausführlich, in welchen Rohstoffen und mit welchen Produkten der Einstieg jetzt lohnt. Informationen unter www.fuchsbriefe.de.

» Obwohl Holz eine uralte Anlageklasse ist, sind Holzinvestments bei uns bisher kaum über den Exotenstatus hinausgekommen. Doch das beginnt sich langsam zu ändern. Denn Holz hat nicht zuletzt aufgrund der hohen Öl- und Gaspreise deutlich an Wert gewonnen. Zudem ist Holz die ideale Beimischung für ein Depot, da es nur schwach mit anderen Anlageklassen korreliert. Allerdings binden Investoren ihr Kapital in Holz gewöhnlich sehr langfristig. Als Anlagevehikel bieten sich für größere Vermögen Direktinvestments an, ansonsten empfehlen sich „Timber-Zertifikate". Und, wie bei allen Immobilien gilt auch hier: Entscheidend ist die Lage. «

Natürliche Rendite

Nutzholzanlagen als Portfolio-Beimischung

von Thomas Wißmann, LGT Bank, Deutschland

Von der Theorie …

Spätestens seit der Publikation der Ideen von *Prof. Harry M. Markowitz* (Portfolio Selection Theorie) wissen private Kapitalanleger vom Nutzen der Portfoliotheorie. Danach kann die Aufnahme zusätzlicher Wertpapiere in das Portfolio eines Anlegers zu einer Steigerung des Ertrages bei gleichzeitiger Verringerung des Risikos im Portfolio führen. Oder anders formuliert: „Nicht alle Eier in einen Korb legen!". Diese Erkenntnis ist inzwischen über 50 Jahre alt und wird weltweit bei der Bildung effizienter Portfolios angewendet.

… zur praktischen Anwendung

Das Problem für den privaten Kapitalanleger lag in der Vergangenheit oft darin, dass er im Wesentlichen nur zwischen den Anlageformen „Aktien" und „Anleihen" (und deren Derivaten) wählen konnte. Die aus heutiger Sicht „modernen" Anlageklassen, wie z. B. „Alternative Investments" – darunter fallen beispielsweise Rohstoffe und Direktbeteiligungen an Unternehmen –, waren nur wenigen Kapitalanlegern bekannt. Und: Auch wenn Anleger von den Alternativen wussten, so hatten nur ganz wenige die Möglichkeit, in die Anlageformen dieser Klasse investieren zu können.

Größeres Anlageuniversum für Institutionelle

Ganz anders verhält sich die Geschichte bei den sog. institutionellen Investoren, wie Versicherungen, Pensionskassen, Stiftungsfonds großer amerikanischer Universitäten etc. Diese großen Kapitalsammelstellen konnten wegen ihrer enormen Anlagesummen im zwei oder dreistelligen Millionenbereich schon immer Teile ihrer Vermögen in diese Anlageklassen stecken. So gehörte es seit jeher zur Anlagepolitik der institutionellen Investoren, sich auch direkt an Unternehmen (börsennotiert und nicht börsennotiert) zu beteiligen. Die Anlageform „Investment in nicht börsennotierte Unternehmen" wird heute allgemein als Private Equity bezeichnet.

Ein anderes Beispiel aus der jüngsten Vergangenheit zeigt exemplarisch die Möglichkeiten, die erfolgreiche institutionelle Investoren mittels ihrer enormen Finanzmittel besitzen. Im Jahr 2005 haben die beiden größten US-Stiftungsfonds der Universitäten Yale und Harvard rund 600 Mio. US-$ in Nutzholzanlagen (sog. Timber-Investment) investiert. Mehrere Überlegungen haben dabei eine Rolle gespielt:

- Erwartung einer überdurchschnittlichen Rendite für das investierte Kapital
- deutlich geringere Schwankungen der Erträge (sog. Volatilität)
- hohe Unabhängigkeit von der Entwicklung der klassischen Finanzmärkte (geringe bis keine Korrelation)
- Schutz vor Inflation

Holz wird überall gebraucht

Zudem ist Holz ein Naturprodukt, das in fast jedem Winkel dieser Erde verbraucht wird, sei es als Bauträgermaterial, als Energielieferant oder für Möbel. Und gerade die aktuelle Diskussion über die weltweite Energiesicherheit lässt die Attraktivität von Holz deutlich ansteigen.

Was ist ein Timber-Investment?

Wertvolle Portfoliobausteine zur Risikominderung

Im Kern wird in Wald bzw. in einen Waldbestand mit dem Ziel investiert, nach der langjährigen Aufzucht der Baumsetzlinge diese zu schlagen und das so gewonnene Nutzholz zu verkaufen. Insoweit handelt es sich um eine schon immer vorhandene Anlageklasse, die auch in Deutschland von alters her zur Verfügung stand und steht. Insbesondere vermögende Familien mit ihrem weitläufigen Waldbesitz haben diesen wichtigen Vermögensbestandteil unter ihre Anlagen gemischt. In den allermeisten Fällen aber ohne vorher darüber nachgedacht zu haben, welche wertvolle Funktion dieser Vermögensbaustein für die Risikominderung des Gesamtvermögens besitzt.

Allerdings ist Wald nicht gleich Wald. Bei einer Investition in diese Anlageform sind Aspekte wie Standort, klimatische Verhältnisse, Art der Bäume, Dauer der Aufzucht, Baumbestand und Alter und schließlich auch die politischen Verhältnisse im Lande von herausragender Bedeutung für den Anlageerfolg.

Der Zweck legt die Anlagedauer fest

Die Anlagedauer kann zwischen ca. 8 und 25 Jahren, manchmal sogar mehr, liegen. Dies ist davon abhängig, in welche Art von Nutzholzplantagen investiert wird. Dabei benötigt die Ernte von Holz für die Herstellung von Möbeln die längste Dauer, während Holz als Zellstofflieferant zur Papierherstellung schon mit deutlich kürzeren Zeiten auskommt. Dient die Holzanlage der Produktion von Bauholz, sind mittlere Anlagezeiten einzukalkulieren.

Welche Renditen können Sie erwarten?

Im Schnitt 8% pro Jahr

Im Durchschnitt der letzten 20 Jahre erzielte der NCREIF Timberland Property Index einen jährlichen Wertzuwachs von 15%. Da jedoch in aller Regel nicht in den Index investiert wird, sondern in konkrete Nutzholzanlagen, sind die erzielbaren Renditen deutlich geringer. Größenordnungen von rund 8% p.a. sind mit dieser Anlageform realistisch.

Allerdings sind die zu erwartenden Renditen keine Selbstläufer. Die Häufigkeit des Einschlages, das Angebots- und Nachfragevolumen des Nutzholzes, Qualität und schließlich auch der jeweilige aktuelle Marktpreis für Nutzholz beeinflussen die erreichbare Rendite. So wird z. B. in der Literatur für „den" deutschen Wald eine langjährige Rendite in der Vergangenheit von ca. 1% p.a. angegeben, während für Australien/ Neuseeland, Südamerika Renditen von über 6% p.a. möglich waren.

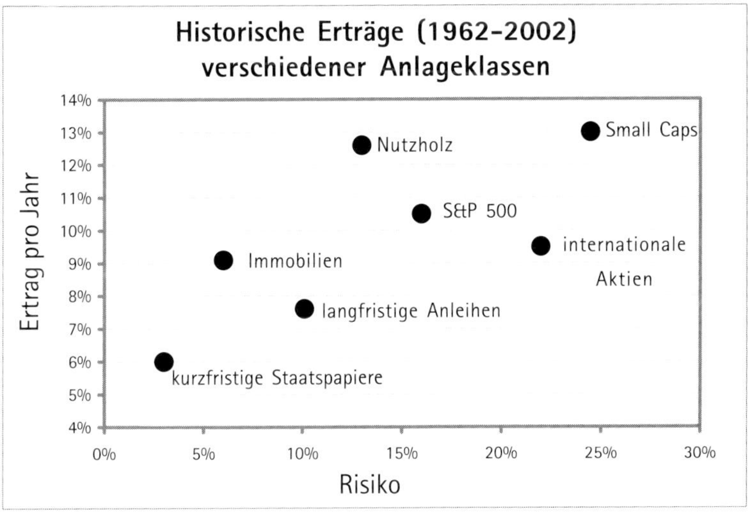

Quelle: Hancock Timber Resource Group

Welche Eigenschaften besitzt ein Timber-Investment?

Direktanlagen in Nutzholz sind per se langfristig angelegt. Wer eine solche lange Investitionsdauer scheut, hat seit einiger Zeit auch die Möglichkeit, indirekt in Holz zu investieren. Dazu stehen Aktien sowohl von forstwirtschaftlichen Unternehmen (z. B. West Fraser Timber, ISIN CA9528451052) als auch Index-Zertifikate (z. B. UBS Global Timber Index Open-End-Zertifikate, ISIN CH0024564863), die einen ganzen Aktienkorb solcher Unternehmen abbilden, zur Verfügung.

Für private Kapitalanleger können Nutzholzinvestitionen einen sehr wertvollen Beitrag zur Ertragsstabilisierung des Gesamtvermögens leisten. Diese gesuchte und hoch geschätzte Eigenschaft der Timberanlage wird durch die nur sehr geringe Korrelation zu den internationalen Aktien- und Anleihenmärkten erreicht.

Die sinnvolle Höhe einer Investition in Nutzholzanlagen kann einerseits immer nur in Abhängigkeit zu der vorhandenen Vermögensstruktur beantwortet werden. Andererseits können bestimmte investierbare Anlagemöglichkeiten nicht beliebig klein nach unten skaliert werden. So können z. B. exklusive Direktinvestments durchaus ein Minimum von mehreren Millionen Euro erforderlich machen. Umgekehrt gibt es auch Angebote, die eine Einstiegsgrenze von wenigen 10.000 € besitzen.

Als Beimischung zwischen 5 und 10%

Als Orientierungsgröße kann gelten, dass die Anlage als Beimischung zum Gesamtvermögen nicht wesentlich über einen Anteil von 10% hinausgehen sollte. Allerdings sollte umgekehrt der Anteil auch nicht deutlich unter 5% liegen, damit der positive Diversifikationseffekt der Nutzholzanlage auf das Gesamtvermögensportfolio erhalten bleibt.

Risiken einer Investition in eine Nutzholzanlage

Bei Direktinvestments stellen sich die „klassischen" Fragen

Wie alle Investitionen, unterliegen auch Anlagen in Nutzholz Risiken. Diese werden zu einem ganz erheblichen Teil durch die Art der Anlageform bestimmt. Bei einer direkten Investition, z. B. konkrete Beteiligung an einer ganz bestimmten Holzplantage, ergeben sich die Risiken wie bei allen Direktinvestments: qualitative Einschätzung der Lage mit allen Facetten des jeweiligen Mikrostandortes, Qualität der Baumsetzlinge, Qualität und Professionalität des Managements, Entwicklung des Klimas etc. Selbstverständlich muss der Investor auch eine Einschätzung für die zukünftige Entwicklung der Angebots- und Nachfragestruktur nach dem Produkt „Holz" für einen mehr oder minder langfristigen Zeitraum abgeben. Wegen des sehr langen Investitionszeitraumes und den damit verbundenen Unwägbarkeiten handelt es sich bei der Entscheidung für ein Holzinvestment um eine Entscheidung unter Unsicherheit.

Wird indirekt investiert, also z. B. ein Zertifikat oder Aktien einzelner, mit der Forstwirtschaft stark verbundener Unternehmen gekauft, treten zu den vorstehenden Überlegungen noch weitere hinzu. So kann sich z. B. das allgemeine Aktien-(markt)risiko zumindest temporär negativ auf die Investition auswirken. Im Ergebnis können indirekte Holzinvestments sich nicht vollkommen von allgemeinen Börsentrends abkoppeln.

Um diese Risiken zu reduzieren, empfiehlt es sich, konzentrierte Positionen möglichst zu vermeiden. Konkret bedeutet dies, dass eine breite Streuung sowohl in der Anlageform (direkt und indirekt) als auch in der Ausgestaltung der einzelnen Anlagen einen relativ guten Schutz vor zu starken Schwankungen der Ergebnisse einer Nutzholzanlage gewähren sollte. Bei einem Vermögen von etwa 3 Mio. € sollten gut 200 bis 300 Tsd. € in Wald investiert werden.

Auch bei Holzinvestitionen: breite Streuung sinnvoll

Ein konkretes Direktinvestment in Wald setzt in aller Regel ein entsprechend großes Gesamtvermögen voraus. Und wie bei jedem Kauf einer Immobilie kommt es hier auf drei Dinge an: Lage, Lage, Lage. Wegen des damit verbundenen enormen Aufwandes, sowohl zeitlich als auch finanziell, wird ein Direktinvestment eher die Ausnahme bleiben.

Lage, Lage, Lage

Zertifikate als Alternative für „Holzneulinge"

Wesentlich komfortabler sind dagegen indirekte Investments. Für Kapitalanleger, die ausreichend Erfahrung mit Aktien forstwirtschaftlich orientierter Unternehmen besitzen, kann die Zusammenstellung eines individuellen Aktienportfolios sinnvoll sein. Für Kapitalanleger, die diese Erfahrung bisher nicht haben, ist der Erwerb eines entsprechenden Zertifikates eine adäquate Alternative. Allerdings steckt der Markt für Timber-Zertifikate noch in den Kinderschuhen und in der nächsten Zeit werden weitere Anbieter mit entsprechenden Produkten auf den Markt kommen. Bei einer entsprechend großen Investitionssumme kann auch die Kombination von Zertifikat und individuellen Aktieninvestitionen sinnvoll sein.

Grundsätzlich kritisch sollten Anleger bei Angeboten sein, die eine strukturierte Beteiligung an Nutzholzplantagen zum Gegenstand haben. Dieser Markt ist nicht reguliert und bietet daher alle Facetten einer strukturierten Kapitalanlage. Auf keinen Fall sollte ein interessierter Anleger nur auf Grundlage eines Prospektes eine solche Investition tätigen. Soweit der Kapitalanleger sich für ein Direktinvestment entscheidet, kann dies auch aus erbschaftsteuerlicher Sicht sinnvoll sein. Denn für inländische land- und forstwirtschaftliche Flächen gelten besondere Wertermittlungsvorschriften und Vergünstigungen, die im Ergebnis zu einem niedrigeren steuerlichen Wert führen können, als es dem tatsächlichen Verkehrswert der forstwirtschaftlichen Fläche entspricht.

Genaues Hinsehen unerlässlich

➔ Fazit: Holz als Anlageklasse sichert stabile Erträge und geringe Abhängigkeiten von den Entwicklungen auf den traditionellen Finanzmärkten. Mit der richtigen Beimischung zum Depot lässt sich das Risiko minimieren und die Rendite kann weiter gen Himmel wachsen.

» Wer für 2007 ein Fondsportfolio zusammenstellen will, muss mit einer Vielzahl von Ungewissheiten kalkulieren: So sind die steuerlichen Rahmenbedingungen nur in groben Zügen fix, aber gerade die Details sind für die Anlage ausschlaggebend. Unklar ist auch, ob die Welt von Terroranschlägen verschont bleibt, ob die Rohstoffrallye weiter geht, ob REITs tatsächlich in 2007 auch in Deutschland eingeführt werden. Klar ist aber, dass angesichts steigender Zinsen das Thema Inflationsabsicherung wichtiger wird, dass in Schwellenländern nach wie vor überdurchschnittliche Renditen locken, dass es zu früh ist, die USA abzuschreiben, und dass Japan für Anleger wieder interessant geworden ist. Kurz: Die Welt ist groß und das Anlageuniversum nahezu grenzenlos. «

GUT GEMISCHT

DIE BESTEN FONDS FÜR 2007

von Barbara Sternberger-Frey, FUCHSBRIEFE-Team

Optimismus, Risiko mit Augenmaß und Flexibilität bestimmen das Anlagespektrum des Fonds- und Zertifikatedepots 2007. Denn die 2006 in Fahrt gekommene Konjunkturlokomotive steht auch in 2007 weltweit unter Dampf. Zwischenzeitliche Konjunkturdellen können zwar für eine Tempodrosselung sorgen. Rückschläge durch exogene Faktoren wie Terroranschläge und militärische Auseinandersetzungen sind niemals auszuschließen. Doch können die damit verbundenen Verlustrisiken in einem breit angelegten Depot weitgehend aufgefangen werden.

Optimismus, begrenztes Risiko und Flexibilität

Steueränderungen voraus

Ein breites Depotspektrum erleichtert zudem flexible Anlageentscheidungen. Und die sind auch notwendig, weil im Herbst 2006 noch völlig unklar ist, wie Kapitalanlagen in Deutschland künftig besteuert werden. Sicher ist nur, dass der Sparerfreibetrag ab 2007 fast halbiert wird. Wahrscheinlich ist die Einführung einer Abgeltungssteuer ab 2008, die alle Kapitaleinkünfte – also auch Kursgewinne aus Fonds und Zertifikaten – mit einer einheitlichen Steuer von beispielsweise 30 oder 20% belegt. Die Einführung der Einheitssteuer soll nach bisherigen Plänen zugleich das Aus steuerfreier Kursgewinne nach einem Jahr und das Ende des Halbeinkünfteverfahrens für Dividenden und Aktienkursgewinne bedeuten. Da bei einem solchen Modell nach zahlreichen Expertenberechnungen selbst für Spitzenverdiener erheblich niedrigere Netto-Renditen herauskommen können und vor allem das Vorsorgesparen konterkariert wird, bleibt die endgültige Steueränderung allerdings noch abzuwarten. Analog zu den Gepflogenheiten in angelsächsischen Staaten sind ggf. Freibeträge – abhängig von der Anlagedauer – im Gespräch. Trotzdem gilt es, für alle Eventualitäten Vorsorge zu treffen. Flexibilität bedeutet dann zum Beispiel, bei Zertifikaten das Laufzeitende vor 2008 zu legen. Denn kommt es zur grundsätzlichen Kursgewinnbesteuerung, sind davon die Renditen von Zertifikaten besonders hart getroffen.

Rahmenbedingungen derzeit noch offen

Ordentlicher Risiko-Puffer

35% Rohstoffe und Immobilien

Um dem Anspruch eines ausgewogenen Chancen-Risiko-Profils gerecht zu werden, lautet unsere Anlagestrategie für das Musterdepot: Neben ertrags- und wachstumsorientierten Aktien schützen sicherheitsorientierte Investments das Vermögen. Daraus resultiert ein Mix, der einem Aktien- und Anleihenanteil von 65% entspricht und dem als Sicherheitskomponente 35% Rohstoff- und Immobilienwerte beigemischt sind. Das Augenmerk liegt dabei auf einer breiten Risikostreuung. So werden von den 65% des flexibel angelegten Kapitals 45% in Aktien- und 20% in Rentenfonds investiert. Der Rest fließt als Airbag zu 23% in Rohstoff- und zu 12 % in Immobilienwerte. Ausgerichtet ist die Fondszusammenstellung für ein Depot von 100.000 Euro. Unsere Auswahlkriterien waren eine konstant überdurchschnittliche Rendite der Fonds in ihrer jeweiligen Asset-Klasse bei relativ niedrigem Risiko (Schwankungsbreite). Daneben haben wir darauf geachtet, dass die Fonds von Rating-Agenturen top benotet werden. Bei den Zertifikaten haben wir besonderen Wert auf bonitätsstarke Emittenten gelegt.

Aktienfonds mit Value- und Wachstumswerten

Weltweit ausgerichtetes Aktienuniversum

Im weltweit ausgerichteten Aktienteil des Depots sorgen Value- und Wachstumswerte dafür, dass die Chancen der Aktienmärkte optimal genutzt und eine breite Risikostreuung garantiert werden. Solide und gute Erträge verspricht der FIRST PRIVATE EUROPA AKTIEN ULM, der mit 10% Gesamtdepotanteil den Investitionsschwerpunkt im Aktienporteufeuille bildet. Der Blue-Chip-Fonds zählt seit vielen Jahren zu den besten Europafonds. „Buy Growing Value“ nennt Erfolgsmanager *Harry Klein* seine Strategie. Dabei setzt das Klein-Team innerhalb des MSCI-Europa-Index mit seinen 500 Werten ausschließlich auf unterbewertete Unternehmen, die für die Zukunft ein solides Gewinnwachstum von mindestens 7% p.a. versprechen. Gekauft werden ausschließlich 35 bis 45 Titel, die ein Kursverhältnis (KGV) von zehn bis zwölf aufweisen. Nach etwa zwei Jahren sollen die Titel dann bei KGVs von 16 bis 20 wieder verkauft werden. Ergebnis dieser Selektion: Öl- und andere Rohstoffwerte befinden sich kaum im Portefeuille. Das führt in Zeiten rasant steigender Rohstoffpreise zwar zum zwischenzeitlichen Renditeverzicht. Zugleich aber erhalten weniger volatile Aktien den Vorzug, was die Wertschwankungen und Risiken langfristig in Grenzen hält. Auf weit überdurchschnittliche Renditen müssen Anleger trotzdem nicht verzichten. Zu den aktuellen Favoriten des Fonds zählen beispielsweise Aktien der französischen Bauholding LAFARGE, oder der deutschen Erfolgsmarke PORSCHE.

Auf der Suche nach Aschenputtel

Der FIDELITY EUROPEAN AGGRESSIVE FUND investiert in europäische Wachstumswerte, die im Vergleich zu Substanzwerten unterbewertet sind. Dabei wählt Fondsmanager *Sanjeev Shah* mit seinem 58-köpfigen Aktienanalyseteam 100 bis 120 Aktien für den Fondstopf aus und kennt dabei weder Länder- noch Branchenbeschränkungen. Der Fokus des Managements liegt auf Large caps mit einer Marktkapitalisierung von mehr als 10 Mrd. Euro. Zu den Favoriten zählen die Bereiche Pharma, Medien und Energie. 2006 sind das beispielsweise Aktien des französischen Energieriesen TOTAL, des deutsch-französischen Pharmagiganten SANOFI-AVENTIS und des niederländischen Medienunternehmens REED ELSEVIER. Vom sich beschleunigenden Konjunkturauftrieb profitieren vor allem zyklische Nebenwerte. Beim METZLER EURO SMALL CAP nutzt Fondsmanager *Lorenzo Carcan* die Renditechancen attraktiver und wachstumsstarke Unternehmen aus der Euro-Zone, die in den Branchen Telekommunikation, Technologie, Medizintechnik, Software, Freizeit und Pharma tätig sind.

Wiedereinstieg in USA und Japan

„Dickschiffe" aus den USA wieder im Fokus

Neben europäischen Unternehmenswerten sollten US- und Japanfonds verstärkt berücksichtigt werden. Die Gründe: Nach flauen Börsenzeiten sind US-Werte trotz steigender Unternehmensgewinne immer noch unterdurchschnittlich bewertet und bieten langfristig gute Renditechancen. Vor allem Mega-caps werden so günstig gehandelt wie seit 20 Jahren nicht. Gute Voraussetzungen also für *Minyoung Sohn,* Manager des JANUS US FUNDAMENTAL EQUITY FUND EURO, der in Aktien von US-Großunternehmen mit großem Wachstumspotenzial aus allen Branchen investiert. Zu seinen Favoriten zählen beispielsweise der Elektronik Mammutkonzern GENERAL ELECTRIC, der Finanzriese CITIGROUP, der Energiegigant EXXON MOBIL, der Computer-Marktführer MICROSOFT und der Pharmakonzern MERCK. Zusätzliche Währungsrisiken entfallen, da der Fonds gegen Währungsverluste des Dollar gegenüber dem Euro abgesichert wird.

Japan: Talfahrt beendet

Neue Renditechancen bietet auch die japanische Börse. Denn nach jahrelanger Talfahrt befindet sich die japanische Wirtschaft nachhaltig im Aufwind. Durchschnittlich 2% Wachstum in den vergangenen drei Jahren sprechen für sich. Die Zeiten der Deflation, also ständig sinkender Preise, sind passé.

Durch überdurchschnittliche Renditen überzeugt der breit streuende VITRUVIUS JAPANESE EQUITY EURO. Das Managementteam muss mindestens zwei Drittel des Portefeuilles in japanische Unterneh-

Absicherung gegen Währungsrisiken

men investieren. Erlaubt sind auch Aktien ausländischer Firmen, die ihre Geschäfte hauptsächlich mit japanischen Produkten und Dienstleistungen machen. Bei der Zusammenstellung des Portfolios werden Blue chips und Mid- und Small caps berücksichtigt. Zu den Fondsschwerpunkten zählen beispielsweise Dividendenwerte der branchenübergreifenden Konzerne MITSUBIHI und SUMITOMO sowie des Elektronikkonzerns FUJITSU und des Automobilherstellers MAZDA. Auch der Janus-Fonds ist gegenüber Währungsrisiken abgesichert.

Hohe Ertragschancen in Schwellenländern

Emmas bringen den Rendite-Kick

Aktien von Unternehmen, die an Schwellenländer-Börsen gehandelt werden, können für den besonderen Rendite-Kick im Depot sorgen. Entsprechend hoch sind allerdings auch die Risiken. Um diese zu minimieren, haben wir den Depotanteil von 11% in 3 Fonds mit verschiedenen Anlageschwerpunkten gesplittet. Der von dem Deutschen *Michael Keppler* gemanagte GOBAL ADVANTAGE FUNDS-EMERGING MARKETS HIGH VALUE selektiert weltweit Schwellenländeraktien nach dem Top-Down-Approach. Das heißt: Ausgehend von der Entwicklung einer Volkswirtschaft und Branche werden Chancen und Risiken einzelner Aktien bewertet und ausgesucht. *Michael Keppler* verteilt dabei das Fondsvermögen sehr breit auf rund 200 Unternehmen und setzt schwerpunktmäßig auf Aktien aus Brasilien (13%), China (12%), Taiwan (11), den Philippinen (10%), der Türkei (10%), Malaysia (9%) und Thailand (9%). Auffallend: Indische Börsenwerte fehlen völlig.

Investieren ohne Benchmark

Das Team um die Fondsmanager *Vincent Strauss* und *Wojciech Stanislawski* des COMGEST-MAGELLAN sucht frei von jeglicher Benchmark nach Unternehmen, die in attraktiven Schwellenländern operieren und auf Sicht von 5 Jahren unabhängig von der globalen Konjunktur ein starkes Gewinnwachstum erwarten lassen. Bevorzugt werden konsumorientierte Unternehmen, die unmittelbar von der wachsenden Mittelschicht in den Emerging Markets profitieren. Mit 40 bis 50 Werten ist der Magellan sehr konzentriert aufgestellt und überzeugt mit geringen Wertschwankungen. Zu den Schwerpunktinvestitionen gehören die Börsen in Brasilien (18%), Südafrika (11%), Indien (10%) und Südkorea (7%).

Renditechancen bieten auch die Aktienmärkte in den osteuropäischen Schwellenländern – nicht zuletzt wegen ihrer Nähe zu den Absatzmärkten europäischer Industriestaaten und der künftigen Aufnahme der meisten Länder in den Euro-Währungsverbund. Ein sich beschleunigender Kreislauf aus Produktivitätssteigerungen, neu geschaffenem

Wohlstand und höheren Lohn- und Lebensstandards bietet für Einzelhandel und Finanzdienstleister gute Gewinnchancen, die das Fondsmanagement des MERRILL LYNCH - EMERGING EUROPE FUND konsequent nutzt. Das Management um *Plamen Monovski* stützt sich bei der Aktienauswahl auf eine hauseigene Datenbank mit über 400 Unternehmen. Zu den bevorzugten Investitionsregionen gehören Russland (55%), die Türkei (12%), Ungarn (8%) und Polen (8%).

Osteuropa im Anlagefokus

Statt auf Rentenwerte auch auf Zertifikate setzen

Da im Eurobereich weiter mit Zinssteigerungen zu rechnen ist, setzen wir auf Euro-Anleihen mit kurzen Laufzeiten und Geldmarktpapiere. Der AXA WF EURO LIQUIDITY F investiert in erstklassige Euro-Schuldverschreibungen, Termingelder und Geldmarkttitel mit einer Restlaufzeit von weniger als 12 Monaten. Zeichnet sich ein Ende der Zinsschraube ab, gilt es in Papiere mit mittleren Laufzeiten zu investieren.

Euro-Anleihen mit kurzen Laufzeiten

In den USA ist ein solches Ende der Zinserhöhungen absehbar, so dass Fonds mit mittleren und langen Laufzeiten günstig sind und ausgezeichnete Renditechancen besitzen. Zu den Top-Fonds dieser Kategorie zählt der VOLKSBANK-DOLLAR-RENT. Da der Fonds nicht gegen Wechselkursrisiken abgesichert ist, sollten Anleger hier aber mit dem Einstieg noch warten, bis sich der Dollarkurs stabilisiert hat.

Für Renditekicks im Rentenfondsanteil unseres Musterdepots sorgen hoch verzinste Schwellenländeranleihen. Der ABN AMRO GLOBAL EMERGING MARKETS BOND FUND verdankt seine langjährige Outperformance mit jährlichen Renditen von mehr als 10% einem bunten Mix aus Anleihen verschiedener Risikoklassen. Das Fondsmanagement um *Raphael Kassin* investiert überwiegend in Staatsanleihen aus Schwellenländern, aber auch in erstklassige Unternehmensanleihen. Top-Positionen sind Anleihen aus Argentinien (33%), Venezuela (26%), Indonesien (16%), den Philippinen (8%) und Russland (7%).

Kombination von Zinserträgen, Veräußerungs- und Währungsgewinnen

Rohstoffe und Immobilien für die Sicherheit

Wenn die Aktienkurse wegen steigender Energie- und Rohstoffpreise auf breiter Front fallen, profitieren Anleger von Rohstofffonds und -zertifikaten mit Kurssteigerungen. Diese eignen sich deshalb vorzüglich zur Depotabsicherung. Als Fallschirm gegen Inflationsrisiken sind insbesondere Goldinvestments geeignet, wobei das gelbe Edelmetall wegen eines nachhaltigen Nachfrageüberhangs langfristig hohe Renditenchancen bietet.

Beim MERRILL LYNCH IIF WORLD MINING Fund A2 Euro investiert Fondsmanager *Evy Hambro* vornehmlich in größere Unternehmen, die Nichtedelmetalle und Industriemineralien wie Eisenerz und Kohle gewinnen. Der ebenfalls von *Evy Hambro* gemanagte WORLD GOLD A2 Euro investiert dagegen fast ausschließlich in Goldminentitel aus den klassischen Förderländern Südafrika, Kanada und Australien. Zudem erwirbt er Aktien aus dem Bereich Grundmetalle.

Last but not least: Immobilienanlagen

REITs und auch wieder offene Immobilienfonds

Stabilität ins Depot bringen auch Immobilieninvestments, da sich die Renditen unabhängig von den Aktien- und Rentenmärkten entwickeln. Immobilienaktienfonds wie der HENDERSON HORIZON PAN-EUROPEAN PROPERTY EQUITIES FUND A2 investieren in börsennotierte Immobilienunternehmen, die ihre Gewinne in verschiedenen Geschäftsfeldern machen – so zum Beispiel beim Bau von Immobilien, der Finanzierung, der Vermarktung oder der professionellen Verwaltung. Damit ist von vornherein für eine breite Risikostreuung der Immobilieninvestments im Fondstopf gesorgt.

Die Renditechancen werden ab 2007 zunehmen, wenn steuerbegünstigte Immobilienunternehmen – so genannte REITs (Real Estate Investment Trusts) – erstmals in Deutschland zugelassen werden.

Falschbewertungen korrigiert, neue Beachtung verdient

Auch gut gemanagte offene Immobilienfonds mit direkten Immobilieninvestitionen, die aufgrund möglicher Falschbewertungen der Immobilienbestände sowie zwischenzeitlicher Fondsschließungen das Vertrauen vieler Anleger verloren haben, verdienen neue Beachtung. Denn inzwischen haben zahlreiche Aktivitäten wie Neubewertungen der Immobilien dazu geführt, dass langfristig erfolgreiche Fonds wieder solide Renditen bei extrem niedrigen Volatilitäten aufweisen. Der besondere Charme dieser Fondsspezies liegt dabei in hohen Netto-Renditen. Ein langfristig ausgewogenes Chancen-Risiko-Profil zeichnet den SEB IMMOINVEST aus, der weltweit in Immobilen investiert.

Fonds	Anlageschwerpunkt	Depot-anteil	Fonds-volumen*	Mindestanlage	ISIN	Wertentwicklung**		
						lauf. Jahr	1 Jahr	3 Jahre
Aktienfonds, Anteil 45%								
Europa Aktienfonds Ulm FP	Europa Standardwerte	10%	1.622	1.000 €	DE0009795831	10,6	20,4	75,9
Fidelity Funds - European Aggressive Fund A	Europa Standardwerte Growth	5%	3.125	2.000 €	LU0083291335	8,8	18,7	88,9
Metzler Euro Small Cap	Europa Small Caps	5%	193	2.500 €	IE0002921975	13,1	16,9	112,2
Janus US Fundamental Equity Fund - A Euro	Nordamerika Standardwerte	7%	88	2.500 €	IE0031138864	1,2	4,7	40,2
Vitruvius Japanese Equity EUR	Japan Standardwerte	7%	794	5.000 €	LU0117772284	3,0	35,5	91,6
COMGEST-MAGELLAN	Emerging Markets weltweit	3,5%	1.041	-	FR0000292278	9,8	25,9	100,5
Global Advantage Funds-Emerging Markets High Value	Emerging Markets weltweit	3,5%	532	-	LU0047906267	6,0	29,8	131,9
MLIIF Emerging Europe A2 €	Emerging Markets Osteuropa	4%	4.005	4.000 €	LU0011850392	18,9	40,1	187,6
Rentenfonds, Anteil 20%								
AXA WF EURO LIQUIDITY F	Euro-Kurzläufer + Geldmarkttitel	5%	84	-	LU0087728605	1,5	2,4	7,6
Volksbank-Dollar-Rent	US-Anleihen, mittlere + lange Laufzeiten	5%	23	1.000 $	AT0000835681	0,0	4,9	-0,2
ABN AMRO Global Emerging Markets Bond Fund EUR	Emerging Markets-Anleihen weltweit	10%	1.007	250 €	LU0168398765	15,2	21,5	66,2
Depotabsicherung, Anteil 35%								
Merrill Lynch IIF World Mining Fund A2 €	Bergbau und Minenwerte Welt	5%	5.117	4.000 €	LU0172157280	16,9	47,5	134,8
MLIIF World Gold Fund A2 Euro	Gold / Edelmetalle Welt	13%	3.999	4.000 €	LU0171305526	11,5	49,8	57,1
Activest-Aktien-Rohstoffe C	Rohstoffe Welt	5%	151	2.500 €	DE0009779884	8,3	19,4	89,0
Henderson Horizon Pan-European Property Equities Fund A2	Europa-Immobilienaktien	6%	1.074	2.500 €	LU0088927925	21,4	32,4	160,0
SEB Immoinvest	Offener Immobilienfonds Welt	6%	4.416	250 €	DE0009802306	3,2	4,5	14,2

*Quelle: Morningstar, Fondsweb, GfA; Stand: 8.09.2006, * in Mio. €; ** in %*

» Bei Immobilienanlagen fehlt es den Deutschen an Professionalität. Während bei Aktien- oder Renteninvestments Unsummen für Fachliteratur und einschlägige Publikationen ausgegeben werden, verlässt man sich beim Betongold gerne auf Bewährtes: den Bauch. Aufgrund unserer Historie mit Inflation und Wohnungsknappheit nach den Weltkriegen steht unser Urteil fest: Immobilien bieten Schutz vor Vermögensverfall und steigen sogar – quasi zwangsläufig – im Wert. „Nano-Renditen" werden begeistert gefeiert, Verluste lässt man zu lange laufen. Dabei haben zumindest Teile dieses Anlagesegments gute Perspektiven – wenn man ein paar elementare Regeln beachtet und sich nicht von Marktteilnehmern die Sinne vernebeln lässt. «

Bauch-Investments

Über Dilettantismus in der Immobilienbranche

von Michael Schramm, Hauck & Aufhäuser Privatbankiers

Bauchgesteuerte Immobilieninvestments

Es gibt keine Anlageklasse, bei der sich die deutschen Privatanleger so unprofessionell verhalten wie bei Immobilien. Interessanterweise gilt das für den kleinen Anleger, der zur Alterssicherung eine Drei-Zimmer-Wohnung fremd vermietet gleichermaßen wie für das Family Office von Multimillionären.

Diese Ignoranz wird viele Investoren in Zukunft sehr viel Geld kosten. Bei Aktien werden Tag für Tag die Wirtschafts- und Finanzseiten der einschlägigen Presse studiert, Fachpublikationen gelesen und regelmäßige Diskussionen mit dem zuständigen Banker geführt. Die Telebörse ist wichtiger als die Tagesschau. Zum Teil vertiefen sich private Anleger sogar in die umfangreichen Studien der Bankenanalysten.

Wann ist ein Investment erfolgreich

Auch Profis schalten den Verstand aus

Bei Immobilien sieht die Welt vollständig anders aus. Da werden Objekte gehalten, ohne nur ein Mal die Rendite kritisch zu hinterfragen. Rahmendaten wie beispielsweise die Entwicklung der Bevölkerung werden schlichtweg ignoriert. Wie unreflektiert und fahrlässig mit Immobilienanlagen umgegangen wird, ist mir neulich noch einmal bei einem Gespräch mit einem der renommiertesten Wirtschaftsprüfer Deutschlands deutlich geworden. Der Mann betreut eine Reihe von Milliardärsfamilien persönlich. Unsere Unterhaltung kam auf ein brachliegendes Luxusgrundstück in Bad Homburg, das einer sehr vermögenden Familie aus dem Ort gehört. Der Wirtschaftsprüfer rechnete mir vor, dass das Grundstück in den vergangenen zehn Jahren seinen Wert verdoppelt habe und somit ein wirklich erfolgreiches Investment sei. Was diesem unbestrittenen Wirtschaftsexperten nicht bewusst war ist die Tatsache, dass mit dem Kauf einer Bundesanleihe vor zehn Jahren dieselbe Rendite erzielt worden wäre – und das ohne jegliches Verlustrisiko. Jetzt könnte man einwenden, dass Zinseinnahmen steuerpflichtig sind, Wertzuwächse bei Immobilien dagegen bislang noch nicht. Die Familie hat aber mit Unterstützung dieses Wirtschaftsprüfers ihr Vermögen steuerlich so optimiert, dass die Steuerlast bei Zinseinnahmen gegen Null geht. Bei der vermeintlichen Bundesanleihe wären die Einnahmen also brutto gleich netto gewesen – dank dieser intelligenten Strukturierung des Vermögens. Bei dem Grundstück blieb dagegen der Verstand ausgeschaltet. Die Bundesanleihe wäre unter rationaler Berücksichtigung der Rendite und des Risikos das eindeutig besser Investment gewesen.

Es war einmal: Betongold ist sicher und steigt im Wert

Solide Wertsteigerung und Schutz vor Inflation?

Der Dilettantismus und die Subjektivität in Bezug auf Immobilien haben eine lange Vorgeschichte. Die Deutschen haben das so genannte Betongold in den letzten 100 Jahren als sichere und im Wert steigende Anlageklasse kennen gelernt. In der Zeit nach dem Ersten Weltkrieg, in der erst Hyperinflation herrschte und es dann zur Währungsreform kam, bewahrten ausschließlich Gold und Immobilien ihren Wert.

Im Zweiten Weltkrieg zerstörten die Alliierten 20% des Wohnraums in Deutschland, insbesondere die Großstädte traf es hart. Wohnungen waren knapp und somit besonders wertvoll. Das dann folgende Wirtschaftswunder und der Babyboom prägten das Bewusstsein der ersten zwei Nachkriegs-Generationen: Immobilien waren absolut sicher und machten reich. Egal, wo sie standen und wie sie ausgestattet waren.

Politik förderte einseitige Vermögensallokation

Diese Erfahrungen und massive staatliche Subventionen (Stichwort: Sonder-Afa) heizten nach der Wende in den 90er Jahren den Bauboom in Ostdeutschland an. Die bereits damals herrschende, viel zu hohe Gewichtung von Immobilen im Gesamtvermögen der Deutschen nahm nochmals zu.

Rosige Zukunft?

Als in der Zeit vom Frühjahr 2000 bis zum Frühjahr 2003 die Aktienmärkte weltweit unter Schockwellen kollabierten, blieben Immobilien weit gehend wertbeständig. Und auch heute, wo milliardenschwere Private-Equity- und Hedge Fonds aus dem Ausland massenweise Wohnungsbestände in der Bundesrepublik aufkaufen, glauben die meisten deutschen Privatinvestoren an die gute Zukunft ihrer Immobilienanlage.

Investments ohne Sinn und Verstand

Die Anleger haben also gelernt, dass Immobilien eine sichere und im Wert steigende Anlage darstellen. Viele Investoren werden aber mit ihren Immobilien in den kommenden Jahren Schiffbruch erleiden. Denn sie unterziehen ihre Anlagen nicht einer kritischen Analyse, sondern beurteilen sie emotional aus dem Bauch heraus.

Bei der Bewertung von Aktien fragen wir uns ständig: Wie nachhaltig sind die Gewinne, wie zukunftsträchtig sind die Produkte, wie stark ist der Wettbewerb. Bei Immobilien werden diese Fragen nicht gestellt. Da wird mit Freude und Stolz der Eingangsbereich eines Mietshauses mit teurem Granit gefliest, ohne zu kalkulieren, ob sich diese Investition durch entsprechend höhere Mieteinnahmen bezahlt macht.

Zentrale Fragen nicht gestellt

Da die Immobilienpreise nicht sichtbar schwanken und transparent in der Zeitung stehen, ist eine falsche Gelassenheit die Regel. Doch nur Objekte, für die die Nachfrage steigt, also beispielsweise in den begehrten Vierteln Hamburgs, Frankfurts oder Münchens, werden auch in Zukunft ansehnliche Renditen erwirtschaften. Immobilien in weniger angesagten Lagen sind dagegen eine Wette gegen die Demografie.

Wette gegen die Demografie

Wenn die Nachfrage zum Stillstand kommt

Wir wissen, dass die Bevölkerung in Deutschland signifikant schrumpfen wird. Bereits jetzt nimmt die Zahl der Einwohner jährlich um 0,2% ab. Die Deutsche Stiftung Weltwirtschaft schätzt, dass im Jahr 2050 in der Bundesrepublik nur noch 75 Millionen Menschen leben – das sind fast zehn Prozent weniger als heute. Am Beispiel Ostdeutschlands lässt sich bestens beobachten, was ein solcher Bevölkerungsrückgang auslöst, was passiert, wenn die Nachfrage zum Stillstand kommt. Ende der 90er Jahre brach der ostdeutsche Immobilienmarkt auch in den vermeintlichen „Boomtowns" fast vollständig zusammen. Anleger, die durch steuerliche Anreize von Vater Staat in den neuen Bundesländern in Betongold getrieben wurden, sitzen auf immensen Vermögensverlusten. Diese können sie häufig nicht einmal realisieren, selbst wenn sie wollten – es fehlt die Nachfrage. Aufgrund der rückläufigen Bevölkerung ist in Westdeutschland mit denselben Folgen zu rechnen – insbesondere in den schwächeren Regionen. Im Klartext: Der Immobilieneigentümer aus Gelsenkirchen dürfte in Zukunft keinen realen Wertzuwachs erzielen. Noch viel schlimmer: Womöglich findet er in einigen Jahren gar keinen Käufer mehr für sein Objekt.

Verluste mangels Käufer oft nicht einmal realisierbar

Die Heuschrecken kommen

Doch wie passt diese pessimistische Einschätzung mit dem momentanen Trend zusammen, dass insbesondere institutionelle Investoren im großen Stil Immobilien in Deutschland kaufen? Generell lässt sich derzeit weltweit beobachten, dass die großen Geldsammelstellen nach dem Börsencrash der Jahre 2000 bis 2003 ihren Anteil von Immobilien am Gesamtportfolio aufstocken.

Institutionelle mit deutlich niedrigerer Immobilienquote

Dabei muss man wissen, dass deren Immobilienquote deutlich unter der von Privatanlegern liegt. Erst neulich verkündete eine Reihe deutscher Versicherungen, ihren Anteil an Immobilien am Gesamtvermögen von zurzeit rund 6% mittelfristig auf 10 bis 15% zu erhöhen. Damit bleiben sie auch künftig weit entfernt von der Quote, die wir heute in den privaten Vermögen finden.

Außerdem gilt es zu bedenken, dass fast alle institutionellen Investoren prozyklisch handeln. Erinnern Sie sich noch, als die „Instis" die Aktie der Deutschen Telekom auf 100 Euro trieben, bevor sie erhebliche Verluste mit diesem Investment hinnehmen mussten?

REITs im Anmarsch

Zusätzlich wird diese Entwicklung kurzfristig von der anstehenden Einführung so genannter REITs unterstützt. Vor allem große angelsächsische Investoren wie Fortress, Blackstone oder Cerberus kaufen zurzeit ganze Immobilienpakete und dies zum Teil auch in den vermeintlich schlechten Lagen wie in Ostdeutschland. Nach allgemeiner Einschätzung handeln vor allem die angelsächsischen Fonds sehr kurzfristig und wollen das schnelle Geld machen, indem sie die gekauften Immobilienpakete möglichst bald über die Börse mit Gewinn wieder abstoßen. Zum Teil geben sie das sogar offen zu. Diese Finanzinvestoren sorgen nur für ein Strohfeuer in einem langfristigen Abwärtstrend – dazu gleich mehr.

Depots sind zu immobilienlastig

60% des Vermögens in Immobilien

Die deutschen Privatanleger sind maßlos in Immobilien überinvestiert. Rund 60% der privaten Vermögen stecken in vermieteten Wohnungen, Häusern und Gewerbeimmobilien. Gedankenlos kleben die Anleger an diesen Investments, ohne die derzeit einmalige Chance zu nutzen, insbesondere perspektivlose Immobilien (Lage, Zuschnitt, Ausstattung) noch einmal zu einem halbwegs anständigen Preis loszuschlagen. Wenn wir für diesen Markt die gleichen professionellen Maßstäbe ansetzten, die wir zur Bewertung von Aktien und Renten entwickelt haben, wäre es nie zu einem solchen Übergewicht von Immobilien gekommen. Meinen Kunden rate ich grundsätzlich, den Anteil von Immobilien auf 30%, maximal 40% zu beschränken. Das bedeutet im Durchschnitt rund eine Halbierung dieser Assetklasse zu Gunsten anderer Investments.

Jetzt Ballast abstoßen

Gleichzeitig gilt es, innerhalb der Anlageklasse Immobilie das Risiko zu streuen. Während wir bei Aktien schon selbstverständlich global denken und auch investieren, kaufen viele Anleger nur Objekte, die in ihrer Nachbarschaft zum Greifen nah sind. Was im Umkehrschluss bedeutet, dass dies der beste Investitionsstandort sein müsste. Ist er aber meistens nicht. Gerade bei mittelständischen Unternehmern stelle ich immer wieder fest, dass sie sich mit ihrem Unternehmen zwar erfolgreich am Weltmarkt behaupten. Mit ihrer Immobilienanlage sind sie aber niemals aus dem Sauerland oder aus dem Bayerischen Wald hinausgelangt.

Hier muss umgedacht werden. Sicherlich ist die erreichbare Immobilie subjektiv als Vermögenssicherung greifbarer als die im Ausland. Wenn es aber um die systematische Vermögensmehrung geht, müssen andere Kriterien und Instrumente her. Grundsätzlich stehen für das Immobilien-Investment vier bzw. künftig fünf unterschiedliche Vehikel zur Verfügung.

Geschlossene Fonds: gut fürs Ausland

Wichtiger Indikator: Die Erfolgsbilanz

Geschlossene Immobilienfonds waren viele Jahre nur als Steuersparmodelle populär. Dabei wird schnell vergessen, dass diese Anlageklasse ein hervorragend geeignetes Mittel darstellt, um im Ausland zu investieren. Geschlossene Immobilienfonds eröffnen den Anlegern die Möglichkeit, ein Teileigentum an einem Großobjekt wie etwa an einem Mietwohnungsblock oder einem Einkaufszentrum zu erwerben. Ohne umfangreiches eigenes Know-how mitzubringen, kann der Anleger so in wachstumsstarke Märkte investieren, zum Beispiel in Asien. Dieser Baustein ist gerade für sehr vermögende Investoren geeignet, die bisher nur eigene Direktinvestments im Inland getätigt haben. Die Qualität der Fonds-Initiatoren kann man anhand ihres Track Records (Erfolgsbilanz) beurteilen.

Offene Fonds: Liquidität und attraktive Wertentwicklung

Wer es kleiner und unkomplizierter haben möchte, der setzt auf offene Immobilienfonds, die es interessanterweise nur in Deutschland gibt. Auch mit ihnen kann man an den Wachstumsmärkten im Ausland teilhaben, ohne eine eigene umfassende Expertise aufzubauen.

Großer Imageschaden

Ein Vorteil offener gegenüber geschlossenen Immobilienfonds ist, dass sie börsentäglich gehandelt werden und somit wesentlich liquider sind. Der Ruf dieser Anlageklasse hat allerdings in den vergangenen zwei Jahren schwer gelitten – nicht ganz zu Unrecht, wie ich meine. Erst bekamen die Deka-Immoblienfonds Probleme, dann musste die Deutsche Bank zwischenzeitlich die Kursnotiz des DB Real Estate Fund aussetzen und die Werthaltigkeit des Fonds überprüfen. Schließlich wurden die renommierten KanAm-Fonds vorübergehend geschlossen. Ausgelöst wurde die Krise durch umstrittene Veröffentlichungen einer kleinen Fonds-

Rating-Agentur, die die Werthaltigkeit der Fonds in Zweifel zog. Die Studien wurden undifferenziert von der Wirtschaftspresse aufgegriffen und auf den Titelseiten der Finanzzeitungen breitgetreten.

Umstrittene Bewertung

Tatsächlich sind an offenen Immobilienfonds die zu niedrige Transparenz und die teilweise umstrittenen Bewertungsmethoden zu kritisieren. Seit Monaten verliert die Branche Gelder in Milliardenhöhe. Trotzdem zählen offene Immobilienfonds im 30-Jahresvergleich zu den sichersten Geldanlagen in Deutschland und gehören somit in jedes Depot.

Immobilienaktien: zur Risikostreuung ungeeignet

Von den Kritikern offener Immobilienfonds werden häufig Immobilienaktien als Alternative angepriesen. Hierzu gehören in Deutschland Werte wie die IVG, Deutsche Wohnen oder Euroshop-Aktien, die wegen der Hoffnung auf den Einstieg internationaler Großanleger zuletzt deutlich zugelegt haben.

Hier gelten die Gesetze der Börse

Ihr Kurs ist aber keineswegs das Spiegelbild des Immobilien-Portfolios. Die Bewertung von Immobilienaktien entsteht vielmehr nach den Spielregeln des Aktienmarktes, die sich kurzfristig nach Angebot und Nachfrage richten. Die sonst üblichen Bewertungsmethoden der Börse sind für Immobilien aber zu ungenau. Für langfristige Anlagegüter stellen sie keine angemessene Vorgehensweise dar. Bei Immobilienaktien muss sich der Anleger bewusst machen, dass er viel mehr in eine Aktie und viel weniger in ein Immobilien-Portfolio investiert. Gerade zur angestrebten Diversifizierung eines Vermögens eignen sie sich nicht.

Außerdem handelt es sich bei den deutschen Immobilienaktien um einen recht engen Markt. Die Marktkapitalisierung der drei größten deutschen Immobilienaktien entspricht nur rund zwei Prozent des Kapitals, das in offene und geschlossene Immobilienfonds investiert ist. Alle Immobilenaktien zusammen kosten gerade einmal etwas mehr als 11 Mrd. Euro. Sie repräsentieren nicht mehr als ein Prozent des gesamten deutschen Aktienmarktes. Insbesondere sehr großen Vermögen rate ich daher dringend ab, in Einzelwerte zu investieren.

REITs sind in erster Linie Aktien

Gleiches gilt für die Real Estate Investments Trusts, kurz REITs genannt. Diese reinen Immobilienaktien werden voraussichtlich in Deutschland ab 2007 zugelassen. Durch die nahezu vollkommene

Ausschüttung der Gewinne an den Anleger findet die Besteuerung bei ihm und nicht auf Unternehmensebene statt.

Keine Alternative zu Immo-Fonds

Die Erfahrungen aus den Vereinigten Staaten zeigen uns, dass auch bei dieser Anlagegattung der Charakter mehr dem von Aktien und weniger dem von Immobilien entspricht. Die US-REITs legten auf Basis des amerikanischen Immobilienbooms in den vergangenen fünf Jahren eine beeindruckende Wertentwicklung hin. Aber sie schwankten stärker als der marktbreite Aktienindex S&P 500. Es handelt sich hier um eine neue Anlageergänzung in der Kategorie „Aktien“ und auf keinen Fall um eine Alternative zu offenen Immobilienfonds.

Es überrascht, welche Aufmerksamkeit Politiker und Medien dem Thema REITs widmen. Die Immobilienlobby leistet hier ganze Arbeit. Wundern kann das nicht, denn es geht um riesige Mengen Geld.

Die Lobby leistet ganze Arbeit

Derzeit kann man überall beobachten, wie professionelle Investoren, die meistens aus dem Ausland stammen, klammen deutschen Kommunen gigantische Immobilenpakete abkaufen. Zum Teil wechseln ganze Plattenbausiedlungen den Eigentümer. Objekte, die wir alle bei klarem Verstand nicht für einen Moment im Bestand haben möchten. Insgesamt haben ausländische Geldsammelstellen seit dem Jahr 2002 rund 600.000 Wohnungen übernommen – bis zum Jahresende 2006 könnte die Zahl bis auf eine Million ansteigen. Alleine im vergangenen Jahr steckten ausländische Finanzinvestoren 50 Mrd. Euro in deutsche Immobilien.

Die Börse ruft

Aber warum kaufen diese Großinvestoren, wenn die demografische Entwicklung so gegen Immobilien in Deutschland spricht? Es ist die Wette auf einen baldigen Börsengang. Nicht die Chance einer langfristig stabilen Wertentwicklung, sondern das kurzfristige Geschäft lockt. Das funktioniert wie folgt: Es werden ostdeutsche Mietskasernen zum zurzeit üblichen Preis der siebenfachen Jahresmiete (KGV=7) gekauft. Diese werden dann höherwertigen Immobilien untergemischt, quasi versteckt. Das Gesamtpaket wird dann nach dem europäischen Durchschnitt bewertet – als Maßstab gelten beispielsweise Immobilien aus Großbritannien. Dadurch lässt sich problemlos ein Ansatz der zwölffachen Jahresmiete (KGV=12) darstellen. Das Paket wird schließlich mit dieser international üblichen Durchschnittsbewertung als REIT an der Börse platziert – verkauft am besten an Privatanleger, die im Zweifelsfall die Qualität der Immobilien gar nicht beurteilen können.

Somit haben diese heruntergewirtschafteten Immobilien sogar noch Bewertungsreserven.

Nicht in die Immobilienblase hetzen lassen!

In Frankreich löste im Jahr 2003 die Einführung von REITs einen regelrechten Immobilienboom aus. Auch für Deutschland erwarte ich einen Schub für die Branche. Der Privatinvestor sollte diesen kurzfristigen Aufwind aber nutzen, um seine renditeschwache Immobilie noch zu einem vertretbaren Preis loszuschlagen und sich nicht unüberlegt in die nächste Blase hetzen lassen. Denn die Entwicklung der Altersstruktur wird den Immobilienmarkt nachhaltig beeinflussen und zwar deutlich negativ. Allerdings beobachten wir, dass sich Anleger sehr schwer tun, gerade die misslungenen Investments zu verkaufen. Bei Kursverlusten schaut man lieber weg – im schlimmsten Fall bis zum Totalverlust. Professionell ist das nicht.

Prognoserechnungen unerlässlich

Bleiben noch der direkte Kauf von Wohnungen oder von ganzen Mietshäusern. Letztere, die auch gerne als Zinshäuser bezeichnet werden, haben gegenüber herkömmlichen Wohnungen den großen Vorteil, dass sie mit einem Paketabschlag von bis zu einem Fünftel gehandelt werden. Die Chance, eine angemessene Rendite zu erwirtschaften ist bei einem kompletten Mietshaus somit wesentlich höher als bei einzelnen Mietwohnungen.

Regelmäßiger Wirtschaftlichkeitscheck

Wie bei allen anderen Investments sollte der Kauf oder Verkauf eines Zinshauses einem rationalen Anlageprozess unterliegen. So muss jede Immobilie regelmäßig einem Wirtschaftlichkeits-Check unterzogen werden. Die Finanzierungsdaten sollten mit den Planungen für die zu erwartenden Kosten und verschiedenen Inflationsszenarien in Relation gesetzt werden. Durch Simulationen kann bzw. muss der Eigentümer in die Lage versetzt werden, ein Gefühl zu entwickeln, welche Mietentwicklungen für die geplante Mietrendite erforderlich sind. Zudem gilt es zu bedenken, dass Wohnimmobilien schwer handelbar sind. Selbst in den attraktiven Metropolen wechseln jedes Jahr nur 0,5 bis 1,1% der Mehrfamilienhäuser den Eigentümer.

Zahlungsströme überprüfen

Da Immobilien meistens über einen längeren Zeitraum gehalten werden, ist es unerlässlich, auch die Zahlungsströme zu überprüfen. Alle Einzahlungen (Mieten) müssen den erwarteten Auszahlungen (Zinsen, Verwaltungskosten, Instandhaltungs- und Modernisierungskosten) in einer Kapitalflussrechnung gegenüber gestellt werden. Gerade die regelmäßigen Investitionen, die notwendig sind, um den Qualitätsstandard zu halten, der die Miete sichert, werden aber gerne vernachlässigt.

Wenn Sie sich bewusst machen, wie häufig Sie sich bei Aktien Gedanken um deren Entwicklung machen, so sollte dies auch der Maßstab bei Immobilien sein. Wer dies nicht selber machen will oder kann, sollte einen Profi damit beauftragen. Das sind in der Regel nicht die klassischen Makler oder Hausverwalter. Dieses Know-how sitzt deutlich mehr bei den Banken. Auch wenn viele hier erst damit beginnen, ihre Kunden auch in dieser Anlageklasse ganzheitlich zu begleiten. Im Gespräch mit Ihrem Banker werden Sie schnell feststellen, ob Ihnen hier ein Mehrwert angeboten wird oder nicht.

Ganzheitliche Beurteilung ist gefragt

Direktinvestments lukrativer als Fonds

Mit einer Direktinvestition eröffnen sich höhere Renditechancen als mit geschlossenen oder offenen Immobilienfonds. Allerdings gestaltet sich der Investmentprozess anspruchsvoller. Ein Immobilieninvestment muss genauso professionell getätigt werden wie eine Kapitalanlage. Es gilt, klare Kriterien zu definieren, um zu beurteilen, ob es Sinn macht, ein Objekt zu bauen oder zu kaufen. Fällt eine Immobilie bei der Beurteilung durch, muss sie aus dem Portfolio ausgesondert und verkauft werden.

Kriterien für Investitionsentscheidung

Die Anforderungen, die Immobilien künftig erfüllen müssen, hat das Bundesamt für Raumordnung für das Jahr 2020 bereits definiert. Anleger sind also nicht den Einschätzungen provisionsgetriebener Makler ausgeliefert, sondern ihnen steht ein objektiver Kriterienkatalog zur Verfügung. Eine strukturierte Rendite-Prognose-Rechnung muss folgende Fragen beantworten:

1. Region: Schlechte Lagen werden durch den demografischen Trend noch schlechter, der Preis wird weiter sinken. Haben wir es an dem Standort mit einer künftig wachsenden oder schrumpfenden Bevölkerung zu tun?

2. Wirtschaftliche Potenz: Wird die Bevölkerung nicht nur zahlenmäßig, sondern auch an Kaufkraft gewinnen oder verlieren?

3. Infrastruktur: Sind öffentliche Verkehrsmittel, Einkaufsmöglichkeiten Ärzte etc. in der Nähe?

Experten erwarten Anstieg der Single-Haushalte

4. Zuschnitt der Immobilie: Die Zahl der Drei-Personen-Haushalte wird abnehmen, die der Zwei-Personen-Haushalte zunehmen. Außerdem erwarten Experten einen Anstieg der Single-Haushalte von mehr als zehn Prozent in den kommenden 25 Jahren. Daher lautet eine weitere Frage: Eignet sich der Zuschnitt der Immobilie auch für kleinere Haushalte?

5. Ausstattung: Die Ansprüche der Mieter an die Ausstattung von Wohnungen steigen. Verfügt das Objekt über Balkone, Parkplätze, Keller und ab dem vierten Stockwerk über einen Aufzug?

Direktinvestments: zweistellige Renditen möglich

Nachfrage nach attraktiven Objekten steigt

In den vergangenen 40 Jahren stiegen die Preise für Wohnimmobilien um durchschnittlich 3,1% pro Jahr. Nur mit höherwertigen Immobilien in guter Lage ließen sich bessere Ergebnisse erzielen.

Dies gilt auch für die Zukunft. Denn obwohl die Zahl der Einwohner Deutschlands insgesamt sinkt, nimmt die Nachfrage nach attraktiven Wohnungen in angesagten Lagen und Stadtteilen zu. Denn es gibt immer mehr Menschen, die einkommensstark und/oder bedingt durch Erbschaften vermögend sind. Das Angebot an hochwertigen Objekten an gefragten Standorten lässt sich aber kaum steigern. Die attraktiven

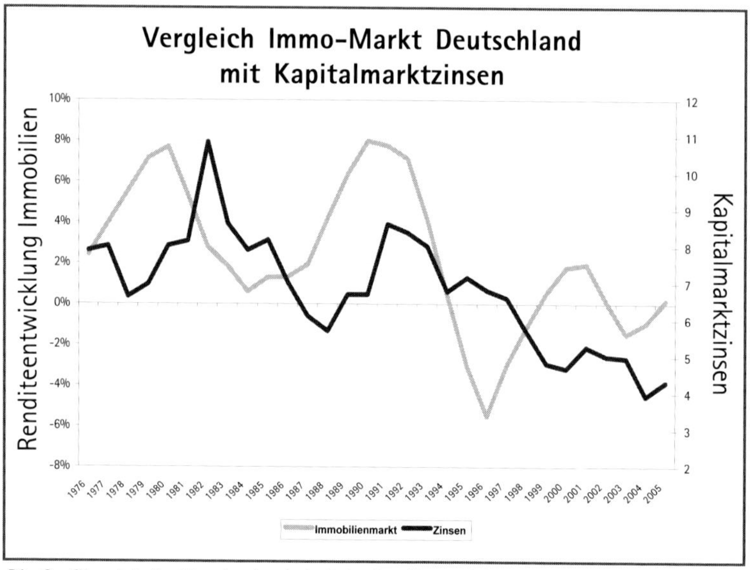

Die Grafik zeigt die überdurchschnittliche Renditentwicklung bei Immobilien im Vergleich zu Kapitalmarktzinsen.
Quelle: Hauck&Aufhäuser Privatbankiers KGaA

Stadtviertel sind in aller Regel bereits voll bebaut. Hier werden Knappheitspreise gezahlt.

Immobilien schlagen langlaufende Rentenpapiere

Mit ausgesuchten Objekten halte ich daher Renditen von 5 bis 7% auch in den kommenden Jahren für erzielbar. Damit können solche Immobilien klar langlaufende Rentenpapiere schlagen, die aktuell nur rund 3,5% abwerfen.

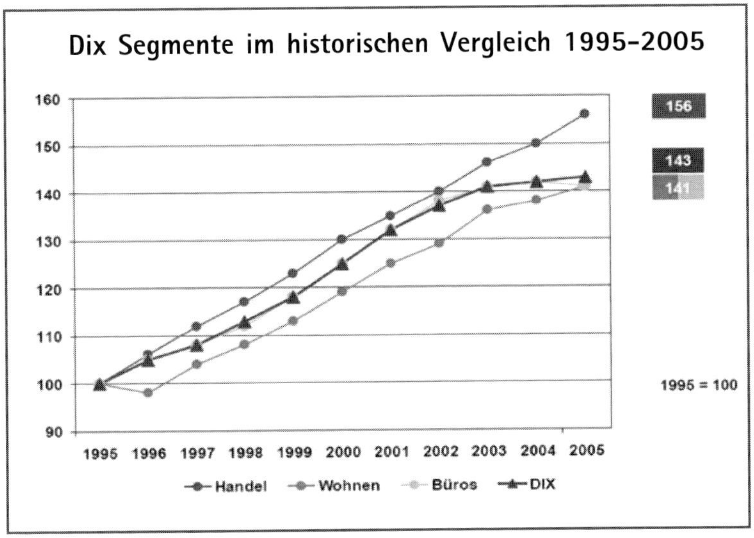

Die Entwicklung des Deutschen Immobilien Index (DIX) seit 1995 zeigt ferner, dass unabhängig vom jeweiligen Immobiliensegment eine kontinuierliche Wertentwicklung erzielt werden konnte.
Quelle: www.dix.de / 10 Jahre DIX-Ergebnisse des Deutschen Marktes 2005

Finanzierung reduziert Klumpenrisiko

Der Renditevorsprung lässt sich noch dadurch anheben, dass durch Aufnahme von Fremdkapital ein Leverageeffekt erzielt wird. Zweistellige Renditen auf das eingesetzte Kapital sind über einen solchen Hebel problemlos darstellbar. Darüber hinaus reduziert eine Kreditfinanzierung das Klumpenrisiko. Wird eine Immobilie zum Teil fremdfinanziert, verliert sie an Gewicht im Gesamtdepot. Durch komplexe Finanzierungsstrukturen können ganz bewusst verschiedene Immobilienanlagen unterschiedlich gewichtet werden, ohne dass sich der Anleger bei der Objektauswahl zu sehr einschränken muss. Selbstverständlich sprechen häufig auch steuerliche Aspekte für den Einsatz von Fremdkapital. Doch dieser Beitrag will sich darauf konzentrieren, die Immobilie als strategischen Vermögensbaustein zu analysieren.

Immobilien gehören in jedes Depot

Rahmenbedingungen werden schlechter

Zusammengefasst lässt sich sagen, dass fast alle Anleger ihren Anteil von Immobilien senken müssen. Das Gewicht sollte sich je nach persönlichen Präferenzen und Erwartungen an die Gesamtanlage nicht deutlich über einem Drittel der Gesamt-Allokation bewegen. Die durchschnittlich 60%, die wir in privaten Vermögen finden, sind unter Rendite- und unter Risikogesichtspunkten dramatisch zu viel. Dies gilt insbesondere in Anbetracht der insgesamt schlechter werdenden Rahmenbedingungen für diesen Markt.

Geringe Korrelation mit anderen Anlageklassen

Trotzdem gilt, dass ausgesuchte Immobilien-Investments ein wichtiger strategischer Baustein in jeder Vermögensanlage sind. Denn die Ertragsschwankungen fallen bei Immobilen-Anlagen niedriger aus als bei anderen Vermögenswerten. Zudem korrelieren Immobilien auffallend wenig mit anderen Anlageklassen. So beläuft sich die Korrelation von Wohnimmobilien mit dem DAX auf -0,14, mit Hedge Fonds auf 0,03 und mit Private Equity auf -0,03. Immobilien eignen sich somit hervorragend zur Risikoreduzierung.

Vorsicht vor der Sonderkonjunktur

Bestand internationalisieren

Die Anlage muss zukunftsorientiert sein. Etwaige Sentimentalitäten bezüglich des beispielsweise geerbten Elternhauses können viel Geld kosten. Eine Anlage sollte nur dann getätigt oder gehalten werden, wenn die Aussichten dafür entsprechend attraktiv sind. Um diese beurteilen zu können, sind unterschiedliche Prognoserechnungen basierend auf verschiedenen Szenarien bezüglich Inflation, Kaufkraft- und Bevölkerungsentwicklung etc. zu erstellen. Diese Planzahlen gilt es regelmäßig zu aktualisieren. Objekte, die eine erwartete Mindestrendite nicht erzielen, müssen abgestoßen werden.

Vor allem der deutsche Markt wird derzeit durch eine Sonderkonjunktur getrieben. Wir alle wissen, dass solche Zyklen sich schnell drehen. Es ist jetzt der geeignete Zeitpunkt, Portfolios entsprechend umzuschichten und internationaler auszurichten. Der häufig vorzufindende rein nationale Anteil an Immobilien muss im Regelfall reduziert werden. Osteuropa und Asien sind nicht nur im Aktienportfolio wichtige Bestandteile. Sie sind auch für die Immobilienanlage zukunftsweisend. Mit offenen und geschlossenen Immobilienfonds stehen geeignete Investment-Vehikel zur Verfügung. REITs sind dagegen nur bedingt geeignet, da sie schnell zum aktienähnlichen Instrument verkommen und auch die Volatilität dieser Anlagegattung aufweisen werden. Gleiches gilt für Immobilienaktien.

Professionalität gefragt

➔ Fazit: Immobilien werden in einem Markt gehandelt, dessen Gesetze sich im Wandel befinden (Wegfall der Spekulationsfrist!). Der Anleger muss seine Investments wesentlich professioneller als in der Vergangenheit vornehmen. Die geeigneten Instrumente für den Anlageprozess stehen zur Verfügung.

» Real Estate Investment Trusts haben sich als international gebräuchliches Immobilienanlagevehikel etabliert. Diese spezielle Form von Immobilienaktien stellt jedoch kein Einheitskonzept dar. Vielmehr existieren zwischen den Ländern gesetzgeberische Unterschiede, die bei einer Investitionsentscheidung zu berücksichtigen sind. Neben den unterschiedlichen Rahmenbedingungen einzelner REIT-Regime existieren eine Reihe weiterer Aspekte, die es zu beachten gilt. Hierzu zählen die ökonomischen Rahmenbedingungen, die Entwicklung der Aktien- und Immobilienmärkte und REIT-spezifische Faktoren wie das Immobilienportfolio und das Management der Gesellschaft. Diese Fülle von Einflussfaktoren macht eine professionelle Selektion von REITs notwendig. «

Unendliche Geschichte

REITs vor der Einführung in Deutschland

von Jürgen Schäfer, Feri Wealth Management

Die Einführung von Real Estate Investment Trusts (REITs) in Deutschland nimmt konkrete Formen an. Gemäß dem aktuellen Zeitplan ist die Verabschiedung des entsprechenden Gesetzes im Bundesrat für den 15.12.2006 geplant. Damit wäre zu erwarten, dass die ersten deutschen REITs bereits zu Beginn des Jahres 2007 gegründet werden.

REITs haben sich als internationales Immobilienanlagevehikel etabliert

Real Estate Investment Trusts sind eine besondere Art von Aktiengesellschaften, deren unternehmerische Hauptaktivitäten im Immobilienbereich liegen. Gegenüber anderen Aktiengesellschaften unterscheiden sie sich hinsichtlich mehrerer gesetzlicher Anforderungen. Diese beziehen sich unter anderem auf die zulässige Rechtsform, die verwalteten Vermögensgegenstände, die Ertragsquellen sowie die Pflicht zur Ausschüttung wesentlicher Teile der Erträge. Der Anreiz zur Einhaltung dieser Anforderungen besteht darin, dass nicht die REITs, sondern ausschließlich deren Anleger besteuert werden.

Mit geringen Summen in Immobilien investieren

In den 1960er Jahren in den USA konzipiert

Basierend auf der Vorstellung, Kleinanlegern die Möglichkeit zu bieten, bereits mit geringen Summen indirekt in Immobilien zu investieren, wurde erstmals in den USA im Jahr 1960 das REIT-Konzept eingeführt. Wesentliche Wachstumsimpulse erhielten die US-REITs in den Neunziger Jahren, nachdem die REIT-Anlage für Pensionsfonds geöffnet und die Überführung von Immobilien in ein REIT-Vehikel flexibler und steuerlich attraktiver ausgestaltet wurde. In den Jahren ab 2000 fand zudem eine Rückbesinnung auf Value-Aktien statt und das REIT-Konzept wurde von einer zunehmenden Anzahl von Ländern eingeführt.

Zwischenzeitlich besitzen die börsennotierten REITs in den USA eine Marktkapitalisierung von rund 300 Milliarden US-Dollar. Auch weltweit verbreiten sich die REITs mit wachsender Geschwindigkeit und weisen eine Marktkapitalisierung von rund 445 Milliarden US-Dollar verteilt über 13 Länder auf. Dieses Wachstum geht derzeit Hand in Hand mit sehr guten Renditen. So erwirtschafteten die US-REITs zwischen 2003 und 2005 eine Gesamtrendite von 27,26% p.a. Im gleichen Zeitraum entwickelten sich auch die japanischen (42,61% p.a.) und die französischen REITs und Immobilienaktien (29,09% p.a.) sehr gut. Angesichts der weltweiten Zunahme von REITs und der bis dato guten Renditeentwicklungen steht der Investor vor der Frage, ob und wenn ja, in welches REIT-Vehikel er investieren soll. Vor diesem Hintergrund werden im Folgenden aus Investorensicht relevante Merkmale zur Beurteilung von REITs genauer betrachtet.

Wesentliche Einflussfaktoren auf die Attraktivität von REITs

Die gesetzgeberische Ausgestaltung von REITs kann deren Attraktivität beeinflussen

Ein wesentliches Merkmal zur Beurteilung von Real Estate Investment Trusts sind die gesetzlichen Rahmenbedingungen, die diese zu erfüllen haben, um den REIT-Status zu erhalten. Diese Rahmenbedingungen sind von Land zu Land unterschiedlich ausgestaltet und sind, den individuellen Präferenzen eines Investors folgend, zu berücksichtigen. Beabsichtigt ein Investor, in einen REIT zu investieren, der ausschließlich Erträge aus Immobiliengeschäften erwirtschaftet und eine Risikoreduktion durch den Ausschluss von Projektentwicklungstätigkeiten, sowie die Begrenzung der Fremdkapitalquote erwarten lässt, so bieten sich Hong Kong-REITs als Anlage an.

In diesem Fall hat der Anleger allerdings zu berücksichtigen, dass der Hong Kong-REIT noch keine vergleichbare Steuertransparenz besitzt. Demgegenüber kann sich ein Anleger mit dem Investment in US-REITs an einer steuertransparenten Gesellschaft beteiligen, die weder bezüglich Projektentwicklungsaktivitäten noch hinsichtlich der Fremdfinanzierungsquote Restriktionen unterliegt.

Die große Bedeutung lokaler Zinsen . . .

Indikatoren der Wirtschaft, der Aktien- und Immobilienmärkte berücksichtigen

Weitere Beurteilungskriterien für Investments in REITs ergeben sich aus den aktuellen und zukünftigen wirtschaftlichen Rahmenbedingungen. In diesem Sinne beeinflussen beispielsweise kurz- und langfristige Zinssätze die REIT-Renditen in vielfältiger Weise. Grundsätzlich wirken steigende Zinssätze durch die Verteuerung des Fremdkapitaleinsatzes von REITs negativ auf die Performance. Ebenso besteht die Gefahr, dass stark ansteigende Zinsen und damit das Entstehen von relativ sicheren, gut verzinsten Investmentalternativen das Interesse der Investoren an REITs mindern.

Weltweite REIT-Konzepte im Vergleich

	USA	Australien	Japan	Frankreich	Kanada	Hong Kong
Zulässige Rechtsform	Corporate oder Business Trust	Resident oder Non-resident (public) Unit Trust	Trust oder Corporation	SA oder SCA	Mutual Fund Trust	Unit Trust
Restriktion der Investorenbasis	Mindestens 100 Aktionäre, wobei max. 50% der Aktien von 5 oder weniger Investoren gehalten werden dürfen	Keine	Mindestens 1000 Aktionäre zur Notierung	Keine	Mehr als 150 Aktionäre die jeweils mindestens 500 Kanadische Dollar in REIT-Anteilen halten	Keine
Verwaltete Vermögensgegen-stände/Ertragsquellen	> 75% der Erträge sowie der Vermögensgegenstände aus Immobilieninvestments	Zweck muss die Erzielung laufender Mieterträge sein	"Qualifizierte Vermögensgegenstände" wie Aktien, Immobilien, Geldmarktinstrumente und sonstige Beteiligungen	Hauptsächlich passive Immobilieninvestments	Zweck muss die Investition in Immobilien sein	Nur Immobilieninvest-ments in Hong Kong
Ausschüttungspflicht	90% der zu versteuernden Erträge	100% der Erträge	> 90% der ausschüttungsfähigen Erträge	I.d.R. 85% der Immobilienerträge	100% der Erträge	90% der Erträge nach Steuern
Projektentwicklungs-tätigkeiten	Erlaubt für das eigene Portfolio	Erlaubt	< 50% der Vermögensgegenstände	Max. 20% der Vermögensgegenstände	Erlaubt	Nicht erlaubt
Fremdkapital-beschränkung	Keine	Keine	Keine	Keine	Keine	Max. 35% der Vermögensgegen-stände
Steuerbefreiung auf Unternehmensebene	Ja	Ja	Ja	Ja	Ja	Nein

REITs stellen kein Einheitskonzept dar, so dass länderspezifische Unterschiede zu berücksichtigen sind.

Positiv können zum Beispiel steigende Unternehmensgewinne auf die in Büroimmobilien investierten REITs oder eine steigende Kaufkraft auf die REITs wirken, die sich auf Einzelhandelsimmobilien konzentriert haben.

... der Aktienmärkte ...

Korrelation mit Aktienmärkten unvermeidlich

Die Erfahrung zeigt, dass sich die börsennotierten REITs den Entwicklungen der Aktienmärkte nicht entziehen können. Hierbei lassen sich länderspezifische Unterschiede beobachten. Beispielsweise sind japanische REITs tendenziell stärker mit den allgemeinen Aktienmärkten korreliert als US-amerikanische REITs. Da REITs und sonstige Aktien stark voneinander abhängen, sollte eine Investitionsentscheidung in REITs auch von dem Potenzial des dazugehörigen Aktienmarktes abhängig gemacht werden.

... und lokaler Immobilienmärkte ...

Neben den Aktienmärkten muss auch die Einflussnahme der jeweiligen Immobilienmärkte auf die Kurse von REITs berücksichtigt werden. Die Attraktivität eines Immobilienmarktes lässt sich durch das Verhältnis von Angebot und Nachfrage abschätzen. Die Flächennachfrage kann ausgehend von den makroökonomischen Rahmenbedingungen und den regionalen Entwicklungen beurteilt werden. Das Flächenangebot lässt sich aufgrund der zeitaufwändigen Errichtung von Gebäuden relativ gut mit Blick auf den aktuellen Leerstand und auf die aktuellen und geplanten Projektentwicklungsmaßnahmen vorhersagen. Eine zusammenfassende Beurteilung des Zustands von Immobilienmärkten liefert die Betrachtung von regionalen Immobilienzyklen. Hierdurch wird erkennbar, ob in nächster Zeit zum Beispiel mit fallenden oder steigenden Mieten zu rechnen ist.

... und gesellschaftsinterne Merkmale

Wesentliches Erfolgskriterium: die Fähigkeit der REIT-Gesellschaft Wert zu generieren

Über die Analyse externer Rahmenbedingungen hinaus müssen immer auch die gesellschaftsinternen Merkmale eines REITs überprüft werden. Zu den wesentlichen Beurteilungskriterien zählen dabei die Qualität der Immobilien, die Laufzeit der Mietverträge, die Vermietungsquote, die Developmentpipeline und die aus diesen Faktoren resultierende Rendite- und Risikosituation des Immobilienportfolios.

Ferner stellen REITs nicht nur eine Ansammlung von Immobilien dar, sondern ein Immobilienunternehmen, welches professionell gemanagt werden muss. Darüber hinaus ist eine nachvollziehbare und aussichtsreiche Unternehmensstrategie wesentliche Voraussetzung zur Wertgenerierung. Weiterhin sind auf Gesellschaftsebene Faktoren wie die Finanzierungsquote, die Marktkapitalisierung, der Free Float, die Liquidität, die Wettbewerbsposition, die Transparenz, die Kosten- und Ertragssituation und die vergangenheitsbezogene Performance der Aktie zu berücksichtigen.

Positive Einschätzung weltweiter Aktienmärkte

Internationale Studien belegen, dass REITs besonders aufgrund ihrer Börsennotierung ganz allgemein sehr hohe Korrelationen mit Aktien aufweisen. In diesem Sinne kann die attraktive Wertentwicklung von REITs der letzten Jahre zumindest teilweise auf die sehr gute Performance der allgemeinen Aktienmärkte zurückgeführt werden.

Kein Preisdruck auf REITs zu erwarten

Zwar ist nicht unmittelbar anzunehmen, dass sich die hohen Aktien- und REIT-Renditen in den USA, Australien und Frankreich auch in den nächsten Jahren im gleichen Ausmaß fortsetzen werden. Das Niveau der Aktienmärkte lässt jedoch in vielen wesentlichen Wirtschaftsnationen wie den USA, Japan und Frankreich keine erhebliche Korrektur und damit auch keinen Preisdruck auf die REIT-Kurse erwarten.

Positive Aussichten in vielen Immobilienmärkten

Mittel- bis langfristiges Ertragspotential: Unterschiede nach Regionen und Immobilientypen

Die gute Kursentwicklung US-amerikanischer, europäischer und asiatischer REITs und Immobilienaktien fußte auch auf den seit Anfang des Jahrzehnts sich wieder verbessernden Immobilienmärkten. Diese positive Entwicklung, die im Bürobereich in Städten wie Tokio, Hong Kong, London, Paris, New York und Washington feststellbar war, scheint vor dem Hintergrund des Immobilienmarktzyklus noch nicht zu Ende zu sein. Aktuell ist deshalb in vielen Metropolen der USA, Europas und Asiens mit weiteren Mietpreissteigerungen im Bürobereich zu rechnen, was für die dort investierten REITs einen weiterhin positiven Beitrag für deren Wertentwicklung bedeutet.

Im Zusammenhang mit der Beurteilung der Immobilienmärkte ist jedoch vor Verallgemeinerungen zu warnen. Während sich der Immobilienmarkt einer Stadt gut entwickeln kann, ist es möglich, dass eine Nachbarstadt unter erheblichen Leerständen leidet. Das gleiche gilt hinsichtlich des Vergleichs verschiedener Nutzungsarten. Es ist deshalb in jedem Einzelfall zu prüfen, wo die Investitionsschwerpunkte eines REITs sektoral und regional liegen und wie sich dieser Nutzungssektor beziehungsweise diese Region voraussichtlich weiterhin entwickeln wird.

Immobilienmarktzyklen in Europa

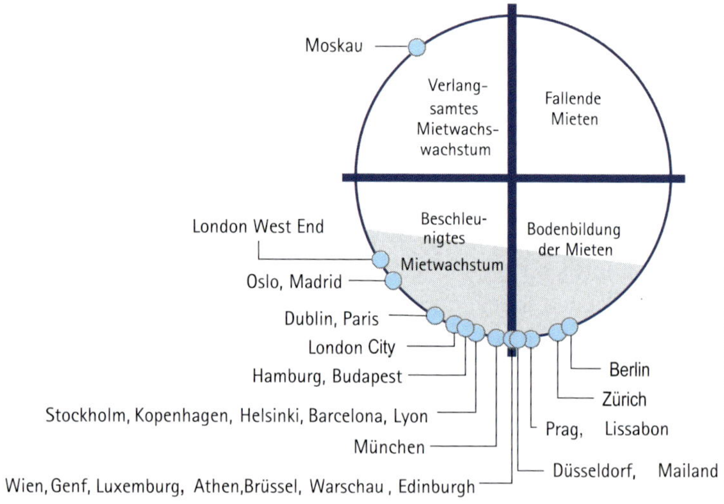

Europäische Büroimmobilienmärkte befinden sich vielfach in Phasen, die ein weiteres Mietwachstum erwarten lassen.
Quelle: Jones Lang LaSalle (03/2006); Stand: 06/2006

Ein Erfolgsfaktor: Die weltweit niedrigen Zinsen

Die guten REIT-Renditen der letzten Jahre waren nicht zuletzt durch das weltweit niedrige Zinsniveau mitbegründet. Mittlerweile ansteigende Zinsen mehren allerdings die Befürchtungen, dass sich diese negativ auf die Renditen von REITs auswirken. Diese Befürchtungen sind aufgrund des beschriebenen Einflusses der Zinssätze auf die Renditeentwicklung eines REITs nicht von der Hand zu weisen. Empirische Studien zeigen einen signifikanten Kurseinfluss der Zinssätze vorwiegend bei erheblichen Zinsveränderungen innerhalb relativ kurzer Zeiträume. In einer derartigen Situation befinden sich derzeit insbesondere die USA, aber auch andere REIT-Märkte wie Frankreich, Australien, Japan und Kanada verzeichnen steigende Zinsen. Die aktuelle Zinsentwicklung lässt in den USA einen negativen Einfluss auf die REIT-Kurse erwarten. Hinsichtlich weiterer wesentlicher REIT-Nationen wird die bisher vorteilhafte Zinssituation zumindest ganz oder teilweise neutralisiert.

Sind REITs fair bewertet?

Der Net Asset Value deutet vereinzelt auf attraktive REIT-Investments hin

Neben den Aktien- / Immobilienmärkten und Zinssätzen ist zu prüfen, ob die REITs an sich fair bewertet sind. Das so genannte Net Asset Value (NAV)-Verfahren gibt hierfür eine erste Indikation. Der NAV berechnet sich als Summe aller Immobilienwerte zuzüglich sonstiger Vermögensgegenstände und abzüglich der Verbindlichkeiten. In einem Vergleich mit dem Börsenkurs sollte der NAV pro Aktie diesen übertreffen, da nicht nur das Immobilienvermögen, sondern auch die Gesellschaft mit einem professionellen Management den Börsenwert steigern kann. Ein Vergleich des Börsenkurses mit dem NAV pro Aktie deutet auf eine faire Bewertung für die USA hin. Europäische und asiatische REITs scheinen demgegenüber geringere Kurspotentiale zu bieten. Dies schließt nicht aus, dass die Einführung von REITs in Großbritannien und Deutschland sowie eine weitere Verbesserung der Fundamentaldaten asiatischer Märkte gute Kursentwicklungen der jeweiligen REITs generieren können.

REITs im Multi-Asset-Portfolio

Neben der Betrachtung von REITs auf Einzelinvestmentebene, stellt sich die Frage, inwiefern sich diese Vehikel zur Einbindung in ein Portfolio aus mehreren Anlageklassen eignen. Den Ausführungen der Mo-

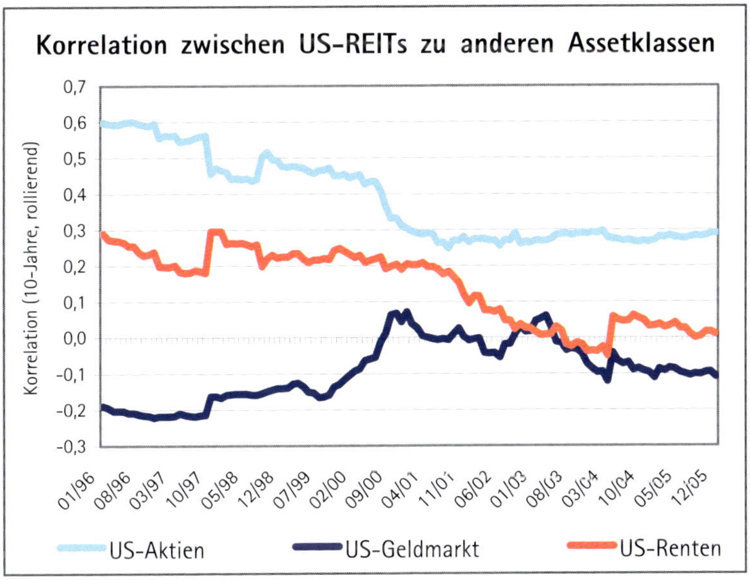

In den vergangenen fünf Jahren eigneten sich US-REITs besonders gut für eine Beimischung zum Multi-Asset-Portfolio.
Quelle: NAREIT; Feri Rating & Research GmbH (2006)

dern Portfolio Theory (*Markowitz*, 1959) folgend, empfiehlt sich eine Anlageklasse insbesondere dann als Beimischung zum Multi-Asset-Portfolio, wenn sie niedrige Korrelationen mit den anderen Assetklassen im Portfolio aufweist. Bei genauer Betrachtung zeigt sich, dass die Korrelationen von US-REITs zu US-Aktien und US-Renten in den letzten 20 Jahren stetig gefallen sind.

Damit konnten sich US-REITs immer stärker für eine Beimischung zum Multi-Asset-Portfolio empfehlen und es ist zu erwarten, dass dies auch für die Zukunft gilt.

Höhere Performance, geringere Wertschwankungen

Im Rahmen der nachfolgend dargestellten Beimischung von US-REITs zu einem Portfolio bestehend aus Aktien, Renten- und Geldmarktpapieren wird erkennbar, dass mit zunehmendem REIT-Anteil im Portfolio sowohl eine höhere jährliche Performance, als auch eine niedrigere jährliche Volatilität einhergeht. Allerdings ist zu beachten, dass die

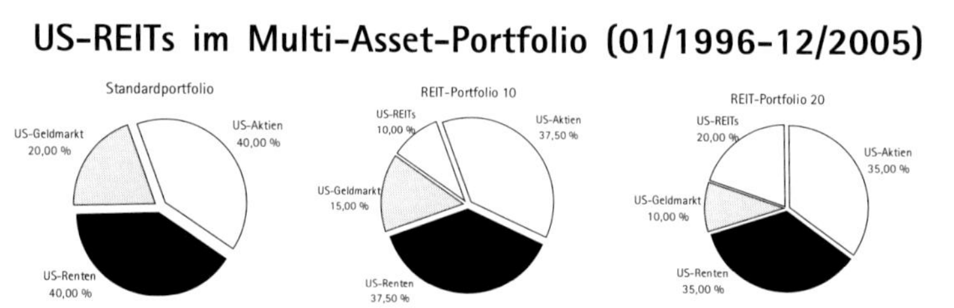

Portfolio	Rendite p.a.	Volatilität p.a.	Sharpe Ratio p.a.
REIT-Portfolio 20	9,35%	9,17%	0,58
REIT-Portfolio 10	8,45%	9,06%	0,49
Standardportfolio	7,40%	9,22%	0,37

Die Erhöhung des US-REIT-Anteils im Multi-Asset-Portfolio führte in den vergangenen 10 Jahren zu einer atraktiveren, risikoadjustierten Rendite (Sharp Ratio)
Quelle: NAREIT; Feri Rating & Research GmbH (2006)

Beimischung von REITs die Volatilität eines Multi-Asset-Portfolios nicht erheblich reduzieren kann. Dies spricht dafür, dass der Anleger REITs lediglich als einen Teil der Immobilienquote des Multi-Asset-Portfolios betrachten sollte. Strebt ein Investor primär eine weitere Reduktion der Volatilität an, so könnte er nicht-börsennotierte Immobilienanlagemöglichkeiten wie offene Immobilienfonds oder Direktinvestments beimischen.

➔ Fazit: Der deutsche Anleger verfügt bereits heute, vor Einführung des G-REITs, über eine Fülle von REIT-Investitionsmöglichkeiten. Speziell kann sich der Anleger über REIT-Fonds, Zertifikate oder Dachfonds indirekt an REIT-Gesellschaften beteiligen. REIT-Fonds bieten ein diversifiziertes Portfolio aus verschiedenartigen REITs und Immobilienaktien, die auf Kontinente wie Asien, Europa oder Nordamerika aber auch auf einzelne Länder wie die USA konzentriert sind. Mit Investments in REIT-Zertifikaten partizipiert der Anleger an Immobilienaktien- / REIT-Indizes, die in Bezug auf mehrere Kontinente und Länder konstruiert wurden.

Dachfonds erfüllen den Wunsch, in REITs zu investieren und dabei die Volatilität durch die Kombination mit anderen Anlagevehikeln, wie beispielsweise offenen Immobilienfonds, zu reduzieren. Die Rendite- und Risikoeigenschaften von REITs, sowie die Möglichkeit, mit geringem Zeit- und Kostenaufwand international und diversifiziert in Immobilienwerte anzulegen, lassen eine weiter zunehmende Beliebtheit dieser Anlagevehikel erwarten. REITs werden damit künftig einen zunehmenden Anteil der Immobilienquote in einem Multi-Asset-Portfolio darstellen.

» Auch 2007 werden die Diamantenpreise weiter kräftig steigen. Denn die Nachfrage – insbesondere aus Asien, wo Diamanten gern gezeigte Insignien des (frisch erworbenen) Wohlstands sind, wächst stetig. Aber auch die Industrie ordert immer mehr der kostbaren Steine, während gleichzeitig die Förderung tendenziell zurückgeht. Daran ändert auch die forcierte Herstellung synthetischer Steine nichts, denn offensichtlich bedienen beide Arten von Diamanten unterschiedliche Bedürfnisse und Kundenkreise. Erfreulich dabei ist: Die Sorge, dass Fälscher ahnungslose Kunden in Massen „über den Tisch ziehen", hat sich offenbar nicht bestätigt. «

Geschliffene Steine

Nachfrage nach Diamanten steigt

von Alexander Fuchs, FUCHSBRIEFE-Team

Rückläufige Produktion

Erschöpfen sich die Diamantvorkommen? In der Wirtschaftspresse wurde von Diamantanalysten jüngst das Bild sinkender Diamantproduktion gezeichnet. Danach soll bis zum Jahr 2015 die Förderung von Rohdiamanten um 2% sinken. Gleichzeitig trifft das knappere Angebot auf eine steigende Nachfrage aus den prosperierenden asiatischen Ländern. Auf Grund der Spanne zwischen Angebot und Nachfrage wird daher Diamanten eine höhere Wertentwicklung als anderen Rohstoffen vorausgesagt. Doch ähnlich wie im Ölgeschäft, wo seit 30 Jahren ein Versiegen der Quellen prophezeit wird, wird in der Diamantförderung ein Sinken der Fördermengen herbeigeredet. Tatsache ist, dass die Produktion natürlicher Diamanten mengenmäßig im Jahr 2004 auf hohem Niveau rückläufig war. Dagegen stieg der wertmäßige Ansatz der Produktion in den vergangenen Jahren deutlich an.

Glänzende Perspektiven in Kanada und Australien

In den vergangenen 20 Jahren wurden mit die größten und wertvollsten Diamantlagerstätten in Australien und Kanada entdeckt. Allein in Kanada wird bislang erst in zwei Minen (Ekati und Diavik) gefördert. Bekannt sind weitere 500 abbauwürdige Lagerstätten. Für ein Explorationsunternehmen ist es sehr kostenintensiv und aufwändig, primäre Lagerstätten (Kimbelite; erloschene und kaum erkennbare Explosionsröhren, die senkrecht aus dem Erdinneren kommen) zu finden. Nicht weniger mühsam ist es, sekundäre Lagerstätten, so genannte Seifen, zu entdecken. Auf dem Weg zum Meer transportiert das Wasser Verwitterungsmaterial, in dem sich Diamanten befinden. Den langen Transport mit seinem ständigen Abrieb des Gesteins überstehen nur gut strukturierte Diamanten ohne innere Spannungen und weitestgehend frei von Einschlüssen. Daher findet sich in den sekundären Lagerstätten der umfänglichste Anteil hochwertiger Diamanten. An der Meeresküsten Namibias liegen die umfangreichsten Küstenseifen.

Rechnet sich der Abbau?

Exploration nur mit Hightech möglich

Der Abbau der bekannten Lagerstätten wird dann in Angriff genommen, wenn sich der Aufwand rechnet. Daher werden weiterhin Pipes und alluviale Diamantplätze gesucht. Die Investitionen der Explorationsunternehmen in neue Methoden mit modernstem Hightech sind hoch. Ein neues Verfahren ist das Scannen der Erdoberfläche mit speziellen Suchgeräten aus Zeppelinen heraus. Sie bieten den Vorteil eines ruhigeren und leicht steuerbaren Fluges.

Wertsteigerungen bis zu 20%

Das Angebot an Rohdiamanten ist nach Meinung der Geologen auch in den kommenden Jahrzehnten gesichert und wird sich mit steigenden Diamantpreisen verbessern, da es sich dann lohnt, auch Lagerstätten, deren Förderung hohe Anfangsinvestitionen verlangen, wie beispielsweise in den sibirischen Feldern, zu erschließen. Dennoch wird das kommende Angebot die deutlich steigende Nachfrage nach Diamanten nicht ausreichend befriedigen. Daher ist mit Wertsteigerungen für Rohdiamanten bis zu 20% in den kommenden fünf Jahren zu rechnen. Nicht nur der Schmuckdiamantenmarkt boomt, auch Industriediamanten werden verstärkt nachgefragt. Nicht umsonst werden etwa 150% mehr Diamanten für die Industrie synthetisch hergestellt als natürliche gefördert werden.

An der Fälscherfront herrscht Ruhe

Farbige Steine meist synthetischer Herkunft

Um das Thema synthetische Diamanten oder Diamantimitationen ist es offenbar ruhiger geworden. Selten liest man von übervorteilten Käufern. Dagegen werben Hersteller synthetischer Diamanten mit der Einzigartigkeit des Steines, wenn er aus der Asche von Verstorbenen oder den Haaren der Liebsten erzeugt wurde. Das Interesse an diesen farbigen Steinen ist recht hoch, da die Preise überschaubar sind und nur der Träger die Herkunft des ursprünglichen Kohlenstoffes kennt. Das Marketing der Anbieter synthetischer Diamanten zielt bewusst auf den Käufer, der einen relativ günstigen Schmuckdiamanten sucht und im Stein keine Wertanlage sieht. Da bislang die Synthesen in farbigen Qualitäten am Markt auftauchen, wird der klassische Markt der transparenten Diamanten nicht berührt. Es scheint sich zu bewahrheiten, dass ähnlich wie bei farbigen Edelsteinen (Saphire, Rubine, Smaragde), synthetische und natürliche Diamanten gleichzeitig auf dem Edelsteinmarkt gehandelt werden, ohne das Preisniveau zu zerstören. Es wird immer eine Käuferschicht geben, die das natürliche dem künstlichen Produkt vorzieht. Dennoch dürfte es immer wieder vorkommen, dass die künstlichen Produkte als echte Diamanten angeboten werden. Es gibt wohl eine Kennzeichnungspflicht durch die Hersteller synthetischer Diamanten. Doch dies ist eine Selbstverpflichtung und das Kennzeichen auf dem Stein lässt sich mit wenig Aufwand entfernen. Ohne spezielle Apparaturen oder hohen Sachverstand ist ein synthetischer nicht von einem natürlichen Diamanten zu unterscheiden. Vorsichtshalber sollte man heute schon davon ausgehen, dass Diamanten mit kräftigen Farben (gelb) und einem günstigeren Preis nicht zur Gattung der natürlichen Steine zählen.

Kein Preisdruck durch „Synthesen"

Perspektive 2007: Weiter kräftig steigende Nachfrage

Die steigende Kauflust der Asiaten, die wir im vergangenen Jahr prognostizierten, wirkte sich in zweistelligen Umsatzsteigerungen der internationalen Diamanthändler aus. Namhafte Juweliere haben ihre Plätze in Shanghai eingenommen und kommen den anspruchsvollen Wünschen der chinesischen Käufer entgegen. Im Gegensatz zur Massenware, die China zu Niedrigstpreisen exportiert, werden die Schmuckstücke auf Weltmarktniveau verkauft. In China selbst hat sich eine Schmuckindustrie etabliert, die nicht nur den heimischen Markt bedient, sondern auch in den kommenden Jahren verstärkt exportiert.

Asiaten treiben die Preise

Qualitäten auf hohem Niveau

Die Qualitäten der Fertigung befinden sich auf hohem Niveau. Nach Jahren der Rezession ist der japanische Juwelenkäufer wieder ausgabenfreudiger. Daneben haben sich neu entwickelte Schmuckmärkte in Korea und Vietnam aufgetan. Die wohlhabenden Käuferschichten lieben es, ihren Wohlstand zu zeigen. Mit einem stabilen Wachstum in den dortigen Ländern ist auch in den kommenden Jahren zu rechnen. Mit einem Boom wartet Indien auf. Indien ist quasi Selbstversorger bei Schmuckdiamanten. Die weltweit meisten Diamanten werden in Indien geschliffen. Wobei es sich zum Großteil um kleinste Steine mit weniger gutem bis mittleren Schliffgüten handelt. Aber die Inder verstehen es, auch hochwertige Steine zu schleifen. Auf dem Subkontinent wächst eine kaufkräftige Kundschaft nach, die schon aus Tradition Diamanten kauft.

Weitere starke Nachfragen nach Diamantschmuck sind aus Russland und Dubai zu verzeichnen. Auch in diesen Ländern ist der Zenit des Interesses noch nicht erreicht. Auch die USA bleiben noch auf Wachstumspfad beim Diamantkauf. Analysiert man die Umsatzzuwächse bekannter amerikanischer Juwelenketten und rechnet diese

Potenzial in Dubai und Russland

hoch, kommt man zu ansehnlichen Steigerungsraten von bis zu 10%. Schlusslicht in den Betrachtungen der weltweiten Diamantkäufe bildet wie schon seit Jahren Europa. Die Käufer haben offensichtlich Angst, Geld für hochwertigen Schmuck auszugeben. Gefragt ist Silber- oder Modeschmuck. Diamantschmuck lässt viele Frauen auf dem alten Kontinent kalt. Ob die Ursache für das Desinteresse in der fehlenden Kaufkraft oder an mangelndem Marketing liegt, ist bislang nicht untersucht worden. Im globalen Wettbewerb ist die schwache europäische Kauflust unbedeutend.

➔ Fazit: Die Nachfrage nach Diamanten wächst außerhalb Europas mit hohem Tempo. Die Preise für geschliffene Steine auf Dollarbasis steigen kontinuierlich.

Diamantpreise im Überblick

0.25 ct	IF	VVS 1	VVS 2	VS 1	VS 2	SI 1	SI 2	P 1	P 2
E	3.220 €	2.860 €	2.450 €	2.300 €	2.050 €	1.640 €	1.480 €	1.020 €	610 €
F	3.020 €	2.660 €	2.300 €	2.150 €	1.940 €	1.530 €	1.380 €	970 €	610 €
G	2.910 €	2.560 €	2.200 €	2.050 €	1.840 €	1.530 €	1.380 €	970 €	560 €
H	2.610 €	2.300 €	1.990 €	1.840 €	1.690 €	1.330 €	1.200 €	870 €	510 €
I	2.150 €	1.940 €	1.690 €	1.530 €	1.380 €	1.120 €	1.010 €	720 €	410 €
0.33 ct									
E	5.470 €	4.860 €	4.190 €	3.890 €	3.530 €	2.760 €	2.480 €	1.740 €	1.020 €
F	5.060 €	4.500 €	3.890 €	3.630 €	3.270 €	2.510 €	2.260 €	1.590 €	970 €
G	4.760 €	4.240 €	3.630 €	3.370 €	3.070 €	2.400 €	2.160 €	1.480 €	920 €
H	4.240 €	3.780 €	3.220 €	3.020 €	2.710 €	2.100 €	1.890 €	1.330 €	820 €
I	3.430 €	3.020 €	2.610 €	2.450 €	2.200 €	1.690 €	1.520 €	1.070 €	660 €
0.50 ct									
D	9.250 €	7.590 €	6.520 €	6.010 €	5.410 €	4.710 €	4.240 €	2.900 €	1.740 €
E	7.310 €	6.490 €	5.620 €	5.220 €	4.700 €	4.090 €	3.680 €	2.510 €	1.480 €
F	6.650 €	5.930 €	5.110 €	4.760 €	4.240 €	3.730 €	3.360 €	2.300 €	1.380 €
G	6.190 €	5.520 €	4.760 €	4.400 €	3.990 €	3.480 €	3.130 €	2.150 €	1.280 €
H	5.470 €	4.860 €	4.190 €	3.890 €	3.480 €	3.070 €	2.760 €	1.890 €	1.120 €
I	4.550 €	4.040 €	3.480 €	3.220 €	2.910 €	2.510 €	2.260 €	1.530 €	920 €
0.75 ct									
D	10.920 €	9.060 €	7.790 €	7.170 €	6.450 €	5.610 €	5.050 €	3.460 €	2.080 €
E	8.540 €	7.570 €	6.490 €	6.080 €	5.470 €	4.760 €	4.280 €	2.910 €	1.740 €
F	7.980 €	7.060 €	6.080 €	5.680 €	5.110 €	4.450 €	4.010 €	2.710 €	1.640 €
G	7.310 €	6.490 €	5.620 €	5.220 €	4.700 €	4.090 €	3.680 €	2.510 €	1.480 €
H	6.600 €	5.830 €	5.010 €	4.700 €	4.240 €	3.680 €	3.310 €	2.250 €	1.380 €
I	5.470 €	4.860 €	4.190 €	3.890 €	3.480 €	3.070 €	2.760 €	1.890 €	1.120 €
1.00 ct									
D	19.500 €	13.400 €	11.400 €	10.500 €	9.500 €	8.300 €	7.470 €	5.100 €	3.100 €
E	13.400 €	11.800 €	10.100 €	9.500 €	8.700 €	7.600 €	6.840 €	4.700 €	2.900 €
F	12.400 €	10.900 €	9.300 €	8.800 €	8.000 €	7.000 €	6.300 €	4.300 €	2.600 €
G	10.500 €	9.300 €	7.900 €	7.400 €	6.700 €	5.900 €	5.310 €	3.600 €	2.200 €
H	8.200 €	7.200 €	6.200 €	5.800 €	5.300 €	4.700 €	4.230 €	2.900 €	1.700 €
I	7.100 €	6.200 €	5.300 €	5.000 €	4.600 €	4.000 €	3.600 €	2.500 €	1.500 €
2.00 ct									
D	34.000 €	24.500 €	21.100 €	19.400 €	17.300 €	13.800 €	12.420 €	7.100 €	4.400 €
E	26.500 €	22.500 €	18.500 €	17.200 €	15.300 €	12.700 €	11.430 €	6.500 €	4.000 €
F	24.300 €	20.700 €	17.000 €	15.800 €	14.100 €	11.700 €	10.530 €	6.000 €	3.700 €
G	19.900 €	16.900 €	13.900 €	12.900 €	11.600 €	9.600 €	8.640 €	5.000 €	3.000 €
H	15.500 €	13.200 €	10.800 €	10.100 €	8.900 €	7.400 €	6.660 €	3.800 €	2.300 €
I	12.200 €	10.400 €	8.500 €	7.900 €	7.000 €	5.800 €	5.220 €	3.000 €	1.800 €
3.00 ct									
D	50.600 €	35.000 €	29.300 €	26.900 €	24.000 €	18.700 €	16.830 €	9.700 €	5.900 €
E	37.900 €	32.200 €	27.000 €	25.100 €	22.300 €	18.300 €	16.470 €	9.500 €	5.700 €
F	33.400 €	28.400 €	23.900 €	22.200 €	19.800 €	16.200 €	14.580 €	8.300 €	5.100 €
G	26.800 €	22.800 €	19.100 €	17.700 €	15.800 €	12.900 €	11.610 €	6.600 €	4.000 €
H	20.500 €	17.300 €	14.600 €	13.600 €	12.100 €	9.900 €	8.910 €	5.200 €	3.100 €
I	15.600 €	13.200 €	11.100 €	10.300 €	9.200 €	7.500 €	6.750 €	3.900 €	2.400 €

FARBE

D = River (hochfeines Weiß +)
E = River (hochfeines Weiß)
F = Top Wesselton (feines Weiß +)
G = Top Wesselton (feines Weiß)
H = Wesselton (Weiß)
I = Top Crystal (leicht getöntes Weiß)

REINHEIT

IF = lupenrein
VVS = sehr, sehr kleine innere Merkmale
VS = sehr kleine innere Merkmale
SI = kleine innere Merkmale
P 1= deutliche Einschlüsse

Berechnungsbeispiel: Gewicht 0,56 ct, Farbe G, Reinheit vs 2, Schliff sehr gut
Karatpreis x Gewicht:3.990 €* 0,56 ct =2.234 €/Stein

Durchschnittliche Endverkaufspreise im deutschen Einzelhandel für Brillanten mit sehr gutem Schliff. Die aktuellen Marktpreise können aufgrund kurzfristiger Marktbewegungen von den Angaben abweichen.

» Der Kunstmarkt ist mächtig in Bewegung geraten. Parallel zur wirtschaftlichen Erholung in Deutschland und Europa sind vor allem die Klassische Moderne, aber auch Spätimpressionisten, Teile der Expressionisten und Skulpturen gefragt. Gefälliges und Dekoratives trifft den Geschmack des Publikums und hat deshalb besonders gute Perspektiven, während vor allem die Alten Meister schwer wie Wackersteine in den Museen hängen. Wer auf langfristige Wertsteigerungen spekuliert, sollte auf Öl setzen und von der Grafik die Finger lassen. Letztere eignet sich aufgrund ihrer einfachen Reproduzierbarkeit allenfalls für Einsteiger. «

Kunst: Selektiver Boom

Kunst-Preise in Bewegung

von Fritz Ullrich Fack, FUCHSBRIEFE-Team

Die letzten anderthalb Jahre waren für die großen Häuser des Kunsthandels und der Auktionen eine Zeit reicher Ernte. Es stiegen nicht nur die Umsätze und Gewinne, sondern in vielen Kunstbereichen auch die Preise der Objekte. Wer darauf gesetzt hat und überdies das Glück hatte, viele gut erhaltene und – wie der Handel das nennt – „marktfrische" Ware akquirieren zu können, hat gute Geschäfte gemacht. Das gilt freilich nicht für den Kunsthandel schlechthin, der vor allem in den kleineren Städten oft unter Nachfragemangel, wachsender Konkurrenz und Beschaffungsschwierigkeiten leidet und dem deshalb Existenzsorgen nicht fremd sind.

Im Gleichlauf mit der Konjunktur

Der Aufschwung bei den großen Häusern war unverkennbar geprägt von der gleichgerichteten Phase des wirtschaftlichen Zyklus. Es ging aufwärts, es wurde gut verdient, Geld saß wieder lockerer, die Anlagemöglichkeiten an der Börse, in Zinstiteln oder Immobilien blieben sperrig und lange wenig lukrativ, ein wenig „Mode" und Daseinsvorsorge war schließlich auch dabei – kurz, die tonangebende Mittelschicht engagierte sich wieder stärker in Kunst. Dass davon die Kunst der Moderne, vor allem der Klassischen Moderne, aber auch ein kleiner Teil der Zeitgenossen besonders profitiert hat, sollte bei der Zusammensetzung der heute wichtigsten Käuferschicht – Aufsteiger und Gutverdiener aller Kategorien – nicht wunder nehmen.

Gunter Sachs: Brueghel statt Warhol

Passt das Bild zum Sofa?

Denn Kunst im Haus dient in diesen Kreisen vor allem dekorativen Zwecken und muss daher etwas hermachen, modern und blickfängerisch sein und, wenn möglich, einen Schuss Exotik haben. Nur der alternde *Gunter Sachs* kauft neuerdings – ein wenig verlegen, wenn gefragt – teure *Pieter-Brueghel*-Gemälde mit religiösem Inhalt („Prozession zum Kalvarienberg", entstanden 1607, für 7,6 Mio. € mit Aufgeld), die er früher als glühender Anhänger von Pop Art und als Freund *Andy Warhols* zweifellos weit von sich gewiesen hätte.

Solvente Mittelschicht kauft prozyklisch

Das ist der eine – wichtige – Bestimmungsfaktor für die weitere Entwicklung des Kunstmarkts. Die erwähnte kaufkräftige Mittelschicht mit den spezifischen dekorativen Bedürfnissen, die in späteren Lebensabschnitten durchaus in Sammelleidenschaft und echtes Kunstverständnis münden können, wird es immer geben. Sie kauft freilich prozyklisch, nämlich so, wie es das Auf und Ab ihrer Einkommens- und Beschäftigungsverhältnisse gestattet. Das ist die Lehre aus dem Beginn dieses Jahrzehnts, als zuerst die Börsenkurse einbrachen und nach den Aktien mit gewissem Abstand auch sämtliche andere Asset-Klassen bis hin zu Immobilien und Lebensversicherungen nach Ertrag und Verkehrswert in den Keller rasselten. Da ging es auch am Kunstmarkt stark bergab, nicht nur im Umsatz, sondern auch in den Preisen, und nicht wenige Kunsthandlungen sind diesem doppelten Zangengriff in den letzten Jahren erlegen.

Die klassische Kundschaft kauft weniger

Steigende Gewinne vor allem für große Galerien

Inzwischen haben sich mit der wirtschaftlichen Erholung die Verhältnisse am Kunstmarkt wieder verbessert – stark verbessert, dieses Prädikat würden wohl nur die Großen der Branche den letzten zwei Jahren zuerkennen, und auch unter ihnen würden keineswegs alle zustimmen. Denn wer in seinem Verkaufserfolg stark von einer bestimmten (kunstgeneigten) mittelständischen Klientel abhängt – Ärzte, Apotheker, Rechtsanwälte, Architekten, Sachverständige, alle beratenden Berufe etc. – der hat gerade in den letzten Jahren als Folge der unendlichen politischen „Reform"-Versuche fühlbare Umsatzeinbußen hinnehmen müssen. Sie entsprachen den Einkommenseinbußen, die dieser freiberuflich tätigen Mittelschicht durch Regulierung und immer weiter wachsende Abgabenlasten in der gleichen Zeit zugemutet wurden. Merklich verringerte Kunstkäufe, so berichten namhafte Galeristen, waren die Folge. Gut beraten war, wer (z.B. über Kunstmessen im Ausland) internationale Verbindungen aufgebaut und dadurch neue Käuferschichten gewonnen hat. Das hat mancher Galerie über die Runden geholfen. Per Saldo und im Rückblick auf die schwierigen Jahre 2001 bis 2004 lässt sich jedoch das Urteil halten: Dem Kunsthandel geht es wieder besser, und für seine ersten Adressen steht die Ampel ganz eindeutig auf Grün.

Was die Generation Ikea kauft

Auf Rot steht sie hingegen, wenn man einen zweiten wichtigen Bestimmungsfaktor in die Zukunftsbetrachtung einbezieht, die schwe-

Erich Heckel (1883–1970): Männerbildnis (1919). Ein farbiger Holzschnitt im Format 46 x 32 cm. Im Expressionismus hat der Holzschnitt der Alten Meister noch einmal eine große Renaissance erlebt, wie auch Picassos Schaffen lehrt. Man experimentierte mit farbigen Bild-Segmenten, um den monotonen Schwarzdruck der Alten aufzulockern. Mit dem Ergebnis freilich, dass die Abzüge häufig (gewollt oder nicht) ganz unterschiedlich ausfielen. So auch bei diesem Bild, das als eines der bedeutendsten Selbstporträts des Künstlers gilt: Keiner der bekannten Drucke gleicht (farblich) dem anderen. Mit 70-90.000 € für einen Holzschnitt schon stramm taxiert, fand das „Männerbildnis" bei Grisebach im Mai 2006 bei 91.200 € (mit Aufgeld) einen neuen Besitzer.

Künftig kein Geld mehr für die Kunst

ren demografischen Verwerfungen, die fast alle westlichen Gesellschaften jetzt und in Zukunft erst recht durchmachen. Die Folgen für den Lebensstandard der jeweils betroffenen Generation sind dramatisch: noch mehr Umverteilung, immer weiter steigende Lasten an Steuern und Sozialabgaben, Einschränkung des Konsums, vor allem des Luxuskonsums – und damit auch weniger Interesse und Geld für die Kunst. Der Generation Golf (der achtziger Jahre) ist die Generation Ikea gefolgt, deren Lebensumstände die Misere bereits widerspiegeln: Knappe Kassen, karge Ausstattung von Haus und Wohnung, nichts „Überflüssiges", wenig Dekoration, kleines Auto. Da hat Kunst oberhalb von 1.000 € nur noch schmale Chancen. Diese – absehbare – Entwicklung wird das Kunstgeschäft der Zukunft entscheidend mitprägen. Sie prägt aber auch die Chancen für Kunstinteressenten, die zugleich Anleger sind.

Auf die Einstiegsklasse kommt es an

Ab 50.000 Euro steigen die Gewinnchancen

Aus den geschilderten Prämissen ergeben sich praktische Schlussfolgerungen für alle Interessenten – für jene, die ihre Kunstobjekte vorwiegend unter ästhetischen Gesichtspunkten kaufen, aber auch für die anderen, die aus ökonomischen Motiven handeln. Die erste und wichtigste lautet: Zu verdienen ist nur etwas an hochkarätigen, nach Möglichkeit exklusiven und „marktfrischen" Objekten eines namhaften, möglichst international anerkannten Künstlers in erstklassigem Zustand und mit einer zweifelsfreien Provenienz. Dazu gehört heute mehr denn je, dass mindestens der letzte Verkäufer eine „erste Adresse" und die Herkunft im übrigen „reinrassig" sein muss. Was die Preisklasse anlangt, von der an Hoffnung auf namhaften Zugewinn besteht: Sie sollte nicht unter 50.000 € liegen, sondern eher höher. Der erwartbare Gewinn steigt eindeutig mit der Höhe des Ersteinsatzes. Der entscheidet über die qualitative und künstlerisch-personelle „Klasse", in die man einsteigt. Und die sollte die höchste sein, die die eigenen Vermögensverhältnisse jeweils zulassen. An „kleiner Kunst" ist wenig zu verdienen, auf kurze Distanz schon gar nichts.

Vorsicht mit Papierarbeiten

Kunstgrafik wird verramscht

Daraus ergibt sich zwanglos ein zweiter Rat: Papierarbeiten, insbesondere weite Teile der Kunstgrafik, sollten nur mit großer Vorsicht angefasst werden, es sei denn, es handle sich um Aquarelle etwa aus der Hand eines Meisters wie *Emil Nolde* (die inzwischen hohe Preis-Gipfel erreicht haben). Selbst unter den günstigen Bedingungen des ersten Halbjahres 2006 und bei einer ersten Auktionsadresse wie Hauswedell &

Nolte (Hamburg) kommt der ganze grafische Ramsch, den das deutsche Informel, die *Wols* und *Wunderlich*, aber auch die *Beuys*, *Hartung*, *Janssen*, *Hundertwasser*, *Brüning* oder *Hrdlicka* hinterlassen haben, selten über 1.000 € hinaus, und wenn es Zeichnungsoriginale sind, selten über 10.000 €. Wenn sie nicht schlicht liegen bleiben, was im Juni 2006 bei Hauswedell sechs von sieben angebotenen Beuys-Arbeiten widerfuhr, die ohnehin schon niedrig (bis 2.000 €) taxiert waren. Übrigens ist die Hamburger Beuys-Pleite eine hübsche Illustration zu den mitunter fragwürdigen Markteinschätzungen selbst renommierter Kunsthäuser, in diesem Falle des Auktionshauses Lempertz in Köln, dessen Chef *Henrik Hanstein* fast zur gleichen Zeit sagte „Beuys ist wieder ungeheuer gefragt“. Offenbar nicht überall, kann man da nur sagen.

„Vorbehalt des Multiplen“

An der Grafikkunst aller Sparten klebt der (berechtigte) Vorbehalt des Multiplen, und die deutschen Nachkriegskünstler haben von dieser „Vielfalt“ (des Druckens) ja auch überaus rege Gebrauch gemacht. Der Wert des Einzelexemplars ist entsprechend gering, selbst wenn es die Nummer 30/100 trägt und signiert ist. Im Übrigen ermangeln allzu viele dieser Produkte der künstlerischen Qualität. Über den Minderwert, der aus alledem resultiert, wird diese Art von Papierkunst nie hinausgelangen, auch wenn sie in gefällige Passepartouts und Rahmen gesteckt wird. Sie mag sich für junge Leute als Einstieg in die Gegenwartskunst eignen. Aber auch da hat man ernste Bedenken, weil es Gediegeneres, weniger Beliebiges in der Gegenwartskunst zu akzeptablen Preisen gibt. Kunstmessen haben übrigens für preiswürdige Angebote an junge Sammler, darunter Original-Zeichnungen bekannter Künstler, mitunter besondere Stände eingerichtet, deren Besuch sich lohnt.

Nur Originale kaufen ...

Ölstatt Druck

Für Anleger, die sich in Kunst engagieren wollen, gilt aus den genannten Gründen und als probate Lehre aus vielen Enttäuschungen der Grundsatz: Nur Originale kaufen. Und am besten nur Ölgemälde der skizzierten Provenienz und Qualität – Aquarelle, Tempera- oder Kreide-Arbeiten von erstrangigen Künstlern wie *Kirchner*, Nolde oder *Ury* natürlich eingeschlossen. Aber Hände weg von allem, was aus einer Vervielfältigungsküche stammt oder stammen könnte. Denn da bleiben die Preise auch langfristig stets am Boden. Das gilt abgeschwächt auch für die vielen Zeichnungen, die heute oft (und sogar zu Recht) als „Original des Künstlers XY“ mit viel Tamtam angeboten werden. Natürlich kann man eine Kirchner-Zeichnung kaufen, und ihr Wert wird auch steigen, aber die ideale Wahl ist das für einen begüterten Anleger nicht. Ein Gemälde von gleicher Hand hat allemal die größeren

Zukunftschancen, es kostet freilich auch (bedeutend) mehr.

Vorsicht Fälscher!

Papierarbeiten, auch Originale, haben zudem noch andere Tücken. Sie sind ein ideales Feld für alle begabten Fälscher – und deren gibt es leider viele. Nicht nur *Chagall*, *Dalí*, *Miró* und *Picasso* sind oft gefälscht worden, auch von Kirchner (um im Beispiel zu bleiben) laufen viele Falsifikate um. Überdies gibt es zahlreiche Verfälschungen, um den Wert der Objekte zu steigern: Kolorierungen, Nachsignaturen, wo keine waren. Und es ist nicht zu verkennen, dass selbst namhafte Galerien und Auktionshäuser, ja sogar von diesen bestellte Gutachter auf solche Fälschungen hereingefallen sind.

... und nie dem Schnäppchen-Wahn erliegen

Nur mit Echtheitsgarantie kaufen

Gewiss, auch Gemälde werden gefälscht. Aber dort sind die Prüfungsmöglichkeiten und -handhabungen ungleich wirksamer, die Entdeckungsgefahren für den Fälscher entsprechend größer. Umgekehrt wächst für den Käufer die Sicherheit, ein echtes Kunstwerk zu erwerben. Bedenken Sie stets, dass an Fälschungen schon Millionen verloren worden sind. Daher auch der Rat, nie dem „Schnäppchen-Wahn" zu erliegen und leichtsinnig bei einer obskuren Adresse oder gar bei Ebay zu kaufen. Den Verkäufer sorgfältig zu wählen, empfiehlt sich im Übrigen auch wegen der Garantiefrage: Die übliche Einjahres-Garantie für die Echtheit von Urheber, Maltechnik und Signatur bekommt man nur bei ersten Adressen. Bei allen anderen wird das Thema sorgfältig ausgeklammert – im Zweifel haftet der Verkäufer für nichts.

Klassische Moderne – was sonst ?

Eine Frage des Geschmacks

Damit sind wir bei der Kardinalfrage, was man als Anleger am besten kauft. Das ist nicht zuletzt eine Geschmacksfrage, weil der Erwerb auch von Gemälden, wenn er lukrativ sein soll, langfristiger Natur ist. Was immer vom Weltkunstmarkt an fabelhaften Wertsteigerungen in kürzester Zeit berichtet wird: Wenn es überhaupt stimmt, dann trifft es jedenfalls für die etwas biederen deutschen Verhältnisse, bei denen allenfalls ein besonders attraktives Werk *Gerhard Richters* oder *Max Beckmanns* mal die Millionen-Euro-Grenze überschreitet, in dieser Fabelhaftigkeit nicht zu. Es geht wesentlich gemäßigter zu – in den Preisen wie in den Umsätzen. Das schöne Stück wird also länger im Besitz des Käufers sein, bis es (wieder) marktreif wird. Und deshalb sollte es auch den eigenen Geschmack treffen.

Hermann Max Pechstein (1881–1955): Kurische Häuser (1911). *Öl/Lw., 52 x 72 cm. Das Bild ist eines der markantesten Zeugnisse für die radikale Abkehr Pechsteins vom (deutschen) Impressionismus und seine Hinwendung zum Expressionismus – und war deshalb jüngst hochbegehrt. Es entstand 1911 unter dem Eindruck einer sommerlichen Farbsymphonie von Natur und Fischerdörfern auf der Kurischen Nehrung bei Nidden (wo später Thomas Mann sein Sommerhaus baute). Der junge Pechstein, frisch verheiratet, hatte gerade wieder mal eine seiner zahlreichen Lebenskrisen überstanden, und malte sozusagen frisch drauflos. Von Max Liebermann, dem großen deutschen Spätimpressionisten, erntete er hernach freilich nur Spott und Verachtung für den „Übertritt ins Feindeslager". Damals, im Entstehungsjahr, vom Künstler für 150 Goldmark verscherbelt, brachte das Gemälde Ende Mai 2006 bei Villa Grisebach mit 944.500 € (einschließlich Aufgeld) den zweithöchsten Erlös jener Auktion.*

Aussichtsreiche späte Impressionisten

Und welcher Künstler sollte es sein? Altgediente Fuchsbriefe-Leser werden lächeln, weil sie die Antwort kennen. Aber wir bleiben dabei und sehen uns durch die Ergebnisse gerade der jüngsten Auktionen neuerlich bestätigt: Die Klassische Moderne aus der ersten Hälfte des 20. Jahrhunderts ist die beste – und die aussichtsreichste Wahl. Sie hat in den beiden letzten Jahren einen kräftigen Boom mit – für deutsche Verhältnisse – beachtlichen Wertsteigerungen erlebt. Der klassische deutsche Expressionismus eines Ernst Ludwig Kirchner, *Karl Hofer*, *Max Pechstein*, *Erich Heckel* oder einer *Gabriele Münter*, aber auch der späte Impressionismus eines *Max Liebermann* oder Lesser Ury, von Künstlern „dazwischen" wie Emil Nolde, *Hans Purrmann* oder Max Beckmann nicht zu reden, haben in jüngster Zeit eine neue, ungeahnte Anziehungskraft entwickelt. Übrigens auch auf begüterte junge Leute.

An der Grenze zwischen Gegenständlichkeit und Abstraktion

Es ist wohl jene lockere, in den Linien sanft verwischte Mischung aus Gegenständlichkeit und Abstraktion, gestützt von intensiven, manchmal grellen Farben und Kontrasten, die der heutigen mittleren Generation so gut gefällt und nach der sie offenkundig auch in der zeitgenössischen Malerei sucht. Hochgesteckte Tax-Ziele werden hier derzeit mühelos erreicht und oft überboten, manchmal bis zum Doppelten der Schätzung. Noldes Aquarelle, einst für 80-100.000 DM zu haben, sind inzwischen in der Spitze bis auf 230.000 € geklettert („Tiefblaues Meer" bei Ketterer, München, im Frühjahr 2006, ohne Aufgeld). Max Pechsteins „Kurische Häuser" von 1911, die den radikalen Abschied des Künstlers von den malerischen Konventionen des Impressionismus und seine Hinwendung zum Expressionismus markieren (und ihm Liebermanns dauerhafte Abneigung eintrugen), wurden bei Grisebach im Mai 2006, mit 400-600.000 € schon anspruchsvoll taxiert, im Saal bis auf 820.000 € hochgesteigert. Für deutsche Verhältnisse eine kleine Sensation – und ein kräftiges Ausrufezeichen hinter unsere langjährige Empfehlung dieser großen deutschen Kunstepoche.

Abstrakte Expressionisten notieren niedriger

„Brücke" und „Blauer Reiter" begehrt

Da können die (voll-)abstrakten Expressionisten der zwanziger Jahre und der Nachkriegszeit nicht mithalten, selbst wenn ihre Werke farblich so intensiv und geometrisch so streng komponiert sind wie die von *Willi Baumeister*. Sie liegen in den Taxen wie in den Auktionsergebnissen (Villa Grisebach, Berlin, im Mai 2006) im Schnitt um gut die Hälfte niedriger als die Klassiker von „Brücke" und „Blauem Reiter". Gemessen an den „Kurischen Häusern" Pechsteins erreichen ihre Zuschläge sogar nur 6 bis maximal 21% von dessen jüngstem Rekord. Ähnliche Relationen gelten auch für die zeitgenössischen Abstrakten wie *Fritz Winter* oder *Markus Lüpertz*. Und eine abstrakte Komposition *EMIL SCHUMACHERS* (Scala 1987, geschätzt auf 120-150.000 €) gehörte zu den wenigen Objekten, die bei Grisebachs Mai-Auktion von 92 Premium-Werken auf offener Bühne untergingen. Es ist übrigens nicht das erste hoch veranschlagte Werk Schumachers, das wir zurückgehen sahen.

Reiches Angebot in Privatbesitz

Werke der deutschen Klassischen Moderne haben als Anlageobjekte neben der regen Nachfrage noch andere Vorzüge. Die Epoche ist abgeschlossen, das Angebot nicht vermehrbar, die Werke sind bekannt und überwiegend registriert. Trotzdem sind sie nicht wie bei den Alten Meistern nahezu vollständig in den Museen verschwunden, sondern es gibt – auch aus Erbschaften – ein reiches Angebot aus privaten Händen, das über Handel und Auktionen wieder in private Hände zurückfließt. Das Auslandsinteresse ist verhalten und schützt deshalb vor Preisexaltationen à la New York, wo man schon 1987 für *Van Goghs* „Schwertlilien" 54 Mio. $ bot (und übrigens hernach nicht bezahlen konnte), gefolgt von Picassos „Dora Maar mit Katze" (85 Mio. $ im Mai 2006) und gekrönt von wiederum einem Picasso, dem „Garcon à la pipe" mit rund 100 Mio. $ im Juni 2004 (alles bei Sotheby´s, N.Y.).

In Deutschland: Noch immer zivile Preise

Starke Dynamik bei der Wertentwicklung

Solche Mondpreise würde hierzulande niemand zahlen, und die Marktverhältnisse zwingen auch nicht dazu. Wo derzeit die oberen Preisgrenzen liegen, lässt sich ganz gut an den Zuschlägen bei Grisebach in jüngerer Zeit ablesen: Im Juni 2005 fiel der Hammer für das bisher teuerste Werk, Max Beckmanns Gemälde „Anni" (Mädchen mit Fächer) bei 3,4 Mio. €, gefolgt von einem Halbakt Ernst Ludwig Kirchners für 1,8 Mio. € und einem Gemälde von Emil Nolde namens „Philister" für 1,3 Mio. €. Noldes Aquarell „Anemonen" brachte damals 108.000 €. Das gibt eine gute Vorstellung von der spezifischen Preisdynamik bei Nolde: ein Jahr später (2006) bei Ketterer brachte das schon erwähnte, in Format und Zustand gut vergleichbare „Tiefblaue Meer" 230.000 € – ein Zuwachs von 113%. Bestätigt wird diese Dynamik durch Ketterers eigene Ergebnisse: Im Jahr zuvor (2005) war dort Noldes Aquarell „Mohn und weiße Lilien", nach Format und Zustand im ganzen ebenfalls vergleichbar, für 80.000 € zugeschlagen worden.

Der Markt ist heterogen

Die unterschiedlichen Nolde-Ergebnisse aus dem gleichen Zeitraum unterstreichen eine alte Beobachtung: Es kommt bei den Preisen natürlich auch auf den Auktionator, auf die Stimmung im Saal und auf manche andere Unwägbarkeiten an. Überdies ist der Markt nur bedingt transparent. Zuverlässig ablesbar ist an solchen Ergebnissen nur die Tendenz: die Kunstpreise sind in Bewegung geraten – bei dem einen Künstler mehr, bei dem anderen weniger. Dazu passt scheinbar nicht, dass Grisebach nach der Opulenz von 2005 ein Jahr später in doppelter Weise zurückfiel: die Auktionsumsätze waren deutlich niedriger und der Spitzenzuschlag lag nicht bei 3,4 Mio. € wie bei Beckmanns „Anni", sondern bei 900.000 € für Gerhard Richters „Landschaft mit Wolke". An zweiter Stelle kamen dann Pechsteins „Kurische Häuser" mit 820.000 €. Abgesehen davon, dass man 2005 für die Jubiläumsauktion diverse Highlights aufgeboten hatte: Akquisitionen sind nicht immer gleich erfolgreich, auch wenn die Märkte boomen. Ketterer hat im gleichen Zeitraum den Umsatz verdoppelt – aber auch daraus lassen sich nur bedingt Schlüsse auf die Marktverfassung ziehen. Man muss schon genauer hinschauen. Auch die gegenwärtige Dynamik des Segments Klassische Moderne ist nur mit großen Einschränkungen auf andere Bereiche übertragbar.

Preisverfall bei Alten Meistern

Keine Zeit für „Romantik"

Soll man Alte Meister oder auch unbekannte Zeitgenossen kaufen? Die Antwort ist ein klares Nein, wenn wir eine normale Risikoneigung und Vermögensverhältnisse deutlich unterhalb von Gunter Sachs unterstellen. Der Markt der Alten Meister ist seit Jahren in einer beklagenswerten Verfassung, das Angebot übersteigt bei weitem die Nachfrage. Die Notierungen der zweiten Reihe – und nur diese wird zu passablen Preisen angeboten – verfallen von den Gemälden bis zu den Radierungen und Holzschnitten. Ausgenommen sind – wie überall – die letzten noch nicht museal eingesperrten Glanzstücke des 17. und 18. Jahrhunderts, wie Sachs mit dem Pieter-Brueghel-Gemälde eines in London ergattern konnte; allerdings für 7,6 Mio. €. Auch der Romantik des 19. Jahrhunderts geht es nicht gut, und was sofort Nachfrage fände – die Werke des *Caspar David Friedrich* oder *Otto Runges* zum Beispiel – hängt fast vollständig in den Museen, kommt also kaum jemals an den Markt. Der zweiten Garnitur der *Carus*, *Spitzweg* oder *von Schwind* aber fehlt das Flair des Genialen (und der große Name), so dass sich das Interesse an ihrem Oeuvre heutzutage in Grenzen hält. Die späteren, teilweise hochbegabten Landschaftsmaler der Düsseldorfer und Münchener Schule sind nur wenig besser dran. Sie finden in der jeweiligen Region zwar immer wieder landschaftlich interessierte Käu-

Renée Sintenis (1888–1965): Polospieler II (1929). *Eine Bronze mit brauner Patina, postumer Guß, Höhe 45 cm. Die Bildhauerin hat in diesem Meisterwerk einen Augenblick höchster Konzentration und Anspannung im Polo-Spiel festgehalten. Perfekt modelliert das kraftvolle Spiel der Muskeln von Mensch und Pferd, perfekt wiedergegeben die vibrierende Dynamik des ganzen Bewegungsablaufs kurz vor dem Schlag. Ein Objekt, das bei Villa Grisebach (Berlin) im Mai 2006 viele Bieter lockte. Auf maximal 18.000 € taxiert, brachte es am Ende den anderthalbfachen Erlös (mit Aufgeld) von 28.320 €. Skulpturen (wie diese) sind offenkundig wieder „in".*

fer, aber das reicht selbst in Boomzeiten nur für eine flache Wertdynamik.

Auf Zeitgenossen wetten

Geduld gehört dazu

Wer sich bei einem der vielen hoffnungsfrohen malerischen Zeitgenossen engagieren will, muss das als eine Risiko-Investition betrachten und sich in Geduld fassen. Da kann man keine Ratschläge geben, da entscheiden Geschmack und Fingerspitzengefühl. Gerhard Richter ist schon wegen seiner internationalen Reputation mit Sicherheit kein Fehlgriff. Ob das – nur als Beispiel – bei *Sigmar Polke* (Köln), *Martin Kippenberger* oder *Neo Rauch* (Leipzig) im long run auch zutrifft und ob die künftige Wertschätzung ausreicht, ihre Werke emporzutragen – das steht auf einem anderen Blatt. Die einen schließen (Börsen-) Wetten auf die Telekom ab, die anderen setzen auf Kippenberger: Warum nicht. Der Ausgang ist in beiden Fällen offen.

Kunstblase in New York?

Richtig ist, dass gerade in letzter Zeit an der zeitgenössischen Kunst große Summen verdient worden sind – in Amerika. Freilich macht auch das Wort „Kunstblase" in New York die Runde. Das verwundert nicht, wenn man hört, dass dort die Zahl der Zuschläge über 1 Mio. $ im ersten Halbjahr 2006 um 80% gestiegen ist (von 253 auf 454 „Gold"-Lose). Und dass heute für eine Arbeit *Roy Lichtensteins* („Sinkende Sonne" von 1964) anstandslos 14 Mio. $ bezahlt werden oder, anderes Beispiel, 3,2 Mio. $ für eines von *David Hockneys* Kalifornien-Bildern. Ähnliche Auswüchse hatte es schon Anfang der Neunziger gegeben, gefolgt von einem saftigen Crash, an dem der Kunstmarkt über ein halbes Jahrzehnt laboriert hat, übrigens auch hierzulande.

Crash-Gefahren einkalkulieren

Abgeschlossene Kunstepochen sind weniger riskant

Von diesen Untiefen des Kunstmarkts ist in Galerien und auf Auktionen selten die Rede. Der Anleger muss sie aber genau so einkalkulieren wie im Wertpapiergeschäft. Zeitgenössische Kunst trägt ein deutlich erhöhtes Risiko in sich, abgeschlossene Kunstepochen besitzen dagegen etablierte Wertskalen mit festumrissenen und oft bewerteten Kunstbeständen. Das schützt nicht zu 100% vor Blasen und bösen Überraschungen, aber schätzungsweise zu 80%. Die Volatilität etablierter Kunstwerke im Zeitablauf ist wesentlich geringer als bei neuen Kreationen.

Enttäuschungen bei Silber und Schmuck

Haushaltsauflösungen drücken die Preise

Über das Kunsthandwerk zu sprechen, ist aus anlegerischer Sicht wenig verlockend. Antike Möbel geben gewiss jeder Heimstatt ein großbürgerliches Flair, als Anlageobjekte aber sind sie einfach zu sperrig. Antikes Silber ist zwar nicht sperrig, aber – von Sammlern abgesehen – heute kaum noch gefragt; die Geschäfte gehen schlecht. Kürzlich wurde in einer Münchener Auktion ein Jugendstilbesteck mit 135 Teilen aus

Darmstädter Werkstätten (um 1901) zu 48.000 € zugeschlagen. Eine allseits mit Überraschung aufgenommene Ausnahme, wie auch die sachkundige Vorab-Schätzung zeigt: 3.500 € waren angesetzt. Damit entpuppt sich das hohe Gebot als Liebhaberpreis, der bei einem späteren Weiterverkauf schwerlich noch einmal zu erzielen sein dürfte. Antiker Schmuck wird dank vieler Haushaltsauflösungen in jüngster Zeit im Übermaß angeboten, die Preise liegen entsprechend darnieder. Nur Top-Angebote finden – in den Preisen stark reduziert – noch Beachtung. Die Erben, die ganz andere Anschaffungspreise im Gedächtnis haben, sind meist tief enttäuscht – wie überhaupt die meisten Haushaltsauflösungen heutzutage mit vielen Desillusionierungen enden.

Renaissance der Skulpturen

Bis zu 77 % über den Taxen

Was bleibt und in zuträglichen Maßen floriert, ist die Bildende Kunst. In jüngster Zeit, so berichten Galerien und Auktionshäuser übereinstimmend, erleben auch Skulpturen eine Renaissance. Die umstrittene *Arno-Breker*-Ausstellung in Schwerin kam insofern nicht von ungefähr. Aber auch wer Breker nichts abgewinnen kann, kommt heute wieder stärker auf seine Kosten. Unter den 92 Top-Objekten der Grisebach-Auktion im Mai 2006 fanden sich vier Skulpturen aus den zwanziger Jahren von *Ewald Mataré*, *Renée Sintenis* und *Georg Kolbe*. Alle fanden Abnehmer, und die Erlöse lagen um bis zu 77% über den gemittelten Tax-Spannen. Früher blieben Skulpturen bei Auktionen häufig liegen.

Kunstwerke – die letzte Steuer-Oase ?

Zum Schluß wollen wir noch ein besonderes, vielleicht ein wenig profanes Wort für die Anlage am Kunstmarkt einlegen. Wenn der Kabinettsbeschluss vom Juni 2006 umgesetzt und zum 1. Januar 2008 eine pauschale Abgeltungssteuer für alle Kapitalerträge und für die privaten Veräußerungsgeschäfte eingeführt wird (wozu auch der private Verkauf von Kunstwerken gehört), dann könnte es sein, dass die Gewinne und Verluste aus privaten Kunstverkäufen davon ausgenommen werden. So jedenfalls hat es Österreich 1993 gehandhabt, als man dort eine Abgeltungssteuer einführte. Dafür sprachen gewichtige praktische Gründe, die zu erörtern hier zu weit führen würde.

Preisaufschläge dank Abgeltungssteuer

Die Österreicher haben sich damals bei Kunstgegenständen für eine Haltefrist von einem Jahr entschieden, wie sie auch das deutsche Steuerrecht (heute noch) kennt. Was jenseits dieser Frist verkauft wird, bleibt steuerfrei. Was unterjährig verkauft wird, unterliegt in Gewinn und Verlust dem individuellen Einkommensteuersatz. Wenn der deutsche Gesetzgeber diesem Beispiel folgte, würden Kauf und Verkauf von Kunst in Deutschland zur letzten Oase einer (jenseits der Haltefrist) steuerfreien Gewinnerzielung im privaten Bereich. Gewiss, nur eine Hoffnung. Aber eine, von der wir meinen, dass man sie in seine privaten Dispositionen frühzeitig einbeziehen sollte. Denn der Markt wird bestimmt darauf reagieren – mit Preisaufschlägen.

Die Zukunft: Selektiv bergan

Gute Perspektiven für „Blue Chips" der Kunst

Und wie steht es mit der Einschätzung des Kunstmarkts in naher Zukunft? Wir meinen: Sie ist eng korreliert mit der weiteren Entwicklung der Weltwirtschaft. Sammler und Begüterte kaufen Kunst (fast) zu allen Zeiten, für die Masse der Käufer aber ist der Pegel ihrer persönlichen Residualeinkommen entscheidend – also das, was man für Kunst erübrigen kann. Kommt es zu der allseits erwarteten Wachstumsverlangsamung in USA gegen Jahresende, so werden auch hierzulande Wirtschaftstätigkeit, Stimmung und Börse eine Delle bekommen, und der Kunstmarkt wird mitleiden. Aber: Da niemand eine Rezession erwartet, kann es so schlimm nicht werden.

Fazit: Am wenigsten leiden werden, ähnlich wie an der Börse die Blue Chips, die großen, anerkannten und deshalb begehrten Kunstwerke. Wer und was dafür infrage kommt, das haben wir ausführlich dargelegt. Auf längere Sicht gilt im Übrigen: Es wird mit Preisen und Umsatz am Kunstmarkt weiter bergan gehen. Oder, um genau zu sein: selektiv bergan gehen. In der richtigen Auswahl liegt der Erfolg.

Ihr Vermögen

Sichern und Gestalten

» *Angesichts der ausufernden Staatsschulden der westlichen Welt, stellt sich die immer drängendere Frage, mit welchen Mitteln die staatlichen Kämmerer dieses Problem in den Griff kriegen wollen. Vor allem die Verpflichtungen gegenüber den Rentenempfängern von morgen drohen die Sozialsysteme zu sprengen – wenn hier nicht schmerzhafte Schnitte vorgenommen werden. Doch an effektive Rentenkürzungen traut sich die Politik nicht heran, Mehrbelastungen für die Beitragszahler stoßen schon jetzt an Grenzen. Was bleibt, sind staatlich geförderte Spartöpfe, die in späteren Jahren „zwangssozialisiert" werden und staatliche Schuldverschreibungen, die mittelfristig drastisch an Wert verlieren werden.* «

Mimikry

Und ewig lockt der Fiskus

von Konrad Hummler, Wegelin & Co.

Europas Schuldenberge

Die Faktenlage ist erdrückend. Zusätzlich zu den bekannten und von den zuständigen Rechnungshöfen und Finanzministerien veröffentlichten expliziten Staatsschulden haben sich in vielen Ländern Europas im Zusammenhang mit ihren Sozialsystemen Berge impliziter Schulden aufgebaut, über die niemand gerne spricht und die man am liebsten durch Verdrängen zum Verschwinden bringen würde.

Die Altersvorsorge – ein Schneballsystem

Unter impliziter Verschuldung eines Vorsorgesystems ist die Lücke zu verstehen, die zwischen den Versprechungen für künftige Zahlungen und den aufgrund der (überwiegend im Umlageverfahren organisierten) Finanzierungsmechanismen anzunehmenden künftigen Einnahmen der Wohlfahrtssysteme klafft. Politökonomisch handelt es sich bei den aufgebauten Schuldenbergen um die Ausgabe von Vorsorgeschecks an existierende Wählergenerationen zulasten von noch nicht geborenen künftigen Generationen. Ein eklatanter Mangel im verfassungsrechtlichen Schutz der Ungeborenen hat den Aufbau eines solchen Schneeballsystems erlaubt, das so lange weiterfunktionieren kann, als nicht den Letzten die Hunde beißen bzw. die immer spärlicher werdenden Nachkommen sich der Zahlungspflicht entziehen.

Stillschweigen über Schuldenberge

Daten werden nicht mehr aktualisiert

Die Grafik auf der folgenden Seite zeigt die Schuldenberge, welche die europäischen Wohlfahrtssysteme in den letzten Jahrzehnten aufgebaut haben. Die Zahlen wurden, wie man uns bei den zuständigen Stellen mitteilte, nach 1995 nicht mehr aufdatiert, „weil man das nicht mehr wollte“. Das sagt genug aus über die Brisanz der Angelegenheit.

Als Hinweis für die Dramatik der Situation mag die Schätzung der Deutschen Bundesbank aus dem Jahr 2005 für die explizite und implizite Verschuldung der Bundesrepublik dienen. Die Zahl beträgt 270% des Bruttoinlandprodukts.

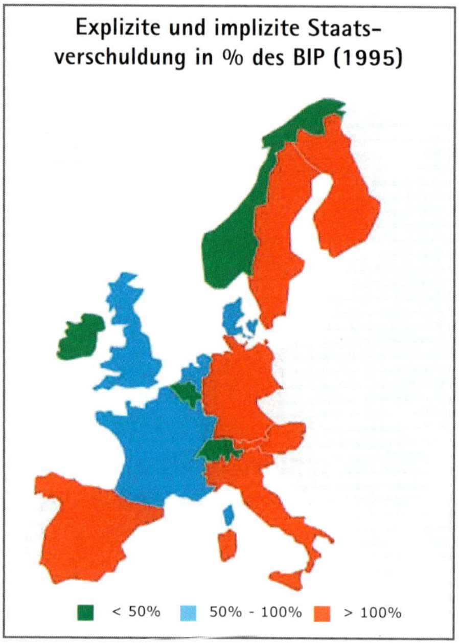

Die Grafik zeigt, dass Norwegen, Irland, Belgien und die Schweiz mit einer wahren Staatsverschuldung von weniger als 50% relativ gut dastehen. Quelle: seco/Die Volkswirtschaft, Wegelin Analyse

Ohne Reserven in die Systemkrise

Wie schlecht die europäischen Wohlfahrtssysteme für die sich abzeichnende Systemkrise gerüstet sind, zeigt die nachfolgende Karte. Sie illustriert das vorhandene Vorsorgevermögen der verschiedenen Länder Europas im Verhältnis zur jeweiligen Wertschöpfung. Hält man beide Karten nebeneinander, so sieht man, dass nur ganz wenige Länder Europas kein oder nur ein geringfügiges Problem haben: Island, Irland, Grossbritannien, Holland, Dänemark und die Schweiz, allenfalls auch noch Norwegen dank seines Erdölreichtums.

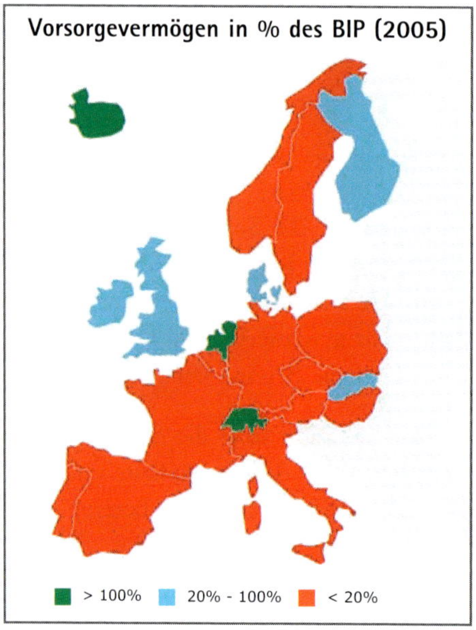

Die meisten Länder Europas weisen ein Vorsorgevermögen von weniger als 20% auf Quelle: seco/Die Volkswirtschaft, Wegelin Analyse

Es ist hier nicht die Stelle, aus dieser etwas besonderen Geographielektion politische Schlüsse zu ziehen. Für die Tätigkeit der Vermögensvermehrung und Vermögensverwaltung muss jedoch klar darauf hingewiesen werden, dass diese Blase abgegebener und kaum zu haltender Versprechungen kaum ohne gröbere Wirkungen und Nebenwirkungen in sich zusammenfallen wird. Ja, noch mehr: Vermögen wäre in dieser Konstellation in hohem Maße gefährdet, entweder durch Geldentwertung oder durch Konfiskation.

Leere Versprechungen und ihre Folgen

Wie die Staaten die impliziten Lasten loswerden können

Wir erachten die Wahrscheinlichkeit als hoch, dass auf die eine oder andere Art versucht werden wird, die erdrückende Last der sozialpolitischen Fehlkonstrukte zumindest teilweise loszuwerden, indem:

- Die Rentenansprüche gekappt werden, zum Beispiel durch Heraufsetzung des Rentenalters. Im ökonomischen Klartext handelt es sich dabei um eine Konfiskation von Teilen des Barwerts des gesetzlich zustehenden Leibrentenanspruchs.
- Die beitragszahlende aktive Generation mehr einzahlt, als sie je bekommen wird. Über subtile und über die lange Zeit der Beitragsjahre kaum merkliche Renditeverluste können auf diese Weise gewaltige Summen zwischen den Generationen umverteilt werden.
- Spezielle vom Staat begünstige Spartöpfe abgeschöpft werden, indem man sie per Dekret zum sozialpolitischen Substrat macht.
- Die in diesen Spartöpfen enthaltenen Anlagen (zu einem großen Teil Staatspapiere) eine von der Politik initiierte Entwertung erfahren.

Im Folgenden ist auf die beiden letzten, von Anlegern und vom breiten Publikum kaum erkannten Gefahrenpunkte einzugehen. In praktisch allen Ländern Europas existieren, zum Teil in erstaunlicher Vielfalt, steuerprivilegierte Sparformen, die wegen ihrer Privilegierung regelmäßig Zugriffsbeschränkungen gegenüber dem Sparer, d.h. dem Eigentümer unterworfen sind. Diese Zugriffsbeschränkungen sind das eine, die Tatsache, dass die zuständigen Behörden über genaue Kenntnisse bezüglich der Höhe der angesparten Beträge verfügen und über vielfach auferlegte Vorschriften zur Art der Anlage dafür sorgen, dass die Gelder im Steuerinland liegen müssen, sind das andere. Der konfiskatorische Zugriff durch in finanziellen Nöten stehende Fiskalbehörden ist deshalb absehbar, und schlimmer noch: Dessen „Legitimierung“ ist durch die frühere Steuerprivilegierung ebenfalls programmiert.

Steuerprivilegierte Anlagen und Staatspapiere sind besonders gefährdet

Beschlagnahmung privilegierter Sparvermögen

Konkret könnte solches wie folgt vonstatten gehen: Die Schweiz besitzt bekanntlicherweise ein auf drei Säulen beruhendes Vorsorgesystem, wobei die dritte Säule, die private Vorsorge, eine steuerprivilegierte Sparform darstellt. Sparwillige können jährlich bis zu 6.192 Sfr an ein speziell dafür vorgesehenes Konto überweisen; ein Betrag welcher sodann vom steuerbaren Einkommen abgezogen werden kann und dadurch dem Steuerzahler zu einer ansehnlichen Reduktion des dem Staate geschuldeten Betrags verhilft.

Sparen in der dritten Säule = Kontrolle aus der Hand geben

Der Haken an diesem Vorsorgevehikel ist die oben angesprochene Zugriffsbeschränkung. Zwar liegt das angesparte Vermögen nicht etwa bei einer staatlichen Bank, die mit der Verwaltung der dritten Säule betraut wäre. Vielmehr kann der Vorsorgende zwischen einer Vielzahl von Angeboten privater Finanzinstitute wählen. Aber die Rückentnahme des Vorsorgevermögens vor Erreichen des Rentenalters ist nur unter ziemlich restriktiven Bedingungen möglich. So zum Beispiel bei einem definitiven Wegzug ins Ausland oder beim Bau eines Einfamilienhäuschens. Zudem wird die Steuerprivilegierung in einem solchen Fall zumindest teilweise wieder rückgängig gemacht.

Schutz vor sich selbst

Wer von einem Menschenbild ausgeht, welches dem Einzelnen, vor allem wenn es um die Altersvorsorge geht, nur bedingte Mündigkeit zuspricht und gegen staatliche Maßnahmen nichts einzuwenden hat, die dem Einzelnen zu mehr Eigenvorsorge animieren sollen, der wird an Zugriffsbeschränkungen nichts auszusetzen haben. Was aber, wenn dereinst Politiker aus irgendeinem wahltaktischen Grund auf die Idee kämen, die Änderung des diesem System zugrundeliegenden Gesetzes beliebt zu machen, etwa den Ausbau der Zugriffsbeschränkung, um den Bürger besser vor sich selbst und seiner Irrationalität zu schützen, so dass Fälle, bei denen er der Versuchung erliegt, das Vorsorgegeld schon mit 40 für eine Villa zu verpulvern, gar nicht mehr eintreten könnten?

Bei soviel staatlicher Fürsorge würde wahrscheinlich manch einer skeptisch. In einem nächsten Schritt wäre es für den Gesetzgeber nämlich ein leichtes Spiel, das in der dritten Säule liegende Vermögen – aus irgendwelchen äußeren, nicht vorhersehbaren und exzeptionellen Umständen – nun doch zu besteuern, oder gar für das Stopfen der Löcher der beiden andern Vorsorgesäulen zu verwenden, sprich umzuverteilen. Nur beim Namen nennen würde man ein solches Vorhaben freilich nicht, sondern man spräche dann – in typischem Politik-Newspeak – von einem „intergenerationellen Rentensicherungs- und Vorsorgeschutzprogramm“.

Zwang zum Sparen in Heimatwährung

Verordnete Einheitslösungen

Werden steuerprivilegierte Sparformen einmal aus diesem Blickwinkel betrachtet, so kommen auch angesichts der vielen gesetzlichen Beschränkungen im Bereich der Anlagemöglichkeiten ungute Gefühle auf. So kann, wer in der Schweiz in der dritten Säule Vermögen akkumuliert, beispielsweise seinen Aktienanteil nicht frei wählen; er darf höchstens 50% betragen.

Kaum Spielräume bei der Riester-Rente

Während der staatliche Eingriff in der Schweiz über die Beschränkung des Aktien- und des Fremdwährungsanteils erfolgt, so geschieht dies in Deutschland bei der sog. Riester-Rente über die Überprüfung und Zertifizierung der verschiedenen Anlageprodukte. Die zuständige Behörde, das Bundesamt für Versicherungswesen, achtet dabei vor allem darauf, dass die Anlageprodukte in irgendeiner Form kapitalgeschützt sind, so dass der Sparwillige bei Erreichen des Rentenalters mindestens das eingebrachte Kapital ausbezahlt erhält.

Aus finanztheoretischer Sicht macht diese Einschränkung jedoch keinen Sinn, da vor allem junge Personen mit ihrer erhöhten Risikotragfähigkeit leicht auf den Kapitalschutz verzichten könnten - zumal der Kapitalschutz ja auch nicht gratis ist, d.h. nur gegen – in der langen Frist besonders schwerwiegenden – Renditeeinbußen zu haben ist.

Privatvorsorge: Unterschiede Schweiz und Deutschland

Riester-Rente: Steuerprivileg und staatliche Zulagen

Ein wesentlicher Unterschied zwischen dem schweizerischen und dem deutschen System der privaten Vorsorge liegt darin, dass das Sparen über die Riester-Rente nicht nur steuerprivilegiert ist, sondern zusätzlich mit staatlichen Zulagen verbunden ist. Die maximale staatliche Zulage beträgt ab dem siebten Vertragsjahr 154 € für Erwachsene und 185 € für jedes einzelne Kind – pro Jahr. Bei allem Respekt vor dem Versuch, auch in Deutschland dem rein umlagefinanzierten Vorsorgesystem ein halbwegs privates hinzuzufügen: viel Geld ist das nicht! Es fragt sich deshalb, ob es angesichts des bürokratischen Aufwands, der mit dem Zulagesystem einhergeht, nicht gescheiter wäre, gleich ganz darauf zu verzichten. Dies umso mehr, als die Summe der Zulagen und Steuerersparnisse bei Rentenbeginn bzw. nach 40 Jahren Laufzeit nur rund 12.000 € beträgt, ein Betrag, welchen man an der Börse über dieselbe Zeitspanne auch mit einem bescheidenen Grundkapitalstock locker hätte übertreffen können.

Natürlich gibt es auch bei der Riester-Rente Zugriffsbeschränkungen. Der vorzeitige Bezug ist nur möglich beim Wegzug ins Ausland oder

Bescheidene Vorteile

wenn sich ein Arbeitnehmer selbstständig macht, wogegen in der Schweiz ein paar Exit-Optionen mehr zur Verfügung stehen. Im ersten Falle muss der Auswanderungswillige sogar alle Zulagen und Steuervorteile zurückzahlen. Wer bis zum Rentenantritt spart, gibt faktisch die Kontrolle über sein Vorsorgevermögen ab und kann nur hoffen, dass die staatlichen Zuschüsse im Laufe der Zeit nicht gänzlich versiegen, der bürokratische Aufwand nicht zuviel von seiner Rente wegfrisst oder schlimmer noch, er mittels Gesetzesänderung – sozusagen per Federstrich – vollends um sein Hab und Gut gebracht wird.

Mit Zwang in die falsche Richtung gelenkt

Gefangen im eigenen Spartopf

Ängste vor einer Totalkonfiskation des angesparten Vermögens sind nicht nur aufgrund der Unberechenbarkeit der gesetzgebenden Gewalt berechtigt. Denn ganz allgemein gilt, dass das sanfte Lenken von Vater Staat und seine behütende Voraussicht für den Einzelnen nicht nur Gutes bedeuten. Was, wenn es mit der Werthaltigkeit der Anlage, in welche der Anleger hineingetrieben wurde, in Zukunft nicht zum Besten bestellt sein wird? Was, wenn zum Beispiel inländische Staatspapiere gar nicht so sicher sind, wie gemeinhin angenommen? In Anbetracht der bereits heute hoffnungslosen Überschuldung der westeuropäischen Nationen ist nämlich keineswegs gesichert, dass Zinsen und Substanz der Schuldpapiere auch in Zukunft noch brav, zeitgerecht und in voller Höher bezahlt werden. Mit anderen Worten: Auch westliche Industrienationen sind nicht vor einem Staatsbankrott gefeit. Dies umso mehr, als der demografische Wandel, resp. dessen Auswirkungen auf die umlagefinanzierten Schneeballsysteme aller Voraussicht nach immer größere Löcher in die staatlichen Kassen reißen wird, ein Ende des Schuldenmachens also nicht in Sicht ist. Früher oder später muss aber jedes derartige System in sich zusammenstürzen.

Kapital und Steuerzahler zusehends mobil

Wie weit reicht der Arm der staatlichen Steuerhoheit noch?

Um die mittlerweile auf rund 900 Mrd. € angewachsenen Bundesschulden zu bedienen, mussten im Jahre 2005 39 Mrd. € aufgewendet werden. Dies entspricht rund 15% der Gesamtausgaben, oder rund 20% der gesamten Steuereinnahmen! Dabei sprechen wir hier nur von den expliziten, im deutschen Bundeshaushalt effektiv ausgewiesenen Schulden. Bisher ging man in der Ökonomie stets – vielleicht zurecht, vielleicht aber auch etwas naiv – von der Annahme aus, dass Staatsschulden in dieser Größenordnung kein echtes Problem darstellten, weil sich der Staat ja aufgrund seiner Steuerhoheit jederzeit die nötigen

Mittel beim Steuerzahler beschaffen könne. Was aber im Zuge der Globalisierung vonstatten gegangen ist, ist eine massiv gestiegene Mobilität der Produktionsfaktoren (und Steuersubjekte) Kapital und Arbeit. Es ist also durchaus denkbar, dass sich die bereits jetzt unter der enormen Steuerlast ächzende Bevölkerung weitere Steuererhöhungen nicht mehr so einfach gefallen lässt, resp. in zunehmendem Maße auswandern würde, auch wenn das letztmalige Drehen an der Steuerschraube seitens der Bundeskanzlerin *Angela Merkel* von den Betroffenen mit erstaunlicher Apathie zur Kenntnis genommen wurde. Wenn aber die für den Schuldendienst zusätzlich notwendig werdenden Mittel dem Bürger nicht mehr so einfach aus der Tasche gezogen werden können und auch Einsparungen an anderer Stelle aufgrund politischer Sklerose unmöglich sind, dann muss ernsthaft über ein Einstellen des Schuldendienstes nachgedacht, über Möglichkeiten, wie die Schulden zum Verschwinden gebracht werden können, sinniert werden.

Die trügerische Sicherheit von Staatsanleihen

Wie man heute Staatsschulden verschwinden lassen kann

Es gibt noch kein Konkursverfahren für Staaten

Als vor einigen Jahrzehnten die Unabhängigkeit der Zentralbanken noch keine Selbstverständlichkeit war und Politiker noch höchstpersönlich in der Kommandozentrale der Notendruckerei walten konnten, war die Lösung des Problems schnell gefunden: die Sozialisierung der Schulden mittels Inflation. Deutschland steht diese Möglichkeit heute schon deshalb nicht mehr offen, weil es die Zentralbank mit den anderen Euroländern teilen muss. Demgegenüber läge die Entscheidung, den Staatsbankrott zu erklären, alleine bei den deutschen Politikern. Die Anreize, einen solchen Schritt dereinst auch unter Inkaufnahme des damit unweigerlich verbundenen GAUs an den internationalen Finanzmärkten zu wagen, sind durchaus vorhanden. So gibt es bis heute kein Konkursverfahren für Staaten, wodurch geschädigten Gläubigern die rechtlichen Mittel fehlen, den fehlbaren Staat zur Rechenschaft zu ziehen. Ein „Fall Argentinien“ ist somit auch für Deutschland denkbar.

Argentinien: Glücklich, wer sein Vermögen außer Landes „verwahrt“ hatte.

Als die öffentlichen Schulden dem argentinischen Staat im Jahre 2002 über den Kopf gewachsen waren, beschloss man kurzerhand, den Schuldendienst für alle Auslandschulden einzustellen und aufgrund der drohenden Bankenkrise, die Sparguthaben der Bevölkerung im sogenannten „Corralito“ einzufrieren. Als sich die Wogen ein wenig geglättet hatten, wurden die Ersparnisse – freilich erst nach erfolgter Abwertung der Währung – wieder freigegeben. Glücklich wähnen konnte sich nur, wer sein Vermögen frühzeitig ins Ausland gerettet hatte. Solches wird dann mitunter anprangernd „Kapitalflucht“ genannt.

Vorsicht, wenn der Fiskus lockt

Angesichts dieser düsteren Prognose im Zusammenhang mit der Werthaltigkeit der deutschen Staatspapiere ist man gut beraten, von staatlich geförderten Vorsorgeprogrammen die Finger zu lassen, mögen die Verlockungen steuerlicher Privilegierung noch so groß sein.

Die Erfahrung, dass steuerlich begünstigte Investitionen in der Regel nicht das Gelbe vom Ei sind, dürfte vielen Anlegern noch in schmerzhafter Erinnerung sein. Gemeint sind die steuerprivilegierten Immobilieninvestitionen in Ostdeutschland. Anfangs der neunziger Jahre beschloss der deutsche Staat das Fördergebietsgesetz, welches befristete Sonderabschreibungen für Investitionen in den neuen Bundesländern erlaubte. Immobilien-Investitionen in Wohnliegenschaften in Ostdeutschland konnten in den ersten fünf Jahren nach ihrem Erwerb mit bis zu 25% vom steuerbaren Einkommen abgezogen werden. Dieses ultimative Steuersparmodell, dass für den Investor auf den ersten Blick als risikoloses Investment zu verstehen war, entpuppte sich aber als Luftschloss. Zunächst die Ausgangslage:

Von Immobilien und Luftschlössern

Ein deutscher Investor mit einem Grenzsteuersatz von 40% rechnete sich damals aus, dass sein Eigenkapital aufgrund der zu erwartenden Einkommensteuererleichterungen in spätestens vier Jahren zurückgeflossen sein wird und er somit risikolos und staatlich gefördert zu einer interessanten Renditeliegenschaft (Mehrfamilienhäuser) gelangen konnte. Meistens war der Mietzins gerade ausreichend, um die Kosten der Hypothek zu decken, welche zum Teil wiederum staatlich gefördert fix auf zehn Jahre zu einem Sonderzinssatz erhältlich war. Tatsächlich aber führte das Fördergebietsgesetz und die herrschende Aufbruchsstimmung zuerst zu einem massiven Preisanstieg bei den Ost-Immobilien und zu Vermittlungsgebühren bei den Immobilienmaklern von bis zu 25% der Investitionssumme. Berlin und die anderen neuen Bundesländer, welche im Besitz einer Vielzahl zu verkaufender Objekte waren, konnten staatlich gefördert ihre sanierungsbedürftigen Altbauten veräußern.

Zunächst ein guter Schnitt für den Fiskus

Aus Sicht der Steuerbehörden ergab sich folgendes Bild: Die staatlich geförderten Immobilien-Investitionen lösten einen Bauboom aus, der dem Fiskus Mehrwertsteuern, Umsatzsteuern der Bauunternehmen, Lohnsteuern der Arbeiter sowie Grund- und Körperschaftsteuern aus den Transaktionen einbrachte, welche wiederum die Steuerausfälle bei den Investoren mehr als kompensierten. Zudem flossen ihm auch ein Teil der Mittel aus dem Verkauf der aus heutiger Sicht stark überteuerten Liegenschaften zu.

Im Zuge der darauffolgenden Konjunkturabschwächung konnten die teuer erworbenen und sanierten Immobilien nicht mehr zu den kalkulierten Preisen vermietet werden und die Immobilienblase platzte. Aus dem Traum von risikolosen Gewinnen wurden auf einmal handfeste Verluste und plötzlich wollten auch die kreditgebenden Banken ihre Forderungen sichergestellt wissen. Plötzlich sah sich der Investor folgenden Zahlen gegenüber:

Doch das dicke Ende kam auch diesmal

Investitionssumme (Kauf & Sanierung)	DM 1,0 Mio.
Eigenkapital (30%)	DM 0,3 Mio.
Fremdkapital (70%)	DM 0,7 Mio.

Dieser staatliche Eingriff in den ostdeutschen Immobilienmarkt führte zu einer massiven Umverteilung von Privatvermögen in die Kassen des Staates und dies unter dem Deckmantel von angeblich attraktiven Steuergeschenken. Wer sich damals als Investor zu weit aus dem Fenster gelehnt hatte und durch zuviel Leverage überdurchschnittlich von den Verlockungen der staatlichen Steuergeschenke hatte profitieren wollen, sieht sich heute mit Schulden konfrontiert.

Staat sorgt für Umverteilung

Realwert der Immobilie nach dem Crash	DM 0,6 Mio.
Eigenkapital (0%)	DM -0,1 Mio.
Fremdkapital (116%)	DM 0,7 Mio.
Unerwartete Nachschusspflicht	DM 0,1 Mio.

➔ Fazit: Das Szenario der wertlosen Staatspapiere der Euroländer sowie das vorangehende Beispiel der steuerprivilegierten Immobilieninvestitionen machen deutlich: Eine langfristige und umsichtige Planung der privaten Vermögensstrategien tut gut daran, gewährten Steuerprivilegien mit der nötigen Skepsis zu begegnen und Töpfe zu meiden, die dem hungrigen Fiskus auf dem Präsentierteller angeboten werden. Als Maßnahme empfiehlt sich angesichts der katastrophalen Überschuldung der Staaten Kerneuropas vielmehr Mimikry, das heißt weitestgehende Unkenntlichmachung der privaten Vermögenslage, beispielsweise durch – legale! – Verlagerung von Anlagen ins Ausland, durch globale Diversifikation der Anlagen und durch Wahl von Finanzinstrumenten, die den Steuerbehörden immer eine Nase voraus sind. Und insbesondere durch Vermeidung des Ankaufs inländischer Staatsschulden.

» Wie viel Geld brauche ich in der zweiten Lebenshälfte? Und wann beginnt diese eigentlich? Die Fragen werden zwar oft gestellt, aber selten fundiert beantwortet. Zu unsicher sind die vielen einzelnen Faktoren, die Basis einer solchen Berechnung sind. Als da wären: Inflation, (Vermögen-)Steuern, Lebenserwartung und die Risikobereitschaft des Anlegers. Ohne diese wichtigsten Parameter für sich definiert zu haben, sind Prognoserechnungen, sofern sie überhaupt erstellt werden, nicht viel mehr als ein Stochern im Nebel. Mit einer relativ simplen Formel lässt sich der Finanzbedarf für die Altersvorsorge zumindest annähernd beziffern, können böse Überraschungen vermieden werden. «

Jetzt langt's!

Wie viel sparen, damit es bis zum Ende reicht?

von Oliver Hagedorn, avesco

Das einzig Sichere an der Rente: Sie reicht nicht!

„Wie viel Geld benötige ich, um meinen Lebensabend frei von finanziellen Sorgen genießen zu können?“ Dies ist eine der Fragen, die von Anlegern immer wieder gestellt wird.

In Anbetracht der unsicheren finanziellen Lage der Sozialsysteme ist sie nicht einfach zu beantworten. Angesichts der demografischen Entwicklung ist die gesetzliche Rente nicht mehr sicher, jedenfalls nicht als alleinige Altersvorsorge.

Die demografische Entwicklung führt dazu, dass der Prozentsatz der über 60-Jährigen an der Bevölkerung kontinuierlich zunimmt. Beträgt der Anteil der über 60-Jährigen zurzeit 25%, so werden es 2030 bereits 35% sein. Dies würde unter Beibehaltung des derzeitigen Umlagesystems zu einem nicht vertretbaren Anstieg der Lohnnebenkosten führen und den Verlust von Wettbewerbsfähigkeit zur Folge haben. Stellt sich die Frage, wie dies vermieden werden kann. Es gibt zwei Möglichkeiten:

1. Entweder die gesetzliche Rente wird reduziert.

2. Oder aber es werden andere Einnahmequellen aufgetan, um das derzeitige System zu finanzieren.

Vermögensteuer wahrscheinlicher als Rentenkürzung

Ersteres wäre prinzipiell richtig, ist aber unpopulär und nur schwer durchzusetzen. Viel einfacher ist es, neue Einnahmequellen zu erschließen. Viel diskutiert ist deshalb die Einführung einer Vermögensteuer.

Implikationen einer Vermögensteuer

Eine Vermögensteuer führt einerseits zu einer Kapitalabwanderung und hat somit einen negativen Einfluss auf das Wirtschaftswachstum. Unternehmer und Privatleute werden ihr Geld ins Ausland bringen. Und dies nicht ohne Grund. Bei dem derzeitigen Zinssatz für Tagesgeld von unter 3%, einer Inflationsrate von über 2% und einem Sparerfreibetrag von 1.370 € für Alleinstehende bzw. 2.740 € für Verheiratete – 750 € bzw. 1500 € ab dem 1.1.2007 – ergibt sich bereits ohne die Einführung einer Vermögensteuer eine negative Rendite.

Politische Risiken einpreisen

Stellt sich die Frage, warum die Einführung einer Vermögensteuer überhaupt thematisiert wird. Der Hauptgrund ist, dass die Erhöhung der Einnahmenseite politisch wesentlich unproblematischer ist als die Reduzierung der Ausgaben. Anleger, die diese Sicht der Dinge teilen, tun also gut daran, das politische Risiko bei der Berechnung des benötigten Kapitals zu Beginn des Ruhestandes mit zu berücksichtigen.

Bevor wir uns nun der Quantifizierung des notwendigen Kapitals zur Beantwortung der Eingangsfrage zuwenden, ein kurzer Blick auf die bei der Berechnung zu berücksichtigenden Variablen.

Ein Dieb namens Inflation

Inflation ist eine ernste Angelegenheit. So ernst, dass wir sie nicht nur messen, sondern sogar klassifizieren. So wird eine Inflation in einer Bandbreite von 2-4% p.a. von Ökonomen als milde Inflation bezeichnet. Die so genannte Hyperinflation kann eine Wirtschaft sogar ruinieren. Denken Sie an die Zeit nach dem 1. Weltkrieg in Deutschland.

Wenn es um das Thema Geldanlage geht, findet sie in der Praxis jedoch kaum Beachtung. Die Inflation bei der Planung der Altersvorsorge bzw. Investmentziele außer Acht zu lassen, führt aber zu katastrophalen Fehleinschätzungen der zukünftigen finanziellen Möglichkeiten.

Geldentwertung wirkt wie Zusatzsteuer

Im Prinzip kann man sich Inflation wie eine zusätzliche Steuer vorstellen. Beträgt die Inflation z.B. 3%, sind die Auswirkungen auf Ihr Geld die gleichen, wie eine zusätzliche, jährliche Steuer in dieser Höhe. Ihr Geld wird also weniger, ohne dass Sie einen Cent ausgegeben hätten. Und durch den kumulierenden Effekt, welcher sich im Laufe der Zeit einstellt, wird es noch schlimmer.

Bei einer Inflationsrate von 3% p.a. verdoppeln sich die Preise in 24 Jahren. Oder anders gesagt: Wenn Sie mit 60 Jahren 500.000 € auf der hohen Kante haben, sinkt der Wert Ihre Ersparnisse in 10 Jahren „dank" der Inflation, auf 370.000 € an Kaufkraft, ohne dass Sie auch nur einen Cent entnommen hätten. Was also ist zu tun?

Geldmarktzinsen zu niedrig

Sie schlagen zurück, indem Sie so investieren, dass die Rendite die Inflationsrate übersteigt, was gar nicht so schwierig ist. Wenn die Inflation 3% beträgt, benötigen Sie eine Rendite von mindestens 4%, besser aber noch mehr. Denn die Inflation ist nicht der einzige Feind. Steuern und Gebühren schmälern ebenfalls die Rendite. Die Wahrscheinlichkeit ist also groß, dass die Geldmarktzinsen nicht ausreichen werden, um die Inflation auszugleichen.

Kapital hat viele Feinde

Die Lösung heißt Aktien. US-Standardtitel brachten gemäß der „Ibbotson Studie" in den letzten 80 Jahren im geometrischen Mittel 10,4% im Jahr, während die Inflation im Durchschnitt bei 3% lag. Aktien lieferten also inflationsbereinigt eine Nettorendite von jährlich 7,1%.

D.h., gute Unternehmen sind offensichtlich in der Lage, mehr als einen Inflationsausgleich zu schaffen, indem sie ihre Preise anpassen oder die Kosten reduzieren. Staatsanleihen können die Inflation langfristig zwar ausgleichen, schaffen aber unter Berücksichtigung von Steuern und Gebühren bestenfalls den Kapitalerhalt. Einer von vielen Gründen dafür, dass Aktienanlagen m.E. das Investmentvehikel erster Wahl sein sollten, vor und während der zweiten Lebenshälfte.

Gute Unternehmen kompensieren die Inflation

Berechnung des notwendigen Kapitals bei Rentenbeginn

Die folgende Studie zeigt, wie viel Kapital ungefähr bei Renteneintritt gebraucht wird, um eine monatliche Auszahlung in Höhe von 1.000 € zu erhalten. Inflationsrisiken, die Marktrisiken einzelner Vermögensklassen sowie das Risiko langes Leben werden in der Tabelle „Portfolio I" berücksichtigt.

Portfolio I	Notwendiges Kapital pro € 1000 mtl. Auszahlung	Portfolio II	Notwendiges Kapital pro € 1000 mtl. Auszahlung
Sehr Konservativ	€ 327.000	Sehr Konservativ	€ 476.000
Konservativ	€ 254.000	Konservativ	€ 354.000
Moderates Wachstum	€ 224.000	Moderates Wachstum	€ 306.000
Wachstum	€ 196.000	Wachstum	€ 262.000
Aggressives Wachstum	€ 184.000	Aggressives Wachstum	€ 244.000

In der Tabelle „Portfolio II" (auf der nächsten Seite) wird zusätzlich ein politisches Risiko, z.B. die mögliche Einführung einer Vermögensteuer berücksichtigt. Lebensrisiken, wie z.B. die Berufsunfähigkeit bleiben unberücksichtigt, da diese über Versicherungen abgedeckt werden können.

Anlageklassen	Sehr Konservativ	Konservativ	Moderates Wachstum	Wachstum	Aggressives Wachstum
Amerikanische Standardwerte	15 %	20 %	30 %	35 %	40 %
Amerikanische Nebenwerte	0 %	10 %	15 %	20 %	25 %
Aktienanlagen ex USA	5 %	10 %	15 %	25 %	30 %
Renten	55 %	45 %	30 %	15 %	0 %
Liquidität	25 %	15 %	10 %	5 %	5 %

Portfoliopräferenz des Anlegers entscheidend

Bei der Höhe des notwendigen Betrags spielt die Portfolio-Präferenz des Anlegers (Marktrisiko) die wichtigste Rolle. Es werden, auf Basis historischer Werte von 1960 bis 2005 zu Rendite und Standardabweichung der einzelnen Anlageklassen in rollierenden Zeitfenstern, fünf unterschiedliche Anlage-Allokationen betrachtet.

Im Schnitt 3,6 % Inflation…

Bei der Berechnung des notwendigen Kapitals bei Renteneintritt wurde die durchschnittliche Inflation der letzten 40 Jahre in Höhe von 3,6% unterstellt.

Die Tabellen zeigen, dass die Portfolio-Entscheidung eine ganz wesentliche Determinante für das notwendige Kapital ist. Fällt die Wahl auf das „sehr konservative" Portfolio, so ist ein Kapital von 327.000 € notwendig, um über einen Zeitraum von 40 Jahren eine monatliche Auszahlung von 1.000 € zu erhalten. Beim Portfolio „aggressives Wachstum" sind dagegen nur 184.000 € notwendig.

… und 2 % Vermögensteuer

Bei der folgenden Berechnung wurde neben der durchschnittlichen Inflation der letzten 40 Jahre in Höhe von 3,6% zusätzlich eine kalkulatorische Vermögensteuer von durchschnittlich 2% berücksichtigt.

Fällt die Wahl auf das sehr konservative Portfolio, so ist nun unter Berücksichtigung der Inflation und des politischen Risikos ein Kapital von 476.000 € notwendig, um über einen Zeitraum von 40 Jahren eine monatliche Auszahlung von 1.000 € zu erhalten. Beim Portfolio „aggressives Wachstum" sind nur 244.000 € notwendig, immerhin 60.000 € mehr als ohne Berücksichtigung der kalkulatorischen Vermögensteuer.

Risiko langes Leben

Wenn Sie heute 50 sind, liegt Ihre Lebenserwartung bei ungefähr noch 30 bis 35 Jahren. Das ist aber nur der Durchschnitt und viele von uns dürfen auf ein längeres Leben hoffen. Das soll lediglich heißen, dass die zweite Hälfte Ihres Lebens länger dauern und damit mehr kosten kann, als dies bei vorigen Generationen der Fall war.

Auf Basis unserer Studie möchte ich Ihnen konkret zeigen, wie Sie eine ziemlich präzise Schätzung Ihres Kapitalbedarfs für die zweite Lebenshälfte erstellen. Üblicherweise rechnet man mit 80 bis 100% des aktuellen Einkommens/Lebensstandards. Sagen wir, dieser beträgt jährlich 100.000 € und Sie planen mit 80% dieses Wertes. Tatsächlich ist der Wert natürlich von Ihren Lebensgewohnheiten und -zielen abhängig, welche Sie selbst am besten selber beziffern können.

Altern wird teurer

Von den 80.000 € ziehen Sie nun noch sichere Einnahmen ab, z.B. Ihre jährliche Rente in Höhe von 24.000 €. Dann teilen Sie den Wert (80.000 - 24.000 = 56.000) durch 12 und dann durch 1.000, ergibt 4,66. Diesen Wert multiplizieren Sie nun mit dem Wert aus der zweiten Tabelle und dem gewünschten Portfolio, in unserem Beispiel 262.000 € für die Portfoliovariante Wachstum. Ihr Kapitalbedarf beträgt demnach ungefähr 1.220.920 € (4,66 x 262.000), damit es für die nächsten 40 Jahre reicht.

Die Formel für Ihren Kapitalbedarf

Warum 40 Jahre? Üblicherweise zieht man für die Berechnung der Lebenserwartung eine entsprechende statistische Tabelle heran. Es ist allerdings sehr wahrscheinlich, dass Sie selbst am besten einschätzen können, wie lange Sie leben werden, zumal an dieser Stelle eine Unterschätzung fatale Folgen haben würde. Sie möchten nicht Ihr Geld überleben. Schließlich will sich niemand mit 80 Gedanken darüber machen, ob das Geld reicht. Vielleicht spielen Sie aber auch mit dem Gedanken, mit 50 Ihr Berufsleben zu beenden. Unter diesen Prämissen halte ich 40 Jahre für die zweite Lebenshälfte für einen realistischen Wert.

Besser großzügig kalkulieren

Das Besondere an der Regel ist, dass Sie auf historischen Inflationswerten beruht und dadurch die Ergebnisse inflationsbereinigt sind. Benötigen Sie beispielsweise 5.000 € monatlich (vor Steuern) müssten Sie 5 x 262.000 € wachstumsorientiert angelegt haben, wenn Sie in den Ruhestand gehen. Zehn Jahre später müsste der Betrag angewachsen sein, um mit der Inflation Schritt zu halten. Bei 4% jährlicher Inflation müsste Ihre monatliche Entnahme von 5.000 € dann bereits 7.401 € betragen. So ist sichergestellt, dass sich Ihr Lebensstandard und Ihre Kaufkraft Jahr für Jahr nicht durch steigende Preise reduzieren.

➔ Fazit: Während die meisten Anleger eine gute Vorstellung davon haben, welche Risiken sie über Versicherungen abdecken wollen, herrscht beim Thema Altersvorsorge hoher Informationsbedarf. Kaum jemandem ist klar, wie hoch die zu erwartende Kaufkraft zukünftiger Rentenzahlungen ist und wie viel Kapital notwendig ist, um den gewünschten Wohlstand im Alter zu sichern.

» Skrupellos und erfinderisch – auf diesen kurzen Nenner kann man die Repräsentanten des Staates bringen, wenn es darum geht, Einnahmequellen zu erschließen. Und die werden vonnöten sein, wenn man all die Rentner von morgen, die nicht genug für ihren Ruhestand zurücklegen konnten oder wollten, vor Altersarmut – oder dem, was man in Deutschland darunter versteht – schützen will. Dann schlägt die Stunde der „horizontalen Umverteilung". Dann zahlen also nicht mehr die Jungen für die Alten, so wie heute noch, sondern „reiche" Rentner für „arme" Rentner. Und der Staat wird sich am privaten Vorsorgevermögen bedienen, um den sozialen Ausgleich zu schaffen. «

In Deckung

Der Sparer, der Staat und die Zukunft

von Ralf Vielhaber, FUCHSBRIEFE

Paradigmenwechsel in der Altersvorsorge

Die Mahnungen werden dringlicher: Legen Sie mehr für den Ruhestand zurück! Nicht nur die Finanzwissenschaftler und Produktverkäufer rühren die Werbetrommel für die Privatvorsorge. Auch die gesetzlichen Rentenversicherer weisen mittlerweile hörbar darauf hin, dass sich (seit 2001) in der Altersvorsorge in Deutschland ein Paradigmenwechsel vollzogen hat. Selbst nach offizieller Lesart ist das Einsäulenmodell gesetzliche Rentenversicherung, das bis heute ein auskömmliches Rentenalter garantiert, nicht mehr Staatsdoktrin. Es wird durch ein Drei-Säulen-Modell aus gesetzlicher Rente, betrieblicher Rente und privater Vorsorge abgelöst.

Von zwei Seiten in die Zange genommen: die Sandwichgeneration

Galt die gesetzliche Rente früher als ordentliches finanzielles Ruhekissen für das Rentenalter, als alleiniger Garant, den zuvor erreichten Lebensstandard auch im Alter sicherzustellen, wird sie morgen nicht mehr sein als ein Handtuch, auf dem man sich weder weich betten, noch mit dem man sich mollig einhüllen kann. Besonders ungemütlich wird's für die Jahrgänge 1950 bis 1965, die so genannte Baby-Boom-Generation, die zahlenmäßig stärksten Geburtenjahrgänge der Nachkriegszeit. Sie sind die „Sandwich-Generation“: Moralisch, politisch und rechtlich verpflichtet Mütter, Väter, Großmütter und Großväter zu unterhalten, selbst aber ohne Aussicht auf einen ausreichenden Unterhalt durch die Zwangsversichertengemeinschaft der zur gesetzlichen Rente genötigten Arbeitnehmer.

Folglich sollen die Säulen zwei und drei in ein, zwei Jahrzehnten, wenn die Baby-Boomer aus dem Berufsleben ausscheiden, diese Rentner stützen und die Lücke im gesetzlichen Rentenkonto decken. Gerissen wird die so genannte Deckungslücke – das Geld, das fehlt, um den während der Berufszeit gewohnten Lebensstandard größtenteils (zu wenigstens 70%) halten zu können – durch zahlreiche Kürzungsmaßnahmen des Staates: Wurden beispielsweise bis 1992 maximal 13 Schuljahre für die Rentenberechnung anerkannt, sind sämtliche Schul- und Hochschulzeiten ab 2008 rentenunwirksam. 3 Jahre Schulausbildung als Anrechnungszeit bringen einem Rentner knapp 60 € pro Monat. Darüber hinaus wurden die Rentenerhöhungen durch den 2005 eingeführten Nachhaltigkeitsfaktor bis auf weiteres ausgesetzt. Weitere Kürzungen bringt die geplante Verlängerung der Lebensarbeitszeit auf 67.

Gekürzte Renten und „gebrochene Erwerbsbiografien"

Bislang war die gesetzliche Rente lange Zeit in der Lage im Schnitt 70% des Arbeitseinkommens abzudecken. Die Zielgröße für das Jahr 2040 liegt inzwischen bei 46, bis 2018 sogar nur noch bei 42,4%. Setzt aber 45 Beitragsjahre voraus. Und genau da liegt das Problem. Sind es heute 54% der männlichen Rentenbezieher, die 45 Jahre voll eingezahlt hatten, bevor sie Rente beantragten, werden es in zwei Jahrzehnten „sicher weniger" sein, vermutet auch *Dr. Reinhold Thiele*, Bereichsleiter Entwicklungsfragen der Sozialen Sicherheit und Altersvorsorge bei der Deutschen Rentenversicherung Bund. Ausfallzeiten durch (vorübergehende) Arbeitslosigkeit, später Start ins Berufsleben, das alles mindert die Entgeltpunktekonten künftiger Rentenbezieher, die ausschlaggebend sind, für das, was morgen rauskommt.

Früh kümmert sich, wer ein pralles Konto will

Wer früh mit dem Sparen beginnt, so sagen die Verfechter des privaten Vorsorgesparens, macht sich den Zinseszinseffekt zunutze und kann, vorausgesetzt er legt kontinuierlich was beiseite, die Deckungslücke bis zum Renteneintritt locker schließen.

Gigantisches Umverteilungsreservoir

Klingt alles ganz plausibel. Ist es aber nur bedingt. Denn es ist eine Rechnung ohne den Wirt, Stiefvater Staat. War doch die gesetzliche Rente schon immer zentraler Teil des in der bundesdeutschen Politik zutiefst verwurzelten Sozialstaatsgedankens. Wurden und werden doch aus dem gesetzlichen Rententopf Berufsunfähige, Witwen, Waisen und nicht zuletzt die 1990 hinzugekommenen Neubürger der DDR gespeist. Sie bekamen durch die 1:1 Bewertung von D-Mark und DDR-Mark de facto eine Rentenverdoppelung zugesprochen. Außerdem schlagen bei ihnen in der Regel mehr Anrechnungsjahre als beim Rentner-West positiv zu Buche.

Der Rententopf – ein gigantisches Umverteilungsreservoir, von dem sich der nicht mehr allzu gutgläubige Bürger kaum vorstellen kann, dass der Staat auf Dauer darauf verzichten will. Was tritt wohl an die Stelle? Denn umzuverteilen wird es weiter mehr als genug geben.

Ein gutes Viertel oder gar Drittel der Bevölkerung sieht sich gar nicht in der Lage, die geforderten Vorsorgegelder aufzubringen. Viele Zugewanderte beispielsweise, nicht ins Gemeinwesen integriert, ohne brauchbare Ausbildung, ohne festen Beruf oder zumindest ohne Sozialversicherungspflicht. Sie beanspruchen heute die Unterstützung der Allgemeinheit und werden es morgen erst recht tun.

Die Basis der Beitragszahler erodiert

Bedenken Sie: seit 1999 wächst die Zahl der Privatinsolvenzen ebenso stetig wie rasant. 2005 stellten 66.400 Verbraucher (plus 35,2%) einen Insolvenzantrag, 43.000 dürften es 2006 werden, 2001 waren es gerade 7.400 (was allerdings auch an der erst seit 2001 gültigen Rechtslage liegt, die Privatinsolvenzen deutlich erleichtert). Creditreform sieht hier einen bisher ungebremsten Trend. 3,1 Mio. Haushalte gelten in Deutschland schon heute als überschuldet.

Dann jene mit zahlreichen Unterbrechungen in ihren Berufsbiographien. Auch sie haben Schwierigkeiten, ausreichend und vor allem durchgehend ihre Spar-Cents beiseite zu legen.

Altersabsicherung: am Ende der Prioritätenskala

Und dann die Klientel derer, die zwar einen Job haben, für die Vorsorge aber erst weit hinten auf der Prioritätenliste steht. Sozialwissenschaftler haben ermittelt, dass bei selbstständigen Einkommensbeziehern und solchen mit wechselnden Jobs und zwischenzeitlichen Phasen ohne festes Erwerbseinkommen, die Alterssicherung ganz weit unten auf der Prioritätenskala steht. Als Faustregel gilt: Ein Durchschnittsverdiener muss aber 25 Jahre Beiträge einzahlen, um eine Rente in Höhe einer Grundsicherung von 600 € zu erhalten, ein Geringverdiener braucht sogar fast 35 Jahre, um diesen Monatssatz zu erhalten. Der Vorsorgespezialist *Heubeck* kommt in einer Hochrechnung zu dem Ergebnis, dass ein heute 40-Jähriger „normaler" Rentenbezieher nur haarscharf an der Sozialhilfegrenze vorbei schrappen wird.

Zahlt der Staat die Differenz?

Und dann sind da nicht zuletzt jene – und ihre Zahl ist groß – die noch gar nicht mitbekommen haben, dass sich der beschriebene Paradigmenwechsel im Rentenversicherungssystem ereignet hat und die nach wie vor darauf bauen, dass es im Alter schon reichen wird. Und dass der Staat dann eben aufstockt, was man selbst zu sparen versäumt hat. „Die Leute schalten zu spät um" (*Reinhold Thiele*, Deutsche Rentenversicherung Bund).

Womöglich liegen sie richtig. Denn es müsste schon ein gesellschaftlicher Erdrutsch stattfinden, dass ein politisches System, das sich stets nach den wahlentscheidenden Gruppen und Grüppchen streckt und mehr und mehr nach links driftet, es „übers Herz bringt", breite Wählerschichten darben zu lassen.

Altersarmut – der Begriff taucht inzwischen wieder häufiger im Sprachgebrauch auf. Und das, obwohl die heutige Rentnergeneration die durchschnittlich höchsten Haushaltseinkommen hat, mehr als viele Familien. Doch die Familienvorstände von heute sind die Rentner von morgen.

Wer soll das bezahlen?

Nur wer soll's zahlen? Die erwerbstätigen Steuerzahler wohl nicht, denn ihre Zahl schrumpft ohnehin, selbst wenn verstärkt Frauen zu einer Anstellung „ermuntert" werden um das Arbeitskräftereservoir und gleichzeitig das Staatssäckel auffüllen.

Noch mehr Schulden machen? Geht kaum. Bei einer abnehmenden Bevölkerungszahl müssen unsere Nachkommen ohnehin eine größere Pro-Kopf-Last schultern als es heutige Generationen tun. Sie werden sich bedanken, wenn der Staat frisches Geld vorrangig in die Vergangenheit steckt, nämlich das Rentnerheer von morgen unterstützt.

Die besten Köpfe wandern aus

Heute schon hat Deutschland mehr Auswanderer als Zuwanderer. Und es sind meist die gut geschulten Köpfe die gehen, weil sie sich ausgenommen fühlen. Mit den Hirnen wandern auch die Steuern aus. Und es sind die schlecht bis gar nicht Ausgebildeten, die kommen. Weil sie ausnehmen wollen? Nicht aus bösem Willen, aber aus ganz natürlicher menschlich-ökonomischer Regung.

Obendrein sitzen den staatlichen Schuldenmachern die Ratingagenturen im Nacken, die steigende Neuverschuldung zu reinen Konsumzwecken mit Ratingabstufungen bestrafen würden, was wiederum höhere Zinssätze und -zahlungen für die öffentlichen Haushalte zur Folge hätte und die Kassen noch zusätzlich belasten würde.

Kostentreiber Gesundheit

Und damit das Bild halbwegs rund wird, weisen wir noch auf die wachsende Last der Gesundheits- und Pflegekosten hin. Geht der Kostentrend weiter, und alles spricht dafür, wird es in einer alternden Bevölkerung mehr kostenintensive Krankheitsfälle geben. Und das bei steigenden Kosten pro Einzelfall, weil ja beim teuren Gut Gesundheit das Beste – was gewöhnlich mit neuen immer teureren Diagnose- und Behandlungsmethoden gleich gesetzt wird – gerade gut genug scheint. Und niemand wird noch die Naivität besitzen, zu glauben, dass der Schwur auf Äskulaps Stab die Doktores zu finanzieller Enthaltsamkeit mahnt.

Ganz im Gegenteil: Die Medizin ist eine Industrie geworden, die mit immer neuen Nischen (Schönheitschirurgie) aufwartet, um neue Kundschaft zu gewinnen. So profan ökonomisch das alles funktioniert, so wenig ist die Gesellschaft bisher bereit, es nach den Gesetzen der Ökonomie – Angebot und Nachfrage, freier Preisbildung und Anbieterwettbewerb sowie Versicherungsprinzipien, die beispielsweise der Autohaftpflicht nachgebildet sind – zu behandeln. Lieber legt man alles auf alle um und lässt es bei den Beiträgen krachen.

Ökonomie bleibt ausgeblendet

Auch das wird die verfügbaren Realeinkommen schmälern, ohne dass irgend jemand heute schon in der Lage wäre zu sagen, wie stark. Es wird aber diejenigen überfordern, die ohnehin von der Hand in den Mund, sprich der staatlichen Rente ohne ausreichendes Zubrot, leben müssen.

Es geht ans Eingemachte

Von der vertikalen zur horizontalen Umverteilung

Bleibt also vorrangig das Vorsorgevermögen, dessen sich der Staat anteilig und ohne große Skrupel bemächtigen wird – bis hin zur Konfiskation durch die Besteuerung von Vermögensbeständen und nicht nur -zuwächsen. Denn wo immer weniger Beschäftigte ohnehin immer mehr Leistungen für eine wachsende Zahl von Arbeitslosen, Rentnern und Sozialhilfeempfängern aufbringen sollen, ist doch recht bald das Ende der Fahnenstange erreicht. Die Möglichkeit dieser „vertikalen Umverteilung" wie wir sie nennen wollen, bei der von den erwerbstätigen Einkommensbeziehern zu den Ruheständlern und sozial Schwachen umgeschichtet wird, funktioniert nicht mehr. Also wird der Staat in zwei Jahrzehnten „horizontal" – innerhalb ein- und derselben Rentnergeneration – umverteilen: von denen, die gespart haben, zu den Habenichtsen, die das versäumten oder dazu nicht in der Lage waren.

Über die Besteuerung der gesetzlichen Renteneinkünfte wird das nur zu einem kleineren Teil laufen (Stichwort: nachgelagerte Besteuerung). Die „Rentner-Steuern" dürften überschlägig kein ausreichender Ersatz sein für den Wegfall der Summen, die sie zuvor – während ihres Berufslebens – an Einkommensteuern abdrücken mussten.

Umverteilung: Der Staat hat keine Skrupel

Was passiert mit dem Angesparten?

Wohin der Umverteilungszug fährt, hat im Sommer 2006 ein Urteil des Bundesgerichtshofs an die Öffentlichkeit gebracht. Der Sohn einer pflegebedürftigen Frau sollte den Heimaufenthalt seiner Mutter finanzieren. Die Frau selbst bekam Sozialhilfe. Zwar verdiente der Mann monatlich netto nach Abzug seiner berufsbedingten Ausgaben weniger als 1.250 €. Ab dieser Grenze (mittlerweile 1.400 €) muss er laut Gesetz Unterhalt für seine Eltern zahlen. Aber er verfügte über ein Vermögen von insgesamt rund 113.400 €. Der Mann hatte Lebensversicherungen, Wertpapiere, Gold, Schmuck und ein paar Euro auf dem Girokonto angelegt. Davon wollte er sich ein neues Auto für die Fahrt zum Arbeitsplatz und eine Eigentumswohnung kaufen.

Ab 100.000 Euro „ist der Staat dabei"

Der BGH gab dem Mann recht. Den neuen Wagen benötige er für die eigene allgemeine Lebensführung. Und das Angesparte sei Grundlage einer angemessenen eigenen Altersvorsorge. Aber die Richter haben die Grenze – zumindest in diesem speziellen Fall – nicht allzu hoch angesetzt: 100.000 €, dann darf der Staat ans Konto ran. Und er wird!

Jurisprudenz urteilt zusehends „politisch"

Dauerhaft sollten sich die Vorsorgesparer ohnehin nicht auf juristische Schützenhilfe verlassen: 1999 hatte der damalige Richter am Bundesverfassungsgerichts *Prof. Paul Kirchof* in einem Aufsehen erregenden Urteil den so genannten „Halbteilungsgrundsatz" aus der Taufe gehoben. Er besagte nichts anderes, als dass sich der Staat maximal die Hälfte der persönlichen und gewerblichen Einkommen unter den Nagel reißen darf.

Wink des Bundesverfassungsgerichts

Diesen Grundsatz haben die Verfassungsrichter sieben Jahre später im Januar 2006 in einer ebenso viel beachteten Entscheidung wieder kassiert. Und damit der Politik einen Wink mit dem Zaunpfahl gegeben.

Schon ein paar Jahre zuvor gingen die Rentner auf die Barrikaden, die plötzlich die vollen Krankenkassenbeiträge auf ihre Betriebsrente zahlen mussten. Es hagelte Proteste und Gerichtsverfahren, doch genutzt hat es nichts. So wohltätig sich die Politik gern auf der einen Seite gibt, so unberechenbar und dem Augenblick verhaftet ist sie auf der anderen.

Gleichzeitig werden die Sparerfreibeträge 2007 erneut um knapp die Hälfte gekürzt – eine Steuererhöhung für die Vorsorge-Sparer.

Und die Spekulationsfrist auf Aktien und Immobilienverkäufe wird – voraussichtlich – 2008 abgeschafft. Bisher steuerfreie Gewinne werden dann zu einem Viertel dem Staat gehören.

Einfallsreich und skrupellos

Sicher ist: Wenn es um staatliche Einnahmen geht, sind Politiker und Ministerialbeamte ebenso einfallsreich wie skrupellos. So dürfen sich die 43% der Deutschen, die Eigentümer einer Wohnung oder eines Hauses sind, garantiert auf gepfefferte Belastungen einrichten, wenn dem Staat das Geld ausgeht. *Prof. Meinhard Miegel*, Chef des IWG Bonn, rechnet seit langem damit, dass die eigene Immobilie für Pflege und Gesundheitsdienste im Alter wird belastet werden müssen. Von denen, die eine haben. Die anderen, die kein Eigentum haben, werden über die horizontale Umverteilung mit versorgt werden.

Der Staat baut vor

Allerlei Reglementierungen sorgen dafür, dass das Angesparte dem Zugriff des Staates nicht entzogen wird. So gibt's *Riester*-Zuschläge nur dann, wenn man im Lande bleibt.

„Wagniskapital" jenseits der Grenze

Wer heute noch Geld – am besten nicht deklariert – jenseits der deutschen Grenze lagert, parkt dort Wagniskapital. Denn der Staat spinnt sein Kontrollnetz immer enger. Kontenüberwachungen, Abgleiche mit der Steuererklärung sind längst Alltag. Und sollte es einmal dazu kommen, dass harmlose deutsche Rentner in Scharen über die Grenze zur Schweiz rollen, um dort aus unversteuerten Geldern ihr Monatssalär aufzubessern, wird das nicht unbemerkt bleiben. *Sigurd Fleischer* hat das Überwachungsnetz des Staates in Sachen Finanzen in seinem Beitrag „Freuden der Transparenz" eingehend geschildert.

Die „zweite Deckungslücke"

Was kann man tun?

Kurz: Wer glaubt, seinen Lebensstandard aufrecht erhalten zu können, indem er nach heutigen Maßstäben privat auffüllt, was in der gesetzlichen Rente fehlen wird, dürfte sich wundern. Der Umverteilungsstaat wird eine zweite „Deckungslücke" reißen, die kaum zu stopfen ist. Und wer so gut ausgestattet ist, dass er sich voll auf seine private Vorsorge verlassen kann, auch der wird mit erheblichen Vermögenseinbußen rechnen müssen.

Was tun? Drei Reaktionen sind möglich:

Drei Reaktionen möglich

1. Noch mehr sparen, um allen Unwägbarkeiten von vornherein entgegenzuwirken und mit knirschenden Zähnen zu akzeptieren, dass man andere mit durchfüttert.

2. Gar nicht mehr sparen, das Leben genießen und sich später selbst durchfüttern lassen, in der Erwartung, dass der Staat nach guter alter deutscher Wohlfahrtsmanier Mindestbesitzstände (wie das eigene Haus) schon nicht antasten wird und es dann so halbwegs reichen wird.

3. Nachsinnen, wie man das eigene Vermögen vor dem schonungslosen, bis unverschämten Zugriff der Allgemeinheit schützt.

Wege zum Ziel

Gefahr erkannt, Gefahr gebannt. Denkste! Im Falle der Altersvorsorge und Vermögenssicherung ist die Sache nicht so einfach. Wir haben – ausgehend vom dargelegten Szenario – eine größere Anzahl professioneller Vermögensmanager gebeten, uns ihre Lösungsansätze zu skizzieren, wie Anleger dem Risiko entgegenwirken können, dass der fürsorgende Staat in ein bis zwei Jahrzehnten insbesondere die abkassiert, die für sich selbst gesorgt und eigenes Vermögen aufgebaut haben, um jene durchzufüttern, die dies nicht getan haben – aus welchen Gründen auch immer.

Ernüchternder Befund

Das Ergebnis ist ernüchternd: Wer nicht das Privileg genießt, über mehrere Staatsbürgerschaften zu verfügen und sich im Grunde aussuchen kann, wann er Deutscher sein will und wann nicht, der hat nur wenige – legale – Möglichkeiten sich dem Zugriff des Staates und seiner (Steuer)behörden zu entziehen.

Exemplarisch drei Lösungsansätze

Im Grunde laufen alle Lösungsansätze auf folgenden Vierklang zum Vermögensschutz hinaus: Verstecken, Streuen, Teile ins Ausland verbringen oder am besten ganz wegziehen.

Wir drucken an dieser Stelle beispielhaft in drei Beiträgen, was den Vermögensbetreuern an konkreten Lösungsansätzen eingefallen ist – vom eher Allgemeinen, einer breiten auf Vermögensabschirmung ausgerichteten Anlagestrategie, hin zur sehr speziellen Lösung einer liechtensteinischen Stiftung.

Denen, die auf jeden Fall auf Nummer sicher gehen wollen, sei anempfohlen, was die Bank Wegelin ihren Kunden in einem hauseigenen Anlagekommentar ans Herz legt: 5% des Gesamtvermögens in Goldbarren stecken. Und ansonsten gilt: Vorausschauend agieren und möglichst flexibel bleiben. Wie das geht, lesen Sie in den folgenden Beiträgen.

You & Us
Die Ressourcen unseres globalen Netzwerks,
fokussiert auf ein Ziel:
Ihren finanziellen Erfolg.

» Wer sein Vermögen vor zu erwartenden Zugriffen des Staates schützen will, muss sich strategisch mit dieser Frage beschäftigen und in Szenarien denken. Eine Erhöhung des Spitzensteuersatzes etwa, bei einem weiterhin strukturellen Staatsdefizit nicht unwahrscheinlich, kann böse Folgen für die persönliche Altersvorsorge nach sich ziehen. Gleiches gilt, wenn die Rente der Eltern nicht reicht und Sie plötzlich einspringen müssen. Oder die eigene Firma Insolvenz anmelden muss. Mit Simulationen der Vermögens- und Liquiditätsentwicklung lassen sich die finanziellen Folgen zeigen – und wie man sich vor ihnen schützen kann. Allerdings: Einen kleinen Haken gibt es immer. «

Das Vermögen sichern

Strategien zum Kapitalschutz

von Gunter Wilfling, Credit Suisse (Deutschland) AG

Zunehmende staatliche Belastung

Die Finanzierung der Staatsausgaben wird zunehmend problematischer. Vor diesem Hintergrund liegt die Befürchtung nahe, dass der Staat die Belastungsschraube stetig weiter anzieht. Dies ist insbesondere für Personen bedenklich, für die der Eintritt in den Ruhestand in Sichtweite liegt. Um den Lebensstandard auch nach Ende der Berufstätigkeit zu halten, sind zusätzliche Einnahmequellen neben der staatlichen Rente in der Regel unverzichtbar. Aber: Wenn der Staat zunehmend auf Vermögen und Erträge zugreift, kann der Traum vom sorgenfreien Alter in Gefahr geraten.

Risikoberücksichtigung bei der Altersvorsorge

Aus diesem Grund sollten die Zugriffsmöglichkeiten des Staates in die Risikobetrachtung einer auf die Altersversorgung ausgelegten Vermögensstrukturierung einbezogen werden. Am Beginn der Strukturierung steht die Klärung der aktuellen persönlichen und familiären Rahmenbedingungen, die Analyse der Vermögenswerte und Liquiditätsquellen sowie die Erfassung der Ziele und Wünsche der Vermögensinhaber. Davon ausgehend erfolgt die Erarbeitung der Anlagestruktur mit entsprechender Definition der Zielerreichung. Dabei ist von zentraler Bedeutung, der Anlegermentalität der Vermögensinhaber zu entsprechen und absehbare Risiken in den Griff zu bekommen.

Breit gestreut ist halb gewonnen

Rechtsform, Träger und Standort des Vermögens

Innerhalb der Vorgaben ist eine möglichst breite Streuung der Vermögensstruktur unter verschiedensten Gesichtspunkten vorzusehen. Neben der klassischen Betrachtung einer Anlagestrategie, die unterschiedlichste Vermögensklassen berücksichtigt, schließt dies die Nutzung staatlich geförderter bzw. steuerlich vorteilhafter Kapitalanlagen ein. Darüber hinaus jedoch kommt auch eine Streuung durch das Heranziehen unterschiedlicher rechtlicher Gestaltungen und Rechtsformen sowie die Verteilung auf verschiedene Vermögensträger in

Frage. Und es ist zu prüfen, inwiefern eine Verlagerung ins Ausland zur Problemlösung und Risikominimierung beitragen kann.

Komplexe Fragestellung

Doch wie wirken sich die befürchteten Risiken auf die Zielerreichung aus und welcher Handlungsbedarf erwächst hieraus? Welche Vor- und Nachteile haben bestimmte rechtliche Gestaltungsmaßnahmen? In welchem Umfang kann Vermögen auf andere Vermögensträger überhaupt übertragen werden? Bringen die jeweils geplanten Maßnahmen im Fall des Falles tatsächlich die gewünschte Wirkung?

Transparenz durch Simulation

Um diese komplexen Fragestellungen vor dem Hintergrund jeweils sehr individueller Ausgangssituationen beantworten zu können, ist Transparenz über die Folgen einzelner Handlungsalternativen unerlässlich. Insofern ist es sinnvoll, die Überlegungen durch die Simulation der voraussichtlichen Entwicklung von Vermögen und Liquidität inklusive Steuern und Privatausgaben zu fundieren.

Praxisbeispiel

Persönliche Situation

Der Geschäftsführer und Gesellschafter eines Unternehmens aus der Computer-Branche – nennen wir ihn Herrn Kolakowski – ist 51 Jahre alt und hat gemeinsam mit seiner gleichaltrigen Ehefrau einen 14-jährigen Sohn. Er verfügt nach Abzug von Verbindlichkeiten über ein Nettovermögen von rund 1,8 Mio. €.

Aktuelles Vermögen

Zum Vermögen gehört ein Wertpapierdepot mit mehr als 500.000 €. Es wurde in etwa gleich verteilt im Renten- und Aktienbereich sowie als Beimischung in Hedgefonds und Rohstoffinvestments bzw. Offene Immobilienfonds investiert. Weitere 30.000 € befinden sich als Liquiditätsreserve auf einem verzinslichen Girokonto.

Die Immobilienobjekte, inkl. dem bereits schuldenfreien Eigenheim, weisen nach Abzug der Fremdfinanzierungen einen Wert von insgesamt rund 600.000 € auf. Die bestehenden Kapital-Lebensversicherungen haben nach den jüngsten Informationen der Versicherer einen Gegenwert von 120.000 €.

Der Wert der Beteiligung am Computer-Unternehmen wird auf gut 500.000 € geschätzt. Die Veräußerung ist für den Austritt aus dem Unternehmen bei Erreichen des 60. Lebensjahres geplant.

Das Vermögen der Ehefrau besteht lediglich aus einer Lebensversicherung mit einem Rückkaufswert von ca. 35.000 €. Die prognostizierte Leistung bei Ablauf kann mit 100.000 € beziffert werden.

Das Vermögen des Ehepartners

Dynamische Betrachtung der Vermögensentwicklung

Um die zukünftige Entwicklung der Finanz- und Vermögenssituation darzustellen, müssen auch die laufenden Einnahmen und Ausgaben in die Betrachtung einbezogen werden.

Das Geschäftsführergehalt von Herrn Kolakowski beträgt 120.000 € im Jahr. Es fließt ihm unter der Erwartung geringer jährlicher Steigerungen bis zum geplanten Eintritt in den Ruhestand zum 60. Lebensjahr zu. Für die GmbH-Anteile kommen jährliche Ausschüttungen mit einer Rendite von 5%. Die Rendite-Immobilien bringen Nettojahresmieten von weiteren rund 23.000 € ein, die sich kontinuierlich von Jahr zu Jahr erhöhen werden. Die Eheleute rechnen zudem nach Beginn des 65. Lebensjahres mit Rentenzahlungen von 2.400 € monatlich.

Laufende Einnahmen und Ausgaben

Auf der Ausgabenseite sind neben Steuern und Sozialversicherungsbeiträgen vor allem Lebenshaltungskosten von monatlich 7.000 € anzusetzen, die sich aufgrund der Inflation um jährlich 2% steigern sollen. Da der Sohn einmal studieren soll, wird erst nach Erreichen des 25. Lebensjahres mit seinem Ausscheiden aus dem Haushalt zu rechnen sein. Die Ausgaben könnten sich dann um 20% reduzieren. Zudem belaufen sich die Zahlungen für die bestehenden Darlehen in gleich bleibenden Jahresraten auf 22.000 €, die bis zur vollständigen Tilgung in 15 Jahren anfallen werden.

Solide Versorgung im Ausgangsfall

Die Vermehrung des Vermögens

Sofern die Planung aufgeht, wird sich das Vermögen der Eheleute – nach Abzug der verbliebenen Verbindlichkeiten – von 1,8 Mio. € bis zum voraussichtlichen Beginn des Ruhestands in 10 Jahren auf rund 2,3 Mio. € erhöht haben. Einige Jahre später beginnt die Phase des Vermögensverzehrs. Die gemäß Inflationsannahme weiter steigenden jährlichen Lebenshaltungskosten sind dann höher als die Erträge und Wertsteigerungen aus dem Vermögen.

Bei Erreichen des 90. Lebensjahres, nachdem also die statistische Lebenserwartung des Geschäftsführers bereits um mehr als 10 Jahre überschritten ist, beläuft sich das verbliebene Vermögen noch auf 1,7 Mio. €. Es ist noch für mehrere Jahre liquides Vermögen vorhanden. Selbst zu diesem Zeitpunkt müsste noch nicht über die Versilberung der Immobilien zur Deckung des Lebensunterhalts nachgedacht werden.

Risikobetrachtung und Szenarien

Welchen potenziellen Gefahren durch staatlichen Finanzbedarf unterliegen Vermögen und Altersversorgung? Für den Fall von Herrn Kolakowski sieht das so aus.

Erhöhung der Steuerbelastung

Überschüsse und daraus resultierende Ansparpotenziale könnten zukünftig durch Steuererhöhungen und zusätzliche Abgaben beschnitten werden. Als Szenario wird daher von einer höheren Steuerbelastung ausgegangen. Offen ist, ob dies eher in einer Anhebung der Steuersätze oder einer Verbreiterung der Bemessungsgrundlage abzulesen sein wird. Die Diskussionen um die Reichensteuer und deren Einführung sind vielen Steuerzahlern in bleibender Erinnerung. Zudem werden absehbar auch alle Veräußerungsgewinne unabhängig von der Haltefrist in die Besteuerungsbasis einbezogen.

Generationen übergreifende Verpflichtungen der Kunden

Der steigende Finanzbedarf der Sozialversicherungsträger führt bereits heute nicht nur zu einer höheren Belastung der Beitragszahler aufgrund ihrer persönlichen Situation. Sofern die Elterngeneration, die für sich anfallenden Betreuungs- und Pflegekosten nicht mehr aus eigenen Mitteln decken kann, haben die Kinder in Abhängigkeit von ihrer Einkommenssituation und vom Versorgungsaufwand für die Eltern einen Beitrag zur Kostendeckung zu leisten.

Unternehmerische Risiken – Gefahr der Privatinsolvenz

Schließlich müssen bei der Risikobetrachtung für einen Unternehmer auch die Haftungsrisiken aus der unternehmerischen Tätigkeit in die Betrachtung einbezogen werden. Ein Geschäftsführer steht zwar den Gesellschaftsgläubigern gegenüber nicht in unmittelbarer Haftung. Gleichwohl besteht aber die grundsätzliche Gefahr, bei Pflichtverletzungen gegenüber dem Fiskus, den Sozialversicherungsträgern, Verstößen gegen die unübersichtlichen Vorschriften des Gewerbe-, Umwelt- und Wettbewerbsrechts oder bei diesbezüglichen Mängeln aufgrund seiner Mitarbeiterführung persönlich zur Kasse gebeten zu werden.

Szenario mit spürbarer Erhöhung der Steuerbelastung ...

Für das Beispiel des Geschäftsführers betrachten wir einmal, welche Folge eine Erhöhung der Steuerbelastung um 20% hätte. Dies entspräche beispielsweise einer Erhöhung des Spitzensteuersatzes von derzeit

42% auf dann 50% – eine nicht auszuschließende Größenordnung, die noch vor wenigen Jahren Realität war. Zudem gehen wir von einer vollen Steuerpflicht der Veräußerungsgewinne bei Wertpapieren unabhängig von der Haltefrist aus. Davon wären dann auch Gewinne bei Veräußerung der Vermietungsimmobilien betroffen.

Sparquote gleich Null

Die Erhöhung der Steuerbelastung bewirkt bereits, dass die aktuellen Einnahmen des Geschäftsführers gerade noch zur Deckung der Ausgabenseite ausreichen. An eine Sparquote für die Altersversorgung ist allerdings nicht zu denken.

... und zusätzlicher Verschärfung der Situation

Zusätzlich nehmen wir an, dass die Renten der Eltern des Geschäftsführers und seiner Ehefrau nicht zur Altersversorgung ausreichen. Da nur eine ungenügende Kompensation durch staatliche Mittel erfolgt, bittet der Sozialversicherungsträger den Geschäftsführer zur Kasse. Insofern wird in der Simulation ermittelt, welche Auswirkungen auf die Finanzen des Geschäftsführers sich im Falle einer Zuzahlung von 2.500 € im Monat über 12 Jahre ergeben.

Keine ausreichende Altersversorgung

Kommen die zusätzlichen Abgaben für die Pflege der Eltern zu den dargestellten Steuererhöhungen dazu, muss noch in der Zeit der Berufstätigkeit die Vermögenssubstanz angegriffen werden. Bereits nach ca. 25 Jahren ist in diesem Fall nur das Immobilienvermögen verblieben. Nach Umstrukturierung der Immobilien in liquides Vermögen ist noch für ca. weitere 10 Jahre die Versorgung gesichert. In diesem Szenario wäre im Alter von 85 Jahren das Vermögen des Geschäftsführers vollständig verbraucht und es stünden darüber hinaus lediglich die Rentenzahlungen für die weitere Versorgung zur Verfügung.

Unternehmensinsolvenz und persönliche Haftung

Die Rolle des Staates

Und was passiert, wenn der Lebens-Business-Plan des eigenen Unternehmens nicht aufgeht? Welche Folgen hat es, wenn Haftungsrisiken aus der Unternehmenssphäre auf den Geschäftsführer durchschlagen? Auch der Staat spielt in einem solchen Fall eine entscheidende Rolle, da er neben den anderen Gläubigern seine ausstehenden Steuer- und Sozialversicherungszahlungen einfordert.

Um eine Einschätzung diesbezüglicher Gefahren treffen zu können, wird für ein entsprechendes Szenario durch den Beispiel-Geschäftsführer der schlimmste anzunehmende Fall definiert. In der Betrachtung werden eine komplette Wertlosigkeit der GmbH-Anteile und eine zusätzliche Belastung des Privatvermögens in nahezu voller Höhe mit 1,5 Mio. € aufgrund persönlicher Haftungsrisiken abgebildet. Das Pleite-Szenario soll nach Ablauf von 5 Jahren angenommen werden.

Pleite-Szenario

Im Beispielfall gehen wir davon aus, dass es nach Abschluss des angesetzten Insolvenzfalles zumindest zu einer Restschuldbefreiung des Geschäftsführers kommt, dass keine weiteren Verbindlichkeiten mehr bestehen, auch wenn in der Praxis bestimmte Gläubiger insofern privilegiert sind, als sie auch nach Erlangung der Restschuldbefreiung ihre Forderungen weiterhin verfolgen können. Hierzu gehören insbesondere Gläubiger aus dem Bereich der öffentlichen Hand, bezüglich nicht abgeführter Arbeitnehmeranteile zur Sozialversicherung.

Da wie zu erwarten sämtliche Vermögenswerte einschließlich Eigenheim in diesem Szenario der Insolvenz zum Opfer fallen, steht nach Eintritt in den Ruhestand kein Privatvermögen zur finanziellen Absicherung zur Verfügung. Die Rentenbezüge von ca. 30.000 € p.a. müssen dann für den Lebensunterhalt ausreichen.

Niedrigerer Lebensstandard oder längere Lebensarbeitszeit?

Gürtel enger schnallen

Welche Reaktion kann auf die dargestellten Szenarien erfolgen? Die Familie müsste sicherlich den Gürtel enger schnallen – aber in welchem Umfang und wie einschneidend?

Tritt der Fall der befürchteten Steuererhöhungen und zusätzlichen Abgaben zur Versorgung der Eltern wie geschildert ein, wäre eine Senkung der Lebenshaltungskosten um fast 30% erforderlich – dann könnte das Vermögen im Bestand bis zum 90. Lebensjahr erhalten werden. Bereits dieser Einschnitt erreicht eine Größenordnung, die in keiner Weise dem Wunsch nach einem Erhalt des Lebensstandards im Alter entspricht. Im Szenario der Unternehmenspleite bringen Einsparungen alleine keine Rettung. Um mit den Ausgaben die Höhe der Einnahmen aus der staatlichen Rente zu erreichen, wären jährlich nahezu drei Viertel der bisherigen Lebenshaltungskosten einzusparen.

Verschiebung des Ruhestandes

Inwiefern könnte es helfen, wenn der Eintritt in den Ruhestand im Notfall vom 60. auf das 65. Lebensjahr verschoben wird? Die zusätzlich möglichen Ansparungen und eine geringfügig höhere staatliche Rente führen dann dazu, dass aufgrund der Steuer- und Abgabenerhöhungen keine Einschnitte in der Lebenshaltung vollzogen werden müssten. Vermögenssubstanz wäre auch noch einige Jahre jenseits des 90. Lebensjahres vorhanden.

Gegen den skizzierten Insolvenzfall ist jedoch auch dieses Kraut nicht gewachsen. Geht man davon aus, dass nach Abschluss des Insolvenzverfahrens die Befreiung des Geschäftsführers von jeglicher Restschuld erreicht ist und er dann noch einige Jahre Vermögensaufbau zur Altersversorgung betreiben kann, wären immerhin noch Einschränkungen bei Konsum und privaten Investitionen auf die Hälfte des ursprünglichen Niveaus notwendig.

Enorme persönliche Einschränkung

Getreu dem Motto „lieber agieren anstatt reagieren" sind nun Lösungsansätze zu untersuchen, mit denen bereits in der Gegenwart Abwehrmaßnahmen gegen die geschilderten Szenarien installiert werden können. Dabei konzentrieren sich die folgenden Ausführungen auf die eingangs dargestellten Ansätze der Verteilung auf verschiedene Vermögensträger und die Nutzung unterschiedlicher Rechtsrahmen.

Steuern sparen durch Übertragung auf Angehörige

Steueroptimierung in der Familie

Das Geschäftsführer-Gehalt liegt bis zum Eintritt in den Ruhestand im Bereich des Spitzensteuersatzes. Daher kann die Einbeziehung des Sohnes, der noch nicht über eigene Einkünfte verfügt, in die Vermögensoptimierung erwogen werden. Die Idee ist hierbei, Vermögen zu übertragen und bei Bedarf den Unterhalt des Sohnes aus den Erträgen zu bezuschussen. Die vom Sohn erzielten Einkünfte bleiben zunächst im Rahmen des Existenzminimums und der Freibeträge frei von Einkommensteuer und unterliegen darüber hinaus einem gegenüber den Eltern günstigeren Steuersatz. Wird bei der Übertragung der Freibetrag von 205.000 € nicht überschritten, fällt auch keine Schenkungsteuer an. Die gesamte Abgabenbelastung der Familie kann so vermindert werden. Es stellt sich noch die Frage, wie auch nach der Übertragung die Kontrolle über das Vermögen bei den Eltern verbleiben kann. Dies wird in Verbindung mit dem Schenkungsvertrag geregelt. Dabei ist eine Verwaltungsvollmacht für die Eltern denkbar, die durch Rückfallklauseln ergänzt wird, damit der Sohn auch nach Eintritt der Volljährigkeit die Vollmacht nicht kündigt. Wichtig ist, dass bei jeglicher Einschränkung das wirtschaftliche Eigentum beim Sohn verbleibt, damit die Übertragung steuerliche Anerkennung findet.

Im Beispielfall des Geschäftsführers und seiner Ehefrau wird eine Übertragung von 100.000 € an Wertpapieren auf ihren Sohn in Betracht gezogen. Bis zum geschätzten Auszug des Sohnes in rund 10 Jahren ergibt sich immerhin ein Vorteil aus Steuerersparnis von ca. 20.000 €. Der Vorteil erhöht sich im Szenario einer Steuererhöhung bei sonst gleichen Rahmenbedingungen auf fast 40.000 €.

Doch können sich die Eheleute diesen Betrag leisten? Auch wenn das Altersvermögen durch eine Übertragung von 100.000 € sinkt, ist mit immer noch rund 1,2 Mio. € verbleibendem Vermögensbestand im 90. Lebensjahr die Altersvorsorge gesichert.

Übertragung auf Angehörige als Sicherungsstrategie

Beachtung des Anfechtungsgesetzes

Die Übertragung von Vermögensteilen auf Familienmitglieder kann für den Insolvenzfall die Sicherung der entsprechenden Vermögensteile für die Familienversorgung bedeuten. Dabei gilt es zu beachten, dass im Falle einer Insolvenz unentgeltliche, wie durch Schenkung erfolgte Übertragungen von Vermögenswerten noch innerhalb von vier Jahren vom Insolvenzverwalter angefochten werden können. Liegt bei der Übertragung Vorsatz hinsichtlich einer beabsichtigten Benachteiligung von Gläubigern vor, da beispielsweise eine Insolvenz bereits absehbar war und Vermögenswerte noch in Sicherheit gebracht werden sollten, verlängert sich diese Anfechtungsfrist auf zehn Jahre.

Im Fall einer Insolvenz im Beispielfall könnten, zumindest mehr als vier Jahre nach der Übertragung, die Versorgung und Ausbildung des Sohnes zumindest bezuschusst werden. Werden die Erträge aus dem anfänglich übertragenen Vermögen von 100.000 € vollständig wieder angelegt, stehen dem Nachwuchs beim Auszug aus dem Elternhaus rund 170.000 € zur Verfügung – ein ansehnliches Startkapital, das im Notfall mehr als nur einen Tropfen auf dem heißen Stein darstellt.

Absicherung gegen staatlichen Zugriff

Wechsel des Güterstandes

Die Übertragung auf Familienangehörige ist Ausgangspunkt für weitere Überlegungen hinsichtlich einer Absicherungsstrategie, die das Vermögen vor dem Zugriff von Gläubigern einschließlich des Staates bewahrt. Nahe liegend ist in diesem Zusammenhang auch die Übertragung von Vermögenswerten auf den Ehegatten. Dabei kann eine wichtige Rolle spielen, dass eine entgeltliche Übertragung von Vermögenswerten die bereits angesprochene Anfechtungsfrist auf zwei Jahre zusammenschmelzen lässt. Beim gesetzlichen Güterstand der Zugewinngemeinschaft führt der Wechsel in die Gütertrennung mit Ausgleich des Zugewinns zu einer solchen entgeltlichen Übertragung. Der Zugewinnausgleich kann durch Übertragung von Vermögenswerten erfolgen, z.B. einer Immobilie, und führt zur vorgenannten Verkürzung der Anfechtungsfrist. Zu beachten sind hierbei eventuelle ertragsteuerliche Auswirkungen. Doch welche Vermögenswerte sind für einen Übertrag auf Familienmitglieder, insbesondere die Ehefrau, grundsätzlich von Interesse?

Trennung der Kontensphären zwischen den Eheleuten

Zwei Konten sind besser als ein gemeinsames

Im Beispielfall wird das gemeinschaftliche Oder-Konto in zwei Einzelkonten der Eheleute mit jeweils gegenseitiger Vollmacht für den Ehepartner geändert. Das neue Konto für die Ehefrau sorgt dafür, dass im Fall der Fälle, falls die Kontoverbindungen des Ehemanns gesperrt werden sollten, die Eheleute noch über Liquidität zur Deckung des täglichen Bedarfs verfügen. Zudem spart sich die Ehefrau einen unangenehmen Schufa-Vermerk, falls sie im Krisenfall ebenfalls als Kontoinhaberin eingetragen ist.

Übertragung des Familienwohnheims

Wohnrecht für den Übertragenden

Weiterhin kommt die Übertragung des Eigenheims an den Ehepartner in Frage. Die Umschreibung des Eigenheims zu Lebzeiten erfolgt gemäß aktuellem Recht schenkungsteuerfrei. Auch wenn sich Eheleute in ihrer aktuellen Lebensphase einig sind – was auch die Basis für entsprechende vermögensseitige Vereinbarungen ist – sind zukünftige Entwicklungen in der Partnerschaft nicht vorhersehbar. Insofern ist es zweckmäßig, die Schenkung mit der Eintragung eines höchstpersönlichen Wohnrechts für den Ehemann zu verbinden. Das Eigenheim ist durch diese Maßnahme vom Insolvenzrisiko des Ehemanns ausgenommen. Andererseits wäre im Rahmen eines Insolvenzverfahrens das Wohnrecht für einen Gläubiger bzw. Insolvenzverwalter wertlos.

Abschluss von Lebensversicherungen

Günstige Übertragung von Lebensversicherungen fällt weg

Der Abschluss einer Lebensversicherung, auch von einem ausländischen Anbieter, bietet zunächst den steuerlichen Vorteil, dass nach 12 Jahren Laufzeit und einem Alter bei Ablauf von mindestens 60 Jahren nur die Hälfte der Erträge der Einkommensteuer unterliegt. Auch erbschaft- und schenkungsteuerlich kann die Übertragung von Lebensversicherungen von Vorteil sein, da bekanntermaßen die steuerliche Bewertung mit 2/3 der eingezahlten Beiträge erfolgt und gegenüber dem tatsächlichen Rückkaufswert der Versicherung erheblich niedriger sein kann. In Bezug auf den letztgenannten Aspekt ist allerdings davon auszugehen, dass dieses Bewertungsprivileg in Kürze durch eine Änderung der Steuergesetzgebung vom Gesetzgeber kassiert wird.

Im Beispielfall wird der Abschluss einer Kapitalversicherung aus mehreren Gründen erwogen. Einerseits soll die Versicherung zur Übertragung von Vermögen auf Familienmitglieder genutzt werden. Zudem wird die steuerliche Abgabenlast vermindert, was sich insbesondere bei einer befürchteten weiteren Verschärfung der Besteuerung auszahlt.

Hoher Vorteil durch Kapitalversicherung

Erfolgt im Beispielfall der Abschluss einer Kapitalversicherung in Höhe von 300.000 €, ergibt sich im Fall des Szenarios der höheren Steuerbelastung ein Vorteil von mehr als 100.000 € gegenüber der Ausgangssituation. Weiterhin wird die günstige Bewertung bei einer Schenkung genutzt, um eine Übertragung von Vermögen auf die Ehefrau vorzunehmen.

Familienpool mittels einer Kapitalgesellschaft

Im Notfall Abhängigkeit von Familienmitgliedern

Inwiefern kann die Gründung einer Kapitalgesellschaft mit Einbringung des Privatvermögens zur Absicherung beitragen? Im Insolvenzfall hätten die Gläubiger auch auf die Gesellschaftsanteile einen Zugriff und damit indirekt auf das private Vermögen. Unter dem Blickwinkel der Absicherung werden wiederum weitere Vermögensinhaber einbezogen. Denkbar ist die Übertragung von 99% der Anteile auf den Ehepartner. Die Einflussnahme des ursprünglichen Vermögensinhabers bleibt durch eine Beteiligung von 1% an der Gesellschaft in Verbindung mit umfangreichen Geschäftsführungsbefugnissen erhalten. Im Insolvenzfall lässt sich regeln, dass im Ergebnis die Gesellschaftsanteile gegen eine Abfindung dem Ehepartner zufallen. Das Vermögen bleibt in der Familie, der ursprüngliche Vermögensinhaber ist allerdings darauf angewiesen, dass ihn seine Ehefrau in der Folgezeit und vor allem im Ruhestand unterstützt.

Gründung einer Familienstiftung

Sicherung gegen Haftungsrisiken

Um Vermögen auf eine dritte Person zu übertragen und dabei die Kontrolle über das Vermögen weiter vollständig behalten zu können, kann sich die Gründung einer Familienstiftung anbieten. Bei der Familienstiftung steht im Gegensatz zur gemeinnützigen Stiftung die Versorgung der Familie im Vordergrund. Der Stiftungsgründer hat durch entsprechende Satzungsbestimmungen und seiner Funktion als Stiftungsorgan die Möglichkeit, weit reichend auf die Verwendung des Vermögens Einfluss zu nehmen, obwohl das Vermögen auf eine dritte – juristische – Person übergegangen ist. Das übertragene Vermögen ist insofern dem Haftungs- und Pfändungsrisiko entzogen, kann aber trotzdem unter dem Aspekt der Altersversorgung noch zur eigenen Vermögenssphäre gezählt werden. Steuerliche Privilegien wie bei einer gemeinnützigen Stiftung gibt es jedoch nicht.

HDI
PENSIONSMANAGEMENT
bAV – alles im grünen Bereich
Mit der richtigen betrieblichen Altersversorgung setzen Sie auf Qualität –
und nicht auf Kurzsichtigkeit ...
HDI CPP-System
Consultants
Pensionsmanager
Pensionsberater
es im grünen Bereich: Als Beratungs- und Vertriebsgesellschaft bieten wir Ihnen maßgeschneiderte
sungen durch Bündelung unserer Kompetenzen in der betrieblichen Altersversorgung.
nzigartig: Das HDI CPP-System© – Erfolg in drei einfachen Schritten.
onsultants beraten und entwickeln Strategien für komplexe Sachverhalte der bAV.
ensionsmanager sind Spezialisten für arbeitgeber- und arbeitnehmerfinanzierte Versorgungswerke.
ensionsberater sorgen durch persönliche Beratung der Mitarbeiter für höchste Transparenz.
eweise? Aber sicher: 02103-34 92 22 oder im Internet unter www.hdi-pm.com

Die Gründungskosten einer Familienstiftung

Zunächst ist bei einer Familienstiftung neben den Gründungskosten mit einigen tausend Euro jährlichen Verwaltungskosten zu rechnen. Außerdem kann bei der Errichtung einer Familienstiftung Schenkungsteuer anfallen. Es gilt dabei der Steuersatz und persönliche Freibetrag nach dem Verwandtschaftsverhältnis des entferntest Berechtigten.

Die Stiftung wird wie eine Kapitalgesellschaft mit Körperschaftsteuer in Höhe von 25% besteuert, zahlt jedoch bei bloßer Vermögensverwaltung keine Gewerbesteuer. Die Zuwendungen an die Familienmitglieder sind bei diesen steuerpflichtig, allerdings hälftig steuerbefreit. Alle 30 Jahre fällt auf das Vermögen der Familienstiftung eine so genannte Erbersatzsteuer an. Dabei wird ein fingierter Vermögensübergang auf zwei Abkömmlinge mit Erbschaftsteuer belastet. Bei Stiftungsgründung des Geschäftsführers für seine eigene Versorgung sowie die seines Sohnes und seiner Ehefrau kommt ein Freibetrag von 205.000 € zum Ansatz.

Die Immobilie als Stiftungsvermögen

Steuerlich günstige Übertragung

Im Beispielfall bietet sich für die Ausstattung einer Stiftung insbesondere das Immobilienvermögen an, da dieses aufgrund der aktuell niedrigen steuerlichen Bewertung schenkungsteuerlich günstig eingebracht werden kann. Zudem soll liquides Vermögen in einer Größenordnung von 100.000 € übertragen werden. Wird das angewachsene Vermögen in der Stiftung nach Eintritt in den Ruhestand für die Altersversorgung herangezogen, ergibt sich nach Erreichen des 90. Lebensjahres ein nach wie vor bestehendes Endvermögen in Höhe von 1,7 Mio. € – also in einer etwa der Ausgangssituation entsprechenden Höhe. Im angenommenen Insolvenzfall jedoch zeigt sich der Vorteil, auf das Stiftungsvermögen zugreifen zu können. Es stehen nach Abschluss des Insolvenzverfahrens immer noch 1,5 Mio. € aus der Stiftung zur Verfügung, die als Basis für die Altersversorgung herangezogen werden können.

Die Möglichkeit zum Wegzug oder der Verlagerung von Vermögen(steilen) ins Ausland erwähnen wir hier nur als Möglichkeiten, da sie in den nachfolgenden Artikeln eingehend behandelt werden. Das gleiche gilt für den Abschluss einer ausländischen Lebensversicherung. Doch auch für all diese Formen gilt: Einen – zumindest kleinen – Haken gibt es immer.

Zusammenfassung der Maßnahmen im Beispielfall

Herr Kolakowski entscheidet sich für folgende Maßnahmen:

Vermögensübertragung innerhalb der Familie

Das Familienwohnheim wird gegen Vorbehalt eines Wohnrechts auf die Ehefrau übertragen. Weiterhin erfolgt der Abschluss von Kapitalversicherungen für die Ehefrau in Höhe von 300.000 €. Dem Sohn wird ein liquides Vermögen von 100.000 € übertragen. Durch die Maßnahmen erfolgt eine steuerliche Optimierung und für einen eventuellen Insolvenzfall wird bereits ein erheblicher Vermögensteil abgesichert.

Familienstiftung als Option

Der Geschäftsführer behält zudem die Option auf Gründung einer Familienstiftung zur Absicherung des erreichten Vermögensstatus im Auge, insbesondere bei weiter günstiger Entwicklung seines Unternehmens. Ein persönlicher Wegzug aus Deutschland kommt für ihn unter mehreren Gesichtspunkten, insbesondere aufgrund seiner unternehmerischen Tätigkeit in Deutschland, nicht in Betracht. Allerdings kann er sich vorstellen, nach Prüfung entsprechender Angebote seine Vermögensanlagen auch im Ausland zu tätigen.

➔ Fazit: Die Strukturierung des Vermögens unter Einbeziehung der Risikofaktoren – insbesondere durch staatliche Einflussnahme – sollte im Rahmen eines definierten Prozesses erfolgen. Die angebotenen Lösungswege zur Berücksichtigung der potenziellen Risiken sind nicht für jede individuelle Situation geeignet und führen bei genauer Betrachtung nicht immer zum erhofften Resultat.

Welche Maßnahmen müssen zur Sicherung der Altersversorgung getroffen werden? Ein komplexes Problem! Es gilt, die ideale Zusammensetzung von Maßnahmen und die passenden Zeitpunkte für die Umsetzung zu entwickeln. Dies ist im Rahmen einer umfassenden Vermögensstrukturplanung möglich, in der durch Simulation der Vermögens- und Liquiditätsentwicklung sich anbietende Lösungen gegenübergestellt werden können.

» Wer dem deutschen Staat nicht glaubt, dass er den Schutz des Privateigentums auch in finanziellen Notzeiten achtet, hat ein Problem. Zumal, wenn er persönlich der Heimat nicht völlig den Rücken kehren will. Denn dann gibt es nur wenige legale Möglichkeiten, den Zugriff des heimatlichen Fiskus zu beschränken. Der Anleger kann sein Kapital ins Ausland verbringen. Aber auch da schlägt im Zweifel der heimatliche Fiskus zu. Er kann alternativ sein Vermögen einem Dritten als Treuhänder überlassen. Das kann zum Beispiel eine Vertrauensperson sein. Oder eine juristische Person wie eine Stiftung. Der Beitrag beschreibt, wie's funktioniert. «

Trau, schau, wem

Kapitalanlage im Ausland

von Florian Widmer, Raiffeisen Bank (Liechtenstein) AG

Zweiter Aderlass im Alter?

Im deutschen System der Altersvorsorge droht eine zweite Lücke: Bürgern, die keine Eigenvorsorge betreiben (können), muss nach deutschem Sozialstaatsverständnis mindestens eine staatlich finanzierte ausreichende Grundversorgung zukommen. Aufgrund der Löcher in den staatlichen Vorsorgesystemen laufen Deutsche, die privat vorsorgen, Gefahr, ein zweites Mal zur Kasse gebeten zu werden zugunsten derer, die nicht vorgesorgt haben.

Reichhaltiges Instrumentarium des Fiskus

Ob, wann und wie exakt ein solcher Transfer von Vermögenden an Nicht-Vermögende stattfindet, ist aus heutiger Sicht noch völlig offen. Denkbar sind Steuerregelungen, wie die Wiedereinführung der Vermögenssteuer, Erhöhung der Erbschaftsteuer, Besteuerung eventueller Kapitaleinkünfte etc., aber auch der Umbau der sozialen Sicherungssysteme und damit unter Umständen neue, weitere Pflichtbeiträge.

Das Dilemma: private Vorsorge oder Vertrauen in den Staat

Wer sich auf den Ruhestand vorbereiten will, steht damit vor einem kaum lösbaren Problem. Eigentlich müsste jeder versuchen, – soweit möglich – die Lücken in der staatlichen Vorsorge durch frühzeitiges privates Sparen und den Aufbau eines Kapitalstocks zu schließen.

Spekulation auf staatliche Fürsorge

Eine denkbare Alternative wäre, sich darauf zu verlassen, dass der Staat in Härtefällen unterstützend eingreifen wird. Diese „Strategie“ ist mit offensichtlichen Risiken verbunden und keine wirkliche Alternative.

Doch mit der Entscheidung privat vorzusorgen, gehen die Schwierigkeiten erst richtig los. Ob und wie der Staat in Zukunft auf private Vermögen zugreifen könnte, ist vollkommen offen. So gilt für die folgenden Lösungsansätze, dass er möglicherweise gerade diese belasten könnte. Deshalb erfolgt jede sinnvolle Vorsorgeplanung generell unter Risiko und muss eine möglichst breite Streuung des Vermögens vorsehen.

Der erste Gedanke: der Weg ins Ausland

Es liegt nahe, durch Auswanderung oder Kapitalanlage im Ausland zu versuchen, das Zugriffsrecht des deutschen Staates zu verringern. Und das ist nach heutigem Rechtsstand am geringsten, wenn der Kapitalanleger nicht mehr in Deutschland lebt.

Alternativen zum Auswandern

Das „Überlassen" des Vermögens an eine natürliche oder juristische Person im Ausland könnte einen ähnlichen Effekt haben – wenn auch bei weitem nicht so umfassend.

Die Strategie, das Vermögen „ins Ausland zu bringen", z. B. bei einer dortigen Bank anzulegen, ist aus rechtlicher Sicht jedoch nur eingeschränkt erfolgversprechend. Der deutsche Staat verliert teilweise die Möglichkeit, Steuern an der Quelle einzuziehen. Aber aufgrund des Welteinkommensprinzips im deutschen Steuerrecht ist jeder Deutsche prinzipiell mit seinem gesamten Vermögen an seinem Wohnsitz in Deutschland steuerpflichtig.

DBA's gezielt ausnützen

Dieses Besteuerungsrecht gibt der deutsche Staat allerdings teilweise freiwillig zugunsten eines anderen Staates auf. Die so genannten „Abkommen zur Vermeidung von Doppelbesteuerungen" („Doppelbesteuerungsabkommen") schränken das Besteuerungsrecht nach dem Welteinkommensprinzip bewusst ein. Durch gezieltes Nutzen entsprechender Regelungen kann eine Vermögensanlage im Ausland zu einem sinnvollen Baustein einer Gesamtstrategie werden.

Die „große" Lösung: Eigentumsübertragung ins Ausland

Nur für die wenigsten Deutschen ist die Auswanderung eine Alternative. Wer nicht aus Deutschland wegziehen möchte oder kann (aus welchen Gründen auch immer), kann sein Vermögen alternativ einem Dritten „überlassen", der im Ausland wohnt und damit deutschem Recht nicht unterliegt.

Doch wer könnte dieser Dritte sein? Auf welcher Basis wäre eine Vermögensübertragung möglich? Und welche rechtlichen Folgen wären damit verbunden?

Eine Frage des Vertrauens

Grundsätzlich käme eine Person des Vertrauens in Frage. Sinnvoll kommt ein enger Verwandter oder jemand aus dem zukünftigen Erbenkreis in Frage. Gibt es so jemanden nicht oder ist das Vertrauensverhältnis nicht eng genug, bleibt eine juristische Person im Ausland. Wenn es sich dabei um reine juristische „Hüllen" handelt, wie eine Vermögen verwaltende AG oder GmbH ohne eigenen Geschäftsbetrieb, greift der deutsche Staat in aller Regel durch. Unter bestimmten, sehr engen Voraussetzungen werden Stiftungen oder Anstalten nach Liechtensteiner Recht anerkannt.

Liechtensteinische Stiftung zur Familienabsicherung

Eine Liechtensteinische Stiftung ist eine eigene Rechtsperson. Sie hat keinen Eigentümer, sondern nur einen Stiftungszweck und diesem Zweck entsprechend begünstigte Personen. So könnte eine Liechtensteiner Stiftung gegründet werden mit dem Zweck, die Familie während des Ruhestands wirtschaftlich zu unterstützen.

Wer sein Vermögen einer Liechtensteiner Stiftung überlässt, verliert das Eigentum daran. Der Stiftungsrat (in der Regel ein Liechtensteiner Anwalt oder Treuhänder) ist nach Liechtensteiner Recht dazu verpflichtet sicher zu stellen, dass der Stiftungszweck auch verfolgt wird.

Bedingungen für steuerliche Anerkennung

So könnte eine Liechtensteiner Stiftung sehr gut die Rolle einer Vertrauensperson im Ausland übernehmen. Damit der deutsche Staat eine solche Stiftung steuerrechtlich anerkennt, sind aber bestimmte Voraussetzungen exakt einzuhalten.

Die Stiftung: Vermögen verschenken oder verkaufen?

Eine wesentliche Hürde ist die Frage, wie das Eigentum an eine Liechtensteiner Stiftung übertragen werden kann. Eine unentgeltliche Überlassung wird von deutschen Finanzbehörden als Schenkung angesehen und unterliegt der deutschen Schenkungssteuer. Da zwischen Stiftung und Steuerpflichtigem kein Verwandtschaftsverhältnis besteht, kommt die höchste Steuerklasse zur Anwendung, mit teilweise prohibitiv hohen Steuersätzen. Wer der deutschen Erbschafts- und Schenkungssteuer unterliegt, für den macht dieser Weg definitiv keinen Sinn.

Gegenleistung muss „Drittvergleich" standhalten

Alternativ könnte das Vermögen entgeltlich übertragen werden. Das heißt: Die Stiftung „kauft" das Vermögen ab. Die Gegenleistung muss, um vor dem deutschen Staat Bestand zu haben, gleichwertig sein und einem so genannten Drittvergleich standhalten.

So könnte eine Leibrente vereinbart werden. Konkret heißt das: Die Liechtensteiner Stiftung zahlt als Kaufpreis für das Vermögen dem Verkäufer eine regelmäßige Rente bis zu seinem Lebensende.

Eine solche Rentenzahlung muss nicht sofort beginnen. Sie kann auch erst nach Ablauf einer bestimmten Frist starten. Ein 50-Jähriger könnte sein Vermögen an eine Stiftung verkaufen, die Stiftung verpflichtet sich aber erst ab dessen 60. Lebensjahr zur Zahlung einer jährlichen Rente.

Große Freiheiten bei der Vertragsgestaltung

Da es sich hierbei um einen privatrechtlichen Vertrag zwischen Stiftungsgründer und Stiftung handelt, existieren große Gestaltungsfreiheiten: Möglich wäre beispielsweise auch eine abgekürzte Leibrente, z.B. vom 60. bis zum 80. Lebensjahr oder eine Leibrente auch für den überlebenden Ehegatten.

Wesentlich sind die zivilrechtlichen und steuerrechtlichen Folgen eines solchen Vermögensverkaufs:

Zivilrechtlich gibt der Verkäufer sein Eigentum an dem Vermögen ab. Als Gegenleistung erhält er gegenüber der Stiftung das Recht auf Auszahlung der Rente. Neben Zahlung des Kaufpreises verfolgt die Stiftung weiter ihren Stiftungszweck, z. B. die Unterstützung der Nachkommen.

Was ist dabei aus steuerrechtlicher Sicht zu beachten?

1. Leistung und Gegenleistung dürfen in keinem Missverhältnis stehen. Das heißt: Der Wert der Leibrente muss in etwa dem Vermögen entsprechen.

Rente mit Ertragsanteil steuerpflichtig

2. Leibrenten unterliegen bei einem in Deutschland Steuerpflichtigen den Regeln wiederkehrender Zahlungen. Konkret heißt dies, dass der Ertragsanteil der Auszahlungen der Einkommensteuer unterliegt.

3. Möchte der Stifter die Stiftung umfassend kontrollieren, unterstellt der deutsche Staat in der Regel einen Umgehungstatbestand und erkennt die Stiftung steuerrechtlich nicht an. Außerdem darf dem Stiftungsgründer oder etwaigen Begünstigten nicht das Recht eingeräumt werden, die Stiftung zurückzunehmen oder wieder aufzulösen. Folge wäre eine Besteuerung des Stifters, als ob die Stiftung nicht existiert hätte.

4. Nach aktueller (nach Expertenmeinung verfassungsrechtlich bedenklicher) Gesetzeslage erfolgt darüber hinaus auch dann eine Besteuerung des Einkommens in Deutschland, wenn Stifter oder Begünstigte dort unbeschränkt steuerpflichtig sind und die Angehörigen des Stifters zu mehr als 50% an Erträgen oder Vermögensausschüttungen bezugs- oder anfallsberechtigt sind.

Ausschüttungen unterliegen der Einkommensteuer

5. Ausschüttungen einer Stiftung, die aufgrund der konkreten Strukturierung nicht unter 3. und 4. fallen, unterliegen bei dem Begünstigten als „sonstige Einkünfte" der Einkommensteuer.

Zusammengefasst lässt sich sagen, dass eine solche Lösung nur bei exakter Planung einen Zugriff des deutschen Staates langfristig einschränken kann. Sie setzt voraus, dass der Stiftungsgründer faktisch sein uneingeschränktes Verfügungsrecht über das Vermögen aufgibt.

Eine reine steuerorientierte Stiftungsgründung ist deshalb nicht zu empfehlen. Wenn weitergehende Ziele verfolgt werden, kann sie eine sinnvolle Alternative sein.

Nicht nur steuerliche Aspekte beachten!

Die Kompromiss-Lösung: Vermögensanlage im Ausland

Eine Geldanlage bei einer ausländischen Bank kann den Zugriff des deutschen Staates juristisch nicht verhindern. Eine Besteuerung an der Quelle findet zwar nur in Ausnahmefällen statt. Doch der in Deutschland wohnende Vermögensinhaber ist verpflichtet, Einkünfte aus Auslandskapitalvermögen bei seiner Steuererklärung anzugeben. Unabhängig davon kann der Zugriff durch Nutzen von Doppelbesteuerungsabkommen eingeschränkt werden.

International üblich ist, dass Immobilienvermögen und sich daraus ergebende Einkünfte unter das Besteuerungsrecht des Staates fallen, in dem sich das Vermögen befindet (das so genannte „Belegenheitsprinzip“). Durch Doppelbesteuerungsabkommen verzichtet der Staat, in dem der Immobilien-Eigentümer wohnt, auf sein Besteuerungsrecht.

Konkret heißt das: Wenn ein in Deutschland unbeschränkt Steuerpflichtiger z. B. Immobilien in Holland kauft, unterliegen Vermögen sowie Erträge niederländischem Steuerrecht. In Deutschland werden diese Einkünfte nur herangezogen, um den Einkommensteuersatz zu bestimmen. Darüber hinaus bleiben sie aber steuerfrei.

Alternative Auslandsimmobilien . . .

Von allen bisher vorgestellten Lösungsansätzen ist dieser Schritt am leichtesten umzusetzen. Er bringt – auch gerade in Vergleich zur Auswanderung – relativ hohe Rechtssicherheit. Das Belegenheitsprinzip im internationalen Steuerrecht ist ein Grundpfeiler, an dem niemand ernsthaft rüttelt. Im Gegenteil, gerade der deutsche Gesetzgeber will dieses Prinzip in der aktuellen Diskussion auch auf so genannte REITs ausdehnen (Real Estate Investment Trusts = börsennotierte, steuerbegünstigte Aktiengesellschaften, die einzig und allein in Immobilien investieren).

Neben einer Direktinvestition in ausländische Immobilien bieten sich geschlossene Fonds oder REITs an. Bei letzteren sollte aber abgewartet werden, wie der deutsche Gesetzgeber die steuerliche Behandlung regelt.

. . . oder REITs

Viele Immobilienmärkte sind überteuert

Welches Land für direkte Investitionen oder geschlossene Immobilienfonds in Frage kommt, muss individuell geprüft werden. Hierbei dürfen nicht nur steuerliche Aspekte eine Rolle spielen. Auch die aktuelle Lage auf dem Immobilienmarkt des jeweiligen Landes muss berücksichtigt werden. Gerade in den letzten Jahren sind Immobilienpreise in einigen Regionen massiv gestiegen. Viele Gegenden der USA, Russlands oder in den spanischen Urlaubsregionen sind deshalb aus Anlage- und Renditegesichtspunkten nicht mehr attraktiv.

Aus steuerlicher Sicht sind zudem das jeweilige Doppelbesteuerungsabkommen mit Deutschland sowie die Steuersituation im jeweiligen Ausland von wesentlicher Bedeutung.

So sind in Österreich Mieteinnahmen (nach Abzug der Kosten) bis 2.000 Euro pro Jahr und Veräußerungsgewinne nach zehn Jahren steuerfrei. Dagegen kann es zu Steuersätzen um 40% kommen, wenn die jährlichen Freigrenzen überschritten werden.

Steuerfreiheit bei GmbH & Co. KG?

Nach Auffassung von *Dr. Wolf Wassermeyer* (Flick Gocke Schaumburg) werden ausschließlich natürliche Personen sowie Vermögen verwaltende oder Immobilien haltende juristische Personen besteuert. Eine Steuerbefreiung könne aber durch eine gewerbliche Ausgestaltung z.B. einer GmbH & Co. KG erreicht werden.

Dank DBA Erbschaft steuerfrei?

In Österreich entfällt im Todesfall unter bestimmten Voraussetzungen die Erbschaftssteuer, in Deutschland aufgrund des Doppelbesteuerungsabkommens ebenfalls. Erträge bzw. Erbschaft werden zwar über den Progressionsvorbehalt berücksichtigt. Sie bleiben aber steuerfrei.

Günstige Einkommensteuer in Holland

Anders die Niederlande: Sie bieten einen günstigen Einkommensteuersatz von 1,2% des Reinvermögens sowie eine grundsätzliche Steuerfreiheit bei privaten Veräußerungsgeschäften in Holland und nach zehn Jahren Haltedauer auch in Deutschland. Dort werden ausländische Einkünfte unter Progressionsvorbehalt freigestellt. Erbschaft- oder schenkungsteuerliche Vorteile gibt es nicht. Es kommt zu einer Besteuerung in Deutschland.

Die USA bieten ebenfalls eine günstige laufende Besteuerung. Nach einem jährlichen Freibetrag von 3.300 US-Dollar steigen die Bundessteuersätze von 10 auf max. 35%. Dazu können noch Steuern der Bundesstaaten oder der Gemeinden kommen. Sie sind in der Regel aber nur marginal. Deutschland stellt frei mit Progressionsvorbehalt.

Veräußerungsgewinne unterliegen einer Steuerlast von ca. 5 bis 20%. In Deutschland sind sie nach zehn Jahren steuerfrei. Erbschaft- und Schenkungssteuer fällt sowohl in den USA als auch in Deutschland an. Die amerikanische Steuer ist aber auf die deutsche Steuer anrechenbar.

Unterm Strich kann eine Kapitalanlage in ausländische Immobilien eine sinnvolle Strategie sein, wenn Investitionen auf mehrere Rechtsräume gestreut und Vorteile sinnvoll kombiniert werden.

Nicht nur auf Immobilien setzen

Die Nachteile liegen aber auf der Hand: Rechtliche Rahmenbedingungen können sich ändern. Außerdem darf die Steueroptimierung die Investitionsentscheidung nicht überlagern. Eine sinnvolle Vermögensstreuung setzt neben Immobilien auf weitere Anlageinstrumente wie Aktien, Renten, Edelmetalle, Kunst etc.

Es gibt nur individuelle Lösungen

Unter der Annahme, dass der deutsche Staat vermögende Bürger in Zukunft weiter belasten könnte, ist der Wunsch verständlich, frühzeitig vorzusorgen. Die Möglichkeiten, ihm „zu entkommen", sind aber gering. Ansonsten müsste der Staat mit vermindertem Steueraufkommen rechnen.

Der sicherste und konsequenteste Weg ist die Auswanderung. Trotz aller Risiken sollte es bei frühzeitiger Planung möglich sein, ohne allzu große Belastungen dem deutschen Zugriff zu entkommen.

Die Übergabe des Vermögens an eine ausländische Stiftung ist mit extremen Restriktionen möglich. Diese Lösung wird nur in Ausnahmefällen sinnvoll sein.

Investitionen in ausländische Immobilien können eine leicht umzusetzende, wirksame Lösung sein. Kapitalanleger verzichten aber auf Vorteile eines weit diversifizierten Vermögens und übernehmen unter Umständen Risiken, die sie ohne Steuereffekte nicht eingehen würden.

Keine Lösung ohne Experten

➔ Fazit: Die Empfehlung kann deshalb nur lauten, so lapidar sie auch klingen mag: Die individuelle Situation gemeinsam mit einem Experten besprechen und möglichst mehrere Strategien abgestimmt auf die persönlichen Ziele und Vorstellungen verfolgen.

» Nicht nur der deutsche Fiskus, auch die anderen westlichen Länder, deren Sozialsysteme vor allem in Anbetracht der demografischen Entwicklung vor dem Kollaps stehen, versuchen mit immer rüderen Methoden, ihre Zugriffsrechte auch jenseits der eigenen Landesgrenzen zu sichern. Mit der fondsgebundenen liechtensteinischen Lebensversicherung lassen sich viele Fliegen mit einer Klappe schlagen: Flexibilität, Steuervorteile, Diskretion, Insolvenzschutz und Kostentransparenz. Weiterer Vorteil: Einbringen lassen sich so gut wie alle Vermögenswerte, als da wären bestehende Konten, Depots, Sparbücher, Beteiligungen, Immobilien und auch Kunst «

Fürstliche Flexibilität

Sicherheit in Liechtenstein

von Frank Kalter, Nassauische Sparkasse (Naspa)

Renner des Fürstentums: die fondsgebundene Lebensversicherung

Das Fürstentum Liechtenstein genießt seit dem Beitritt zum Europäischen Wirtschaftsraum (EWR) 1995 den freien Dienstleistungsverkehr in alle Länder der Europäischen Union (EU) und des EWR. Gleichzeitig schuf das Fürstentum mit einem liberalen, EU-konformen Versicherungsaufsichtsgesetz die rechtlichen Rahmenbedingungen für den Vertrieb von Produkten, die zum Vermögensschutz, zur Steueroptimierung, zur Vermögensweitergabe und zur Nachfolgeplanung beitragen. Auf dieser Grundlage lassen sich z.B. die steuerlichen Vorteile einer deutschen Lebensversicherung mit den Vorteilen der flexiblen liechtensteinischen Gesetzgebung verbinden. Spitzenreiter auf der Angebotsseite sind u.a. fondsgebundene Lebensversicherungen, da sie die steuerlichen Vorteile einer Versicherungspolice mit den Ertragschancen am Kapitalmarkt kombinieren.

Daran knüpft eine Idee an, deren Kerngedanke es ist, Vermögenswerte in einen liechtensteinischen Versicherungsmantel einzubringen. Aufgrund der fürstlichen Privilegien Liechtensteins ist dieser Ansatz mit einer Reihe europaweit einzigartiger Vorteile verbunden.

Das Anlageprivileg

Keine Restriktionen für den Anleger

Der Anleger hat die Wahl, welche Werte er als Prämie verwenden will. Da das liechtensteinische Versicherungsaufsichtsgesetz keine Bestimmungen darüber enthält, aus welchen Anlageprodukten der Deckungsstock einer fondsgebundenen Lebensversicherung zusammengesetzt sein muss, kommen dafür jedes bestehende Konto, Depot oder Sparbuch in Frage. Auch andere bewertungs- und depotfähige Investments wie Beteiligungen, Immobilien, Kunst u.a. können verwendet werden, wenn sie in eine Kapitalgesellschaft eingebracht werden. Der Anleger unterliegt also keinen Anlagerestriktionen.

Freie Wahl hat der Anleger auch hinsichtlich seiner Depotbank und seines Vermögensverwalters. Das eingebrachte Vermögen kann also weiter in Deutschland verwaltet werden. Die Anlagestrategie wird individuell bei Abschluss der Versicherung zwischen Vermögensverwalter und Anleger abgestimmt. Im Unterschied zur in Deutschland üblichen pauschalen Anlage in Investmentfondsanteilen ist die Zusammensetzung des Vermögens transparent.

Das Diskretionsprivileg

Verletzung von Bank- und Versicherungsgeheimnis strafbar

Analog zum Bankgeheimnis ist auch das liechtensteinische Versicherungsgeheimnis gesetzlich verankert. Danach gilt es als Straftat, persönliche Bank- und Versicherungsinformationen an Dritte weiterzugeben. Das Versicherungsgeheimnis verpflichtet zur Geheimhaltung aller die Anleger betreffenden Informationen, so dass deren Privatsphäre uneingeschränkt geschützt wird. Strenge Sicherheitsvorkehrungen und zahlreiche gesetzliche Verfügungen zur Bekämpfung von Finanzkriminalität unterstützen die Wahrung der Diskretion.

Konkret bedeutet das z.B., dass bundesdeutsche Behörden keine Informationen über den Bestand der Lebensversicherung, Bewegungen während der Laufzeit sowie Auszahlungen während und bei Ablauf des Vertrags erhalten. Es gibt weder Meldepflichten noch Kontrollmitteilungen ans Finanzamt.

„Risikofaktor Mensch"

100prozentigen Schutz – etwa vor bestechlichen oder verärgerten Mitarbeitern – gibt es auch damit nicht, wie die Vergangenheit beweist. Aber dieses „Risiko" ist insgesamt gesehen zu vernachlässigen.

Das Erbschafts- und Schenkungsprivileg

Vermögensübergang unabhängig vom Testament

Der Anleger kann Streit ums Erbe und langwierige Nachlassverfahren vermeiden, wenn er Begünstigte angibt. Dadurch fällt das Vermögen im Versicherungsmantel nach deutschem Recht n i c h t in den Nachlass. Sind Begünstigte bestimmt worden, werden die Vermögenswerte direkt, das heißt unabhängig von anderen testamentarischen Regelungen zugewiesen. Sie können außerdem auch dann angenommen werden, wenn die Erbschaft ausgeschlagen wird. Damit wird eine individuelle Nachfolgeplanung und Vermögensweitergabe ermöglicht.

Steuerlich interessant ist die Übertragung noch nicht fälliger Ansprüche. Als Bemessungsgrundlage gelten in diesem Fall lediglich zwei Drittel der eingezahlten Prämie; ein Drittel der Prämie und die bis zur Schenkung angesammelten Erträge werden steuerlich nicht bewertet. Sie können steuerfrei weitergegeben werden.

Das Konkursprivileg

Kein Zugriff durch Gläubiger

Ein Pleiten-Pech-und-Pannen-Schutz, der liechtensteinische Lebensversicherungen dem Zugriff von Gläubigern im Falle der Insolvenz des Anlegers entzieht, ist im liechtensteinischen Versicherungsvertragsgesetz niedergelegt. Danach fällt eine Lebensversicherung nicht in die Konkursmasse, wenn nahe Angehörige als Begünstigte bestimmt wurden. Dazu zählen neben Ehegatten und Nachkommen auch Personen, die mit dem Anleger in eheähnlicher Gemeinschaft leben. Dieser Schutz greift auch, wenn der Anleger selbst Begünstigter im Erlebensfall ist.

Kein Rechtshilfeabkommen mit Deutschland

Der Insolvenzschutz beruht darauf, dass zwischen Deutschland und dem Fürstentum Liechtenstein – noch – kein Rechtshilfeabkommen besteht. Deshalb kann in eine liechtensteinische Lebensversicherung im Rahmen eines deutschen Insolvenzverfahrens in Liechtenstein nicht vollstreckt werden. Für liechtensteinische Versicherungen wären entsprechende Urteile deutscher Gerichte auf Beschlagnahme von Versicherungspolicen nicht bindend und damit ohne Belang.

Deutsche Anleger mit einer liechtensteinischen Lebensversicherung genießen in Liechtenstein somit den gleichen Insolvenzschutz wie liechtensteinische Bürger. Der Insolvenzschutz nach dem Versicherungsvertragsgesetz ist immer gegeben, wenn Gläubiger auf den Versicherungsanspruch des Anlegers und seiner Begünstigten zugreifen wollen.

Vertrag nach liechtensteinischem Recht

Voraussetzung ist, dass sich die Versicherungspolice physisch in Liechtenstein befindet und für den Vertrag ausdrücklich liechtensteinisches Versicherungsvertragsgesetz vereinbart ist. Dies ist schriftlich außerhalb Deutschlands zu dokumentieren.

Das Steuerprivileg

In Zeiten, in denen die Besteuerung von Vermögensanlagen durch den Gesetzgeber immer gravierender wird, ist es für Anleger wichtig zu wissen, dass weiterhin Anlagestrategien steueroptimiert über eine Versicherungslösung realisiert werden können. Liechtensteinische Lebensversicherungen sind den steuerlichen Rahmenbedingungen in Deutschland angepasst, das heißt, es erfolgt eine Steueroptimierung mit dem Steuerrecht des Anlegers. Während der Laufzeit der Versicherung sammeln sich die Gewinne der gewählten Kapitalanlagen grundsätzlich steuerfrei in der Versicherungspolice an (Steuerstundungseffekt).

Durch Teilkündigungen und altersnahe Auszahlung (Vollendung des 60-sten Lebensjahres und 12 Jahre Mindestlaufzeit) kann der Steuer-

Nur 50 % der Auszahlung steuerpflichtig

vorteil der Versicherungslösung gegenüber dem direkten Halten der Kapitalanlagen nochmals optimiert werden. Lediglich 50% der Anlage sind die Bemessungsgrundlage für die nachgelagerte Besteuerung am Ende der Laufzeit. Weitere steuerliche Vorteile ergeben sich dadurch, dass keine Spekulations- und Zinsabschlagsteuer anfallen und die EU-Zinsbesteuerung nicht greift. Die Prämienzahlungen unterliegen darüber hinaus keiner staatlichen Abgabe.

Das Gestaltungsprivileg

„Stiftung light" mit großer Flexibilität

Die Bezugsrechte kann der Anleger nach seinen Wünschen gestalten und sein Vermögen damit nahezu beliebig verteilen. Die variable und individuelle Gestaltungsmöglichkeit der Begünstigungen ähnelt einer Stiftung „light". Der Kreis der Begünstigten kann jederzeit unkompliziert geändert werden. Die Handhabung ist einfach: Durch den Antrag entsteht mit der Versicherungspolice ein verbriefter Anspruch gegenüber der Versicherung.

Kein Zugriff für fremde Hände

Der Abschluss einer liechtensteinischen Lebens- oder Rentenversicherung kommt ab einem Anlagevolumen von mindestens 250.000 Euro Einmalbeitrag oder 50.000 Euro Jahresbeitrag bei einer Mindestprämienzahlungsdauer von fünf Jahren in Betracht. Er ist für vermögende Anleger interessant, die die eigene Altersversorgung vor den zunehmenden Begehrlichkeiten des Staates sichern wollen. Auch zur Absicherung der persönlichen Liquiditäts- und Vermögenslage gegen Unwägbarkeiten wie Krankheit, Scheidung, Arbeitsplatzverlust, geschäftlichen Konkurs und Tod ist die liechtensteinische Versicherung eine zusätzliche Alternative im Rahmen der persönlichen Finanzplanung.

Die Vorteile im Überblick

- ➔ Freie Wahl der Vermögensanlage
- ➔ Versicherungsgeheimnis / Diskretion
- ➔ Individuelle Nachfolgeplanung und Vermögensweitergabe
- ➔ Insolvenzschutz
- ➔ Optimale steuerliche Verhältnisse durch stiftungsähnliche Gestaltung
- ➔ Transparenz der Anlage und der Kosten
- ➔ Kein Zugriff seitens der Sozialkassen möglich.

» Die finanzielle Planung des Ruhestands hat viele Facetten. Sie wird bestimmt von unbekannten und bekannten Größen, von Wünschen und Zielen, finanziellen Notwendigkeiten, von Anlagementalitäten und Familienkonstellationen. Auch die verbleibende Zeit bis zum Ruhestandsbeginn spielt eine entscheidende Rolle. Dennoch lassen sich viele Betroffene (zu) viel Zeit mit ihren Finanzentscheidungen. Andere lassen sich von guten Worten der Berater überzeugen, die sich später jedoch nicht selten als Halbwissen entpuppen. Und oft genug ist es dann für wirksame Korrekturen des eingeschlagenen Kurses zu spät. Frühzeitig und gründlich ist daher das Motto für eine professionelle Ruhestandsplanung. «

Ruhestand planen

Notwendigkeiten und Gefahren

von Jörg Richter, IQF

Vier Fälle aus der Praxis zeigen die Tiefe und Breite der fachlichen Anforderungen – aber auch die Fallen, die dem Kapitalanleger bei der Ruhestandsplanung drohen.

Fall 1: Die Basisrechnung

Das Ziel: finanzielle Freiheit

Werden Kapitalanleger, Unternehmer oder Arbeitnehmer befragt, steht ein Wunsch ganz oben auf der Liste: Möglichst früh die „finanzielle Freiheit" zu erreichen. Diese bedeutet, dass genug Geld vorhanden ist, um das Leben ohne finanzielle Abhängigkeiten genießen zu können. Dabei geht es meist nicht darum, zu diesem Zeitpunkt nicht mehr arbeiten zu wollen. Es geht um das „nicht mehr arbeiten zu brauchen".

Mit 55 aufhören zu arbeiten?

Spätestens zum Ruhestandsbeginn soll dieser komfortable Zustand erreicht sein. Nicht wenige träumen davon, frühzeitig – vielleicht mit 55 Jahren – aufzuhören, wenn ausreichend Vermögen vorhanden ist. Andere „warten" auf die große Erbschaft oder andere Zuwendungen und/oder spielen Lotto. Doch wie viel Geld wird benötigt, um diese finanzielle Freiheit zu erhalten? Das ist relativ einfach auszurechnen. Es handelt sich um eine rein finanzmathematische Frage.

Ein Beispiel: Franz Kramer (Name erfunden) ist 55 Jahre alt. Der Unternehmer führt seinen Betrieb über Jahrzehnte mit gutem Erfolg. Er hat etliches Geld beiseite gelegt, der größte Teil seiner Gewinne wanderte aber wieder in die Firma. Die Jahre stetiger Arbeit fordern nun ihren Tribut. Franz und seine gleichaltrige Frau wollen nun wissen, ob sie in fünf oder in zehn Jahren aufhören können, um in den Ruhestand zu gehen. Dazu wollen sie wissen, ob ihr Geld reicht. Vorab müssen sie aber einige Fragen beantworten:

1. Wie viel Geld benötigen die Eheleute monatlich zum Leben? Finanzielle Freiheit bedeutet auch, die Ausgaben „locker" bestreiten zu können. Gemäß „Haushaltsbuch" benötigen die Eheleute monatlich 3.500 €. Hinzu kommen – auf Monatsbasis gerechnet – 500 € für

500 Euro „zum Leben"

Urlaub. Um auf Nummer Sicher zu gehen, schlagen die beiden noch 25% drauf. Ergebnis: 5000 € sind ein komfortabler und mit ausreichend Sicherheit berechneter Wert.

2. Welche Inflationserwartung soll bei der Berechnung zu Grunde gelegt werden? Diese Größe wird häufig vernachlässigt, ist aber sehr entscheidend für die Berechnung. Je höher die Geldentwertung ist, desto mehr muss jedes Jahr im Geldbeutel klingeln, um den Lebensstandard halten zu können. Als guter Mittelwert gilt unter Experten 2,5% p. a. Aber es gab auch Zeiten mit höheren und niedrigeren Werten. Deshalb kann als Szenario auch mit 1,5% oder mit 3,5% gerechnet werden.

Nachsteuerrendite berechnen

3. Mit welchem Zinssatz soll das Ruhestandskapital ab Ruhestandsbeginn angelegt werden? Für eine Überschlagsrechnung sollte mit einer Rendite gerechnet werden, die bereits die Steuern berücksichtigt (Nachsteuerrendite). Wer z. B. mit 3% rechnet, muss z. B. 4% jährlichen Ertrag erzielen, wenn 25 % der Erträge an den Fiskus abgeführt werden.

Mit 85 ist das Geld weg?

4. Wie lange wollen Kramers leben? Diese auf den ersten Blick leicht sarkastische Frage ist wichtig. Leider rechnen viele Berater mit der durchschnittlichen Lebenserwartung oder mit pauschalen Todesdaten. Häufig ist der Wert 85 zu finden, der besagt, dass das Geld bis zum 85. Lebensjahr reichen muss. Doch diese Rechnung ist schlicht falsch. Was interessiert es Kramers, dass der Durchschnitt mit 85 stirbt, wenn sie selbst 90 oder älter werden?

Tod nach Statistik?

Wenn diese Daten bekannt sind, können Berater die Fragen der Eheleute schnell beantworten: Die beiden benötigen in fünf Jahren bei einer Inflationserwartung von 2,5% und einer Rentendauer von 40 Jahren einen Kapitalbetrag von knapp 2.500.000 € (siehe Kasten 1). Wenn sie überzeugt sind, entsprechend der Statistik (genau genommen früher, da auch die durchschnittliche Lebenserwartung steigt) aus dem Leben zu scheiden, benötigen Sie „nur" 1.600.000 €. Sollte die Inflation aber stark ansteigen, steigt auch der Kapitalbedarf. Der Kapitalbedarf – langes Leben vorausgesetzt – erhöht sich dann in Richtung 3.000.000 €.

Um es deutlich zu machen. Die genannten Beträge müssen zum Ruhestandsbeginn verfügbar sein, um die inflationsbereinigte Rente zu zahlen. Und: Am Ende der Laufzeit ist das Geld verbraucht. Die Variante „von den Zinsen leben" bleibt unberücksichtigt. Nun wissen die Eheleute, wie viel sie beim Ruhestandsbeginn in 5 Jahren benötigen. Was ist, wenn sie erst in 10 Jahren aufhören zu arbeiten? Verblüffendes Ergebnis: Die Zahlen ändern sich kaum. Dies ist ein finanzmathematisches Phänomen. Der erste Verdacht, dass weniger Geld benötigt wird, führt ins Leere. Wesentlicher Grund dafür sind die Annahmen zur Inflation und zur Verzinsung des Ruhestandkapitals – aber beide Werte sind realistische Parameter.

Längeres Arbeiten lohnt sich kaum

Für Kramers ist die Frage also schnell zu beantworten. Wenn Sie in 5 Jahren 2,5 Mio. Euro für ihren Ruhestand haben, können sie die finanzielle Freiheit genießen. Und: Sie brauchen dann nicht länger zu warten.

Ein heute 55-Jähriger benötigt bei einem Rentenbeginn in 5 Jahren bei einer Inflationsrate von x% und einem „geplanten Restleben" von y Jahren zum Ruhestandsbeginn einen nominalen Geldbetrag von			
Rente 5.000 € p.M.	**Inflation**		
Heutige Kaufkraft	1,5%	2,5%	3,5%
Lebenserwartung	**Kapitalbedarf in €**		
85 Jahre	1.362.683	1.601.834	1.889.275
95 Jahre	1.782.361	2.189.958	2.711.399
100 Jahre	1.970.211	2.473.460	3.137.633
Annahme: das Ruhestandskapital erzielt eine Nachsteuerrendite von 3 % p. a.			

Eine gute Nachricht, denn allein Kramers liquides Vermögen liegt bei mehr als 4 Mio. €. Beide können nun ihre Ruhestandsaktivitäten planen, die Geldanlageentscheidungen können später getroffen werden.

Fall 2: Die Erbschaft

Finanzielle Freiheit ab 55

Patrizia Stahl (Name erfunden) ist 45 Jahre alt. Ihr Traum: Mit 55 die finanzielle Freiheit zu genießen. Die Freiberuflerin verdient gut, zudem hat Sie gerade 1,2 Mio. € geerbt. „Noch 10 Jahre lang arbeiten und dann die Füße hochlegen", so ihr Gedanke. Die folgende Tabelle zeigt, wie viel Geld sie (Rahmenbedingungen wie bei Kramers) dafür braucht:

Ein heute 45-Jähriger benötigt bei einem Rentenbeginn in 10 Jahren bei einer Inflationsrate von x% und einem „geplanten Restleben" von y Jahren zum Ruhestandsbeginn einen nominalen Geldbetrag von			
Rente 5.000 € p.M.	**Inflation**		
Heutige Kaufkraft	1,5%	2,5%	3,5%
Lebenserwartung	**Kapitalbedarf in €**		
85 Jahre	1.702.339	2.149.079	2.726.167
95 Jahre	2.122.476	2.798.493	3.726.523
100 Jahre	2.310.531	3.111.539	4.245.163
Annahme: das Ruhestandskapital erzielt eine Nachsteuerrendite von 3 % p. a.			

Mit Dreisatz Variabeln verändern

Das Ergebnis: Sie benötigt in 10 Jahren bei einer durchschnittlichen Inflation von 2,5% ein Kapital in Höhe von gut 3.100.000 €, um 5.000 € pro Monat zum Leben zu haben. Wenn Sie nur 4.000 € braucht, kann sie mittels „Dreisatz" den Wert berechnen (knapp 2,5 Millionen €). So einfach geht es also nicht, wie sich die Unternehmensberaterin dies vorstellt.

Nun kann sie das geerbte Geld für den Ruhestand reservieren. Schafft sie damit eine Rendite von 4% nach Steuern, fehlen zum Rentenbeginn gut 1,3 Millionen € (bei 5.000 € Monatsrente). Nur noch 800.000 € fehlen, wenn sie auch in der Ruhestandsphase die höhere Rendite von 4% erzielt (statt 3%).

Deckungslücke verringert

Wenn Patrizia Stahl 15 Jahre wartet, wird die Deckungslücke noch geringer. Bei durchgängig 4% Rendite auf das Ruhestandskapital muss sie zusätzlich noch 500.000 € aufbringen. Dies ist für sie kein Problem, da sie gut verdient und schon Reserven aufgebaut hat. Zum 65. Lebensjahr wird beispielsweise eine Lebensversicherung fällig, die aus heutiger Sicht 480.000 € ausschüttet. Das reicht bereits, um den Ruhestand bis zum Endalter 95 abzudecken.

Alles ohne Finanzprodukte

Geschulte Verkäufer glänzen im Produktvertrieb

Deutlich wird: Alle Berechnungen lassen Finanzprodukte, Investmentfonds oder Vermögensverwaltungen außen vor. Aber im zweiten Schritt muss das Vermögen auch angelegt werden. Banken, Versicherungen und freie Vermögensberater zeigen gerne das Spektrum ihres Könnens. Dass dabei häufig nur einseitig beraten wird, liegt auf der Hand. Schließlich müssen Produktanbieter ihre „Ware" an die Frau und den Mann bringen. Hochglanzprospekte, geschulte Verkäufer und vielleicht auch etwas Bequemlichkeit bei den Anlegern führen schnell zu suboptimalen Finanzentscheidungen. Davor sind auch Vermögende nicht geschützt – wie der nachfolgende Fall zeigt:

Fall 3: Emotionale Bindungen

Verlust durch Steuern und Inflation

Gesine und Herfred Kondrat (Namen erfunden) haben ihr mittelständisches Unternehmen an eine börsennotierte Beteiligungsgesellschaft verkauft und dafür mehr als 15 Mio. Euro nach Steuern erzielt. Die 63-Jährigen haben den Geldbetrag bereits auf dem Konto bei ihrer Volksbank liegen und wollen sich Zeit für die Anlage lassen. „Bloß keine Fehlentscheidung" lautet die Devise. Ganz ohne Früchte soll das Geld allerdings nicht bei der Genossenschaftsbank liegen, daher wurde es als Termingeld zu 3,0% p. a. festgelegt. Allein dieser Zinsertrag reicht zum Leben. 450.000 € Zinsen lassen sich nicht so schnell ausgeben, da sind sich die Eheleute sicher. Damit hat das Unternehmerpaar Recht, doch eine wirkliche Geldanlage ist das Termingeld nicht. Grund: Die Zinszahlungen sind voll zu versteuern. Rund 185.000 € Steuern fallen – vorausgesetzt beide haben keine anderen Einkünfte – für den Zinsertrag an. Verbleiben also 265.000 € zum Ausgeben.

Die Steuer mindert den Zinsertrag erheblich

Wenn die Eheleute aber die Inflation berücksichtigen, sieht die Rechnung düster aus. Die aktuelle Geldentwertung liegt bei ca. 2%. Wird dieser Wert vom vereinbarten Tagesgeldzinssatz abgezogen, sind es – der Fachmann nennt den Wert „real" – noch 1% Zinsertrag. Die Steuern aber werden auf den „Nominalzins", die 3%, berechnet. Die neue (vereinfachte) Rechnung sieht daher wie folgt aus:

➔ Realer Zinsertrag (nach Inflation): 150.000 €

➔ Steuerzahlungen: 185.000 €

Das Ergebnis ist eindeutig: Der Verlust beträgt 35.000 € pro Jahr, nach Inflation und Steuern. Höchste Zeit zu Handeln!

Ein Freund, ein guter Freund...

Das Unternehmerehepaar will bei seinen Geldentscheidungen auch den „Bauch" mit entscheiden lassen. Daher ist es ihnen wichtig, ihre langjährigen finanziellen „Wegbegleiter" mit zu berücksichtigen. Dazu zählt die regional ansässige Bank vor Ort und der Versicherungsvertreter. Die Bank weiß bereits von ihrem „Glück", denn dort liegt das Geld auf dem Termingeldkonto. Das Institut wird vertreten durch den Vorstand und dem Leiter der Wertpapierabteilung. Diese zeigen ihr ganzes Können bei der Kapitalanlage. Das Haus empfiehlt, einen Teil bei einer zum Verbund gehörenden ausländischen Bank anzulegen. Dieses Haus ist „versiert" in dem Management großer Vermögen, so die Aussage.

Magerer Anlagevorschlag

Der Anlagevorschlag sieht allerdings „mager" aus. Es handelt sich um eine Liste von Wertpapieren. Die gewählte Anlagestrategie heißt „sicherheitsorientiert". Die Mehrzahl der Anlagen sind festverzinsliche Wertpapiere von Staaten und Industrieunternehmen. Ein Fünftel des Anlagebetrags soll in Aktien oder Aktienfonds investiert werden. Den Jahresertrag vor Steuern beziffern die Banker mit ca. 4,5 bis 5% – je nach Verlauf der Börse.

Überzeugt sind Kondrats nicht. Sie werden daher noch einige weitere Angebote – mit externer Unterstützung – einholen. Einen Betrag von 1 bis 2 Millionen soll die Bank aber auf jeden Fall bekommen – schließlich hat der Bankvorstand die Eheleute auch in schwierigen Unternehmensphasen stets unterstützt.

Frage nach den Lebenszielen

Auch der Versicherungsvertreter soll sein Können zeigen. Dieser ist auf Sach- und Personenversicherungen spezialisiert und soll mindestens 500.000 € erhalten. Im Gespräch fragt der Berater nach den Zielen der Kondrats, die sie mit der Geldanlage verfolgen. „Davon leben" lautet die Antwort der beiden. Das Stichwort reicht aus, um am übernächsten Tag Angebote vorzulegen:

Lebensversicherung …

Für jeweils 250.000 € sollen die Eheleute jeweils auf ihren Namen eine Leibrentenversicherung abschließen. Dann erhält Herfred 1.033 € pro Monat, jährlich steigend um 1,9%. Diese Steigerung soll in etwa die Inflation ausgleichen, sodass die Kaufkraft über die Jahre erhalten bleibt.

Gesine erhält für den gleichen Betrag 956 €, die Steigerung ist aber identisch. Die Eheleute wollen eine regelmäßige lebenslange Zahlung. Solange der jeweilige Ehepartner lebt, zahlt die Versicherung auf jeden Fall die Rente. Die jährliche Steigerung kann variieren, aber auf jeden Fall erhalten sie die „Garantierente", die der Rente im ersten Jahr entspricht.

… mit mickriger Rendite

„Was passiert, wenn einer von uns stirbt?", ist eine der wichtigen Fragen des Unternehmerpaars. Die Antwort: Dann wird die Rente weitergezahlt, aber maximal 15 Jahre nach Beginn der Versicherung. Folge: Stirbt einer der Ehepartner nach den 15 Jahren Mindestlaufzeit, ist das Geld weg. Frau Kondrat wird nachdenklich. Eine erste Überschlagsrechnung zeigt ihr, dass die Rendite äußerst mager ist.

Emotionen folgen?

Es stellt sich die Frage, ob Kondrats dem Wunsch, einem langjährigen Weggefährten etwas Gutes zu tun, folgen sollten. Um dieses zu beantworten, hilft eine finanzmathematische Detailprüfung.

Langes Leben erhöht den Gewinn

Ergebnis: Stirbt Herfred (irgendwann) vor Ablauf der 15 Jahre, war die Versicherungslösung ein schlechtes Geschäft. Die Rendite ist nämlich negativ: Minus 1,8%. Der „Break Even" – der Zeitpunkt, an dem das Geld das erste Mal einen Ertrag erwirtschaftet – findet am 01.10.2023 statt. An diesem Tag übersteigen die gezahlten Renten den Investitionsbetrag. Im Juli 2029 könnten Kondrats sich über eine Rendite von 3% freuen, die 4%-Marke erreichen sie im Oktober 2032. Dann ist Herfred immerhin schon 89 Jahre alt. Wird er 100 Jahre alt, beläuft sich die Rendite auf 5,7%. Dies ist sozusagen der zu erwartende Maximalertrag, der ja biologisch bestimmt ist.

Wegen der geringen Rentenzahlung reduziert sich bei Gesine die Rendite bzw. der „Break Even" und die jeweiligen Erträge werden später als bei ihrem Mann erreicht. Zum Weihnachtsfest 2024 (also mehr als ein Jahr später) wird die „Null-Linie“ überschritten. 3% Rendite werden im Oktober 2031 erreicht. Um die Fünf-Prozent-Marke zu erreichen, muss Gesine 98 Jahre alt werden. Schafft sie die Altersgrenze von 100, werden es „immerhin“ 5,1%. Nun stellen sich weitere Fragen:

Die wichtigsten Fragen

1. Ist das Angebot „repräsentativ“? Lohnt sich das Investment in Leibrentenversicherungen?

2. Wie sieht die Rechnung nach Steuern aus?

3. Wie sicher ist die Rendite wirklich?

4. Gibt es Alternativen?

Breites Spektrum der Anbieter

Zu 1: Kondrats haben im Marktvergleich einen durchschnittlichen Versicherer gewählt. Von knapp 70 Angeboten im deutschen Markt liegt ihr Versicherer im Mittelfeld. Hätte Gesine ein Top-Angebot gewählt, hätte die Anfangsrente 976 € inklusive jährlicher Steigerung von 2,2% betragen. Der Break-Even findet dann bereits im April 2024 statt. Der Vergleich zeigt, dass die Unterschiede zwar erheblich sind, ein Grundproblem sich aber durch alle Angebote zieht: Die versicherten Personen müssen sehr alt werden, sonst lohnt sich das Investment nicht.

Renditeangaben vor Steuern

Zu 2: Alle Renditeangaben sind „Vor-Steuer-Zahlen“. Das bedeutet, dass noch Steuern gezahlt werden müssen. Hier ist die Leibrentenversicherung im Vorteil, da nur der Ertragsanteil besteuert wird. Dieser ist mit der Reform der Alterseinkünftebesteuerung reduziert worden. Für Kondrats bedeutet es, dass nur 20% der Rente in die private Steuerrechnung einfließen. Vier Fünftel der Rente sind steuerfrei. Dieses Argument bringt auch der Versicherungsvertreter, jedoch ist es nicht überzeugend. Was nützt eine geringe Steuerlast auf die Erträge, wenn die Rendite äußerst mager ist? Wird die Steuerlast noch mit berücksichtigt, verlängert sich der Break-Even um etliche Monate. Das Investment rechnet sich also noch später.

Sicher ist sicher?

Zu 3: Der Versicherungsvertreter spricht von einer „sicheren“ Kapitalanlage. Er zeigt auf, dass deutsche Versicherungen sehr konservativ anlegen müssen. Dies stimmt, ist aber nur auf den ersten Blick eine Sicherheit. Sollte die Versicherungsgesellschaft pleite gehen, haben Kondrats Glück im Unglück. Der Sicherungsfonds würde greifen, aber die Rentensteigerungen würden wohl nicht mehr kommen. Es ist wahrscheinlicher, dass die Rente – sollten Steigerungen schon stattgefunden haben – wieder auf ihr Anfangsniveau, die Garantierente, zurückfällt.

Das Argument greift daher nicht. Positiv könnte sich auswirken, wenn das allgemeine Zinsniveau nachhaltig ansteigt. Dann würden die Versicherungsgesellschaften höhere Erträge erzielen und diese – zumindest teilweise – an die Versichertengemeinschaft zurückgeben. Für Kondrats bedeutet dies, dass sich die jährlichen Rentensteigerungen von jetzt 1,9% vielleicht auf 2,0% oder mehr erhöhen könnten.

Überschussrenten drohen zu sinken

Allerdings: Ein anderes Szenario ist ebenso möglich. Wenn die Lebenserwartung weiterhin ansteigt, könnten die Rechengrundlagen der Versicherungsmathematiker Makulatur sein. Problem: Je länger eine versicherte Person lebt, desto länger muss die Versicherung Rente zahlen. Erhöht sich die Lebenszeit aller Versicherer im Durchschnitt, wird es immer teurer für die Assekuranz. Folge: Die „Überschussrenten" werden tendenziell sinken.

Anlage in Aktienfonds

Zu 4: Gibt es Alternativen? Ja! Einige Versicherer offerieren renditestärkere Produkte, indem sie einen Teil der Kapitalanlage in Aktienfonds investieren. Damit soll sich die Rendite erhöhen. Doch „Wunder" lassen sich davon nicht erwarten. Vielleicht steigt die Gesamtrendite dann um 0,3 oder 0,5 Prozentpunkte, die „Grundproblematik", lange leben „zu müssen", wird damit aber nicht beseitigt.

Renditekracher nicht zu erwarten

Nach Abwägen der diskutierten Punkte, kann die Empfehlung für Kondrats und ähnlich gelagerte Fälle nur lauten: „Keine Leibrentenversicherung" – egal in welcher Konstellation. Natürlich könnten die Eheleute auch eine Versicherung abschließen, in der beide versicherte Personen sind. Dann zahlt die Versicherung, bis der letzte verstorben ist. Aber auch dieses ist kein „Renditekracher".

Lieber zu Anlageprofis

Die Eheleute sollen die Assekuranz als Partner für die Kapitalanlage meiden und sich Profis im Vermögensmanagement zuwenden. Hier geben FUCHSBRIEFE, IQF und firstfive mit ihrem jährlichen Private-Banking-Report „TOPs" klare Hinweise zu den Top-Häusern. Wenn Kondrats ihrem Versicherungsvertreter etwas Gutes tun wollen, sollten sie ihre Haus-, Auto-, Hund-, Öltank- und die Reiserücktrittsversicherung bei ihm abschließen – sie wollen ja jetzt mehr reisen.

Fall 4: 40 Lenze erreicht – Möglichkeiten für Top-Verdiener

Filmfonds und Windkraftanlagen

Der Wunsch nach finanzieller Freiheit muss im Übrigen nicht ausschließlich im Privatvermögen realisiert werden. Ein effektives, aber noch relativ unbekanntes Instrument steht vielen Unternehmern, Geschäftsführern und Arbeitnehmern zur Verfügung. Besonders für die „Leid geprüften" Steuerzahler im Spitzensteuerbereich ist es ein willkommener Ersatz für die seit 2005 gestrichenen „Steuerverschiebemodelle" wie Filmfonds und Windkraftanlagen.

Pensionszusage ab 65

Georg Ritter (Name erfunden), verheirateter Unternehmer und Inhaber eines Ingenieurbüros, hat gerade seinen 40. Geburtstag gefeiert. Seine Arbeitsbelastung ist immens. Ihm wird in den letzten Monaten immer bewusster, dass er irgendwann eine „Auszeit" braucht. Auf jeden Fall – so sein Entschluss – will er früher als mit 65 Jahren in den Ruhestand gehen. Das Ingenieurbüro mit seinen 35 Mitarbeitern betreibt er als GmbH. Als alleiniger Gesellschafter ist er zugleich Geschäftsführer. Vor vier Jahren hat er sich eine Pensionszusage über 2.500 € Monatsrente erteilt. Wegen der gesetzlichen Restriktionen konnte er den Wunsch nicht umsetzen, die Betriebsrente schon ab dem 56. Lebensjahr zu erhalten. Deshalb steht als Rentenbeginn im Pensionsvertrag das Lebensalter 65.

Sein jährliches Gehalt beläuft sich auf 168.000 € zuzüglich Tantieme. Da das Privathaus fast abgezahlt ist und die Lebenshaltungskosten überschaubar geblieben sind, bleiben monatlich gut 3.000 € zum Sparen über.

Modell Zeitwertkonto

Im Gespräch mit seinem Steuerberater kommen beide auf die Steuerlast zu sprechen. Sein steuerlicher Ratgeber präsentiert ihm, zuzüglich zu den klassischen Steuersparanlagen ein neues Modell: Als Arbeitnehmer hat er die Möglichkeit, Gehaltsbestandteile in ein Zeitwertkonto einzuzahlen. Zentrale Vorschriften sind § 7 SBG IV und § 7d SGB IV.

Ihren besonderen Reiz bieten Zeitwertkonten in der Ruhestandsplanung. Über viele Jahre werden Gehaltsanteile gutgeschrieben, die dann z. B. für einen vorzeitigen Ruhestand eingelöst werden. Georg Ritter kann das Modell daher nutzen, um seinen vorzeitigen Ruhestand zu finanzieren.

Erst wenn das Geld fließt, darf der Fiskus kassieren

Das Modell hat einen wichtigen steuerlichen Effekt: Die nicht ausgezahlten Gehaltsbestandteile unterliegen in dem Jahr, in dem sie verdient werden, nicht der Besteuerung. Der Fiskus kommt erst zum Zuge, wenn der Arbeitnehmer das Geld tatsächlich erhält.

Im Fall Ritter bedeutet dies: Er benötigt 3.000 € seines aktuellen monatlichen Nettoeinkommens nicht. Wenn er sich statt 12.000 € nur noch 9.000 € auszahlen lässt, werden 2.403 € als Lohnsteuer abgezogen. Netto bleiben dann knapp 6.600 €. Vorher betrugen die Steuerabzüge 3.733 €. Auf das Konto wurden demnach 9.267 € überwiesen. Ritter profitiert also von dem „Progressionseffekt" des Steuertarifs.

Jede Form der Kapitalanlage erlaubt

Die nicht ausgezahlten 3.000 € muss Ritter „wertgleich" in der GmbH anlegen. Dabei ist er bei der Wahl der Kapitalanlage frei. In seinem Fall machen Investmentfonds Sinn. Die Wertsteigerungen dieser Papiere sind Ritters Gewinn und erhöhen den Saldo auf dem Zeitwertkonto.

Die Anfrage beim Finanzamt gibt „grünes Licht". Bis zu 70% seines Monatsgehalts – also mehr, als er derzeit plant – kann Ritter im Rahmen des Zeitwertkontos nutzen. Das Einschalten der Behörde macht Sinn, da die Finanzämter zum Teil nur wenige Erfahrungen mit diesen Modellen bei Gesellschaftergeschäftsführern haben.

Jederzeitige Änderung möglich

Ritter wird zunächst 3.000 € in das Arbeitszeitkonto einzahlen. Eine endgültige Verpflichtung, dies über Jahre zu tun, geht er nicht ein. Er kann das Modell jederzeit beenden, reduzieren oder erhöhen. Wenn er nun dreizehn Jahre lang das Modell durchzieht, hat er 432.000 € beiseite gelegt. Aus dieser Summe werden bei einer Rendite von 5% p. a. über 588.000 €. Allein die eingezahlten 432.000 € reichen aus, um sich gut viereinhalb Jahre lang 8.000 € pro Monat auszuzahlen. Gelten dann die heutigen Steuersätze, kommen pro Monat gut 6.000 € netto bei ihm an. Fazit: In Verbindung mit der Pensionszusage ist der Ruhestand nach Vollendung des 55. Lebensjahrs in greifbare Nähe gerückt.

Das Guthaben auf dem Zeitwertkonto darf außerdem für „Freistellungszeiten" genutzt werden. Dies sind z. B. eine Weiterbildungszeit, ein „Sabbatical-Jahr" oder eben ein vorzeitiger Ruhestand. Wichtig ist zudem, dass die Auszahlung aus dem Guthaben in einem angemessenen Verhältnis zum vorherigen Arbeitsentgelt steht. Vertraglich können auch andere Verwendungen des Guthabens vereinbart werden. Dazu zählt die Übertragung des Guthabens in eine Form der betrieblichen Altersversorgung wie z. B. die Direktzusage oder eine Pensionskasse. Bei geschickter Gestaltung kann sogar vermieden werden, dass bei sozialversicherungspflichtigen Arbeitnehmern (bei Ritter nicht der Fall) Sozialversicherungsbeiträge anfallen.

Keine rückwirkende Einzahlung möglich

Georg Ritter ist auf bestem Wege zu seiner finanziellen Freiheit. Mit 40 Jahren fängt er auch rechtzeitig an und das ist bei Zeitwertkonten wichtig, denn rückwirkend kann kein Gehalt in das Modell investiert werden.

➔ Fazit: Vier Fälle – aber ein Ziel! Die Wege sind vielfältig, facettenreich und auch mit erheblichen Fallen bestückt.

Wenn es Regeln für die Ruhestandsplanung gibt, dann sind es diese:

1. Früh mit der Planung anfangen – denn Zeit ist Geld!

2. Im Zweifel lieber einen Finanzplaner hinzuziehen.

Die Rezession

Ursachenforschung, mal ganz anders

Es war einmal ein Mann in Amerika, der wohnte an einer Überlandstraße und verdiente sich seinen Lebensunterhalt mit dem Verkauf von Hot-Dogs am Straßenrand.

Seine Ohren waren nicht so gut, darum hörte er nie Radio. Seine Augen waren nicht so gut, darum las er nie Zeitung. Gut aber waren seine Hot-Dogs, die er verkaufte und er stellte Schilder an die Straße, um dies der Welt mitzuteilen. Auch stand er selbst an der Straße und rief: „Ein Hot-Dog gefällig?" Und immer mehr Leute kauften bei ihm.

Er erhöhte seine Bestellung für Würstchen und Brötchen. Er kaufte sich einen größeren Ofen, um mit dem Geschäft Schritt zu halten. Schließlich brauchte er einen Helfer und holte seinen Sohn vom College zurück. Und folgendes geschah:

Der Sohn sagte: „Vater, hast Du denn nicht im Radio gehört? Hast Du denn nicht in der Zeitung gelesen? Wir haben eine riesige Rezession! In Europa ist die Lage schlimm. Bei uns in Amerika ist sie noch schlimmer. Alles geht vor die Hunde." Worauf sich der Vater sagte: „Mein Sohn war auf dem College. Er liest Zeitung und hört Radio. Er wird es ja wohl wissen."

Daraufhin reduzierte er seine Bestellungen für Würstchen und Brötchen, nahm seine Reklameschilder herein und sparte sich die Mühe, sich selbst an die Straße zu stellen und seine Hot-Dogs anzupreisen. Und praktisch über Nacht brach sein Geschäft zusammen.

„Du hast recht mein Junge", sagte der Vater zum Sohn, „wir befinden uns wirklich in einer gewaltigen Rezession."

(freie Übersetzung aus der New York Times)

» Wenn das Kontenabrufverfahren seinen zweiten Geburtstag feiert, wird vor allem die Finanzverwaltung zu den freudigsten Gratulanten gehören. Denn für Steinbrücks Beamte ist die Möglichkeit, unbekannte Konten elektronisch aufzuspüren, ein kaum mehr aus der alltäglichen Praxis wegzudenkendes Arbeitsmittel. Doch auch jenseits der deutschen Grenzen haben sich die Finanzbehörden weitere Möglichkeiten geschaffen, um Finanzbewegungen nachvollziehen zu können, um ausländische Konten aufzuspüren und letztlich vor allem, um Druck auf all die Anleger aufzubauen, die sich bisher dem neugierigen Blick des deutschen Fiskus durch Transfer Ihrer Gelder ins Ausland entzogen haben. Klare Botschaft an diese Zielgruppe: Früher oder später kriegen wir euch alle. «

Freuden der Transparenz

Der Krake geht auf Reisen

von Sigurd Fleischer, FUCHSBRIEFE

Kontenabfrage im Inland …

Bald ist das Kontenscreening, also der Zugriff der (Finanz-)Behörden auf alle inländischen Konten zwei Jahre alt. Und auch wenn die Entscheidung des Bundesverfassungsgerichts über die Zulässigkeit dieses massiven staatlichen Eingriffs in die Grundrechte seiner Bürger noch aussteht, muss man davon ausgehen, dass der Kontenabruf Bestand haben wird. Und nicht nur das – parallel mit dem Beheben der technischen (Anlauf-) Schwierigkeiten wird auch die vom Bundesfinanzministerium angestrebte Quote von 5.000 Abfragen pro Tag durchaus erreichbar. Und damit diese Flut von Daten auch tatsächlich ausgewertet werden kann, soll die Zahl der Finanzbeamten, die sich mit dem Kontenscreening befassen, deutlich aufgestockt werden.

… und massiver politischer Druck im Ausland

Doch das Kontenscreening war längst nicht die einzige Aktivität von Politik und Verwaltung, um einen tiefen Blick in die Portmonees von in erster Linie vermögenden Mitbürgern werfen zu können. Zusehends hat ihn die Politik auch über die Landesgrenzen schweifen lassen. Insofern ist „Stiefvater Staat" durchaus strategisch vorgegangen. Anders als oft behauptet hat er, nicht aus der Hüfte geschossen, sondern sich genau überlegt, wie der Bürger auf diese erhöhte Transparenz seiner finanziellen Verhältnisse im Inland reagieren würde und entsprechende Vorkehrungen getroffen. So hat die Politik durchaus weitsichtig erkannt, dass vielen Bürgern der ungenierte Blick auf das eigene Konto missfallen und zu Ausweichreaktionen führen würde. Deshalb hat man einerseits an einer Verbesserung der rechtlichen Möglichkeiten des Informationsaustausches mit anderen Ländern gearbeitet. Andererseits soll die Zahl der mit Auslandssachverhalten betrauten Prüfer mittelfristig verdoppelt werden – um die Bemühungen über einen verbesserten Informationsaustausch auch über Landesgrenzen hinweg für den Fiskus optimal nutzen zu können.

Plaudertaschen aus Österreich?

Mit Haken und Ösen wird getrickst

So hat der EU-Rat bereits vor geraumer Zeit ein Abkommen abgeschlossen, das den grenzüberschreitenden Informationsaustausch zwischen Behörden deutlich erleichtert. Insbesondere im Verhältnis zu Österreich ergibt sich daraus eine völlig neue Qualität der Zusammenarbeit, denn bereits bei einfacher Steuerhinterziehung sind (nach Einleitung eines Steuerstrafverfahrens) seit Beginn 2006 österreichische Banken verpflichtet, auf Anfrage deutscher Steuerbehörden Auskunft über bestehende Konten einer konkreten Person zu erteilen – und dabei werden nicht nur die Existenz, sondern auch Kontostände, Kontenbewegungen und „verbunden Konten", also solche von oder zu denen Buchungen zu dem fraglichen Konto vorgenommen wurden, mitgeteilt. Eine so weit reichende Auskunftspflicht ist selbst in Deutschland bisher kaum denkbar.

„Kleine Fische" dürften unbehelligt bleiben

Allerdings: Ganz so einfach, wie sich deutsche Behörden jetzt die Zusammenarbeit mit österreichischen Banken vorgestellt haben, läuft es dann doch nicht. Denn der Verwaltungsgerichtshof (das oberste Verwaltungsgericht der Alpenrepublik) hat einer Bank den Rücken gestärkt, die sich weigerte, die Anfrage eines deutschen Finanzamtes zu beantworten. Begründung des Gerichts: In Deutschland gibt es keine Rechtsmittel gegen die Einleitung eines Steuerstrafverfahrens. Das aber ist nach österreichischem Recht Bedingung für eine Kontenöffnung und Auskunft an Behörden. In letzter Konsequenz bedeutete das, dass die Banken erst ab einer – vermuteten – Hinterziehungssumme von 75.000 € Kontendaten preisgeben müssen. Denn erst ab dieser Größenordnung befasst sich ein österreichisches Gericht mit dem Fall und überprüft, ob die Kontenöffnung juristisch zu rechtfertigen ist.

Schweiz kooperiert bei indirekten Steuern

Trojanisches Pferd in der Zürcher Bahnhofstraße

Erweiterte Auskunftspflichten gelten neuerdings auch für die Schweiz, zumindest im Bereich der indirekten Steuern. Steht hier ein Steuerbetrug im Raum, müssen Schweizer Behörden ihren deutschen Kollegen ebenfalls behilflich sein. Stellt sich nur die Frage, was passiert, wenn in diesem Kontext auch Ertragssteuern hinterzogen wurden. Und genau das wird immer der Fall sein, wenn etwa ein Unternehmen Umsätze verkürzt hat. Zwar ist laut Vertrag die Verwendung von ertragsteuerlichen Erkenntnissen, die im Rahmen eines Informationsaustauschs über indirekte Steuern gewonnen werden, untersagt. Doch wer will das überprüfen, aus welcher Quelle die Finanzbehörden ihre Informationen letztlich bezogen haben?

USA-Behörden als unkalkulierbares Risiko

Unkontrollierte Kontrolle

Letztlich völlig unkalkulierbar wird es für Inhaber diskreter Gelder, wenn man sich vergegenwärtigt, welchen Zugriff die USA auf den belgischen Datenverwalter Swift, bei dem alle europäischen Kontendaten zusammen laufen, hat. Hier haben sich die Amerikaner Zugriff auf nahezu alle Bankdaten verschafft und kein Mensch weiß, was mit diesen Daten passiert ist, an wen sie möglicherweise weiter gegeben wurden oder werden. Damit ist faktisch jedes Bankgeheimnis ausgehebelt. Und die Banken, die eigentlich in der genossenschaftlich organisierten Institution Swift das Sagen haben sollten, haben bisher kein Mittel gefunden, wie sie die Datenweitergabe an US-Behörden unterbinden können.

Neue Diskretion durch Abgeltungssteuer?

Kontenabruf bleibt – zumindest zum Kampf gegen Sozialmissbrauch

Mit der Einführung einer Abgeltungssteuer würde sich die Kontrollwut der Behörden zumindest für inländische Konten erübrigen. Denn wenn das Geld an der Quelle abgeführt wird, könnten Steuerzahler nicht auf „dumme Gedanken" kommen, könnte der Kontenabruf also unterbleiben. Und zumindest theoretisch denkt der Finanzminister auch über diese Möglichkeit nach. Doch praktisch wird es dazu kaum kommen. Schließlich haben sich die Finanzbehörden an das neue Arbeitsmittel gewöhnt, werden sie sich diese effektive Waffe nur ungern wieder aus der Hand nehmen lassen. Nicht ausschließen möchten wir aber, dass ein aktuell in Unionskreisen diskutierter Vorschlag näher in Betracht gezogen wird: Demnach wäre ein Kontenabruf nur noch bei Empfängern von Transferleistungen möglich oder bei solchen Steuerzahlern, die für ihre Kapitalerträge vom – mit Sicherheit ermöglichten – Veranlagungswahlrecht Gebrauch machen, weil ihr persönlicher Einkommensteuersatz niedriger ist als der Tarif für die Abgeltungssteuer. Nach den Jahren der Gängelung und Schikanen wäre das für Kapitalanleger immerhin ein ermutigendes Zeichen.

➔ Fazit: Nach wie vor schaffen Anleger immense Summen außer Landes – in die Schweiz und von dort auch gerne nach Asien, wo der Zugriff der deutschen Behörden derzeit noch nicht möglich ist und zudem auch keine EU-Zinssteuer fällig wird. Das zeigt, dass das Misstrauen groß, die Bereitschaft dem Fiskus von den Kapitaleinkünften etwas abzugeben, tendenziell klein ist. Und da der fiskalische Zugriff angesichts der bröckelnden Einnahmenbasis der Sozialsysteme eher härter als moderater werden dürfte, werden Anleger noch stärker als bisher versuchen, sich diesem zu entziehen.

» Die so genannte Abgeltungssteuer auf Kapitalerträge zählt zu den unübersichtlichsten und umstrittensten Gesetzesvorhaben der Großen Koaltion. Kern ist die gleichmäßige Besteuerung von Zinsen, Dividenden und Aktienkursgewinnen, unabhängig vom persönlichen Steuersatz und dem Zeitpunkt von Transaktionen. Doch wie das neue Gesetz im Einzelnen ausgestaltet wird, blieb bis zum Herbst 2006 völlig nebulös. Ebenso undurchsichtig sind die Folgen für den Staatshaushalt: Mal heißt es im Finanzministerium, die Steuer kostet Geld, mal rechnet Steinbrück vor, wieviel er mehr einnimmt. Die Verwirrung unter den Anlegern ist jedenfalls perfekt. Wir zeigen, was auf Investoren zukommen könnte – und welche Ausweichmöglichkeiten es gibt. «

Umsichtig umschichten

Wie Sie auf Nummer sicher gehen

von Sigurd Fleischer, FUCHSBRIEFE

Abgeltungssteuer wird möglicherweise auf Eis gelegt

Kommt sie? Kommt sie nicht? Im September 2006 überschlugen sich die Ereignisse in Sachen Abgeltungssteuer. Angesichts schlechter Umfragewerte und der Überzeugung, dass man mit dem Thema beim Wähler nur schwer punkten könne, kriegten plötzlich auch Finanzpolitiker der Union kalte Füße, wenn sie an die generelle Abgeltungssteuer auf alle Kapitaleinkünfte zum 1.1.2008 dachten. Und da sich innerhalb der SPD für diese Neuordnung der Kapitaleinkünftebesteuerung nur wenige erwärmen können, ist nicht auszuschließen, dass das Projekt für unbestimmte Zeit auf Eis gelegt wird. Doch bis eine endgültige Entscheidung gefallen ist, können die Anleger nicht unbedingt warten. Es gibt durchaus Handlungsbedarf. Angesichts der vielen Unsicherheiten, auch wenn die Reform termingerecht kommt, stellt sich die berechtigte Frage: „Was tun?"

Klar ist – wenn überhaupt – bisher nur Folgendes: Die Abgeltungssteuer soll für nahezu alle Kapitaleinkünfte gelten, also nicht nur für Zinsen, sondern auch für Dividenden, realisierte Kursgewinne, Fonds, Einkünfte aus sog. wesentlichen Beteiligungen.

Auch Privatverkäufe im Visier der Finanzbehörden

Schwieriger wird es, wenn es um die Frage geht, ob neben Immobilien (die nach derzeitigem Stand zumindest bei Eigennutzung außen vor bleiben sollen) auch Kunstgegenstände, Automobile und sonstige Privatgegenstände von der Steuer erfasst werden sollen. Denn was bei Immobilien mittels Grundbucheintrag noch problemlos nachvollzogen werden kann, ist bei „normalen" Privatverkäufen kaum noch möglich. Hier fehlt es den Finanzbehörden an den dafür erforderlichen Informationen und selbst die glühendsten Anhänger orwellscher Überwachungsmöglichkeiten sehen hier kaum eine Möglichkeit, etwas daran zu ändern. Allenfalls die zunehmende Überwachung von Internet-Verkaufsplattformen wie Ebay oder die Lektüre von Anzeigenblättern wird intensiviert, um gewerbliche Händler ausfindig zu machen. Von einer flächendeckenden Kontrolle kann jedoch keine Rede sein, weshalb eine allgemeine Steuer auf solche Verkäufe schon aus verfassungsrechtlichen Gründen (Verstoß gegen den Gleichheitssatz, Stichwort: „Dummensteuer“) wenig wahrscheinlich ist.

Per Saldo keine Steuersenkung

Steinbrück erwartet Mehreinnahmen

Bleiben also die – oben genannten – klassischen Kapitaleinkünfte, die mit einem Steuersatz von mindestens 25%, wahrscheinlich eher 30% belegt werden sollen. Dabei scheint ein Veranlagungswahlrecht für alle, deren persönlicher Einkommensteuersatz unterhalb von 30 bzw. 25% liegt, beschlossenen Sache zu sein. Trotzdem zeichnet sich immer klarer ab: Eine generelle Steuersenkung ist die Abgeltungssteuer nicht. Wer etwa in der Vergangenheit mit dem Verkauf von Wertpapieren gutes Geld steuerfrei kassiert hat, der ist künftig eindeutig schlechter gestellt. Und Finanzminister *Steinbrück* wird ja auch nicht müde, gegenüber seinen Parteifreunden, die in der Abgeltungssteuer vor allem ein nicht gewünschtes Reichenprivileg sehen, die erwarteten steuerlichen Mehreinnahmen zu betonen.

Zinseinkünfte attraktiver

Finanzielle Erleichterung für Spitzenverdiener

Warum also die Abgeltungssteuer? Und vor allem: Wer profitiert davon – außer dem Fiskus? Nun, zunächst einmal die Bezieher von Zinseinkünften jeglicher Art, die mit ihren Einkünften oberhalb von 30% Steuerbelastung liegen. Von 42% (bzw. künftig 45% als Zahler der „Reichensteuer“) plus Soli auf 30% oder tiefer zu sinken, ist natürlich eine deutliche Verbesserung. Und wenn dann auch noch das lästige Sammeln von Erträgnisaufstellungen entfiele, wäre das nicht nur eine deutliche, finanzielle Erleichterung, sondern auch eine, was den Verwaltungsaufwand betrifft. Die Akzeptanz der Neuregelung könnte außerdem dadurch erhöht werden, dass das Kontenabrufverfahren, das den Finanzbehörden weit gehende Zugriffsrechte auf alle in Deutschland verwalteten Konten gibt, ersatzlos gestrichen werden würde. Der Finanzminister könnte sich nach eigenem Bekunden sogar dafür erwärmen. Allerdings steht er mit dieser Auffassung nicht nur innerhalb der SPD, sondern auch in weiten Teilen der Union und vor allem bei der Finanzverwaltung, die dieses Arbeitsmittel inzwischen durchaus zu schätzen weiß, weit gehend allein.

Insofern sehen wir den anonymen Steuerabzug an der Quelle, bei dem nicht nach Herkunft und Eigentümer gefragt wird, als wenig wahrscheinliche Option. Deshalb dürfte auch der erhoffte massenhafte Rückfluss von Kapital aus dem Ausland zumindest kurzfristig ein frommer Wunsch bleiben. Experten berichten uns, dass vielen Anlegern schon die z. B. in der Schweiz fällige EU-Zinssteuer von aktuell 15% zu hoch ist. Deshalb ist die Verlagerung der Depots nach Singapur, wo gar keine Steuern auf Zinserträge anfallen, unter Bankern aus der Schweiz der Renner. Der Hinweis, dass die Zinseinkünfte in Deutschland trotzdem steuerpflichtig sind, fehlt natürlich nicht. Was der Anleger dann damit macht, kann sich jeder denken.

Auf nach Singapur

Handlungsbedarf für den Anleger?

Wer diese Wege nicht beschreiten kann oder will, für den stellt sich die Frage, welche Handlungsoptionen in Frage kommen. Doch leider stehen die Details, und auf diese kommt es hier besonders an, noch nicht fest. Die alles entscheidende Frage, was mit bereits bestehenden Investments geschieht, ist noch nicht endgültig beantwortet. Denkbar sind mehrere Varianten:

Was tun mit den Altfällen?

Am einfachsten wäre sicherlich eine Stichtagsregelung – z.B. der 1.1.2008. Würde sich der Gesetzgeber darauf einlassen, könnten hektische Verkäufe (etwa an der Börse) entfallen, weil nur Investments besteuert werden, die n a c h dem Stichtag getätigt wurden. Weiterer Vorteil: Der Gesetzgeber müsste sich keine Gedanken um die Berücksichtigung von Altverlusten machen, die nach Inkrafttreten des Gesetzes realisiert werden. Der Haken dabei wäre jedoch, dass der Fiskus die vorgetragenen Spekulationsverluste aus früheren Jahren nicht einfach unter den Tisch fallen lassen könnte. Hier müsste zumindest eine (u. E. mehrjährige) Übergangsphase eingeräumt werden, während der die Verluste mit Spekulationsgewinnen verrechnet werden können. Rechtlich möglich wäre es wohl auch, dass diese Alt-Verluste nur mit solchen Gewinnen saldiert werden dürfen, die ebenfalls auf Aktienkäufen basieren, die vor Inkrafttreten der Abgeltungssteuer getätigt wurden.

Stichtagsregelung wäre am einfachsten

Sollte sich der Gesetzgeber nicht für einen klaren Schnitt entscheiden, wäre es u. E. auch zulässig, auf all die Vermögenswerte steuerlich zuzugreifen, die bei Inkrafttreten der Neuregelung noch nicht aus der jeweiligen Spekulationsfrist heraus sind. Im Gegenzug hieße das, dass bei allen Aktien, die mindestens 1 Jahr vor Einführung der Abgeltungssteuer gekauft worden sind, eine Besteuerung späterer Verkaufsgewinne nicht mehr möglich wäre. Analog dazu läge der Fall bei Immobilien, die bereits 10 Jahre gehalten werden. Tritt die Neuregelung wie geplant am 1.1.2008 in Kraft, würden damit alle ab dem 31.12.2006 getätigten Käufe „steuerverstrickt", ließen sich also nicht mehr verkaufen, ohne dass der Fiskus seinen Anteil an einem erzielten Gewinn kassiert. Gleiches müsste dann aber auch für entsprechende Verluste gelten.

Gewinne 2006 realisieren

Wer auf Nummer sicher geht, handelt jetzt

Viele Anleger spielen deshalb mit dem Gedanken, weite Teile ihrer Aktiengewinne noch in 2007 zu realisieren, um eine spätere Besteuerung ihrer Spekulationsgewinne sicher zu vermeiden. Ende 2007 droht deswegen eine Verkaufswelle größeren Umfangs, von der vor allem die bei Deutschen so beliebten Blue-Chips aus dem DAX negativ betroffen sein werden. Besser machen es – zumindest aus steuerlicher Sicht – die Anleger, die ihre Gewinne noch in 2006 realisieren und sich sofort mit neuen Papieren eindecken. Und besonders clever sind diejenigen, die damit nicht bis Ende 2006 warten (wenn viele Anleger mit Blick auf die erwartete Steueränderung ihre Depots umschichten werden), sondern schon jetzt handeln bzw. gehandelt haben. Dann bleibt auch in 2007 ein größerer zeitlicher Spielraum, innerhalb dessen Wertpapiere letztmalig steuerfrei verkauft werden können. Man muss also nicht – wie alle anderen – im Dezember 2007 verkaufen.

Ende der Dividende?

Bei Dividenden ergibt sich nur bei Durchschnittsverdienern eine Mehrbelastung

Wer in der Vergangenheit bevorzugt auf Dividendentitel gesetzt hat, wird sich vielleicht überlegen, diese beizeiten zu verkaufen. Wer allerdings von der Zukunft eines Titels überzeugt ist, sollte ihn nicht allein aus steuerlichen Gründen verkaufen. Denn Dividenden werden nicht, wie vielfach behauptet, mit dem Wegfall des Halbeinkünfteverfahrens doppelt so hoch besteuert wie bisher (denn durch die Tarifsenkung der Körperschaftsteuer können die Unternehmen deutlich höhere Dividenden ausschütten). Nur für mittlere Einkommen ergibt sich eine leichte steuerliche Mehrbelastung.

Die Bezieher hoher und niedriger Einkünfte kommen besser weg, wenn man auch die Steuererleichterung auf Gesellschaftsebene berücksichtigt. Trotzdem gehen wir davon aus, dass Dividendenwerte in der Gunst der Anleger verlieren, die „gute alte (Staats-)Anleihe" durch die Abgeltungssteuer an Zulauf gewinnen wird. Und das wäre ja auch durchaus im Sinne des Fiskus, der sich auch in Zukunft zu einem großen Teil über die Ausgabe von Anleihen finanzieren wird.

Das Ende aller Aktienkäufe oder doch das Gegenteil?

Abgeltungssteuer beseitigt Verzerrungen im Aktienhandel

Von selbst ernannten Aktionärsschützern war in der Vergangenheit häufig zu hören, dass mit dem Wegfall der Spekulationsfrist die Anlageform Aktie deutlich an Wert verliere. Dazu ist zu sagen, dass Märkte mit einer deutlich ausgeprägteren Aktienkultur wie etwa die USA oder Großbritannien eine generelle Steuerfreiheit nach Ablauf der Spekulationsfrist überhaupt nicht kennen.

Trotzdem wird niemand ernsthaft behaupten, dass diese Aktienmärkte nicht funktionieren. Der Vorteil einer – moderaten – Kursgewinnbesteuerung besteht aber darin, dass er stabilisierende Wirkung entfaltet, weil das Börsengeschehen nicht von sachfremden Einflüssen, wie etwa dem Auslaufen der Spekulationsfrist, berührt wird. Die Anleger verkaufen ihre Aktien, wenn sie Kasse machen wollen oder weil sie die Zukunftsperspektiven eines Wertes negativer einschätzen als die Gegenwart.

Verluste realisieren, um den Fiskus zu beteiligen?

Diese Einschätzung kann natürlich falsch sein, aber sie beruht auf der Beurteilung der Aktie als solcher und nicht auf dem mehr oder weniger zufälligen Ende einer Spekulationsfrist. Gleiches gilt auch für die Verluste: Wenn Verluste nur aus dem Grund realisiert werden, um den Fiskus daran zu beteiligen, ist auch das nicht gerade ein sachkundiger Ansatz, der von profunder Börsenkenntnis zeugt.

Immobilien-Investments sind ein mahnendes Beispiel

Es ist einmal mehr der gerade in Deutschland (zu) weit verbreitete Impetus, dem Fiskus ein Schnippchen zu schlagen, ohne sich über die Wirtschaftlichkeit einer Investition ernsthafte Gedanken zu machen. Wohin das führt, konnte man bei vielen Immobilieninvestments der 90er Jahre sehen, als die neuen Bundesländer mit Hilfe von immensen Sonderabschreibungen zugepflastert wurden, ohne über Sinn und Unsinn dieser Investments nachzudenken. Die Verluste für Staat und Anleger waren immens, der volkswirtschaftliche Schaden ging in die Milliarden.

➔ Fazit: Bei der Abgeltungssteuer steckt der Teufel im Detail. Gibt es eine saubere Stichtagsregel, bei der Altinvestments außen vor bleiben, und realisierte Verluste innerhalb einer Übergangsfrist verrechnet werden können, muss der Anleger nicht in Aktionismus verfallen. Anders liegt der Fall, wenn auch ein Jahr vor Einführung der Abgeltungssteuer gekaufte Anlagen einer künftigen Besteuerung unterworfen werden sollen. Dann sollten Sie – gerade bei Anlagen, die seit dem Kauf deutlich an Wert gewonnen haben, über einen baldigen Verkauf nachdenken. Das Aktienjahr 2007 wird aus unserer Sicht allerdings nur kurzfristig durch Verkäufe von Kleinanlegern (im Frühjahr, wenn die Diskussion um die Ausgestaltung des Gesetzes auflebt) belastet. Deshalb sehen wir den DAX in 2007 höchstens kurzfristig unter Druck.

Wenig Alternativen, um die Besteuerung zu vermeiden

➔ Fazit: Wer langfristig gesehen eine Besteuerung seiner Anlagen unbedingt vermeiden will, dem bleiben künftig – auf legale Weise – nur sehr wenige Alternativen: Denn erklärtes und durchaus sinnvolles Ziel des Gesetzgebers ist es, die Besteuerung von Kapitaleinkünften zu vereinheitlichen. Private-Equity-Fonds, die von der Abgeltungssteuer ausgenommen werden sollen, könnten eine Möglichkeit sein und natürlich auch die Investition in Auslandsimmobilien, die im sog. Belegenheitsstaat besteuert werden.

Und natürlich werden auch die Erfinder von Finanzprodukten versuchen, mit trickreichen Anlageformen die Abgeltungssteuer – wenn sie denn wirklich kommt – zu umgehen. Die wirklich spannende Frage aber wird – nicht zuletzt für den Finanzminister – sein, ob vor allem die vermögende Klientel einen Tarif von 25 bis 30% akzeptiert oder eine – in der Regel illegale – Nullbesteuerung ihrer Vermögenswerte vorzieht.

» Wer Geld hat und dieses professionell verwalten und managen lassen will, hat ein Problem: Er muss den geeigneten Portfoliomanager für diese Aufgabe finden. Dabei sind die Ansprüche der vermögenden Privatkunden vielfältig und das Aufgabenspektrum für den Verwalter meist sehr groß. Hinzu kommt, dass nicht jeder Anbieter, der Portfoliomanagement und Vermögensverwaltung auf seine Fahnen schreibt, auch genau das macht. Und wie so oft im Leben ist es auch mit der Suche nach dem richtigen Portfoliomanager: Entscheidend ist neben der fachlichen Qualifikation, ob die Chemie stimmt. Lesen Sie, wie man den passenden Portfoliomanager findet und worauf man dabei achten muss. «

Portfoliomanager gesucht

Wie finde ich den richtigen Partner?

von Jürgen Lampe, firstfive AG

Portfoliomanager und Vermögensmanager treten am Markt meist als Vermögensverwalter oder Vermögensberater auf. Portfoliomanagament, die Verwaltung von fremdem Geld, darf aber nur anbieten, wer eine Genehmigung der Bundesaufsichtsbehörde für Finanzdienstleistungen (BaFin) hat (§ 1 des Kreditwesengesetz).

Portfoliomanagement bedarf einer BaFin-Genehmigung

Seit der sechsten Novelle des KWG am 01. Januar 1998 müssen alle Anbieter die strengen Auflagen und Anforderungen im Hinblick auf die fachliche Qualifikation, den Organisationsaufbau und die Eigenkapitalausstattung erfüllen. Per 14. September 2006 waren 752 Finanzdienstleister beim BaFin registriert, wobei nur maximal ein Drittel der Anbieter eine diskretionäre Vermögensverwaltung, d.h. ein individuelles und professionelles Portfoliomanagament im Rahmen der vorgegebenen Richtlinien, anbieten.

Ab 2008 weniger Berater

Vermögensberater nutzen häufig eine Ausnahmeregelung des KWG (§ 2, Abs. 6, 8.) und vermitteln ausschließlich Investmentfonds. Dieses Geschäft wird voraussichtlich mit der nächsten KWG-Novelle ebenfalls genehmigungspflichtig. Das Ziel eines verbesserten Anlegerschutzes bedeutet für viele Vermögensberater als Kleinstanbieter einen hohen bürokratischen Aufwand. Ähnlich wie bei den registrierten Vermögensverwaltern, wo nach Ablauf der Übergangsfrist die Anzahl von über 2.000 im Jahr 1998 auf weniger als 600 im Jahr 2004 abgenommen hat, ist mit einem Abschmelzen der Anbieteradressen von Vermögensberatern zu rechnen.

Vermögensberater nutzen eine Ausnahmeregelung

Vermögensmanager mit einem ganzheitlichen Beratungsansatz verzichten auf das Management eines Portfolios, damit sie einen neutralen und objektiven Blick für das Ganze wahren. Diese Honorarberatung ist eine genehmigungsfreie Finanzdienstleistung, die sich im Wesentlichen nur im Bereich von Family Offices und damit im obersten Privatkundensegment durchgesetzt hat. Mit dem Certified Financial Planner (CFP) für die Vermögensstrukturierung und dem Certified Estate Planner (CEP) für die Nachfolgeplanung gibt es zwei unterschiedliche Qualifizierungsnachweise.

Brauche ich einen Portfoliomanager?

Schleichende Kapitalaufzehrung am Geldmarkt

Für wen ist nun der Portfolio- und/oder Vermögensmanager der richtige Partner? Wer das Risiko scheut und die Anlage am Geldmarkt präferiert, kann auf eine kostenpflichtige und professionelle Unterstützung verzichten. Aber wer macht das schon zumal der Geldmarktzins nicht für eine reale Kapitalerhaltung nicht ausreicht, da bereits eine geringe Steuerbelastung zur Kapitalaufzehrung führt.

Angebotsvielfalt und …

Für jeden Anleger stellt sich daher die Frage, welche Anlageform er unter Berücksichtigung von Risikogesichtspunkten wählen sollte. Lässt man bei dieser Betrachtungsweise Immobilien außen vor und beschränkt sich auf das liquide Vermögen, verbleibt mit den Asset-Klassen Aktien, festverzinsliche Wertpapiere, Investmentfonds, Zertifikate, Optionen, Optionsscheine und strukturierte Produkte eine Angebotsvielfalt, die den ungeübten Anleger überfordert.

… das Mindestvolumen

Auf der Suche nach einem professionellen Partner muss der Anleger feststellen, dass er eine individuelle Betreuung erst ab einer Vermögensgrößenordnung von 0,5 Mio. bis 1 Mio. € erfahren wird. Bei kleineren Vermögen bleiben die Türen namhafter Anbieter häufig verschlossen oder es wird eine standardisierte Vermögensverwaltung auf Basis von Investmentfonds angeboten.

Wie finde ich den Richtigen?

Der „Schönheitswettbewerb"

Doch wie finde ich nun als vermögender Anleger den richtigen Vermögensverwalter für mich? Mit einem Millionenvermögen im deutlich zweistelligen Bereich kann das Dienstleistungsangebot namhafter Family-Offices in Anspruch genommen werden. Unter Einbeziehung der familiären und steuerrechtlichen Situation des Anlegers bzw. der Anlegergruppe wird ein individuelles Gesamtkonzept entwickelt. Im Rahmen eines Auswahlverfahrens (beauty-contest) erfolgt dann eine teils sehr spezifizierte Vergabe von Verwaltungsmandaten.

Aber auch ein „kleineres" Vermögen von weniger als einer Million Euro will professionell betreut werden. Eine Alternative zur zeit- und damit kostenintensiven Dienstleistung eines Family-Offices sind

Privatbanken, auf die man oft durch Empfehlungen oder Mund-zu-Mund-Propaganda aufmerksam wird. Mit der Gründung der ersten Private Banking-Prüfinstanz sorgt die firstfive AG gemeinsam mit den Kooperationspartnern IQF und FUCHSBRIEFE dafür, dass sich Qualität in der Vermögensverwaltung nicht nur „herumschweigt", sondern transparent gemacht wird.

Beauty-Contest schafft Transparenz

Wer verfolgt meine Ziele am besten?

Kundeninteressen und das Ziel der Ertragsoptimierung

Portfoliomanager findet man im In- und Ausland in den verschiedensten Organisationsstrukturen. Ob Sparkasse oder Volksbank, Landesbank oder Großbank, traditionsreiche Privatbank oder unabhängiger Vermögensverwalter – alle verfolgen gemäß ihren Hochglanzbroschüren das gleiche Ziel: Die Wahrnehmung der Kundeninteressen. Unabhängigkeit in der Produktauswahl wird daher groß geschrieben. Das die Interessen des Kunden nicht immer mit der vornehm verschwiegenen Ertragsoptimierung für den Vermögensverwalter korrespondieren, liegt auf der Hand.

Individuelle Präferenzen des Vermögensinhabers sind entscheidend bei der Auswahl eines Portfoliomanagers. Wer Wert auf einen persönlichen Kontakt zu seinem Vermögensverwalter legt, wird regionale Anbieter in seinem direkten Umfeld präferieren.

Sympathie spielt eine Rolle

In jedem Fall ist wichtig, dass die Chemie zwischen Anleger und Vermögensverwalter stimmen muss. Jeder Portfoliomanager hat seinen eigenen Anlagestil. Nur in einem Gespräch kann man herausfinden, ob sich die eigenen Ziele mit denen des Vermögensverwalters decken. Die Entscheidung für einen Vermögensverwalter ist eine Vertrauenssache und häufig sehr subjektiv begründet.

Der Kopf sollte entscheiden

Neben dem Bauch sollte allerdings auch der Kopf entscheiden. Wortreiche Ausführungen über die Schwierigkeiten der Geldanlagen, die Problematik der Märkte, nur verschwommene, nicht belegbare Angaben über die tatsächlich erreichten Anlageergebnisse sollte den Anleger aufhorchen lassen. Auch ist Vorsicht angebracht, wenn der Eindruck entsteht, dass ein Verkaufsgespräch aufgedrängt wird und die sachliche Beratung im Hintergrund bleibt.

Unterschiedliche Anbietergruppen

Sparkassen und Volksbanken

Welche Vor- und Nachteile haben die einzelnen Anbietergruppen? Sparkassen und Volksbanken haben als regionaler Anbieter ein dichtes Geschäftsstellennetz und bieten damit einen Ansprechpartner „vor Ort“. Erfahrungen mit der Verwaltung großer Vermögen sind in der Breite selten vorhanden. In der Regel werden dafür keine eigenen Ressourcen vorgehalten und man greift auf das Know-how der Landesbanken oder großer Sparkassen zurück. Mit Auslagerung des Portfoliomanagements hat der Ansprechpartner vor Ort wenige Einflussmöglichkeiten auf die Vermögensverwaltung.

Groß- und Landesbanken

Groß- und Landesbanken präsentieren sich in der Regel als global tätiges Finanzinstitut. In der Folge einer weltweiten Präsenz verfügen diese Institute über die größte Know-how-Ansammlung, haben aber gleichzeitig das Problem des Know-how-Transfers bis zum Portfoliomanager vor Ort. Lösungsansätze sind Strategie- und Investmentkomitees, die Richtlinien für die Vermögensverwaltung vorgeben. Portfoliomanager haben unterschiedliche Freiräume bei der Strategieumsetzung. Konzerngebundene Vermögensverwaltungen können auf eine hervorragende Infrastruktur zurückgreifen, sind dieser jedoch auch verpflichtet. Ein Augenmerk sollte daher auf den Anteil hauseigener Produkte liegen.

Inhabergeführte Privatbanken

Traditionsreiche Privatbanken

Es gibt nur noch wenige unabhängige und inhabergeführte Privatbanken. Viele Häuser mit Tradition sind heute nur noch der verlängerte Arm einer Großbank und damit auch konzerngebunden. Privatbanken haben sich auf das Klientel des vermögenden Privatkunden spezialisiert. Die individuelle Dienstleistung wird in der Regel nur größeren Vermögen offeriert.

Die Unabhängigkeit von ihren früheren Arbeitgebern betonen alle freien Vermögensverwalter. Sie erbringen ihre Dienstleistung nunmehr in der Selbstständigkeit, zufriedene Kunden sind ihre Existenzgrundlage. Man konzentriert sich auf das Portfoliomanagement und verfolgt in der Regel spezielle Anlagestrategien bzw. -konzepte. Die technische Abwicklung sowie die Depot- und Kontoführung überlässt man einer Bank.

Alle Portfoliomanager nehmen für sich in Anspruch auch Vermögensmanager zu sein. Um einem ganzheitlichen Beratungsansatz gerecht zu werden, haben viele Anbieter die Fortbildung ihrer Mitarbeiter zum Certifate Financial Planner (CFP) gefördert. Häufig wurde jedoch das Financial Planning als Informationsquelle für das Cross-Selling von Bankprodukten missverstanden. Ein Grundsatzproblem, wenn der Vermögensmanager gleichzeitig Produktverkäufer ist. Unabhängige und objektive Vermögensmanager arbeiten auf Honorarbasis überwiegend in Family-Offices. Sie stehen daher nur für große Vermögen im zweistelligen Millionenbereich zur Verfügung.

Die Auswahlkriterien im Überblick

8 Tipps zum Schluss

1. Zunächst sollte man sich die Frage beantworten, ob man überhaupt einen Portfolio- oder Vermögensmanager benötigt. Bei kleinem Vermögen reicht möglicherweise eine kompetente Beratung.

2. Eine „individuelle Betreuung" dürfen Sie erst im Millionen-Euro-Bereich erwarten. Eine standardisierte Verwaltung hat auch Vorzüge. Wie beim Konfektionskauf von der Stange sollte man vorher klären, ob der Anzug passt.

3. Berücksichtigen Sie, dass konzerngebundene Vermögensverwaltungen nicht nur auf eine hervorragende Infrastruktur zurückgreifen können, sondern dieser auch verpflichtet sind. Die Offenlegung von Vertriebsprovisionen bzw. Aufgeldern von hauseigenen Produkten sollten Sie bereits vor einer entsprechenden gesetzlichen Regelung verlangen.

4. Hinterfragen Sie den Anlagestil Ihres Vermögensverwalters und versuchen Sie herauszufinden, ob sich dieser mit Ihren persönlichen Zielen deckt. Auf keinen Fall sollten Sie sich durch vollmundige Versprechen und/oder eine überwältigende Argumentation zu einer Ihrer Meinung nach zu risikoreichen Anlagestrategie überreden lassen.

5. Hören Sie sich in Ihrem Bekanntenkreis um. Wer hat mit einem Vermögensverwalter gute oder schlechte Erfahrungen gemacht? Lassen Sie sich die erreichten Anlageergebnisse offen legen. Sind diese glaubhaft oder von einer neutralen Stelle bestätigt?

6. Vergessen Sie nicht die Kosten der Vermögensverwaltung. Sie müssen entscheiden, ob Sie in Bezug auf Infrastruktur, Leistung und Ambiente Mercedes oder Volkswagen fahren wollen.

7. Vertrauen ist gut, Kontrolle ist besser. Hier bietet die firstfive AG neben einer Rendite- und Risikoanalyse auch eine detaillierte Kostenkontrolle.

8. Nutzen Sie die jährliche umfangreiche Qualitätsstudie von Vermögensmanagern durch die Private Banking Prüfinstanz „TOPs". Die Neuauflage erscheint im November 2006.

Die Gast-Autoren stellen sich vor

Robert Fischer
T+41(0) 79-32 07 34 3
FFC2001@bluewin.ch

Robert Fischer studierte BWL an den Universiäten in Bochum, Köln und Los Angeles (UCLA). Er lehrte als Dozent an der Universität Trier im Fach Unternehmensfinanzierung. 1976 wurde er bei Merrill Lynch, NewYork und Düsseldorf, als Stock-Broker ausgebildet.

Seither beschäftigt er sich intensiv mit der Analyse des Anlegerverhaltens auf der Basis der Fibonacci-Quotienten, Elliott Wave Principles und Chartmustern. Er veröffentlichte fünf Bücher mit John Wiley, New York, von denen einige in verschiedene Sprachen übersetzt wurden. Robert Fischer wurde zu internationalen Konferenzen als Sprecher eingeladen und veranstaltete weltweit Seminare über Anlagestrategien.

» *Mit Sicherheit Rendite* «

Fischer Finance Consulting AG
Baarestraße 43
CH-6300 Zug
T +41(0) 79-32 07 34 3
F +41(0) 1-27 42 16 3
www.FFC2001.ch

Die Fischer Finance Consulting AG, Zug, Schweiz (FFC) entwickelt mit einem Stab von Mitarbeitern Portfoliomanagement-Programme, die als Basis für die Vermögensverwaltung dienen. Die Firma betreut weltweit vermögende Einzelkunden und Vermögensverwaltungen auf der Basis einer Absolute-Return-Strategie.

Robert Fischer beweist nach eigenen Angaben seit Jahren, dass eine Absolute-Return-Strategie mit einem Netto-Return für den Kunden von ca. 10 Prozent per annum möglich ist. Um ein derart konstant gutes Ergebnis im Interesse der Kunden zu ermöglichen, sind in der Portfolio-Strategie, die Fischer Finance Consulting AG zur Vermögensverwaltung einsetzt, folgende Faktoren entscheidend:

- ➔ Alle Kauf- bzw. Verkaufentscheidungen (long und short) sind vollständig computerisiert und automatisiert;
- ➔ Ausgewogene Diversifizierung in den Portfolio-Komponenten;
- ➔ Ausgefeiltes Risikomanagement;
- ➔ Dynamische Asset-Allokation.

Matthias Hach begann seine berufliche Laufbahn mit einer klassischen Bankausbildung bei der Berliner Volksbank eG, durchlief diverse Abteilungen und war in vielen leitenden Positionen tätig. Das Börsenumfeld ließ er bei seiner beruflichen Laufbahn nie aus den Augen und so kam 1999 der Wechsel zur damaligen Berliner Effektenbank, wo er eine komplette und hauseigene Clearing & Settlement Abteilung für den Berliner Freiverkehr aufbaute. Im Rahmen der Kooperation mit E*TRADE wechselte Herr Hach als Mitarbeiter Nr. 2 zu E*TRADE Germany und wurde mit Marktstart zum Generalbevollmächtigten der E*TRADE Bank AG ernannt. Seit einigen Jahren ist Herr Hach nun Managing Direcor von E*TRADE Germany und in der Geschäftsführung verantwortlich für die Bereich CRM, Trading, Produkte und IT.

Matthias Hach
T +49-(0) 30 - 72 61 00 75 0
matthias.hach@etrade.de

» *Be e*traordinary* «

E*TRADE Financial ist eines der größten Online-Unternehmen im Financial-Service, mit Fokus auf Privatkunden, Firmenkunden sowie institutionelle Kunden – und das seit über 20 Jahren. E*TRADE Germany wurde im Oktober 1999 gegründet und ist im November 2001 am deutschen Markt gestartet. E*TRADE Germany unterliegt der Aufsicht durch die BaFin und die FSA.

Mit der Entwicklung des Unternehmens im Bereich Online-Investing hat E*TRADE sein integriertes und personalisiertes Angebot für Privatkunden in dem Bereich Investing, Banking, Finanzierung, Finanzplanung und Vermögensberatung überwiegend über Online-Angebote erfolgreich ausgebaut. Unterstützt wird der Erfolg von E*TRADE Financial durch die ausgereifte Technologie und einen persönlichen, erstklassigen Kundenservice. Und das weltweit mit über 4 Millionen Kunden.

E*TRADE Germany bietet den Handel mit deutschen, US und internationalen Aktien, festverzinslichen Wertpapieren und Investmentfonds sowie Devisen, CFDs, Futures und Optionen zu attraktiven Preisen und maßgeschneiderten Konditionen an. Dazu hält E*TRADE professionelle Investment-Tools und ein umfassendes Angebot an Kapitalmarkt-Informationen bereit.

E*TRADE FINANCIAL

*E*TRADE Germany*
Kurfürstendamm 71
10709 Berlin
T +49-(0) 30 - 72 61 00 75 0
F +49-(0) 30 - 72 61 00 95 5
www.etrade.de

Markus Hormann
T +49-(0)30 - 88 71 06 0
m.hormann@i-c-m.de

Nach einem Komparatistik- und Romanistikstudium in Berlin, Montpellier und Cáceres war Markus Hormann sechs Jahre lang für den Nachrichtensender n-tv als Wirtschaftsredakteur tätig. Dort hat er zuletzt die Anlegersendung der n-tv Telebörse – den Investment-Check – geleitet. Markus Hormann ist seit 2005 Portfoliomanager bei der I.C.M. Independent Capital Management AG. Dr. Norbert Hagen ist Vorstandssprecher der I.C.M. AG und ebenfalls Autor des Beitrags. Nach langjähriger Tätigkeit im gehobenen Privatkundengeschäft für die US-Investmentbank Merrill Lynch und die HVB-Tochter H.C.M. kam er im Sommer 2000 zum damals noch jungen Unternehmen und übernahm den Aufbau von Asset Management und Investmentcontrolling.

» *No Mainstream* «

I.C.M. AG
INDEPENDENT CAPITAL MANAGEMENT

I.C.M. AG
Meinekestraße 16
10719 Berlin
T +49-(0) 30 - 88 71 06 0
F +49-(0)30 - 88 71 06 20
www.i-c-m.de

Die I.C.M. betreut als unabhängige Vermögensverwaltung institutionelle und private Anleger rund um das internationale Wertpapiergeschäft. Mit vier Standorten in Berlin, Nürnberg, Kassel und Dresden zählt das Unternehmen zu den renommierten Vermögensverwaltungsgesellschaften im deutschsprachigen Raum.

Die I.C.M. positioniert sich klar mit traditionellen Anlagen in Wertpapieren wie der klassischen Aktie und Anleihe. Bei der Titelauswahl greift die Vermögensverwaltung auf internationales Research internationaler Investmentbanken wie Morgan Stanley und Lehman Brothers zurück. Dies ermöglicht eine globale Ausrichtung in der Asset Allocation. Investmentfonds werden im Portfoliomanagement nur dann berücksichtigt, wenn sie über eine dezidierte Anlagestrategie verfügen und nicht verkappte Indexprodukte darstellen.

Als Vermögensverwalter fokussiert sich die I.C.M. auf aktives Portfoliomanagement und verfolgt dabei eine systematische und langfristig ausgerichtete Anlagestrategie. Neben dem Wertpapiergeschäft besitzt die Vermögensverwaltung eine langjährige Expertise im Bewerten von nicht börsennotierten Unternehmensbeteiligungen wie Schiffsfonds. Und schließlich managt das Unternehmen mit Schroders und Rothschild drei Teilfonds einer Luxemburger Multimanager-Fondsfamilie.

Dr. Konrad Hummler, (1953, Teufen /AR) studierte an der Universität Zürich Jurisprudenz und in Rochester (N.Y.) Ökonomie. Er verfasste seine Dissertation über „Die Automatisierte Rechtsanwendung und Rechtsdokumentation" und ist Autor verschiedener polit-ökonomischer Studien. Dr. Hummler war langjähriger persönlicher Referent des damaligen Verwaltungsratspräsidenten der Schweizerischen Bankgesellschaft, Dr. Robert Holzach. Seit 1991 ist er unbeschränkt haftender und geschäftsführender Teilhaber von Wegelin & Co., Privatbankiers, St. Gallen. Dr. Konrad Hummler ist verheiratet und Vater von vier Töchtern. Er ist Mitglied des Verwaltungsrates verschiedener Unternehmungen und Institutionen sowie im Militär Generalstabsoffizier. Im Februar 2004 wurde er vom Bundesrat in den Bankrat der Schweizerischen Nationalbank gewählt.

Dr. Konrad Hummler
T +41-(0)71 - 24 25 96 1
info@wegelin.ch

» Älteste Bank, neueste Lösungen «

WEGELIN & CO.
PRIVATBANKIERS SEIT 1741

Mit ihrem Gründungsjahr 1741 gelten Wegelin & Co. Privatbankiers als älteste Bank der Schweiz. Als Kommanditgesellschaft gehört sie zu den wenigen schweizerischen Privatbanken mit unbeschränkter Haftung der geschäftsführenden Teilhaber. Die auf Eigenständigkeit und Selbstverantwortung fußende Rechtsform prägt die Geschäftstätigkeit von Wegelin & Co. in hohem Masse. Die St. Galler Privatbank ist darauf spezialisiert, maßgeschneiderte Vermögens- und Vorsorgekonzepte zu erarbeiten. Nicht das Massengeschäft, sondern die Partnerschaft mit Kundinnen und Kunden mit viel Sinn für eine persönliche Bankbeziehung steht im Vordergrund.

Wegelin & Co.
Privatbankiers
Bohl 17
9004 St. Gallen
T +41-(0) 71 - 24 25 00 0
F +41- (0)71 - 24 25 05 0
www.wegelin.ch

Als Pionier und führender unabhängiger Anbieter von Strukturierten Produkten legt Wegelin & Co. Wert auf optimale Bedingungen und grösste Transparenz. Aktives Management und passive, kosteneffiziente Indexprodukte werden in der neuartigen Anlagestrategie „Active Indexing®" kombiniert, bei der in die weltweit attraktivsten Länder- und Branchenindizes investiert wird. Dadurch konnten nachhaltige Überrenditen für die Kunden erzielt werden. Wegelin & Co. investiert bewusst in finanztheoretisches Know-how und pflegt eine enge Beziehung zur Universität St. Gallen sowie zu weiteren namhaften Universitäten und Hochschulen.

Frank Kalter
T +49-(0)611-36 40 20 01
frank.kalter@naspa.de

Frank Kalter ist seit Juli 1999 bei der Nassauischen Sparkasse (Naspa) in Wiesbaden tätig. Als Geschäftsbereichsleiter Private Banking und Vermögensmanagement verantwortet der Diplom-Betriebswirt (FH) seit 1999 das Wertpapier- und Vermögensmanagement, das Asset Management, das Research und den Investmentsupport und seit 2003 das Private Banking.

Frank Kalter begann seine Berufslaufbahn bei der Deutschen Bundesbank. Anschließend war er jeweils fünf Jahre bei zwei Instituten mit dem Aufbau und der Leitung der Vermögensberatung betraut.

» *Vernetzte Strategien statt Insellösungen* «

Naspa

Nassauische Sparkasse
Private Banking und Vermögensmanagement
Rheinstraße 40
65185 Wiesbaden
T +49-(0) 611-36 40 20 03
F +49-(0) 611-36 40 20 98
www.naspa.de

Die Nassauische Sparkasse (Naspa) mit Sitz in der hessischen Landeshauptstadt Wiesbaden ist mit einer Bilanzsumme von 17 Milliarden Euro die größte öffentlich-rechtliche Sparkasse in Hessen und Rheinland-Pfalz sowie die viertgrößte Sparkasse in Deutschland. Sie ist Rechtsnachfolgerin der im Jahre 1840 von Herzog Adolph von Nassau gegründeten „Herzoglich Nassauischen Landes-Credit-Casse". Träger der Naspa ist der Sparkassenzweckverband Nassau.

In ihrem über 165jährigen Bestehen entwickelte sich die Naspa zu einem regionalen Kreditinstitut mit rund 2.500 Beschäftigten. Das Geschäftsgebiet mit einer Fläche von 4.200 Quadratkilometern und ca. zwei Millionen Einwohnern erstreckt sich über sechs Landkreise und zwei Städte in Hessen und Rheinland-Pfalz. Mit 158 Geschäftsstellen, 100 Nebenstellen und sechs fahrbaren Zweigstellen ist die Naspa überall ortsnah vertreten. Betreuungs- und Kompetenzcenter für Private Banking, Wertpapier- und Vermögensberatung sowie für mittelständische Firmen- und Gewerbekunden decken den spezialisierten Bedarf ab.

Jürgen Lampe ist seit März 2003 Alleinvorstand der firstfive AG. Er übernahm das Unternehmen in einem schwierigen Umfeld und brachte die Gesellschaft mit der Konzentration auf das Kerngeschäft in die Erfolgsspur. Als Bankbetriebswirt (BA) mit über 20-jähriger Berufserfahrung in den Bankbereichen Privatkundenbetreuung, Relationship-Management im Private Banking, Financial-Planning und Revision sowie als Geschäftsführer eines Family-Office kennt er die Anforderungen an eine professionelle Vermögenskontrolle. Diese wird durch eine stetige Weiterentwicklung des Depotleistungsvergleichs auch für die Zukunft sichergestellt.

Jürgen Lampe
T +49-(0)69 -50 50 00 70
lampe.juergen@firstfive.com

Als Mitglied des Centers of Private Banking an der WHU – Otto Beisheim School of Management in Vallendar beteiligt sich Jürgen Lampe aktiv an einer praxisnahen Forschung auf diesem Gebiet.

» *Vermögenskontrolle und -sicherheit* «

Die firstfive AG ist ein unabhängiges Controlling- und Ranking-Institut ohne eigene Vermögensverwaltung und produktspezifische Interessenkonflikte. firstfive verfügt über eine in Europa einzigartige Datenbank realer Depots von mehr als 70 namhaften Banken und Vermögensverwaltungen. Unter Anwendung anerkannter finanz-mathematischer Maßstäbe wird ein objektiver Vergleich der Leistungen professioneller Vermögensverwalter geliefert. Daneben zeichnet sich die firstfive AG als Mitglied der ersten Private Banking Prüfinstanz im deutschsprachigen Raum aus. Diese wird seit 2004 in Kooperation mit FUCHSBRIEFE, Berlin, und IQF, Hannover, gebildet.

firstfive

firstfive AG
Niddastraße 98-102
60329 Frankfurt a. M.
T +49-(0)69 -50 50 00 70
F +49-(0)69 - 50 50 00 79 9
www.firstfive.com

Im Rahmen von Quartalsberichten zeigt firstfive anhand klarer Fakten und Tatsachen die Stärken und Schwächen des Portfoliomanagements im Hinblick auf Rendite, Risiko, Sharpe-Ratio und Kosten auf. Der Depotleistungsvergleich kann durch konsolidierte Vermögensaufstellungen für mehrere Depots (Family-Office-Light) ergänzt werden. Bei Bedarf erfolgt darüber hinaus eine sehr individuelle und zeitnahe Vermögenskontrolle. Mit ihren Marktkenntnissen sowie der Organisation von Präsentationstagen und/oder Beauty Contests steht firstfive als unabhängiger Berater bei der Auswahl von Portfoliomanagern zur Verfügung.

Oliver Hagedorn
T +49-(0) 30 -28 87 67 0
oliver.hagedorn@avesco.de

Oliver Hagedorn ist Vorstand der avesco. Der Sohn einer Unternehmerfamilie in Baden-Württemberg handelte schon als Teenager mit Aktien. Seit diesen Tagen ist seine Begeisterung für die Kapitalmärkte ungebrochen. Der bekennende Neu-Berliner hat sein Unternehmen konsequent auf die Anforderungen anspruchsvoller Privatkunden zugeschnitten und mit überzeugenden Leistungen in die Top-Liga der unabhängigen Vermögensverwalter geführt. Seine Vorträge über die Moderne Portfoliotheorie und die Auswirkungen der demographischen Entwicklung auf Wirtschaft und Märkte sind gefragt bei Fachleuten, interessierten Laien und insbesondere Unternehmern. Hagedorn publiziert in zahlreichen Branchenmedien und ist ein gefragter Experte bei Fachveranstaltungen.

» *Mit Strategie und Disziplin zum Wohlstand* «

avesco Financial Services AG

avesco Finacial Service AG
Rheinhardtstr. 44
10117 Berlin
T +49-(0) 30 -28 87 67 0
F +49-(0) 30 -28 87 67 20
www.avesco.de

Die avesco Financial Services AG mit Sitz in Berlin ist spezialisiert auf Vermögensverwaltung und ganzheitliche Vermögensstrukturoptimierung. In seiner Beratungspraxis setzt das 1999 gegründete Unternehmen auf zwei herausragende finanzwissenschaftliche Kerntheorien: den von *Harry S. Dent* entwickelten Top-down-Ansatz, welcher auf Basis der demographischen Wahrheit zukünftige Entwicklungen beschreibt; die Nobelpreis gekrönte Moderne Portfoliotheorie als Methode zur Reduzierung von Risiken bei gleichzeitiger Ertragssteigerung.

Die avesco-Anlagestrategie – verlässlich, vorhersehbar und methodisch

- ➔ basierend auf Demographie- und Konsumforschung, einem Untersuchungszeitraum von ca. 500 Jahren
- ➔ Asset Allocation auf Basis der Modernen Portfoliotheorie
- ➔ Vermögensstrukturoptimierung unter Einbeziehung alternativer Anlagen
- ➔ Ergebnisorientiertes Honorarmodell mit 5-jährigem Track-record
- ➔ Spezialistennetzwerk zur Entwicklung ganzheitlicher Lösungen bei komplexen Vermögen und Vermögensüberträgen

Dr. Oliver Stönner-Venkatarama arbeitet im Bereich Investment Strategy und Portfoliomanagement für Emerging Assets der Cominvest. Zuvor leitete er knapp 5 Jahre das Emerging Market Research der Commerzbank. Im Mittelpunkt stand hier die Ausarabeitung von Investment- und Risikoszenarien für Unternehmen und Finanzinvestoren, die sich in den Emerging Markets engagieren.

Dr. Oliver Stönner-Venkatarama
T +49-(0) 69 -13 01 0
oliver.stoenner@cominvest-am.com

Die Basis der Anlageentscheidungen bildet eine fundierte makroökonomische Analyse der Volkswirtschaften, die das Emerging Markets Team der Cominvest vornimmt. Zusätzlich werden marktspezifische Faktoren in die Analyse mit einbezogen, so dass die Positionierung immer aus einer Mischung fundamentaler und marktseitiger Faktoren resultiert.

» *Erfahrung und Gespür für das Wesentliche* «

Die COMINVEST Asset Management GmbH mit Sitz in Frankfurt am Main ist eine Kapitalanlagegesellschaft; alleiniger Anteilseigner ist die Commerzbank AG mit Sitz in Frankfurt am Main. COMINVEST entstand im Rahmen der strategischen Neuausrichtung des Geschäftsfeldes Asset Management der Commerzbank AG im Jahr 2002 durch die Zusammenlegung der Publikumsfondstochter ADIG-Investment (1949 in München gegründet), der Spezialfondstochter Commerzinvest (1969 in Düsseldorf gegründet) sowie der Commerz Asset Managers GmbH als Portfolio Management- und Researcheinheit.

COMINVEST
ASSET MANAGEMENT

Cominvest Asset Management
Platz der Einheit 1
60327 Frankfurt/M.
T +49-(0) 69 13 01 0
F +49-(0) 69 13 01 3578
www.cominvest-am.de

Durch die Erzielung nachhaltig aktiver Renditen will die COMINVEST neue Kunden und Assets under Management gewinnen. Sie knüpft dabei an ihre traditionelle Stärke als Aktienhaus an und erweitert diese um innovative Produktfelder. Denn in den letzten Jahren ist immer deutlicher geworden, dass insbesondere innovative Produkte und Märkte attraktive Renditen für die Anleger bieten. Die Ausrichtung soll einhergehen mit einer Stärkung des Research zur Identifikation von unterbewerteten Anlagemöglichkeiten. Gleichzeitig wird die besondere Kompetenz in den Bereichen deutsche und europäische Aktien und Renten sowie innovative „Satellitenprodukte“ (u.a. Emerging Markets Debt) ausgebaut.

Jürgen Raeke
T +49-(0)40-35 06 02 12
juergen.raeke@berenberg.de

Jürgen Raeke war nach Abitur und Bankausbildung in der Zeit von 1982-1992 bei verschiedenen Banken in Deutschland und Luxemburg in der Beratung vermögender Privatkunden tätig. Von 1992-1998 leitete er bei einer Hamburger Privatbank als Direktor den Bereich Private Banking und war darüber hinaus maßgeblich in die Konzeption von holländischen Immobilienfonds eingebunden.

Seit 1998 ist Jürgen Raeke Geschäftsführer der Berenberg Private Capital GmbH, der für Wealth Management-Spezialdienstleistungen zuständigen Tochtergesellschaft der Berenberg Bank. Schwerpunkte seiner Tätigkeit sind die ganzheitliche Beratung komplexer Vermögen sowie Auswahl und Konzeption alternativer Investments und geschlossener Fonds.

» *400 Jahre – Erfahrung hat Zukunft* «

Privatbankiers gegründet 1590
BERENBERG BANK
Joh. Berenberg, Gossler & Co. KG

Berenberg Bank
Neuer Jungfernstieg 20
20354 Hamburg
T +49-(0)40-35 06 00
F +49-(0)40-35 21 32
www.berenberg.de

Die Berenberg Bank wurde 1590 gegründet und ist Deutschlands älteste Privatbank. Mit 600 Mitarbeitern betreut sie von ihrem Stammsitz an der Hamburger Binnenalster aus 14 Mrd. Euro für vermögende Privatkunden und institutionelle Anleger. Ein auf europäische Small und Mid Caps spezialisiertes Investment Banking und Corporate-Banking-Dienstleistungen sind weitere Standbeine. In den letzten Jahren ist die Berenberg Bank stark gewachsen: Niederlassungen in Bielefeld, Bremen, Düsseldorf, Frankfurt, München, Stuttgart und Wiesbaden sowie in sechs europäischen Metropolen und in Shanghai sorgen für Kundennähe. Von Zürich aus wird das internationale Private Banking durch eine eigene Tochterbank, die Berenberg Bank (Schweiz) AG, betrieben.

Das Private Banking ist das Aushängeschild einer Privatbank. Unabhängigkeit, Kundennähe, individuelle Betreuung und Mitarbeiterkontinuität sind nur einige Aspekte, die der Berenberg Bank in den vergangenen Jahren immer mehr Kunden brachten. In unabhängigen Markttests durch die FUCHSBRIEFE und Welt/Welt am Sonntag wurde die hohe Beratungsqualität von Deutschlands ältester Privatbank immer wieder mit ersten Plätzen prämiert. Mit eigenen Produkten hält man sich im Hause Berenberg zurück – man versteht sich weniger als Produktlieferant, sondern vielmehr als Problemlöser für den Kunden.

Jannis Raftopoulos ist Gründer und Geschäftsführer der JRC Capital Management Consultancy & Research GmbH in Berlin. 1956 in Athen geboren, besuchte er dort die deutsche Schule und studierte später in Berlin Wirtschaftsingenieurwesen, Betriebs- und Volkswirtschaftslehre. Der heutige Diplom-Kaufmann setzte seine Studienschwerpunkte Management, Investition und Finanzierung schnell als freier Berater in die wirtschaftliche Praxis um. Als Mitbegründer und Geschäftsführer hochspezialisierter Finanzdienstleistungsunternehmen verfügt Raftopoulos über eine weltweit anerkannte Expertise in der Entwicklung von Handels- und Prognosesystemen. Sein Fachwissen ist bei internationalen Kreditinstituten, Universitäten und Forschungseinrichtungen gefragt.

Jannis Raftopoulos
T +49-(0) 30- 21 85 03 8
jraftopoulos@jrconline.com

» *We make money move* «

Die JRC Capital Management & Research GmbH wurde 1994 in Berlin gegründet. JRC bietet privaten und institutionellen Kunden ein breites Dienstleistungsspektrum. So stellt JRC eine intelligente Verbindung aus Forschung und Entwicklung mit den Instrumenten der Vermögensverwaltung und des Eigenhandels dar. Asset Management, Brokerage sowie Forschungs- und Entwicklungsarbeit gehen Hand in Hand. Im Rahmen EU-geförderter Forschungsprojekte arbeitete das Unternehmen mit rennomierten Partnern wie der Bankgesellschaft Berlin (D), ATOS (F), University of Surrey (GB), Erasmus Universiteit Rotterdam (NL), Finsoft (UK) sowie Ibermática (ES) zusammen. Die von JRC entwickelten Handels- und Prognosesysteme sind bei zahlreichen Großbanken erfolgreich im Einsatz und bilden die Grundlage im Vermögensmanagement für vermögende Privatleger. Das JRC-Leistungsspektrum:

- Asset Management – spezialisiert auf Anleihen und Aktien sowie Alternative Investments wie Optionen, Devisen und Futures
- Brokerage – Onlineplattform und Betreuung im Bereich Devisen, Aktien, CFDs und Futures
- Research & Development-Entwicklung von Finanzprodukten und Handelssystemen

JRC
Capital Management Consultancy & Research GmbH

JRC Capital Management
Consultancy & Research
GmbH
Marburger Straße 16
D-10789 Berlin
T +49-(0) 30-21 85 03 8
F +49-(0) 30-21 35 40 7
www.jrconline.com

Dr. Jörg Richter
T +49-(0) 511-36 07 70
info@iqf.de

Dr. Jörg Richter, CFP, CEP, zählt zu den führenden Experten in der Beratung vermögender Privatkunden. Der gelernte Bankkaufmann studierte Wirtschaftswissenschaften u. a. mit dem Schwerpunkt „Private Finance". Richter gilt als Pionier in der Vermögensberatung gegen Honorar („Honorarberatung"), die keinen Interessenskollisionen durch Provisionen der Produktgeber unterliegt.

Dr. Richter ist einer der ersten deutschen Certified Financial Planner und ist zertifizierter Berater in der Vermögensnachfolgeplanung (Certified Estate Planner). Dr. Richter ist Partner der Private Banking Prüfinstanz, die jährlich ca. 100 Banken bezüglich ihrer Beratungsqualität in verdeckten Tests untersucht.

» Vermögende suchen Berater – keine Verkäufer «

IQF

Institut für Qualitätssicherung und Prüfung von Finanzdienstleistungen GmbH (IQF)
Zeppelinstr. 8
30175 Hannover
T +49-(0) 511-36 07 70
F +49-(0) 511-36 07 79 9
www.iqf.de

Der Experte leitet das von ihm gegründete Institut für Qualitätssicherung und Prüfung von Finanzdienstleistungen GmbH (IQF), Hannover. Neben der Beratung von Finanzinstituten wendet sich IQF mit zwei Geschäftsbereichen an vermögende Privatkunden:

Kanzlei für Finanzplanung und Vermögensnachfolge. Beratung von Unternehmern, Selbständigen und Privatiers in Fragen der privaten Finanzplanung und Vermögensnachfolge. Analog den Grundsätzen ordnungsmäßiger Finanzberatung werden die Mandanten ausschließlich gegen Honorar beraten.

Center of Competence für beratende Standesberufe. Dieser Geschäftsbereich unterstützt Steuerberater und Rechtsanwälte und deren Mandanten im Geschäftsfeld Vermögensgestaltungsberatung. Das Institut für Qualitätssicherung und Prüfung von Finanzdienstleistungen ist Partner des Steuerberaterverbandes Niedersachsen / Sachsen-Anhalt e. V., Hannover.

Dr. Jürgen Schäfer, MRICS, ist seit 2003 Mitglied der Geschäftsleitung der Feri Wealth Management GmbH sowie Partner der Feri Finance AG. Er leitet den Bereich Immobilien. Seine Tätigkeitsschwerpunkte liegen neben der Mandantenberatung in der Selektion, der Strukturierung und dem Management von Immobilieninvestments.

Dr. Jürgen Schäfer
T +49-(0) 6172 - 91 63 11 9
juergen.schaefer@feri.de

Dr. Jürgen Schäfer ist promovierter Jurist, Bankkaufmann und Immobilienökonom (ebs). Er ist Mitglied der Royal Institution of Chartered Surveyors und verschiedener Anlageausschüsse sowie Dozent und Prüfer an der European Business School für den Bereich Immobilienökonomie. Darüber hinaus ist er Mitherausgeber und Co-Autor der Praxishandbücher Immobilien-Investitionen und Immobilien-Projektentwicklung.

» *Aus Wissen Werte schaffen* «

Feri Wealth Management

Feri Wealth Management GmbH gehört zu den größten bankenunabhängigen Vermögensverwaltern im deutschsprachigen Raum. Sie betreut anspruchsvolle Familienvermögen sowie Stiftungen und Unternehmen. Die Beratungs- und Verwaltungsleistungen der 100%igen Tochter der Feri Finance AG gehen weit über das klassische Wertpapierportfolio hinaus und erstrecken sich auf alle Anlageklassen, von Aktien und Renten über Immobilien bis zu Hedge Fonds, Private Equity-Anlagen und anderen „Alternative Assets".

Feri Wealth
Management GmbH
Haus am Park
Rathausplatz 8-10
61348 Bad Homburg
T +49-(0) 6172- 91 63 00
F +49-(0) 6172 - 91 61 00
www.fwm.feri.de

Feri Wealth Management bietet anspruchsvollen Vermögensinhabern neben den klassischen Angeboten für Vermögensberatung und Vermögensverwaltung eine Reihe einzigartiger Dienstleistungen. So zählen Vermögens-Strukturberatung, Vermögens- und Vermögensverwalter-Controlling, Unternehmerberatung, individuelle Managerselektion oder auch die Auflegung spezieller Fonds für Investoren zu den komplexeren Services. Gemeinsames Element und Kern der Feri-Philosophie sind die absolute Unabhängigkeit von Produktinteressen sowie die anerkannte Researchkompetenz der Feri.

Michael Schramm
T +49-(0) 69-2 16 12 40
michael.schramm@hauck-aufhaeuser.de

Michael Schramm war, nach Ausbildung und Studium, ab 1990 zwei Jahre lang in Kiel und Lübeck fachlicher Leiter der Anlageberatung bei der Landesbank Schleswig-Holstein. 1993 wurde er Leiter Vermögensbetreuung bei Marcard Stein & Co. und wechselte 1996 zur Berenberg Bank in Hamburg. Zuletzt war er Generalbevollmächtigter mit Gesamtleitung für das Global Private Banking und Publikumsfonds.

Seit Mai 2006 ist er persönlich haftender Gesellschafter bei Hauck & Aufhäuser Privatbankiers und für das Privatkundengeschäft einschließlich der Immobilienberatung, der Vermögensstrukturierung und -übertragung sowie der alternativen Investments zuständig.

» Unsere Erfahrung für Ihren Erfolg «

HAUCK & AUFHÄUSER
PRIVATBANKIERS SEIT 1796

Hauck & Aufhäuser
Privatbankiers
Kaiserstraße 24
D-60311 Frankfurt/M.
T +49-(0) 69 - 21 61 0
F +49-(0) 69 - 21 61 34 0
www.hauck-aufhaeuser.de

Vermögensanlage ist Vertrauenssache: Wir sehen uns als Ihren professionellen Partner, der entsprechend Ihren Bedürfnissen ein individuelles Gesamtkonzept entwickelt und Sie als Kunden über Jahrzehnte hinweg kontinuierlich betreut. Dabei steht für uns nicht der schnelle, sondern der dauerhafte Erfolg Ihrer Anlage im Vordergrund. Um höchste Qualität zu gewährleisten, haben wir uns auf Kernkompetenzen (Financial Consulting, Asset Management und Corporate Finance) konzentriert.

Dadurch sprechen wir insbesondere anspruchsvolle Privatkunden, selbständige mittelständische Unternehmer, institutionelle Anleger wie auch Vermögensverwalter an. Wir unterliegen nicht dem Druck, hauseigene Produkte verkaufen zu müssen. Aus der Vielfalt des Marktes suchen wir nach dem besten Ergebnis für Sie.

Dazu verfügen wir über eine breit gefächerte Palette von Kooperationspartnern. Zum Beispiel im Anlagebereich mit alleine knapp 90 Anbietern von Investmentfonds. Hinzu kommen noch unsere Tochtergesellschaften mit jeweils speziellem Know-how.

Hans-Peter Schupp ist Leiter des Main*First* Asset Managements sowie verantwortlicher Fondsmanager des Main*First* Classic Stock Fund und des Main*First* German Classic Stock Fund. Mit seinem Team investiert er in unterbewertete Aktien aus dem Euroraum. Zuvor war Hans-Peter Schupp Leiter des Aktienfondsmanagement bei der Julius Bär Kapitalanlage AG und Manager von mehreren Publikums- und Spezialfonds. Seine Laufbahn begann er 1992 als Aktienfondsmanager bei Schröder Münchmeyer Hengst Investment GmbH. Bisher wurde er mit elf Preisen unabhängiger Rating-Agenturen ausgezeichnet. Hans-Peter Schupp verfügt über mehr als 15 Jahre Berufserfahrung.

Hans-Peter Schupp
T +49-(0) 69-78 80 81 34
hans.peter.schupp@mainfirst.com

» *Kompetenz schafft Vertrauen* «

Die unabhängige und inhabergeführte Main*First* Bank AG konzentriert sich ausschließlich auf Vermögensanlage und Aktienanalyse für institutionelle Kunden sowie die Beratung von Unternehmen. Um diese Dienstleistungen frei von Interessenkonflikten zu gewährleisten, verzichtet Main*First* darauf, weitere Bankgeschäfte anzubieten. Das Asset Management der Main*First* Bank AG versteht sich als Spezialist für europäische Aktien und als aktiver Vermögensverwalter. Die Fondsmanager verfolgen konsequent und transparent ihren eindeutig definierten Anlagestil. Die Main*First* SICAV, Luxemburg, verwaltet zur Zeit folgende Publikumsfonds:

Main*First*
Asset Management

MainFirst Bank AG
Torhaus Westhafen
Speicherstraße 57
60327 Frankfurt/M
T +49-(0) 69-78 80 81 34
F +49-(0) 69-78 80 81 96
www.mainfirst.com

Fondsname	Investment-Stil	Fondsmanager
MainFirst Classic Stock Fund (Aktien Euroland)	Contrarian Value	Hans-Peter Schupp Evy Bellet
MainFirst German Classic Stock Fund (Aktien Deutschland)	Contrarian Value	Hans-Peter Schupp Evy Bellet
MainFirst avant-garde Stock Fund (Aktien Europa)	Quality Growth	Anko Beldsnijder Regina von Hagen
MainFirst Europe Absolute Fund (Aktien Europa)	Value/Growth Aktienplus Marktrisiko Hedge	Regina von Hagen Evy Bellet

Alle Anlagestile sind auch als Advisory-Mandate umsetzbar.

Florian Widmer
T +423-(0) 237-07 07
florian.widmer@raiffeisen.li

Florian Widmer ist Geschäftsleiter der Raiffeisen Bank (Liechtenstein) AG und dort verantwortlich für das Private Banking.

Vor seiner Tätigkeit in Liechtenstein arbeitete Herr Widmer als Manager bei dem renommierten Strategieberatungsunternehmen Bain & Company in München. In dieser Tätigkeit beriet er insbesondere Banken und Versicherungen vor allem hinsichtlich Strategie und Qualitätsmanagement.

Herr Widmer studierte Betriebs- und Volkswirtschaftslehre an der Universität Passau und absolvierte ein MBA-Programm an der Business School INSEAD in Frankreich. Als Deutscher lebt er mittlerweile mit seiner Frau und seinen drei Kindern am Schweizer Bodenseeufer.

» *Vermögensberatung auf höchstem Niveau* «

RAIFFEISEN BANK
[LIECHTENSTEIN] AG
PRIVATE BANKING

Raiffeisen Bank
(Liechtenstein) AG
Auststraße 51
FL-9490 Vaduz
T +423-(0) 237- 07 07
F +423-(0) 237 - 07 77
www.raiffeisen.li

Die Raiffeisen Bank (Liechtenstein) AG bietet Vermögensberatung auf höchstem internationalen Niveau, verbunden mit dem strengsten Bankgeheimnis Europas. Sie garantiert beste Beratungsqualität und besondere Kundennähe bereits bei mittleren Vermögen.

Neben hochqualitativer Beratung und exzellenten Anlageprodukten verfügt die Bank über innovative Vermögensverwaltungsprodukte auf Zertifikatebasis. Gemeinsam mit einem umfangreichen Netzwerk von Experten bietet die Bank Hilfestellung bei internationalem Wohnsitzwechsel, Gesellschaftsgründungen nach Liechtensteiner Recht sowie grenzüberschreitenden Vermögensstrukturierungen, insbesondere für deutschsprachige Kunden mit Auslandsgrundbesitz. Dabei arbeitet sie eng mit ihrer „Mutter" Raiffeisenbank Kleinwalsertal AG zusammen.

Die Bank verbindet den herzlichen Service und das Ambiente einer Privatbank mit der Vertrautheit der Marke Raiffeisen.

Dank ihrer spezialisierten, kundenindividuellen Lösungen kann die Bank auf Wachstumsraten von durchschnittlich 25% über die letzten sieben Jahre zurückblicken. In ihrem Private Banking Center in Vaduz betreut sie mittlerweile etwa 1 Mrd. CHF an Kundenvermögen.

Gunter Wilfling, geb. 1967, ist Dipl.-Wirtschaftsingenieur mit Fachrichtung Maschinenbau (TU Darmstadt), Finanzökonom (ebs), Certified Financial Planner (FPSB) und Estate Planner (ebs). Seine berufliche Laufbahn begann er 1994 bei Arthur Andersen Wirtschaftsprüfungsgesellschaft/Steuerberatungsgesellschaft mbH in Eschborn im Bereich Financial Services.

Gunter Wilfling
T +49-(0) 69-26 91 1 2 17
gunter.wilfling@credit-suisse.com

1998 Wechsel in den Bereich Private Client Services. Seit 2002 arbeitet Gunter Wilfling für die Credit Suisse (Deutschland) AG, zunächst für das Private Investment Office, seit November 2003 für den Bereich Private Asset & Liabilty Management (PALM). Gunter Wilfling ist verheiratet und hat zwei Kinder.

» *Premium-Qualität im Private Banking* «

CREDIT SUISSE

Die Credit Suisse (Deutschland) AG, hundertprozentige Tochtergesellschaft der Credit Suisse AG, Zürich, bietet umfassende Dienstleistungen für vermögendePrivatpersonen.

Credit Suisse
(Deutschland) AG
Theodor-Heuss-Allee 100
60486 Frankfurt/M.
T +49-(0) 69 - 26 91 10
F +49-(0) 69-269 11 33 3
www.credit-suisse.com

Kernelement der Vermögensanalyse ist die so genannte Private Asset & Liabilty Management (PALM)–Beratung, in der alle relevanten Kundendaten systematisch erfasst werden. Ausgangspunkt ist ein ausführliches Evaluierungsgespräch, das alle für den Kunden relevanten Fokusthemen definiert und familiäre Gegebenheiten, Vermögenswerte, Einkommenssituation, sowie heutige und künftige Verpflichtungen erfasst. Im Anschluss wird dem Kunden eine strategische Vermögensstruktur erarbeitet. Diese gilt als Leitlinie für aktuelle und künftige Investitionsentscheidungen. Spezielle Rechenprogramme verdeutlichen Auswirkungen verschiedenster Markt- und Produktszenarien und beziehen dabei die Veränderung persönlicher Situationen ein. Der Kunde erhält somit einen Abgleich, inwieweit seine Anlageentscheidungen auf die Lösung seiner Fokusthemen abgestimmt sind. Aufbauend auf diese Struktur werden folgende weitere spezielle Themenbereiche gesondert berücksichtigt: Nachfolgeplanungen, Beratung zu Stiftungen und Trusts, Aufbau von Gesellschaftsstrukturen für Familienvermögen, Anlagekonzepte für gewerbliche Strukturen, Ruhestandsplanung, Beratungsleistungen für Executives und Asset Protection.

Dr. Thomas Wißmann
T +49-(0) 89-41 77 60 16
thomas.wissmann@lgt.com

Dr. Thomas Wißmann studierte Betriebswirtschaftslehre an der Ludwig-Maximilians-Universität in München. Nach der Promotion zum Dr. oec. an der Technischen Universität München zum Thema „Nachfolgeplanung für private Haushalte" setzte er 1994 seine berufliche Laufbahn bei der Bayerischen Vereinsbank AG im Geschäftsbereich „Private Investoren" fort. Im Jahr 1999 wurde er als Certified Financial Planner (CFP) lizenziert und war dann bei der UBS AG für die Entwicklung und den Aufbau des Bereiches „Financial Planning" in der Region Süddeutschland mitverantwortlich. Seit Herbst 2003 ist Dr. Thomas Wißmann bei der LGT Bank und baut dort, zusammen mit weiteren Kollegen, den Bereich „Strategische Vermögensplanung" weiter aus.

» *Die Privatbank des Fürstenhauses von Liechtenstein* «

LGT Bank in Liechtenstein
& Co. OHG
Schwindstraße 10
D-60325 Frankfurt/M.
T +49-(0) 69 - 90 74 60
F +49-(0) 69 - 90 74 64 00
www.lgt-bank.de

Die LGT Bank ist die Privatbank des Fürstenhauses von Liechtenstein und befindet sich vollständig im Familienbesitz. Gleichzeitig gehört sie zu den wenigen Privatbanken, die Jahr für Jahr ein offizielles Rating erhalten. Die konstant hohen Bewertungen von Standard & Poor's und Moody's (AA- bzw. Aa3) unterlegen die herausragende Bonität der LGT Bank. Das Haus hat die ideale Größe, um persönliche Betreuung mit Möglichkeiten des globalen Marktzutritts zu vereinen. In Liechtenstein, der Schweiz, Deutschland, Österreich, Hong Kong, Japan, Singapur und Uruguay steht die LGT Bank ihren Kunden mit individuellem Service zur Verfügung.

Ihr Leistungsspektrum ist ganz auf die Betreuung privater Vermögender zugeschnitten. Spezialisten in den Bereichen »Private Banking«, »Asset Management« und »Alternative Investments« sowie »Trust Services« bieten ein umfassendes »Wealth Management«. Die Dienstleistungen umfassen die klassische Anlageberatung und individuelle Vermögensverwaltung ebenso wie themenbezogene Vermögensstrukturanalysen. Auch im Bereich der Nachfolgeplanung, bei Immobilien und Versicherungen hält die LGT Bank Expertise vor. Exklusiv offeriert sie ihren Kunden auch die Möglichkeit, quasi Seite an Seite mit der Fürstenfamilie von Liechtenstein, Investments nach der Fürstlichen Strategie zu tätigen.

Index

INDEX

A

B

C

D

E

F

G

H

I

J

K

L

M

N

O

P

R

S

T